ユーキャンの

第3版

消防設備士 第4類

速習テキスト&予想模試

おことわり

■法令の基準について

本書の記載内容は、原則、2023年５月末までに施行されている法令に基づいて編集されたものです。本書の記載内容について、執筆時点以降の法改正情報などで、試験の対象となるものについては、下記「ユーキャンの本」ウェブサイト内「追補（法改正・正誤）」にて、適宜お知らせいたします。

https://www.u-can.co.jp/book/information

ユーキャンがよくわかる！その理由

重要ポイントを効率よくマスター！

消防設備士試験で必要とされる項目をすべて暗記することはとても大変です。
そこで本書では、試験で問われやすい重要ポイントを厳選。効率よく学習していただけるよう、工夫を凝らして編集しています。

■重要度を3段階で表示！

ABC

■欄外でも重要ポイントを明確にします

プラス1　用語

重要ピックアップ

すぐわかる、すぐ暗記できる

■レッスンの学習を始める前に

要点がわかるレッスン冒頭の解説と、設子先生とシローくんの「1コマ劇場」で、これから学習する内容を大まかに理解します。

■ラクして楽しく暗記

イラストやまとめの表を豊富にのせて、重要ポイントをイメージとして捉えやすくしました。また、ゴロ合わせで、楽しく暗記に取り組んでいただけるようお手伝いします。

問題をたくさん解いて、実力アップ

■○×問題と予想模擬試験

各レッスン末の○×問題で、理解度をすぐにチェック。さらに巻末の予想模擬試験（2回分）で、試験直前の総仕上げ&実力確認ができます。

確認テスト

Key Point	できたら チェック ☑
交流回路の性質	□ 1 正弦波交流の電圧の最大値を E_m とすると、実効値 E は右の式で表せる。 $E = \sqrt{2}\ E_m$
	□ 2 正弦波交流の電圧の実効値が60Vである場合、電圧の最大値は84Vである。ただし、$\sqrt{2} = 1.4$ とする。

目　次

■本書の使い方……6
■第4類消防設備士の資格について……8

第1章　電気に関する基礎的知識

Lesson 1　直流回路(1)……12
Lesson 2　直流回路(2)……18
Lesson 3　直流回路(3)……24
Lesson 4　電力と熱量、磁気……30
Lesson 5　交流回路(1)……37
Lesson 6　交流回路(2)……43
Lesson 7　電気計測(1)……48
Lesson 8　電気計測(2)……54
Lesson 9　電気機器……59

第2章　消防関係法令（共通）

Lesson 1　消防法令上の用語……66
Lesson 2　消防の組織と火災予防……72
Lesson 3　防火管理者と統括防火管理者……78
Lesson 4　防火対象物の点検、防炎規制……82
Lesson 5　消防用設備等に関する規定(1)……86
Lesson 6　消防用設備等に関する規定(2)……90
Lesson 7　消防用設備等に関する規定(3)……96
Lesson 8　消防用機械器具等の検定……100
Lesson 9　消防設備士制度……104
Lesson 10　危険物規制……110

第3章　消防関係法令（類別）

Lesson 1　自動火災報知設備の設置義務(1)……116
Lesson 2　自動火災報知設備の設置義務(2)……122
Lesson 3　自動火災報知設備の設置基準(1)……126
Lesson 4　自動火災報知設備の設置基準(2)……132
Lesson 5　ガス漏れ火災警報設備、その他の設置……138

第4章　構造・機能等（規格に関する部分）

Lesson 1　感知器の概要……144
Lesson 2　熱感知器(1)……148
Lesson 3　熱感知器(2)……154
Lesson 4　煙感知器・炎感知器……160
Lesson 5　発信機と中継器……166
Lesson 6　受信機の概要……172

Lesson 7　P型受信機……178
Lesson 8　R型・アナログ式受信機……184
Lesson 9　ガス漏れ火災警報設備……188
Lesson10 電源……194

第5章　構造・機能等（電気に関する部分）

Lesson 1　感知器共通の設置基準……198
Lesson 2　熱感知器の設置基準……204
Lesson 3　煙感知器の設置基準……209
Lesson 4　炎感知器、その他の設置基準……214
Lesson 5　発信機・受信機・地区音響装置の設置基準……218
Lesson 6　電源および配線関係(1)……223
Lesson 7　電源および配線関係(2)……229
Lesson 8　回路抵抗・絶縁抵抗および接地工事……234
Lesson 9　試験および点検(1)……237
Lesson10 試験および点検(2)……243
Lesson11 ガス漏れ火災警報設備の設置基準……247

●使える！まとめ資料　学科編……253

実技試験対策（鑑別等）

●使える！まとめ資料
実技　鑑別等編……269
整理問題……287

実技試験対策（製図）

製図試験対策　実践編……291
整理問題……321

予想模擬試験

〈第１回〉筆記試験　問題……332
実技試験　問題……345
〈第２回〉筆記試験　問題……350
実技試験　問題……363
解答カード……369

■さくいん……373

★資料一覧
〈資料１〉消防法施行令別表第一……70
〈資料２〉自動火災報知設備を設置する防火対象の延べ面積等……117

■別冊
予想模擬試験　解答／解説

本書の使い方

1 レッスンの内容を把握！

レッスン冒頭の解説と「1コマ劇場」で、これから学習する内容や学習のポイントを大まかに確認しましょう。

2 本文を学習しましょう

項目ごとの重要度がひと目でわかります。
欄外の記述やアドバイス、イラストや図表も活用して、本文の学習を進めましょう。

「1コマ劇場 1コマ劇場」でイメージを膨らまそう

レッスンの重要な内容を、1コマ漫画で表現しました。

しっかり教えますから、合格目指して頑張りましょう！

設子先生

これから皆さんと一緒に学習します。よろしくね！

シローくん

欄外で理解を深めよう

用語

難しい用語を詳しく解説します。

プラス1

本文にプラスして覚えておきたい事項です。

重要ピックアップ

試験で問われやすい重要ポイントです。

Lesson 2

自動火災報知設備の設置義務（2）

ここでは、自動火災報知設備の設置について、建物の延べ面積や階数以外の特殊な条件に基づいて設置義務が生じる場合と、設置を省略できる場合について学習します。また危険物施設について、設置義務のある6種類の名称を確認しましょう。

1 特殊な条件に基づく設置義務 ABC

①特定1階段等防火対象物

特定1階段等防火対象物については、延べ面積と関係なく、すべてに自動火災報知設備を設置しなければなりません。特定1階段等防火対象物とは、特定用途部分が避難階以外の階（1階と2階は除く）に存在する防火対象物で、その階から避難階または地上に直通する階段が1か所以下しか設けられていないものをいいます（P.97表中の4））。具体的には下図のような、地階または3階以上の階に特定用途部分があり、屋内階段が1つしかない防火対象物です。特定用途部分のある階だけでなく、建物の全体（全階）に設置義務が生じます。

用語
特定用途部分
P.117の(1)～(4)、(5)のイ、(6)、(9)のイのために使用する部分。

避難階
P.82

一般には、1階が避難階に当たります。

■特定1階段等防火対象物

3階（特定用途部分）	屋内階段
2階	
1階	
地階（特定用途部分）	

122

3 ○×問題で復習

本文の学習が終わったら各レッスン末の「確認テスト」に取り組みましょう。知識の定着に役立ちます。

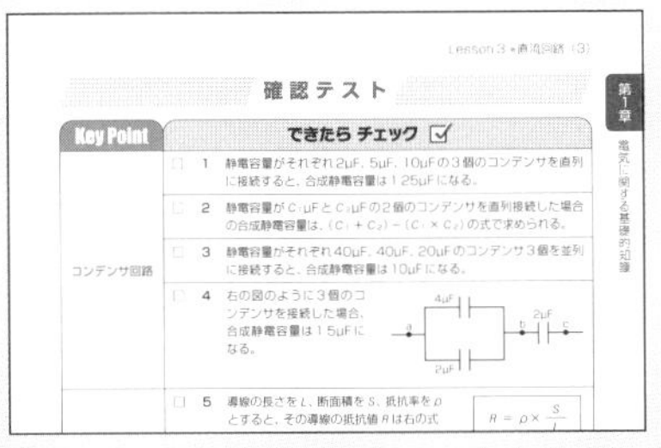
Lesson 3 ● 直流回路（3）

確認テスト

Key Point	できたら チェック ☑
コンデンサ回路	□ 1 静電容量がそれぞれ2μF、5μF、10μFの3個のコンデンサを直列に接続すると、合成静電容量は1.25μFになる。
	□ 2 静電容量がC_1μFとC_2μFの2個のコンデンサを直列接続した場合の合成静電容量は、$(C_1+C_2)\div(C_1\times C_2)$の式で求められる。
	□ 3 静電容量がそれぞれ40μF、40μF、20μFのコンデンサ3個を並列に接続すると、合成静電容量は10μFになる。
	□ 4 右の図のように3個のコンデンサを接続した場合、合成静電容量は1.5μFになる。
	□ 5 導線の長さをL、断面積をS、抵抗率をρとすると、その導線の抵抗値Rは右の式

第1章 電気に関する基礎的知識

4 予想模擬試験にチャレンジ！

学習の成果を確認するために、本試験形式の予想模擬試験（2回分）に挑戦しましょう。点数を記録することで得意な・苦手な科目がわかります。苦手な科目は本文にもどって理解を深め、もう一度、予想模擬試験に取り組んでみましょう。

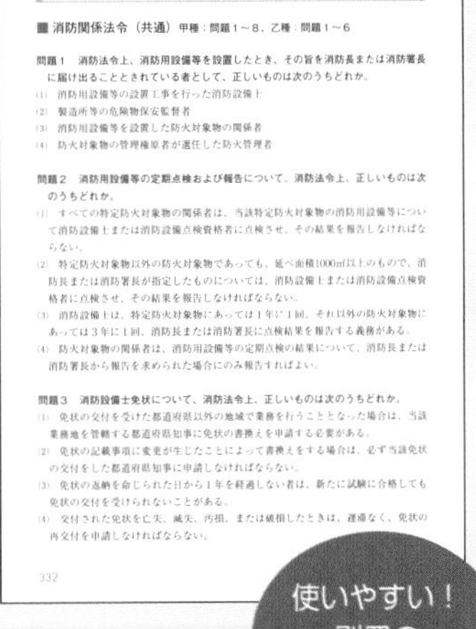
予想模擬試験〈第1回〉

■ 消防関係法令（共通） 甲種：問題1～8、乙種：問題1～6

問題1 消防法令上、消防用設備等を設置したとき、その旨を消防長または消防署長に届け出ることとされている者として、正しいものは次のうちどれか。

(1) 消防用設備等の設置工事を行った消防設備士
(2) 製造所等の危険物保安監督者
(3) 消防用設備等を設置した防火対象物の関係者
(4) 防火対象物の管理権原者が選任した防火管理者

問題2 消防用設備等の定期点検および報告について、消防法令上、正しいものは次のうちどれか。

(1) すべての特定防火対象物の関係者は、当該特定防火対象物の消防用設備等について消防設備士または消防設備点検資格者に点検させ、その結果を報告しなければならない。
(2) 特定防火対象物以外の防火対象物であっても、延べ面積1000㎡以上のもので、消防長または消防署長が指定したものについては、消防設備士または消防設備点検資格者に点検させ、その結果を報告しなければならない。
(3) 消防設備士は、特定防火対象物にあっては1年に1回、それ以外の防火対象物にあっては3年に1回、消防長または消防署長に点検結果を報告する義務がある。
(4) 防火対象物の関係者は、消防用設備等の定期点検の結果について、消防長または消防署長から報告を求められた場合にのみ報告すればよい。

問題3 消防設備士免状について、消防法令上、正しいものは次のうちどれか。

(1) 免状の交付を受けた都道府県以外の地域で業務を行うこととなった場合は、当該業務地を管轄する都道府県知事に免状の書換えを申請する必要がある。
(2) 免状の記載事項に変更が生じたことによって書換えをする場合は、必ず当該免状の交付をした都道府県知事に申請しなければならない。
(3) 免状の返納を命じられた日から1年を経過しない者は、新たに試験に合格しても免状の交付を受けられないことがある。
(4) 交付された免状を亡失、滅失、汚損、または破損したときは、遅滞なく、免状の再交付を申請しなければならない。

332

使いやすい！
別冊の
解答解説付き

Lesson 2 ● 自動火災報知設備の設置義務（2）

②指定可燃物の貯蔵・取扱いをする防火対象物

指定可燃物とは、わら製品、木毛その他の物品で、火災が発生した場合にその拡大が速やかであり、または消火活動が著しく困難になるものとして、政令（「危険物の規制に関する政令」）によって数量が定められているものをいいます。この数量の500倍以上を貯蔵または取り扱う防火対象物には、自動火災報知設備を設置する義務が生じます。

③通信機器室

防火対象物内にある通信機器室で、床面積が500㎡以上のものには、自動火災報知設備を設置しなければなりません。

④防火対象物内の道路

防火対象物内の一部分が道路として使用されており、その道路部分の床面積が、屋上の場合には600㎡以上、それ以外の場合には400㎡以上のものであるときは、その道路部分に自動火災報知設備を設置しなければなりません。

⑤地階または2階以上の階で駐車場があるもの

防火対象物の地階または2階以上の階であって、駐車場として使用されている部分があるものについては、その駐車場部分の床面積が200㎡以上であるときは、その階に自動火災報知設備を設置しなければなりません。

2 自動火災報知設備を省略できる場合 ABC

次のア～ウの設備のいずれかを適切に設置した場合は、その設備の有効範囲内の部分に限り、自動火災報知設備の設置を省略することができます（なお、ア～ウのいずれも閉鎖型スプリンクラーヘッドを備えているものに限る）。

ア スプリンクラー設備
イ 水噴霧消火設備
ウ 泡消火設備

ただし、特定防火対象物などについては、たとえ前述の

プラス1
「危険物の規制に関する政令」別表第四で定める指定可燃物の数量の例
- わら類、紙くず等 …1000kg
- 木毛（木材を糸状に削ったもの）等 …400kg
- 可燃性液体類 …2㎥

ゴロ合わせ
通信（通信機器室）はご自由（500㎡以上）に
道路は無（600㎡以上）視（400㎡以上）
駐車場に客（200㎡以上）

プラス1
駐車場（令別表第一（13）のイ）は非特定防火対象物なので、1階に設けられていれば、500㎡以上の場合に自動火災報知設備の設置義務が生じる。
▶P.118のイ

第3章 消防関係法令（類別）

123

らくらく暗記！

楽しい覚え方で暗記がはかどります。

本書における科目の順番について

本書の科目の順番は『学びやすさ』という観点から、実際の試験の科目順とは異なっています。

第４類消防設備士の資格について

1 消防設備士とは

デパート、ホテル、劇場などの建物は、その用途や規模などに応じて、自動火災報知設備などの設置が法律によって義務づけられています。それらの設備の工事や整備・点検を行うには、消防設備士の資格が必要になります。

消防設備士免状の種類と工事などのできる設備等の種類は、次の通りです。

免状の種類		工事・整備の対象となる設備等
甲種	特類	特殊消防用設備等
甲種・乙種	第１類	屋内消火栓設備、スプリンクラー設備、水噴霧消火設備、屋外消火栓設備
	第２類	泡消火設備
	第３類	不活性ガス消火設備、ハロゲン化物消火設備、粉末消火設備
	第４類	**自動火災報知設備、ガス漏れ火災警報設備、消防機関へ通報する火災報知設備**
	第５類	金属製避難はしご、救助袋、緩降機
乙種	第６類	消火器
	第７類	漏電火災警報器

甲種消防設備士は、特殊消防用設備等（特類の資格者のみ）または消防用設備等の工事と整備・点検ができます。一方、乙種消防設備士は消防用設備等の整備・点検だけを行うことができます。工事はできません。

2 第４類消防設備士試験について

▶▶▶試験実施機関

消防試験研究センターの各道府県支部（東京都は中央試験センター）

▶▶▶受験資格

甲種は、**一定の資格や経験**が必要です。詳しくは、消防試験研究センターのホームページを参照してください。

乙種は、年齢、性別、学歴等、制約はありません。**どなたでも受験できます。**

▶▶▶試験科目・問題数・試験時間

試験科目			問題数	
			甲種	乙種
筆記試験	①基礎的知識	電気に関する部分	10	5
	②消防関係法令	各類に共通する部分	8	6
		第4類に関する部分	7	4
	③構造・機能および工事または整備の方法	電気に関する部分	12	9
		規格に関する部分	8	6
	筆記試験合計		45	30
実技試験	鑑別等		5	5
	製図		2	−
試験時間			3時間15分	1時間45分

▶▶▶出題形式

筆記試験…………４つの選択肢の中から正答を１つ選ぶ、**四肢択一**の**マークシート方式**です。

実技試験の鑑別…写真、イラスト、図などを見ながら、関連する問題に答える**記述方式**です。

実技試験の製図…感知器や配線を書き込んで図を完成させたり、配線図や系統図の誤りを修正したり、あるいは、系統図に配線の本数等を書いたりする**記述方式**です。
乙種には、製図試験はありません。

▶▶▶科目免除

消防設備士、電気工事士、電気主任技術者、技術士等の資格を有する人は、申請により試験科目の一部が免除になります。その場合の試験時間は短縮になります。

▶▶▶合格基準

筆記試験において、**科目ごとに40%以上**で**全体の出題数の60%以上**、かつ、**実技試験において60%以上**の成績を修めた人が合格となります。

なお、試験の一部免除がある場合は、その部分を除いて計算します。

3 受験の手続き

▶▶▶受験地

居住地に関係なく、**どこの都道府県でも受験できます**。

▶▶▶試験案内・受験願書

消防試験研究センターの各道府県支部、消防本部、消防署などで入手できます。受験願書は全国共通です。

▶▶▶申込方法

書面申請（受験願書に書き込んで郵送する）と、**電子申請**（消防試験研究センターのホームページから申し込む）があります。

▶▶▶試験日

多くの都道府県では、年に複数回実施されています。

試験の詳細、お問い合わせ等

消防試験研究センター

ホームページ　https://www.shoubo-shiken.or.jp/

※全国の試験日程や試験案内の内容を確認することができます。

第1章
電気に関する基礎的知識

この章でよく出題されるのは、電気回路に2個以上の抵抗を直列・並列に接続した場合の、合成抵抗を求める計算問題です。オームの法則によって電流や電圧の値を求める場合もあります。交流回路では抵抗とコイル、コンデンサを接続した回路の計算問題が頻出です。このほか、導線の抵抗率、電磁誘導、変圧器に関する問題が重要です。

Lesson 1　直流回路（1）
Lesson 2　直流回路（2）
Lesson 3　直流回路（3）
Lesson 4　電力と熱量、磁気
Lesson 5　交流回路（1）
Lesson 6　交流回路（2）
Lesson 7　電気計測（1）
Lesson 8　電気計測（2）
Lesson 9　電気機器

Lesson 1

直流回路（1）

直流回路では電流が一定の向きに流れます。電流を流す電圧と、電流を流れにくくする抵抗の関係（オームの法則）を理解しましょう。また、直列接続の場合と並列接続の場合では、合成抵抗の求め方などが異なることを学習しましょう。

1 オームの法則

ABC

下の図のように、電池の＋極と－極に豆電球をつなぐと豆電球に電気が流れて点灯します。このような電気の流れを**電流**（記号*I*）といい、単位は**アンペア**〔A〕を用います。電流が流れる路を**回路**といいます。また電流を流すには電気的な高低（電位差）を必要とします。これを**電圧**（記号*V*）といい、単位には**ボルト**〔V〕を用います。

用語

回路
電流が、常に一定の向きに一定の大きさで流れている回路を直流回路という。これに対し、電流の向きや大きさが周期的に変化する回路を交流回路という。

■豆電球の回路とその回路図

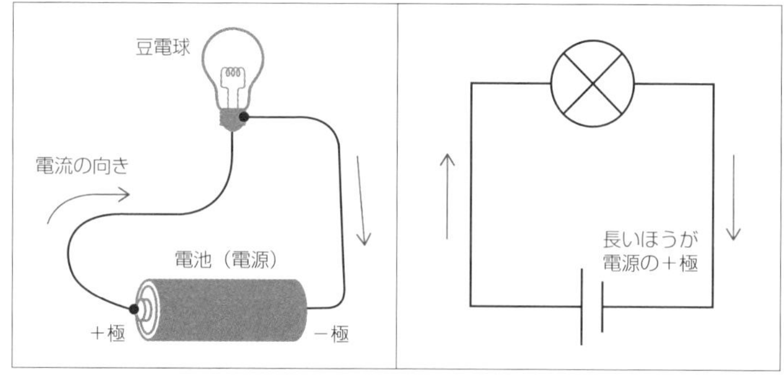

電流は電圧に比例し、電圧が高いほど大きな電流が流れます。これに対し、電流を流れにくくする働きを**電気抵抗**または単に**抵抗**（記号R）といいます。抵抗の単位として**オーム〔Ω〕**を用います。

電流I、電圧V、抵抗Rの関係を式に表すと、次のようになります。この関係を**オームの法則**といいます。

$$\text{電流 } I = \frac{\text{電圧 } V}{\text{抵抗 } R}$$

例題 1

抵抗が20Ωの直流回路に、0.4Aの電流が流れている。電源の電圧は何Vか。

V〔V〕
÷ ÷
I〔A〕× R〔Ω〕

電圧Vを隠すと$I \times R$となる。

∴電源の電圧 $V = I \times R = 0.4\text{A} \times 20\,\Omega = 8\text{V}$

左のだ円形は、求めたい項目を隠すと計算式がわかるようになっています。

※「∴」は「ゆえに」という意味の記号

2 直列接続 ABC

下の図は抵抗R_1と抵抗R_2を**直列**に接続した回路です。直列接続の場合は、回路の**どこでも同じ大きさの電流I**が流れています。回路全体の電圧（電源の電圧）をVとし、各抵抗にかかる電圧をV_1、V_2とすると、

$V = V_1 + V_2 = IR_1 + IR_2$ …① が成り立ちます。

用語

直列接続
電流の流れる道筋が途中で枝分かれしない接続の仕方。

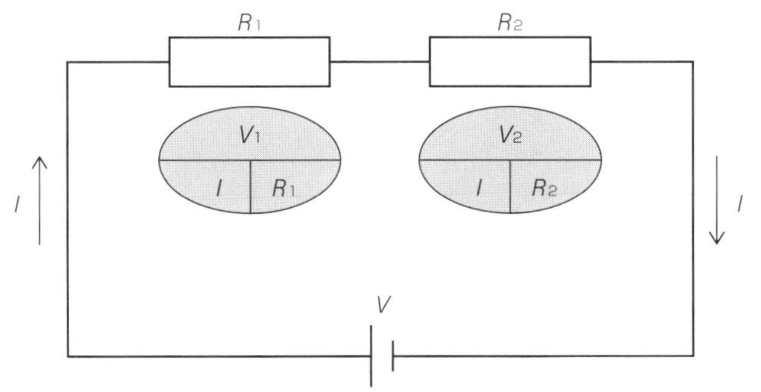

抵抗ごとにオームの法則を考えると抵抗R_1では、$V_1 = IR_1$、抵抗R_2では、$V_2 = IR_2$、が成り立つね。

重要ピックアップ
直列接続の回路
● 電流
どこでも同じ大きさの電流 I が流れる。
● 電圧
全体の電圧は各抵抗にかかる電圧の和に等しい。
$V = V_1 + V_2$
（▶P.256「キルヒホッフの第２法則」でも説明できる）

この回路全体の抵抗を R とし、回路全体のオームの法則を考えてみると、全体の電圧が V、回路を流れる電流が I なので、$V = IR$ …② が成り立ちます。

したがって、この②と前ページの①から、

$IR = IR_1 + IR_2$

この式の両辺を I で割ると、

$R = R_1 + R_2$ …③

③より、直列接続では、回路全体の抵抗（**合成抵抗**）は**各抵抗の和**に等しいことがわかります。

例題２

6Ω、9Ω、18Ωの３つの抵抗を直列接続した場合、この回路全体の合成抵抗値はいくらか。

直列接続の場合、合成抵抗値は各抵抗の和に等しい。
$\therefore 6 + 9 + 18 = 33\Omega$

例題３

10Ω、20Ω、20Ωの３つの抵抗を直列接続した。電源の電圧を100Vとすると、この回路に流れる電流は何Aか。また、10Ωの抵抗にかかる電圧は何Vか。

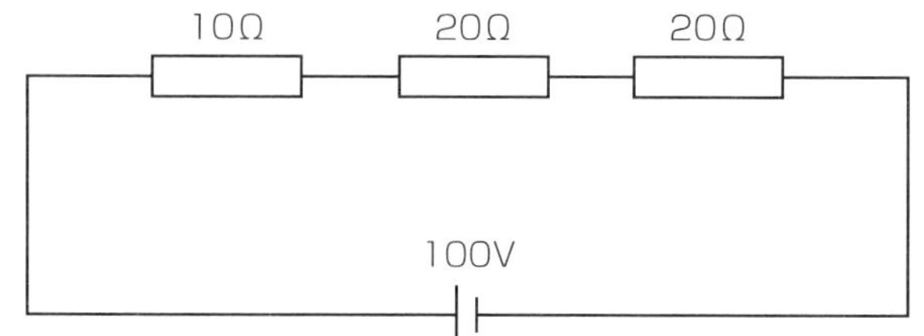

この回路の合成抵抗値は、10＋20＋20＝50Ω。電源電圧が100Vなので、回路に流れる電流は、

$\therefore I = \frac{100}{50} = 2A$

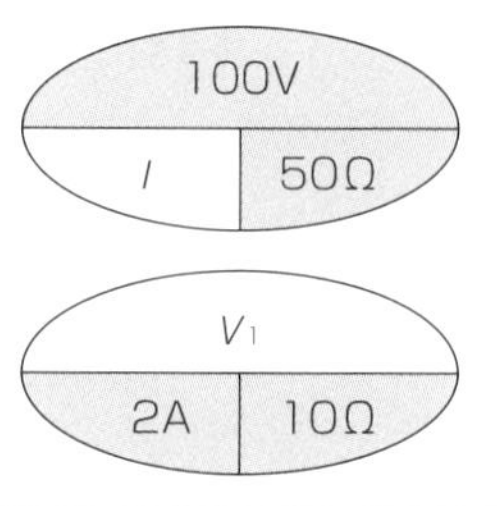

次に10Ωの抵抗にかかる電圧 V_1 について考えてみると、この抵抗にも2Aの電流が流れるので、

$\therefore V_1 = 2A \times 10\Omega = 20V$

例題３において20Ωの抵抗にかかる電圧はどちらも40Vになります。各抵抗にかかる電圧を合計すると、20＋40＋40＝100Vです。

3 並列接続 ABC

下の図は抵抗 R_1 と抵抗 R_2 を**並列**に接続した回路です。並列接続の場合は、回路が枝分かれして**並列部分にかかる電圧は同じ大きさ**です。一方、電流は、並列になっている各部分に流れる I_1、I_2 の和が、枝分かれしていない部分を流れる電流 I と等しくなります。

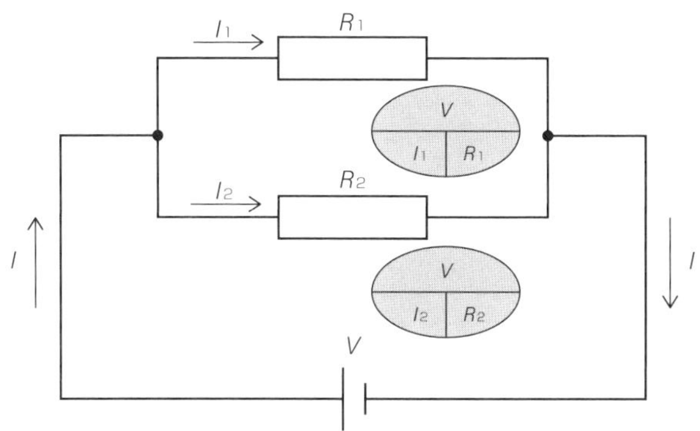

$$I = I_1 + I_2 = \frac{V}{R_1} + \frac{V}{R_2} \quad \cdots①$$

この回路全体の抵抗（合成抵抗）を R とし、回路全体のオームの法則を考えてみると、全体の電圧が V、枝分かれしていない部分を流れる電流が I なので、

$$I = \frac{V}{R} \quad \cdots②$$ が成り立ちます。

したがって、この②と①から、

$$\frac{V}{R} = \frac{V}{R_1} + \frac{V}{R_2}$$

この式の両辺を V で割ると、

$$\frac{1}{R} = \frac{1}{R_1} + \frac{1}{R_2} \quad \cdots③$$

③より、並列接続では、**合成抵抗**の値は、枝分かれしている**各部分の抵抗の逆数の和の逆数**に等しいことがわかります。

 **用語**

並列接続
電流の流れる道筋に枝分かれのある接続の仕方。

抵抗ごとにオームの法則を考えると抵抗 R_1 では、
$I_1 = \frac{V}{R_1}$、
抵抗 R_2 では、
$I_2 = \frac{V}{R_2}$、
が成り立つね。

重要ピックアップ

並列接続の回路

● 電流
枝分かれしていない部分の電流は、枝分かれしている部分の電流の和に等しい。
$I = I_1 + I_2$
（▶P.256「キルヒホッフの第1法則」でも説明できる）

● 電圧
枝分かれしている部分の電圧は大きさが同じ。

例題 4

6Ω、9Ω、18Ωの3つの抵抗を並列接続した場合、この回路全体の合成抵抗値はいくらか。

並列接続の場合、合成抵抗値は枝分かれしている各部分の抵抗の逆数の和の逆数に等しいので、

$$\therefore \frac{1}{6} + \frac{1}{9} + \frac{1}{18} = \frac{1}{3}$$

合成抵抗値はこの逆数なので、3Ω

プラス1
直列接続の場合は、合成抵抗の値は元のどの抵抗よりも大きくなる。これに対し、並列接続の場合は、合成抵抗の値は元のどの抵抗よりも小さくなる。

なお、2つの抵抗を並列接続した場合には、前ページの③を変形して、

$$\frac{1}{R} = \frac{R_2}{R_1 R_2} + \frac{R_1}{R_1 R_2} = \frac{R_1 + R_2}{R_1 R_2}$$

$$\therefore R = \frac{R_1 R_2}{R_1 + R_2} \quad \cdots ④$$ が成り立ちます。

用語
和分の積
分母が2つの抵抗値の和で、分子が2つの抵抗値の積の式。

④は、「**和分の積**」といい、2つの抵抗を並列接続した場合にしか使えませんが、覚えておくと便利です。

例題 5

右図のような回路の合成抵抗の値はいくらか。

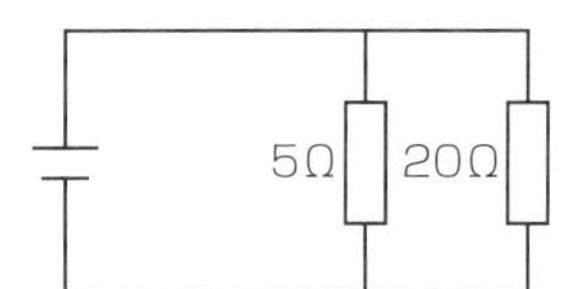

2つの抵抗の並列接続なので、

$$\therefore 合成抵抗値 R = \frac{5\times20}{5+20} = \frac{100}{25} = 4Ω$$

押えドコロ　合成抵抗Rの値

- **直列接続**…**各抵抗の和**に等しい

$$R = R_1 + R_2 + R_3 \cdots$$

- **並列接続**…枝分かれしている**各部分の抵抗の逆数の和の逆数**に等しい

$$\frac{1}{R} = \frac{1}{R_1} + \frac{1}{R_2} + \frac{1}{R_3} \cdots$$

確認テスト

Key Point	できたら チェック ☑
オームの法則	□ 1 抵抗 R に電圧 V を加えたときに流れる電流を I とすると、$V = IR$ はオームの法則を表している。
	□ 2 回路全体の抵抗が30Ωで、電源の電圧が6Vであるとき、この回路に流れる電流は、5Aである。
直列接続	□ 3 4Ω、8Ω、12Ωの3つの抵抗を直列接続した場合、この回路全体の合成抵抗値は、24Ωである。
	□ 4 直列接続の場合、回路を流れる電流の大きさは、各抵抗を流れる電流の和に等しい。
	□ 5 右の回路に3Aの電流が流れているとすると、電源電圧は18Vである。（回路図：2Ω 4Ω）
並列接続	□ 6 10Ωの抵抗を2個並列に接続した場合、合成抵抗値は5Ωになる。
	□ 7 右の回路のa点を流れる電流は、10Aである。（回路図：120V a b 20Ω 30Ω c）
	□ 8 7の回路のb点、c点を流れる電流は、どちらも10Aである。

解答・解説

1. ○ **2.** × オームの法則より電流 I ＝電圧 V ÷抵抗 R。したがって、6÷30＝0.2A。 **3.** ○ 4＋8＋12＝24Ω。 **4.** × 直列接続の場合、回路のどこでも同じ大きさの電流 I が流れている。 **5.** ○ 合成抵抗の値が2＋4＝6Ωなので、回路全体のオームの法則を考えて、電源電圧 V ＝電流3A×合成抵抗6Ω＝18V。 **6.** ○ 2つの抵抗 R_1 と R_2 を並列接続した場合の合成抵抗値は、$(R_1 \times R_2) \div (R_1 + R_2)$。したがって、(10×10)÷(10＋10)＝5Ωとなる。 **7.** ○ この回路の合成抵抗値は(20×30)÷(20＋30)＝12Ω。a点（枝分かれしていない部分）を通る電流 I は、回路全体のオームの法則を考えて、電流 I ＝電源電圧120V÷合成抵抗12Ω＝10A。 **8.** × b点、c点ともに枝分かれしている部分なので、それぞれの抵抗ごとにオームの法則を考える。枝分かれしている部分の電圧の大きさは同じなので、b点を流れる電流 I_1＝120V÷30Ω＝4A、c点を流れる電流 I_2＝120V÷20Ω＝6Aとなる。なお、$I = I_1 + I_2$ ＝4＋6＝10Aとなる。

ここが狙われる！

合成抵抗の値を求める問題がよく出題されている。直列接続と並列接続で求め方が異なることに注意しよう。また、**直列接続**では**電流**がどこも同じ大きさであり、**並列接続**では枝分かれ部分の**電圧**が同じ大きさであることを理解しよう。

Lesson 2 直流回路（2）

直列と並列が組み合わさった回路における合成抵抗や各抵抗の電圧・電流の求め方を学習しましょう。レッスン1で学習した内容の応用編です。ブリッジ回路という特殊な回路の性質を応用したホイートストンブリッジについても理解しましょう。

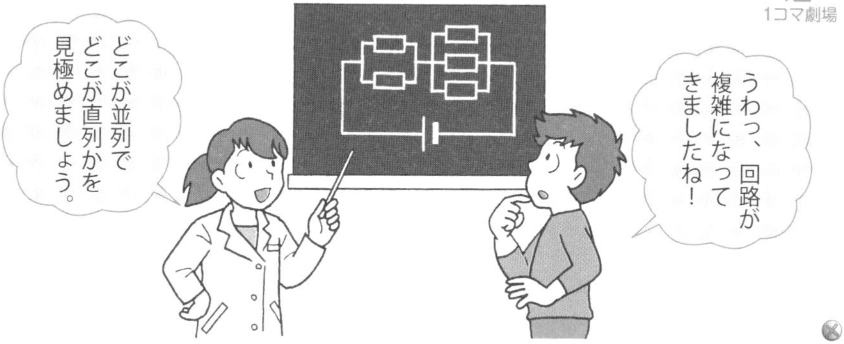
1コマ劇場
どこが並列でどこが直列かを見極めましょう。
うわっ、回路が複雑になってきましたね！

1 直並列接続 ABC

用語
直並列接続
直列接続と並列接続を組み合わせた接続のこと。

下の図1のbc間では抵抗R_2と抵抗R_3が並列に接続されており、さらにab間（抵抗R_1）とbc間は直列に接続されています。

■図1

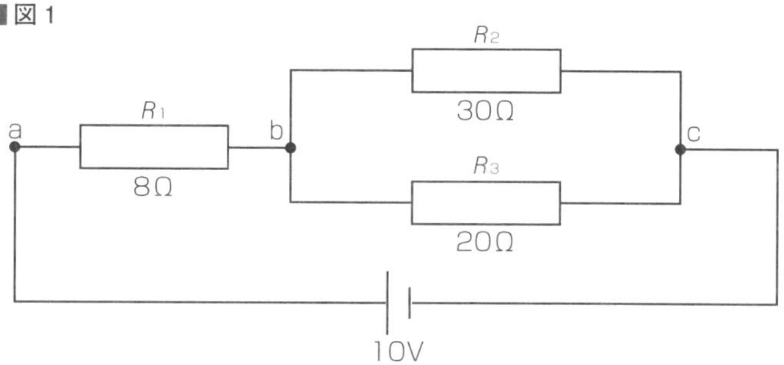
R2
30Ω
R1
a
b
c
8Ω
R3
20Ω
10V

このような**直並列接続**の回路の場合、並列接続の部分は並列接続のルール（▶P.15）、直列接続の部分は直列接続のルール（▶P.13～14）に従って、抵抗、電流、電圧の値を求めることができます。

例題 1

図１の回路全体の合成抵抗 R の値はいくらか。

まずbc間（抵抗 R_2 と R_3）は２つの抵抗が並列接続なので、

$$\text{bc間の合成抵抗} = \frac{R_2 R_3}{R_2 + R_3} = \frac{30 \times 20}{30 + 20} = 12\,\Omega$$

次にab間（抵抗 R_1）とbc間は直列接続なので、

∴回路全体の合成抵抗 $R = 8\,\Omega + 12\,\Omega = 20\,\Omega$

例題 2

図１の抵抗 R_1 に流れる電流の値はいくらか。

抵抗 R_1 は回路が枝分かれしていない部分なので、回路全体を流れる電流 I と同じ大きさの電流が流れている。そこで回路全体のオームの法則を考えてみると、電源電圧 V が10Vなので、

$$\therefore \text{電流}\ I = \frac{10\text{V}}{20\Omega} = 0.5\text{A}$$

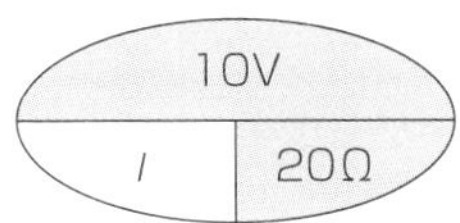

例題 3

図１の抵抗 R_1 にかかる電圧 V_1 の値はいくらか。

抵抗 R_1 では８Ωの抵抗に0.5Aの電流が流れているので、抵抗 R_1 におけるオームの法則を考えてみると、

∴電圧 $V_1 = 0.5\text{A} \times 8\,\Omega = 4\,\text{V}$

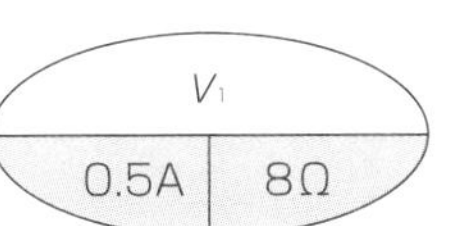

例題 4

図１の抵抗 R_2 にかかる電圧 V_2 と抵抗 R_3 にかかる電圧 V_3 の値はそれぞれいくらか。

抵抗 R_2 と抵抗 R_3 は並列接続なので電圧の大きさは同じ（$V_2 = V_3$）。また、ab間とbc間は直列接続なので、各部分の電圧の和が回路全体の電圧（電源電圧）と等しくなる。

（ab間の電圧 V_1）＋（bc間の電圧 $V_2 = V_3$）＝電源電圧 V

∴電圧 $V_2 = V - V_1 = 10\text{V} - 4\text{V} = 6\text{V}$　（$V_2 = V_3 = 6\text{V}$）

プラス1

図1の回路全体および各抵抗のオームの法則は次の通り。

回路全体

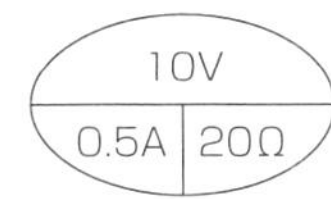

抵抗 R_1

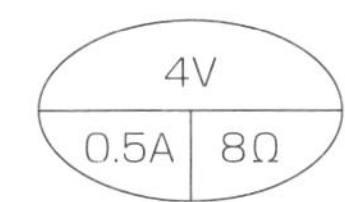

抵抗 R_2

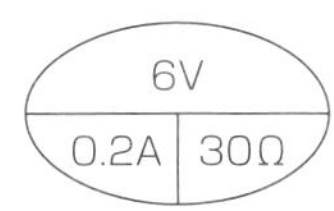

抵抗 R_3

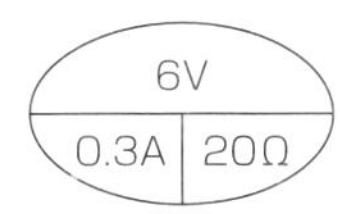

抵抗 R_2 の0.2Aと、抵抗 R_3 の0.3Aとを合計すると、0.5Aになる。

下の図２も**直並列接続**の回路です。図２′と図２″は図２とまったく同じ回路図です。この回路は点 a で枝分かれし、抵抗R_1と抵抗R_2が直列に接続されている部分と、抵抗R_3のみを通る部分とが、並列に接続されています。

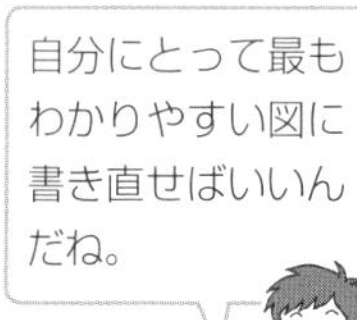

■図２

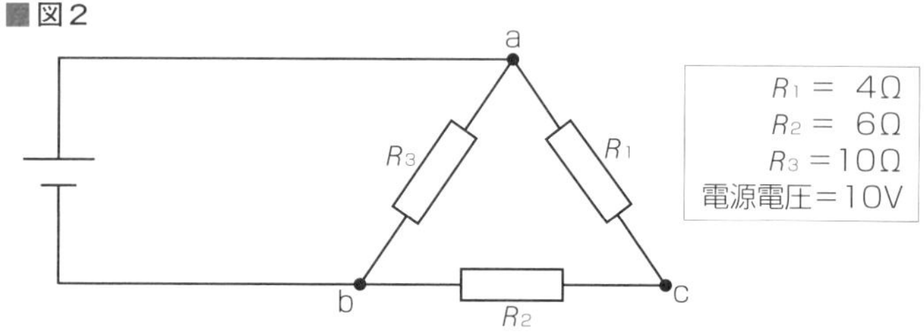

■図２′　■図２″

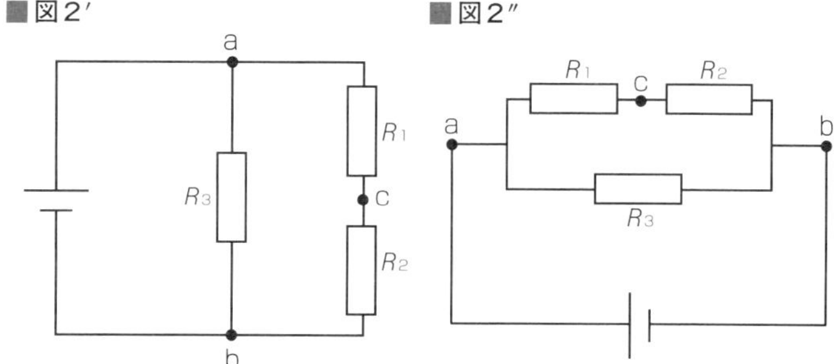

例題５

図２の回路全体の合成抵抗 R の値はいくらか。

抵抗 R_1 と R_2 は直列接続なので合成抵抗は４＋６＝10Ω。この10Ωと抵抗 R_3 の10Ωが並列接続になっているので、

∴回路全体の合成抵抗 $R = \dfrac{10\times10}{10+10} = 5\,\Omega$

例題６

図２の抵抗 R_3 に流れる電流 I_3 の値はいくらか。

抵抗 R_3 は電源電圧と並列に接続されているので電圧の大きさは電源電圧と同じ10Vです。そこで抵抗 R_3 におけるオームの法則を考えてみると、

10V	
I_3	10Ω

∴電流 $I_3 = \dfrac{10\text{V}}{10\Omega} = 1\text{A}$

プラス１

図２の回路全体および各抵抗のオームの法則は次の通り。

回路全体

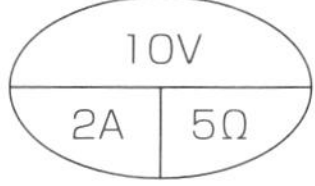

抵抗R_1

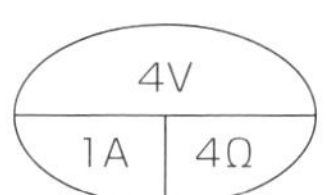

抵抗R_2

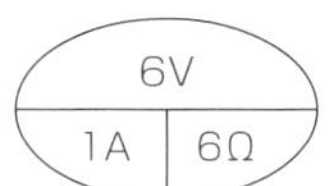

抵抗R_3

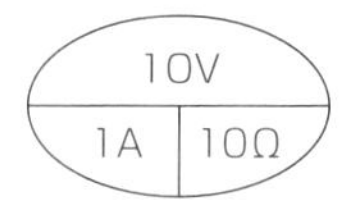

抵抗R_2（＝R_1）の１Aと、抵抗R_3の１Aとを合計すると、２Aになる。

例題 7

図2の抵抗 R_1 にかかる電圧 V_1 の値はいくらか。

まず回路全体のオームの法則を考えてみると、枝分かれしていない部分を流れる電流 I の大きさは、

$$電流 I = \frac{10V}{5\Omega} = 2A$$

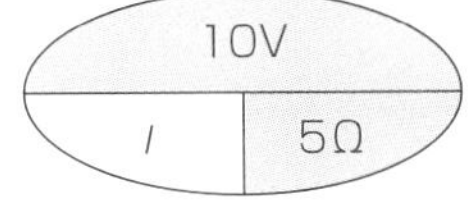

この2Aが点aで枝分かれして、

抵抗 R_3 のほうに1A流れるので、抵抗 R_1 と R_2 のほうには2A－1A＝1Aが流れる。そこで、抵抗 R_1 におけるオームの法則を考えてみると、

$$\therefore 電圧 V_1 = 1A \times 4\Omega = 4V$$

V₁ / 1A / 4Ω

抵抗 R_1 と抵抗 R_2 は直列接続なので同じ1Aの電流が流れます。

2 ブリッジ回路 ABC

下の図3と図3′はまったく同じ回路図です。このような、並列接続の間に橋（ブリッジ）を掛けた回路のことをブリッジ回路といいます。Ⓖは検流計です。

用語
検流計
ガルバノメーターともいう。微少な電流を測定する計器。

■図3

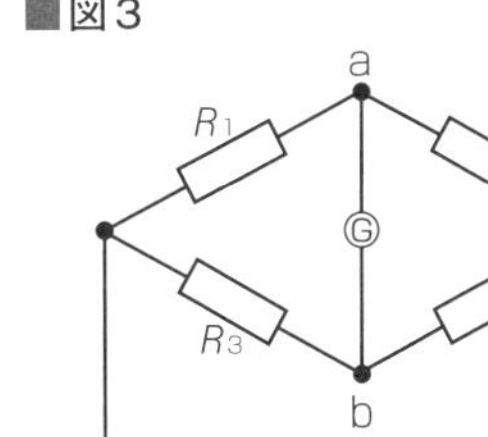

■図3′

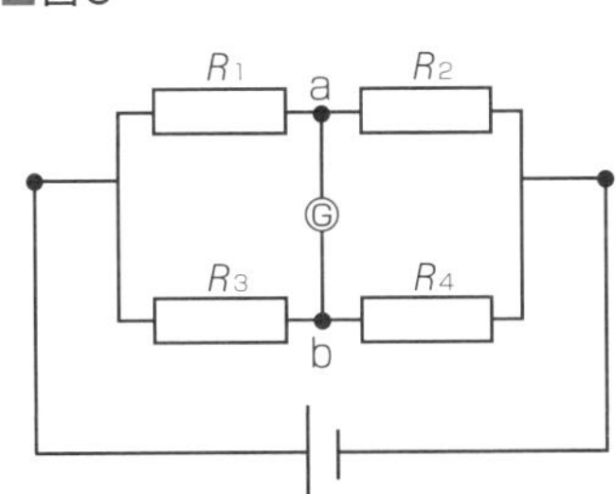

ブリッジ回路においては、たすき掛けの位置関係にある抵抗 R_1 と抵抗 R_4、抵抗 R_2 と抵抗 R_3 の**それぞれの積が等しい場合**は、ab間（ブリッジの部分）には**電流が流れない（検流計の値が0になる）**ことがわかっています。

$R_1R_4 = R_2R_3$ が成り立つ ⇒ ブリッジ部分の電流0

プラス1
ブリッジ部分の電流が0になる状態を、ブリッジが「平衡している」という。また $R_1R_4 = R_2R_3$ の式が成り立つことを、ブリッジの平衡条件という。

このブリッジ回路の性質を応用し、未知の抵抗値を測定するために実用化されたものが**ホイートストンブリッジ**です。下の図4のように、ブリッジ回路の4つの抵抗のうちの1つを未知の抵抗R_Xとし、1つを**可変抵抗器**（R_3）として、残りの2つを抵抗値のわかっている抵抗R_1とR_2とします。

用語

可変抵抗器
抵抗値を変えることができる装置。記号は ─▭─（可変抵抗器記号） を用いる。

この回路に電流を流し、可変抵抗器を調整して検流計の値が0になったときのR_3の値を読み取ります。

このとき、$R_1R_X = R_2R_3$が成り立つので、

$$R_X = \frac{R_2R_3}{R_1}$$

により、未知の抵抗R_Xの値を求めることができます。

■図4

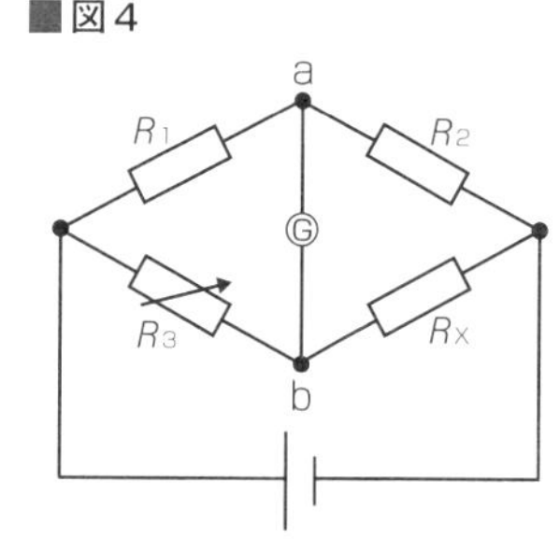

合わせ

【ブリッジ回路】
橋（ブリッジ回路）は、
斜めに掛けて（たすき掛け）
堰が同じなら（積が同じなら）
何も流れない（電流が流れない）

例題8

図4のホイートストンブリッジ回路で、抵抗R_1 = 6Ω、抵抗R_2 = 4Ωとし、可変抵抗器（R_3）の値を12Ωに調整したとき検流計Ⓖの値が0になったとする。抵抗R_Xの値はいくらか。

検流計の値が0なので、$R_1R_X = R_2R_3$　が成り立つ。

$$\therefore 未知の抵抗\ R_X = \frac{4 \times 12}{6} = 8\,\Omega$$

押えドコロ　**直並列接続の回路**

電流
$I = I_1 = I_2 + I_3$
電圧
$V = V_1 + V_2$
$V_2 = V_3$

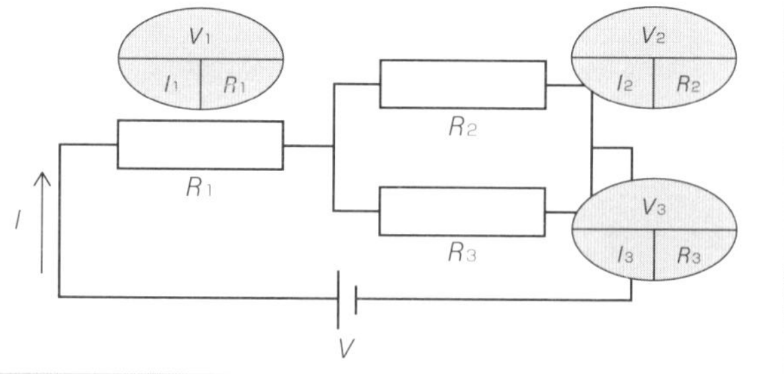

確認テスト

Key Point	できたら チェック ☑
直並列接続	□ 1 右の回路全体の合成抵抗の値は、14Ωである。（図：R_1 8Ω、R_2 8Ω、R_3 6Ω、20V）
	□ 2 1の回路の抵抗 R_3 に流れる電流は、2Aである。
	□ 3 1の回路の抵抗 R_1 と抵抗 R_2 にかかる電圧は、どちらも8Vである。
	□ 4 右の回路全体の合成抵抗の値は、12Ωである。（図：60V、R_1 20Ω、R_2 20Ω、R_3 10Ω）
	□ 5 4の回路の抵抗 R_1 に流れる電流は、5Aである。
	□ 6 4の回路の抵抗 R_2 と抵抗 R_3 に流れる電流は、どちらも2Aである。
ブリッジ回路	□ 7 ホイートストンブリッジ回路で、未知の抵抗 R_X と抵抗 R_1（3Ω）、抵抗 R_2（6Ω）と可変抵抗器（R_3）がそれぞれたすき掛けの位置関係にある。R_3 = 6Ωで検流計の値が0になったとすると、R_X = 3Ωである。

解答・解説

1. × 抵抗 R_1 と抵抗 R_2 が並列接続になっているので「和分の積」の式より、（8×8）÷（8＋8）＝4Ω。これと抵抗 R_3 の6Ωを合計して、回路全体の合成抵抗＝4＋6＝10Ω。 **2.** ○ 抵抗 R_3 には回路全体を流れる電流 I と同じ大きさの電流が流れている。回路全体のオームの法則より、電流 I ＝20V÷10Ω＝2A。 **3.** ○ まず抵抗 R_3 におけるオームの法則を考えると、抵抗 R_3 にかかる電圧 V_3 ＝2A×6Ω＝12V。電源電圧20Vからこの12Vを引いた8Vが並列接続の部分にかかる。並列部分では電圧の大きさが同じなので抵抗 R_1 と R_2 はどちらも8V。 **4.** ○ 抵抗 R_2 と抵抗 R_3 の合成抵抗＝20＋10＝30Ω。これと抵抗 R_1 とが並列接続なので「和分の積」の式より、（30×20）÷（30＋20）＝12Ω。 **5.** × 抵抗 R_1 は電源電圧と並列に接続されているので、電源電圧と同じ60Vがかかる。抵抗 R_1 におけるオームの法則を考えると、抵抗 R_1 に流れる電流＝60V÷20Ω＝3A。 **6.** ○ 枝分かれしていない部分を流れる電流 I ＝60V÷12Ω＝5Aなので、この5Aから抵抗 R_1 に流れる電流3Aを引いた2Aが抵抗 R_2 と抵抗 R_3 に流れる。
7. × $R_1R_X = R_2R_3$ が成り立つので、R_X ＝（R_2R_3）÷ R_1 ＝（6×6）÷3＝12Ω。

✓ ここが狙われる！

直並列接続の回路では、回路全体の**合成抵抗**を確実に求めることが重要である。**ブリッジ回路**の問題では、各抵抗の位置関係を間違えないよう注意しよう。

Lesson 3

直流回路（3）

電気回路にコンデンサを接続する場合について学習します。２個以上接続する場合の計算問題がよく出題されています。また、電気回路において電気の通り道となる導線の抵抗も重要です。導線の長さや断面積と抵抗値との関係を理解しましょう。

1 コンデンサ回路 ABC

①コンデンサと静電容量

コンデンサは、電気回路によく使われる部品で、電気を蓄えたり放出したりする働きをします。コンデンサが蓄えることのできる電気の量を、静電容量（記号C）といいます。静電容量の単位はファラド〔F〕ですが、値が非常に小さいので、マイクロファラド〔μF〕という単位をよく用います。１μFは、１Fの100万分の１の大きさです。

コンデンサにはいろいろな種類がありますが、基本的な構造は、空気や絶縁体をはさんで向かい合った２枚の金属板です。これに電圧を加えると一方の金属板に+、もう一方に−の電気が帯電します。

回路図ではコンデンサを右の記号で表します。下は２個のコンデンサを直列に接続した場合です。

■コンデンサの回路記号

物質が電気を帯びることを「帯電」といい、帯電した電気を「静電気」といいます。コンデンサも金属板が帯電するので静電容量といいます。

②合成静電容量

電気回路に2個以上のコンデンサを接続した場合における全体の静電容量を、**合成静電容量**といいます。直列接続した場合と、並列接続した場合とで合成静電容量の求め方が異なります。

ア　直列接続の場合

■図1

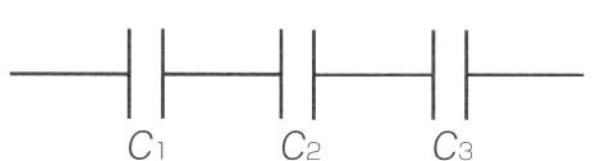

図1のように、複数のコンデンサを**直列**に接続した場合の合成静電容量Cは、**各コンデンサの静電容量の逆数の和の逆数**に等しくなります。これを式で表すと次のようになります。

$$\frac{1}{C} = \frac{1}{C_1} + \frac{1}{C_2} + \frac{1}{C_3} \quad \cdots ①$$

これは、複数の抵抗を**並列**に接続した場合の合成抵抗の求め方（▶P.15）と同じです。

> **例題 1**
>
> 4 μF、6 μF、12μFの3つのコンデンサを、直列に接続した場合の合成静電容量はいくらか。
>
> 上の①より
>
> $$\frac{1}{4} + \frac{1}{6} + \frac{1}{12} = \frac{1}{2}$$
>
> ∴合成静電容量はこの逆数なので、2 μF。

なお、2個のコンデンサを直列接続した場合には、①より、

$$\frac{1}{C} = \frac{C_2}{C_1 C_2} + \frac{C_1}{C_1 C_2} = \frac{C_1 + C_2}{C_1 C_2}$$

$$\therefore C = \frac{C_1 C_2}{C_1 + C_2}$$ …②が成り立ちます。

これも並列接続の合成抵抗の場合と同じです。

重要ピックアップ
クーロンの法則
帯電体がもつ電気量を電荷といい（単位はクーロン）、2つの電荷q_1とq_2が r〔m〕の距離にある場合、両者にはクーロン力Fという力（単位はニュートン〔N〕）が働く。

$$F = k \times \frac{q_1 \times q_2}{r^2} \text{〔N〕}$$

（kは比例定数）

重要ピックアップ
直列の合成静電容量
直列接続の合成静電容量は、並列接続の合成抵抗と同じ計算方法で求めることができる。

「和分の積」の式ですね。この式は抵抗やコンデンサが2個の場合しか使えないので注意しましょう。

イ　並列接続の場合

■図2

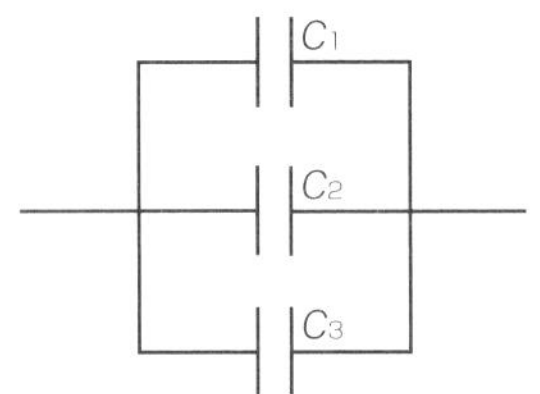

図2のように、複数のコンデンサを**並列**に接続した場合の合成静電容量Cは、**各コンデンサの静電容量の和**に等しくなります。

$$C = C_1 + C_2 + C_3 \quad \cdots ③$$

これは、複数の抵抗を**直列**に接続した場合の合成抵抗の求め方（▶P.14）と同じです。

重要ピックアップ
並列の合成静電容量
並列接続の合成静電容量は、直列接続の合成抵抗と同じ計算方法で求めることができる。

例題 2

図3のように5個のコンデンサが接続されている場合の全体の合成静電容量Cはいくらか。

■図3

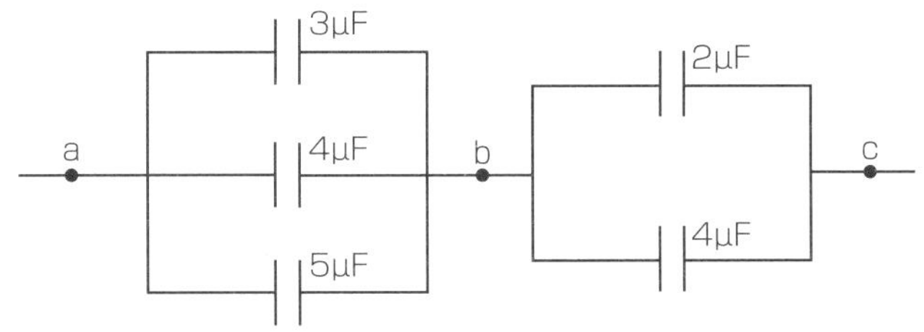

ab間の3個のコンデンサと、bc間の2個のコンデンサはそれぞれ並列に接続されているので、上の③により、

ab間の合成静電容量 $C_{ab} = 3 + 4 + 5 = 12$μF

bc間の合成静電容量 $C_{bc} = 2 + 4 = 6$ μF

さらに、このC_{ab}とC_{bc}が直列に接続されているので、前ページの②より、

∴全体の合成静電容量 $C = \dfrac{12 \times 6}{12 + 6} = 4$ μF

コンデンサが直並列接続になっている場合でも、抵抗の場合と同様、並列部分と直列部分に分けるとわかりやすいね。

2 導線の抵抗値と抵抗率 ABC

①導体と不導体

電気を通しやすい（抵抗値が小さい）物体を**導体**といい、逆に、電気を通しにくい（抵抗値が大きい）物体を**不導体**または**絶縁体**といいます。導体には、銀、銅、アルミニウム、鉄などの金属のほか、黒鉛があります。一方、不導体には、ガラス、雲母、磁器（セラミック）、ポリエチレン、ゴムなどがあります。

②導線の抵抗値

電気回路において電気の通り道となる**導線**には、安価な導体として銅がよく使われています。しかし、導体であっても抵抗値をもっています。これまで電気回路の計算をするとき、導線の小さな抵抗値は無視してきましたが、ここでは導線のもつ抵抗値について考えてみましょう。

導線の長さをL〔m〕、断面積をS〔㎟〕とすると、その導線の抵抗値R〔Ω〕は、次の式によって求められます。

$$R = \rho \times \frac{L}{S}$$ （ρは定数）…④

この式より、導線の**抵抗値R**は導線の**長さLに比例**し、導線の**断面積Sに反比例**することがわかります。つまり、電気は導線が長いほど通りにくくなり、断面積が大きいほど通りやすくなるということです。

例題3

ある導線の抵抗値が８Ωであった場合、この導線の長さを４倍、断面積を２倍にすると抵抗値はいくらになるか。

長さを４倍にすると抵抗値も４倍になる。また、断面積を２倍にすると抵抗値は1/2倍になる。

$$\therefore \text{導線の抵抗値} = 8\,\Omega \times 4 \times \frac{1}{2} = 16\,\Omega$$

重要ピックアップ
半導体
温度上昇や光の照射など、一定の条件を満たした場合にのみ電気を通す物体をいう。シリコン、ゲルマニウムなど。

反比例のときは、一方を２倍、３倍すると、相手方は1/２倍、1/３倍となります。つまり逆数倍です。

例題 4

抵抗値 1.6 Ωである導線の長さを 1/2 倍、直径を２倍にした場合、この導線の抵抗値はいくらになるか。

この導線の半径を r とすると、

断面積 $S = \pi \times r^2$（π は円周率）

直径を２倍にすると半径も２倍（$2r$）になるので、

断面積 $S' = \pi \times (2r)^2 = 4 \times \pi \times r^2$

つまり、断面積はもとの４倍になる。

$$\therefore \text{導線の抵抗値} = 1.6\,\Omega \times \frac{1}{2} \times \frac{1}{4} = 0.2\,\Omega$$

重要ピックアップ

温度と電気抵抗

金属は一般に温度が上昇すると抵抗率が高くなり、電気抵抗が増大する。これに対し、シリコンなどの半導体は、温度が上昇すると電気抵抗が減少する。

抵抗率は金属固有のものではなく、さまざまな物質の電気に対する抵抗を表します。

③抵抗率

前ページ④の定数 ρ（ロー）を抵抗率といい、導線の材料によって値が決まっています。単位は〔Ω・m〕です。また、抵抗率 ρ の逆数を導電率といいます。抵抗率が低い（＝導電率が高い）ほど電気を通しやすい物質です。

■主な物質の抵抗率（温度 20℃の場合）

物　質	抵抗率（単位〔Ω·m〕）	導電率
銀	1.59×10^{-8}	高
銅	1.68×10^{-8}	
金	2.21×10^{-8}	
アルミニウム	2.65×10^{-8}	
タングステン	5.48×10^{-8}	
鉄	10.0×10^{-8}	
白金	10.4×10^{-8}	低

【抵抗率の順番】

シルバー（銀）どきどき（銅金）当たって（アルミ・タングステン・鉄）真っ白（白金）

押えドコロ　コンデンサの合成静電容量

- **直列接続**…**各コンデンサの静電容量の逆数の和の逆数**に等しい
  → **並列接続**の合成抵抗と同じ計算方法
- **並列接続**…**各コンデンサの静電容量の和**に等しい
  → **直列接続**の合成抵抗と同じ計算方法
- **導線の抵抗値**…導線の**長さに比例**し、導線の**断面積に反比例**する

確認テスト

Key Point	できたら チェック ☑		
コンデンサ回路	☐	1	静電容量がそれぞれ2μF、5μF、10μFの3個のコンデンサを直列に接続すると、合成静電容量は1.25μFになる。
	☐	2	静電容量が C_1μFと C_2μFの2個のコンデンサを直列接続した場合の合成静電容量は、$(C_1 + C_2) \div (C_1 \times C_2)$ の式で求められる。
	☐	3	静電容量がそれぞれ40μF、40μF、20μFのコンデンサ3個を並列に接続すると、合成静電容量は10μFになる。
	☐	4	右の図のように3個のコンデンサを接続した場合、合成静電容量は1.5μFになる。
導線の抵抗値と抵抗率	☐	5	導線の長さを L、断面積を S、抵抗率を ρ とすると、その導線の抵抗値 R は右の式によって求められる。 $R = \rho \times \frac{S}{L}$
	☐	6	抵抗値0.5Ωの導線Aの長さを3倍、直径を1/2倍にすると、導線Bの抵抗値は6Ωになる。
	☐	7	金、銀、銅、アルミニウム、鉄、タングステンのうち、常温（20℃）において最も電気を通しやすい物質は、金である。

解答・解説

1.○ 直列接続なので各コンデンサの静電容量の逆数の和を求めると、1/2＋1/5＋1/10＝4/5。合成静電容量はこの逆数なので、5/4＝1.25μF。 **2.**× 2個のコンデンサを直列接続した場合の合成静電容量は「和分の積」より $(C_1 \times C_2) \div (C_1 + C_2)$ で求める。 **3.**× 並列接続なので、合成静電容量は各コンデンサの静電容量の和になる。∴40＋40＋20＝100μF。 **4.**○ ab間の合成静電容量は、並列接続なので4＋2＝6μF。さらにab間とbc間は直列接続なので「和分の積」の式より、(6×2)÷(6＋2)＝1.5μF。 **5.**× $R = \rho \times L/S$。 **6.**○ 導線Aの直径を1/2倍にすると、断面積は1/4倍になる。導線の抵抗値は導線の長さに比例し、断面積に反比例するので、0.5Ω×3×4＝6Ω。 **7.**× 抵抗率が低いものほど電気を通しやすい。設問の物質のうち常温（20℃）で最も抵抗率が低いのは、銀（1.59×10^{-8}〔Ω·m〕）である。

✓ ここが狙われる！

コンデンサの合成静電容量を求めるときは、直列と並列を取り違えないようにしよう。**導線の抵抗率**は「電気材料」の問題としても出題されるので、主な物質の抵抗率の大きさの順序や、**導体・絶縁体・半導体**の区別を覚えておこう。

Lesson 4 電力と熱量、磁気

このレッスンでは電気による熱や力の発生について学習します。特に、電気からどのようにして電動機（モーター）を動かす力が生じるのか、また発電はどのようにして行われるのか、その原理について順を追って理解していきましょう。

1 電力と電力量 ABC

重要ピックアップ
エネルギーの変換
エネルギーは、電気から熱や運動のエネルギーなどへと変換することができる。また、変換の前後でエネルギー全体の量は変わらない。これを「エネルギー保存の法則」という。

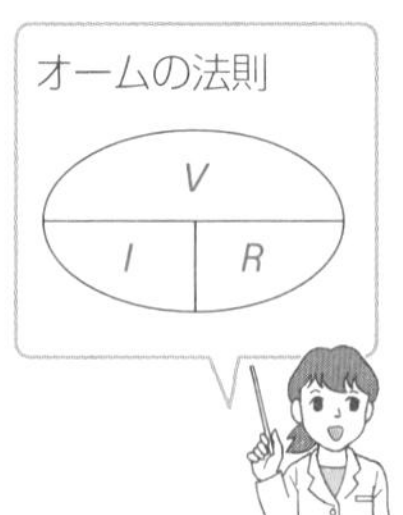

①電力とは

電気には電熱線から熱を出したり、電球を光らせたり、モーターを動かしたり、スピーカーから音を出したりする能力があります。こうした能力をエネルギーといい、電気がもつエネルギーを**電気エネルギー**といいます。

電力とは、単位時間当たりの電気エネルギーの大きさをいいます。電力（記号P）は、電圧Vと電流Iの積によって表されます。電力の単位には、ワット〔W〕を用います。

$$\text{電力}P = \text{電圧}V \times \text{電流}I \quad \cdots①$$

また、オームの法則より、$V = IR$、$I = \dfrac{V}{R}$ なので、

それぞれ①に代入し、$P = I^2R$ …①′　$P = \dfrac{V^2}{R}$ …①″

と表すこともできます。

②電力量

電力量とは、電力をある時間使用したときの総量です。電力量（記号W）は、電力Pとその使用時間tの積になります。電力の単位は時間tが秒〔s〕のときは**ワット秒〔Ws〕**、時間〔h〕のときは**ワット時〔Wh〕**を用います。

電力量W ＝ 電力P × 使用時間 t …②

または、$W = I^2Rt$ …②′　　$W = \frac{V^2}{R}t$ …②″

⚡重要ピックアップ

電力量と電気料金

電気料金は、一般にキロワット時〔kWh〕の単位で1か月間に消費した電力量をもとに計算する。なお、1kWh＝1000Wh。

例題 1

下図の回路に電流が10秒間流れたとき、抵抗R_1で消費される電力量はいくらか。

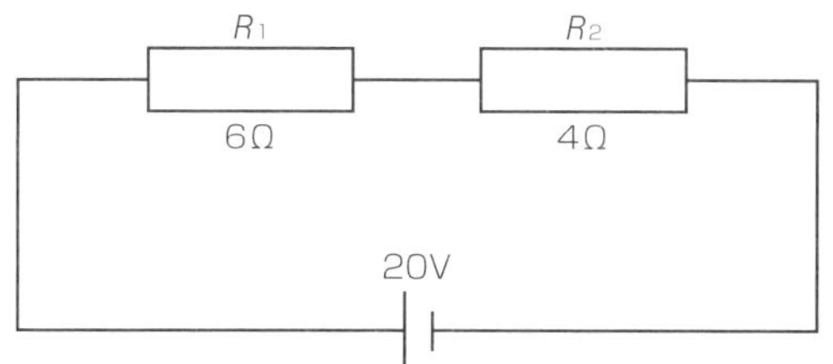

回路全体の合成抵抗Rは6＋4＝10Ωなので、回路全体に流れる電流Iは、

20V
I | 10Ω

電流 $I = \frac{20\text{V}}{10\Omega} = 2\text{A}$

これが抵抗R_1にも流れているので、抵抗R_1で10秒間に消費される電力量W_1は、上の②′より、

∴電力量 $W_1 = I^2R_1t = 2^2 \times 6 \times 10 = 240$〔Ws〕

プラス1

図の抵抗R_1におけるオームの法則より

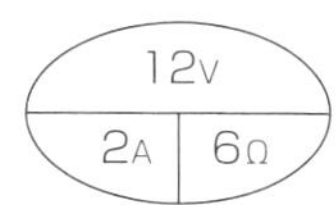

$W = Pt = V \times I \times t$
$= 12 \times 2 \times 10$
$= 240$〔Ws〕
と考えてもよい。

2 電力量とジュール熱　ABC

電気エネルギーは、熱エネルギーに変換されます。電気によって発生した熱のことを**ジュール熱**といい、単位には**ジュール〔J〕**を用います。

抵抗Rに電流Iをt秒間流したとき発生するジュール熱

（記号H）は、次の式によって表されます。

$$\text{ジュール熱}\ H = I^2Rt \quad \cdots ③$$

重要ピックアップ
ジュールの法則
$H=I^2Rt$ のほか、次の式でも表せる。
$H=Pt$（P：電力）
$H=VIt$（V：電圧）
$H=\dfrac{V^2}{R}t$

この式をジュールの法則といいます。この式の右辺は、電力量Wを表す式（前ページの②′）の右辺とまったく同じです。つまり、抵抗で消費された電気エネルギーが、熱エネルギーへと変換されているわけです。

例題 2

抵抗10Ωの電熱線に3Aの電流を10分間流したとき、発生する熱量はいくらか。

電熱線から発生する熱量はジュール熱なので、上の③によって求められる。10分間＝600秒なので、

∴ジュール熱 $H = 3^2 \times 10 \times 600 = 54000$〔J〕

または、1000〔J〕＝1〔kJ〕なので、54〔kJ〕

3 電気と磁界 ABC

①磁力と磁界

鉄くぎの近くに磁石を置くと、鉄くぎが引き寄せられます。この力を**磁力**といいます。磁石のまわりには、磁力の働く空間があり、これを**磁界**といいます。磁界の中に方位磁針を置いたとき、N極が指す向きを**磁界の向き**といい、磁界の向きを結んだ曲線を**磁力線**といいます。

■棒磁石のまわりの磁界（曲線は磁力線）

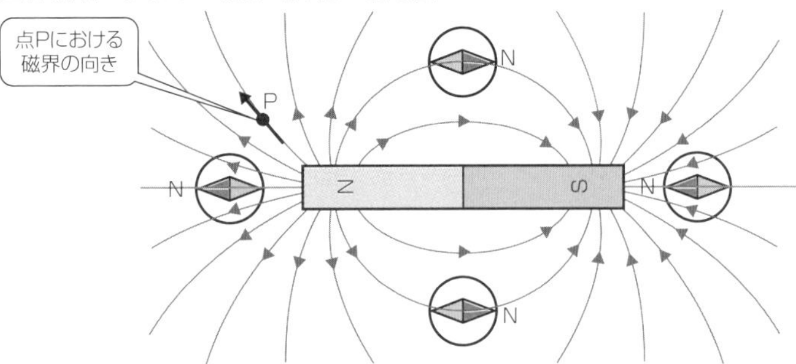

磁力線は棒磁石のN極から出てS極に入ります。

②導線を流れる電流がつくる磁界

導線に電流を流すと、導線のまわりに同心円状の磁界ができます。磁界の向きは、電流の流れる向きによって決まります。**導線のまわりにできる磁界の向きと導線を流れる電流の向きとの関係**は、下の図のように、**右ねじ**の回転する向きと右ねじが進む向きとの関係と同じです。これを、**アンペアの右ねじの法則**といいます。

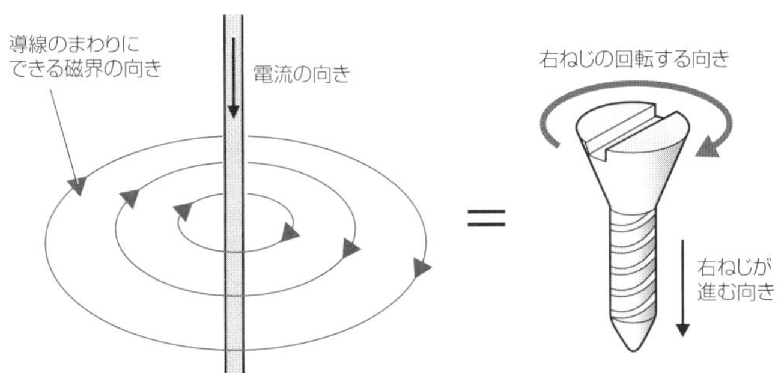

右ねじが進む向きに電流を流すと、右ねじの回転する向きに磁界ができるね。

③コイルに電流を流すことによってできる電磁石

導線をコイル状にして電流を流した場合も右ねじの法則によって導線のまわりに磁界ができます。このとき、同じ向きの磁力線が束（磁束）となって一定の方向を向き、コイル内側から外に向かって磁力線の出ていくほうがN極、反対側がS極の磁石になります。これを**電磁石**といいます。

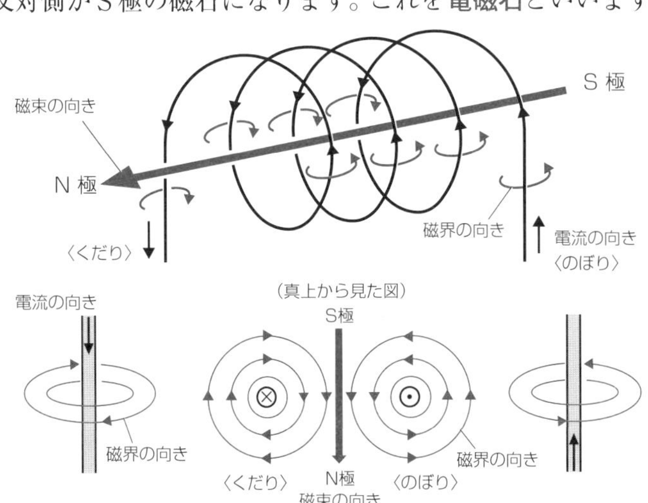

用語

磁束
磁力線の一定量を束ねたものを、磁束という。

重要ピックアップ

電磁石の特徴
- 電流が流れたときだけ磁石になる
- 流す電流の向きを逆にすると、N極とS極が逆になる
- 流す電流の大きさとコイルの巻き数に比例して磁力の強さが増す
- コイルの中に鉄心を入れるとさらに磁力が強くなる

④磁界内に電流を流すことによって生じる電磁力

図1のように棒磁石を向かい合わせると、N極からS極へ向かう磁界ができます。この磁界内に導線を通し、電流を図1の向きに流すと、右ねじの法則により導線のまわりに生じた磁力線と、棒磁石によって生じた磁力線とが図2のように合成され、磁力線の密度の高いほうから低いほうへと**力**が働きます。この力を**電磁力**といいます。

■図1

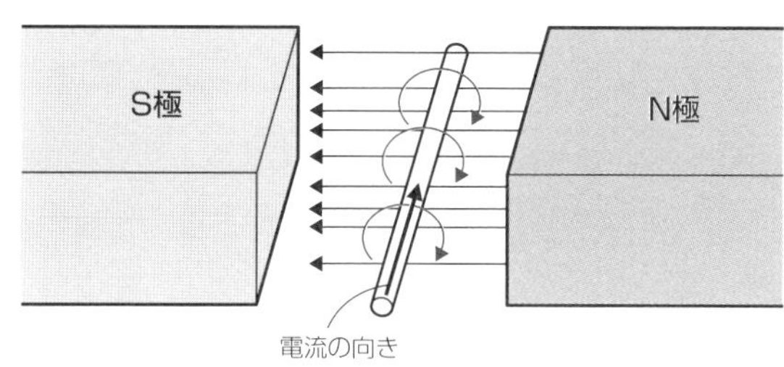

■図2

電磁力
磁力線が反対向き（密度：低）
磁力線が同じ向き（密度：高）

■図3

力の向き
磁界の向き
左手
電流の向き

この場合、**電流の向き**、（棒磁石の）**磁界の向き**、**電磁力の向き**は、図3のように、左手の中指、人差し指、親指を直角に開いたときの向きにそれぞれ対応します。これを、**フレミングの左手の法則**といいます。

図4のように導線をコイル状にして電流を流すとab間は上向き、cd間は下向きに力が働くため、コイルが回転します。これが**電動機**（モーター）の原理です。

■図4

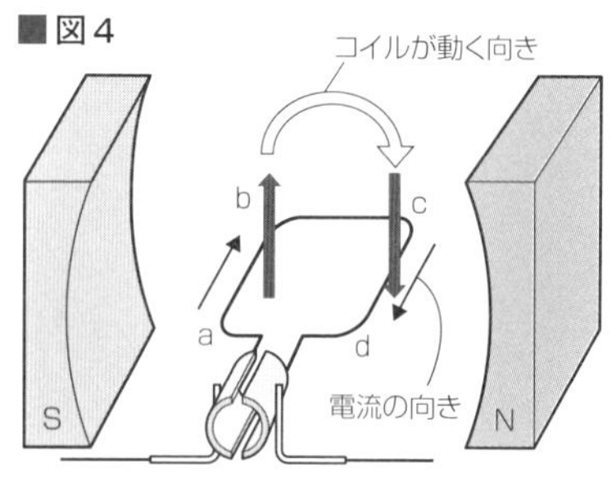

重要ピックアップ
フレミングの左手の法則
長い指から順番に、電・磁・力と覚えるとよい。

図４のab間とcd間のそれぞれについて、自分の左手で力の向きを確認してみましょう。磁界の向き（人差し指）は常にN→Sです。

⑤電磁誘導と誘導起電力

コイル内に磁石を近づけたり遠ざけたりすると、電源につながっていないにもかかわらず、**コイルに電流**が流れます。この現象を**電磁誘導**といい、電磁誘導によって生じる電気を**誘導起電力**といいます。ただし、この電流が流れるのは、コイルと磁石が近づく瞬間と遠ざかる瞬間だけであり、近づけたまま（あるいはコイル内に入れたまま）にしたり、遠ざけたままにしておくと流れなくなります。誘導起電力の大きさは、磁石（またはコイル）を**動かす速度に比例**します。また、流れる電流の向きは、コイルと磁石が近づくときと遠ざかるときでは**逆向き**になります。

■図5

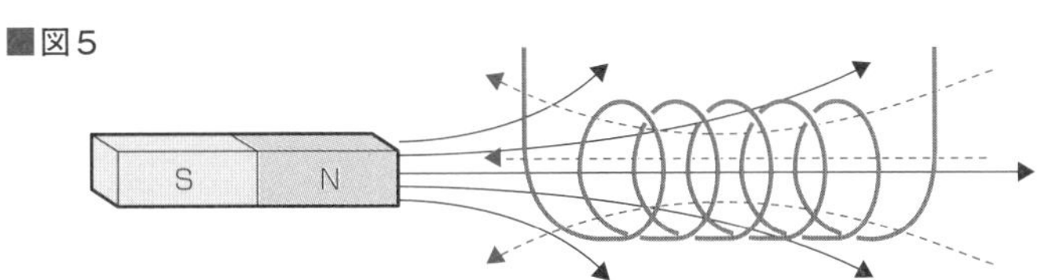

電磁誘導は、図6のように磁界内で導線を上下に動かすことによっても起こります。このとき流れる電流の向きは図7の**フレミングの右手の法則**により、右手の中指が指す方向になります。

■図6　■図7

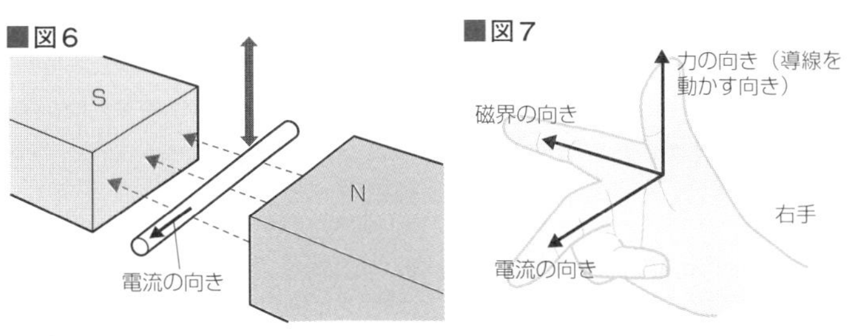

プラス1

図5のように磁石のN極をコイルの左側に近づけた場合は、コイルの左側がN極となる向きに電流が流れる。逆に磁石のN極を遠ざけると、コイルの左側がS極となる向きに電流が流れる（▶P.33③）。

ゴロ合わせ

【フレミングの法則】
左（左手の法則）に
モーター（電動機の原理）
ライト（右手の法則）は
ダイナモ（発電機の原理）

押えドコロ　電力／ジュールの法則／フレミングの法則

- **電力 P ＝ 電圧 V × 電流 I、電力量 W ＝ 電力 P × 使用時間 t**
- 電気 ⇒ 熱……**ジュールの法則（ジュール熱 $H = I^2 R t$）**
- 電気 ⇒ 力……**電磁力（フレミングの左手の法則）**→電動機の原理
- 力　⇒ 電気…**電磁誘導（フレミングの右手の法則）**→発電機の原理

確認テスト

Key Point	できたら チェック ☑		
電力と電力量	□	1	5Ωの抵抗に4Aの電流が流れたとき、その電力は80Wである。
	□	2	電流 I、抵抗 R、電力の使用時間 t〔秒〕とすると、電力量 W は、右の式によって求められる。 $W = I^2Rt$
電力量とジュール熱	□	3	4Ωの抵抗に2Aの電流が1分間流れたとき、発生する熱量は16Jである。
電気と磁界	□	4	コイルに電流を流すことによってできる電磁石は、流す電流の大きさやコイルの巻き数に比例して磁力が強くなる。
	□	5	右図のように磁界内に通した導線に、図中に示した向きに電流が流れているとき、この導線には上向きの力が働く。 S N 電流の向き
	□	6	コイル内に棒磁石を出し入れして電磁誘導を行う場合、棒磁石を動かす速度を変えてみても、コイルに流れる電流の大きさは変わらない。
	□	7	右図のように磁界内に通した導線を、図中に示すように上向きに動かしたとすると、この導線にはaの方向に電流が流れる。 S N a
	□	8	電磁誘導は、電動機(モーター)の原理である。

解答・解説

1.○ 電力 $P = I^2R = 4^2 \times 5 = 80$W。 **2.**○ **3.**× 1分間は60秒。∴ジュール熱 $H = I^2Rt = 2^2 \times 4 \times 60 = 960$J。 **4.**○ **5.**○ フレミングの左手の法則により、左手の中指を図の電流の向きに合わせ、人差し指を図のN極からS極の向きに合わせると、親指(電磁力の向き)は上向きになる。**6.**× コイルに流れる電流(誘導起電力)の大きさは、磁石を動かす速度に比例する。 **7.**× 導線に力を加えることによって電気を生み出しているので、フレミングの右手の法則により、右手の親指を導線を動かす上向きにし、人差し指を図のN極からS極の向きに合わせると、中指(電流の向き)はaと正反対の方向を指す。 **8.**× 電磁誘導は発電機の原理である。電動機(モーター)の原理は、電磁力(フレミングの左手の法則)である。

✓ここが狙われる!

電力、**電力量**、**ジュール熱**の計算問題に備えて、式を確実に覚えておこう。磁界については、**フレミングの左手の法則**によって電磁力の向きを問う問題のほか、**電磁誘導**と**誘導起電力**に関する問題がよく出題されている。

Lesson 5 交流回路（1）

レッスン5と6では交流回路について学習します。直流回路と比べて複雑になりますが、試験で出題される範囲は限られており、基礎的な内容の問題がほとんどです。直流回路との違いに注意しながら、少しずつ理解していきましょう。

1 交流回路の性質 ABC

①直流と交流

これまで学習してきた直流回路の場合は、電圧・電流の大きさが一定であり、電流の向きも変化しませんでした。これに対し、交流回路の場合は電圧・電流の大きさと電流の向きが周期的に変化します。横軸を時間、縦軸を電圧の大きさとしてグラフに表すと、下の図のようになります。交流のグラフを見ると、時間の経過とともに電圧の大きさが波形に変化し、その方向（＋と－）も入れ替わっていることがわかります。これを、正弦波交流といいます。

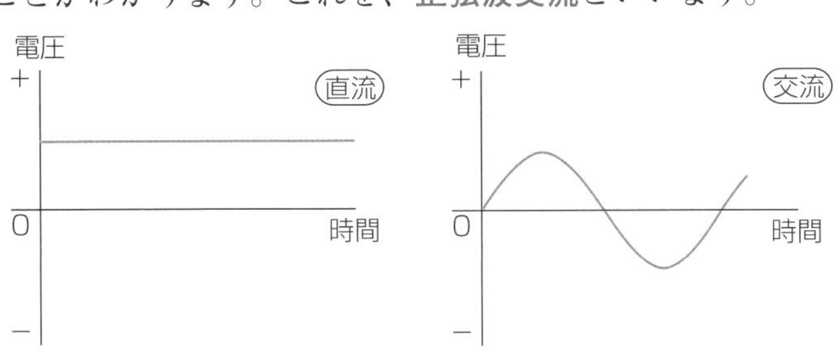

重要ピックアップ
正弦波交流
三角関数の「正弦」（＝sin〔サイン〕）を使った式でグラフの波形を表すことができるのでこのように呼ぶ。電力会社から供給される電気は正弦波交流である。

縦軸を電流とした場合でも、グラフの形は同じになります。

②周期と周波数

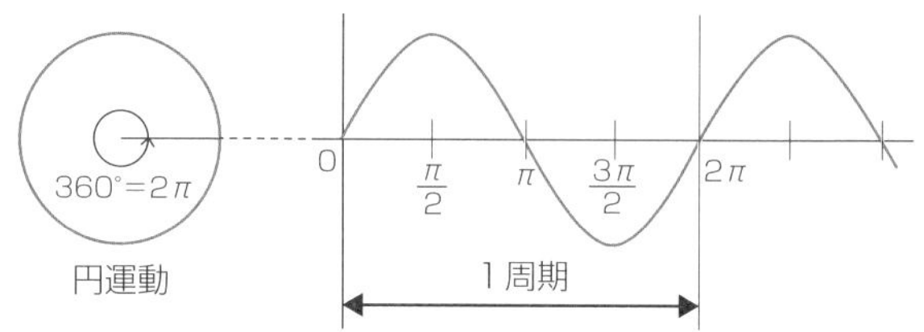

波形のグラフがプラス向き（山）とマイナス向き（谷）を1回くり返すのにかかる時間を**周期**（1周期）といいます。この1周期を**1秒間**にくり返す回数を**周波数**といい、単位には**ヘルツ〔Hz〕**を用います。1秒間に周期を50回くり返すならば50Hz、60回くり返すならば60Hzです。

また、正弦波の1周期は上の図のような円運動の1回転に相当します。円運動では角度を**ラジアン〔rad〕**という単位で表します。360° = 2π〔rad〕、180° = π〔rad〕、90° = π/2〔rad〕です。

③瞬時値・最大値・実効値・平均値

常に変化している交流のある瞬間における電圧の大きさを**瞬時値**といいます。瞬時値の最大の値が**最大値**であり、波形のグラフのいちばん高いところがこれに当たります。しかし、交流は常に最大値を維持するわけではありません。そこで必要となるのが**実効値**という値です。実効値と最大値の関係は次の式で表されます。

$$\text{実効値} = \frac{\text{最大値}}{\sqrt{2}}、\quad \text{最大値} = \sqrt{2} \times \text{実効値}$$

$\sqrt{2} \fallingdotseq 1.4$なので、最大値が100Vならば実効値は約70Vです。逆に、実効値が100Vならば最大値は約140Vになります。実効値が100Vであれば、100Vの直流と同じ働きをすることができます。つまり、実効値とは、同じ抵抗に加えたときに**消費する電力が直流の場合と等しくなる**交流の電圧の値ということができます。

プラス1

電力会社から供給される電気の周波数はほぼ富士川（静岡県）と糸魚川（新潟県）を境にして、東側が50Hz、西側が60Hzとなっている。

用語

ラジアン

半径＝1の円の弧の長さで角度を表す。360°は円1周なので、弧は円周と等しくなる。円周の長さ＝直径×π（3.14）。半径＝1（直径＝2）なので、円周は2π。180°は円1/2周なのでπ、90°は1/4周なのでπ/2となる。

例題 1

正弦波交流の電圧の最大値が280Vである場合、実効値はいくらか。ただし、$\sqrt{2}=1.4$とする。

$$\therefore 実効値 = \frac{最大値}{\sqrt{2}} = \frac{280}{1.4} = 200\text{V}$$

特に断りがない限り、「交流○○V」というときは実効値を指します。電圧と電流をどちらも実効値で表した場合は交流回路においても直流回路の場合と同様に**オームの法則**（▶P.13）を使うことができます。

瞬時値・最大値・実効値・平均値についての考え方は交流の電流についても同様です。

また、波形のグラフの1/2周期（山1つ分のみ）における瞬時値の平均を、**平均値**といいます。平均値と最大値の関係は次の式で表されます。

$$平均値 = \frac{2}{\pi} \times 最大値$$

2 位相について　ABC

位相とは、波形の時間的な前後関係のことをいいます。負荷として**抵抗**だけを接続した交流回路について、回路に流れる電流の大きさを、電圧と同じ座標軸にグラフにして表すと、下の図のようになります。この図をみると、電流の値が最大値になったり方向（＋と－）が入れ替わったりするタイミングは、電圧と同じです。このことを「電流は電圧と**位相が同じ**である」といいます。

用語

負荷
電気を使用する装置や器具のこと。抵抗やコンデンサ、コイルのほか、日常的に使用する電球や電熱器具（電気ストーブやアイロン、炊飯器など）も負荷である。

位相が同じであることを「同相」といいます。

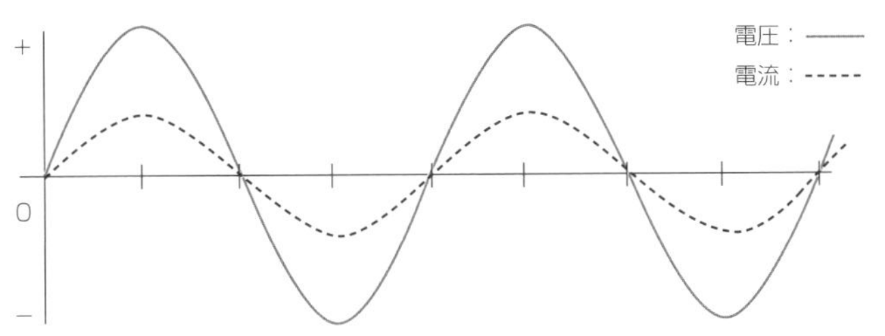

3 コイルを接続した交流回路 ABC

①誘導性リアクタンス

コイルに電流を流すと「電磁石」になることはすでに学習したね。
▶P.33

コイルとは導線を何回も巻いたものであり、これを伸ばすと相当な長さになるため、直流回路でも大きな抵抗値を示します。また、これを**交流回路**に接続した場合は、直流と同じ大きさの電圧を加えてもさらに小さな電流しか流れません。コイルが、特に**交流回路において電流を流れにくくする働きを、誘導性リアクタンス**（記号X_L）といいます。

■図1

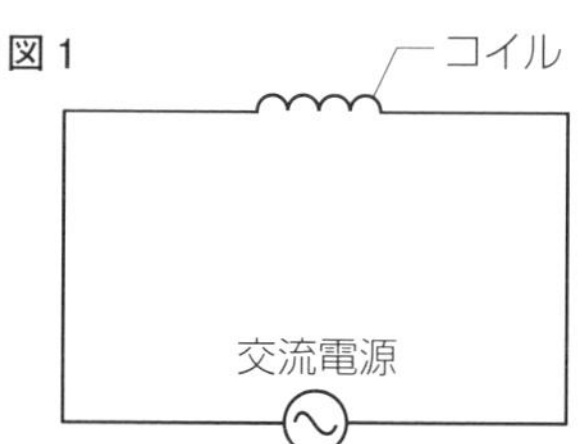

$$\text{誘導性リアクタンス } X_L = 2\pi fL$$

πは円周率、fは周波数〔Hz〕、Lはインダクタンスといい、そのコイル自体の構造や寸法等の条件によって定まる固有の抵抗値です。誘導性リアクタンスの単位は、抵抗と同じくオーム〔Ω〕を用います。図1に流れる**電流**I_Lの大きさは、オームの法則により、次の式で求められます。

$$\text{電流 } I_L = \frac{\text{電圧 } V}{\text{誘導性リアクタンス } X_L} = \frac{V}{2\pi fL}$$

プラス1
インダクタンスLの単位には、ヘンリー〔H〕を用いる。

誘導性リアクタンスX_Lは、交流回路におけるコイルによる抵抗といえます。

②電流の位相の遅れ

負荷としてコイルだけを接続した交流回路では、下図のように、電流の位相が電圧よりも$\pi/2$〔rad〕遅れます。

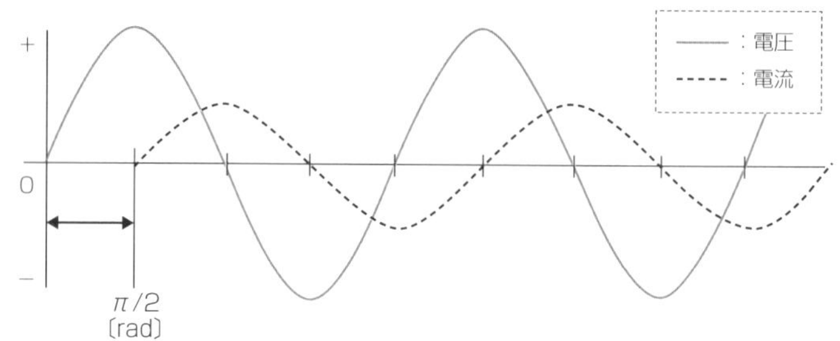

ゴロ合わせ
【交流回路の位相の遅れ】
老いる（コイルだけ接続）と
遅れる

4 コンデンサを接続した交流回路 ABC

①容量性リアクタンス

コンデンサを交流回路に接続して、電圧を加えたときに流れる**電流** I_C の大きさは、**容量性リアクタンス**（記号 X_C）の値によって決まります。

■図2

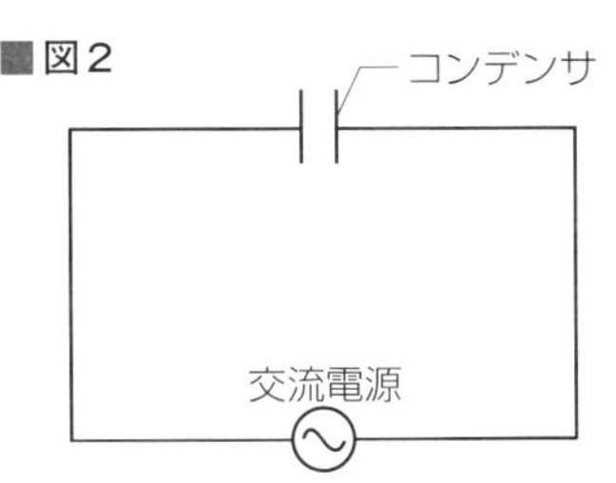

$$\text{容量性リアクタンス } X_C = \frac{1}{2\pi fC}$$

π は円周率、f は周波数〔Hz〕、C はそのコンデンサの静電容量〔F〕です。容量性リアクタンスもオーム〔Ω〕を単位とします。図２に流れる**電流** I_C の大きさは、オームの法則により、次の式で求められます。

$$\text{電流 } I_C = \frac{\text{電圧 } V}{\text{容量性リアクタンス } X_C} = 2\pi fCV$$

②電流の位相の進み

また、負荷としてコンデンサだけを接続した交流回路では、電流の位相が電圧よりも $\pi/2$〔rad〕進みます。

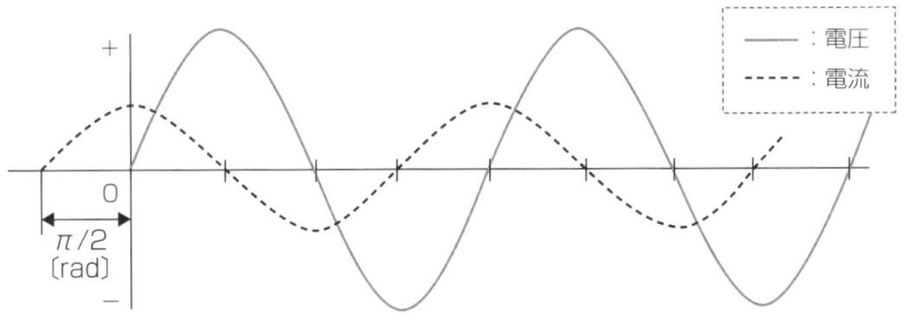

用語
コンデンサ
▶P.24

プラス1
コンデンサに流れる電流は、静電容量 C や周波数 f の大きさに比例する。周波数を50Hzから60Hzにすると、電流 I_C の値は60÷50=1.2倍になる。

押えドコロ 実効値と最大値 ／ 位相の遅れ・進み

- 正弦波交流の電圧（電流）の実効値 $= \dfrac{\text{最大値}}{\sqrt{2}}$
- コイル………誘導性リアクタンス X_L〔Ω〕、電流が $\pi/2$〔rad〕遅れる
- コンデンサ…容量性リアクタンス X_C〔Ω〕、電流が $\pi/2$〔rad〕進む

確認テスト

Key Point	できたら チェック ☑
交流回路の性質	□ 1 正弦波交流の電圧の最大値を E_m とすると、実効値 E は右の式で表せる。 $E = \sqrt{2}\ E_m$
	□ 2 正弦波交流の電圧の実効値が60Vである場合、電圧の最大値は84Vである。ただし、$\sqrt{2} = 1.4$とする。
	□ 3 正弦波交流の電圧の最大値を E_m とすると、平均値 E_0 は右の式で表せる。 $E_0 = \frac{2}{\pi} E_m$
コイルを接続した交流回路	□ 4 誘導性リアクタンスとは、コイル自体の構造や寸法等の条件によって定まる固有の抵抗値をいう。
	□ 5 右図の交流回路において周波数が50Hz、コイルのインダクタンスが0.5Hの場合、誘導性リアクタンス X_L は157Ωである。
	□ 6 負荷としてコイルのみ接続した交流回路では、右図のように電圧と電流の位相がずれる。 (図：電流 ＋ 電圧 0 －)
コンデンサを接続した交流回路	□ 7 容量性リアクタンス X_C は、右の式で表される（f：周波数〔Hz〕、C：静電容量〔F〕）。 $X_C = \frac{1}{2\pi fC}$
	□ 8 周波数50Hzで使用しているコンデンサを、同じ電圧の60Hzで使用すると、このコンデンサに流れる電流 I_C は20%少なくなる。
	□ 9 負荷としてコンデンサだけを接続した交流回路では、電流の位相は、電圧よりも$\pi/2$〔rad〕進む。

解答・解説

1.× 実効値 E ＝最大値 $E_m / \sqrt{2}$ 。 **2.**○ 最大値＝$\sqrt{2}$ ×実効値＝1.4×60＝84V。 **3.**○ **4.**× これはコイルのインダクタンスの説明である。誘導性リアクタンスとは、コイルが交流回路において電流を流れにくくする働き（交流回路におけるコイルによる抵抗）をいう。 **5.**○ 誘導性リアクタンス $X_L = 2\pi fL = 2\times 3.14\times 50\times 0.5 = 157\Omega$。 **6.**× 負荷としてコイルのみ接続した交流回路では、電流の位相が電圧より$\pi/2$〔rad〕遅れる。設問の図は電流の位相が電圧よりも進んでいる。**7.**○ **8.**× 電流 $I_C = 2\pi fCV$より、電流 I_C は周波数 f の大きさに比例する。50Hzを60Hzにすると周波数は1.2倍。よって電流 I_C も1.2倍なので20%多くなる。 **9.**○

✓ ここが狙われる！

交流回路についてよく出題されるのは、**実効値**・**最大値**・**平均値**の関係である。これらの関係式は必ず覚えよう。**コイル**のみ接続した交流回路では、**電流の位相が$\pi/2$〔rad〕遅れる**こと（コンデンサのみの場合はその逆）も重要である。

Lesson 6

交流回路（2）

抵抗とリアクタンス（コイルとコンデンサ）を組み合わせた回路について学習します。試験では、これらの負荷が直列に接続された回路について出題されているので、このレッスンでは直列接続の場合にポイントをしぼって解説していきます。

1 *R-L-C*回路 ABC

①*R-L-C*回路とは

*R*は抵抗、*L*はコイルのインダクタンス、*C*はコンデンサの静電容量を表す記号です。これらの負荷を組み合わせて接続した回路のことを***R-L-C*回路**といいます。コイルとコンデンサは**リアクタンス**ともいうので、抵抗とリアクタンスを含んだ回路といえます。抵抗、コイル、コンデンサを**直列接続**した場合の回路は、下の図のようになります。

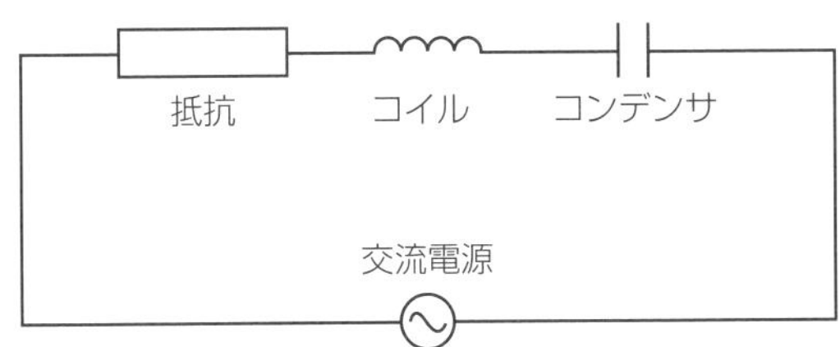

*R-L-C*回路については、直列接続の問題が出題されます。並列接続は、試験対策としては無視して差し支えありません。

②インピーダンス

複数の抵抗だけを直列接続した回路であれば、各抵抗の

用語
合成抵抗
▶P.14

値を合計するだけで回路全体の合成抵抗を求めることができました。しかし、リアクタンスを含んだ回路では、誘導性リアクタンスX_Lや容量性リアクタンスX_Cを単純に抵抗Rと合計するだけでは、回路全体の抵抗値にはなりません。R-L-C回路全体の抵抗値はインピーダンス（記号Z）といい、直列接続の場合、次の式で求められます。

$$\text{インピーダンス } Z = \sqrt{R^2 + (X_L - X_C)^2} \quad \cdots①$$

インピーダンスも単位としてオーム〔Ω〕を用います。R-L-C回路に流れる電流I_Zの大きさは、オームの法則により、次の式で求めることができます。

電圧Vと電流I_Zはもちろん実効値です。▶P.38

$$\text{電流 } I_Z = \frac{\text{電圧 } V}{\text{インピーダンス } Z}$$

例題 1

下図のように抵抗とリアクタンスを直列に接続した交流回路がある。この回路のインピーダンスZは何Ωか。また電源が200Vの場合、回路に流れる電流I_Zは何Aか。

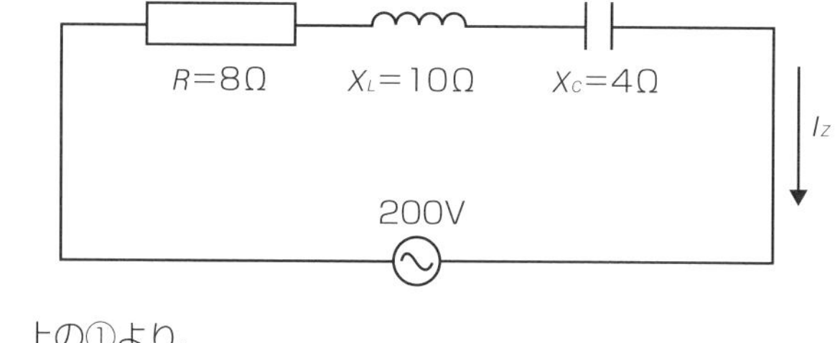

上の①より、

$$\therefore \text{インピーダンス } Z = \sqrt{8^2 + (10-4)^2}$$
$$= \sqrt{64+36} = \sqrt{100} = 10\,\Omega$$

$$\therefore \text{電流 } I_Z = \frac{200\text{V}}{10\Omega} = 20\text{A}$$

R-L-C回路におけるオームの法則

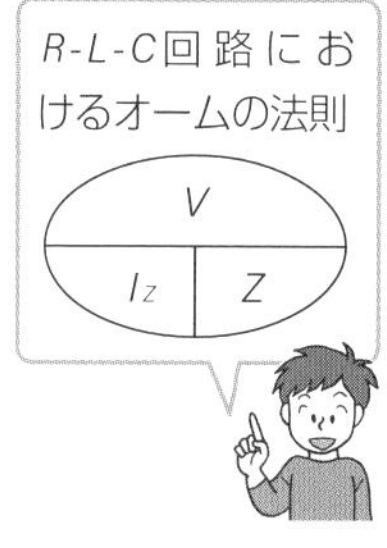

③R-L回路、R-C回路

R-L回路（抵抗とコイルのみの回路）の場合は、上の①で容量性リアクタンス$X_C = 0$とすることによって、その

インピーダンスを求めることができます。また同様に**R-C回路**（抵抗とコンデンサのみの回路）の場合には、①で誘導性リアクタンス$X_L = 0$とすることによって、そのインピーダンスを求めることができます。それぞれ次の式のようになります。

R-L回路のインピーダンス $Z = \sqrt{R^2 + X_L{}^2}$	…②
R-C回路のインピーダンス $Z = \sqrt{R^2 + X_C{}^2}$	…③

例題 2

下図のように抵抗とコイルを直列に接続した交流回路がある。この回路のインピーダンスZは何Ωか。また、回路に流れる電流が2 Aだった場合、電源電圧Vはいくらか。

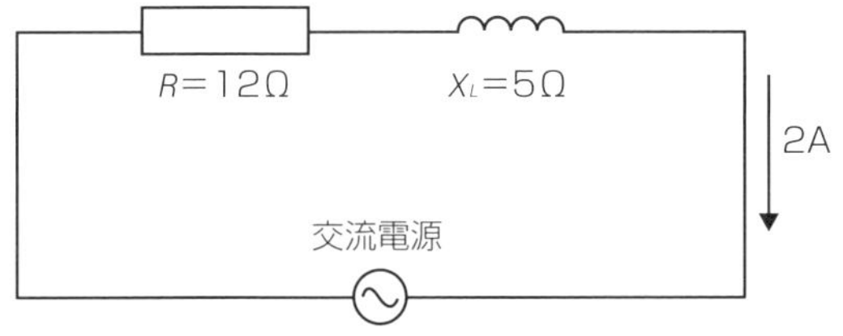

これはR-L回路なので、上の②より、

∴インピーダンス$Z = \sqrt{12^2 + 5^2}$

$= \sqrt{144 + 25} = \sqrt{169} = 13\,\Omega$

∴電源電圧$V = 2\text{A} \times 13\,\Omega = 26\text{V}$

重要ピックアップ

抵抗のみの回路

リアクタンスを含まない抵抗のみの回路では、$X_L = X_C = 0$となるので、

$Z = \sqrt{R^2}$

$\therefore Z = R$　となる。

2 電力と力率 ABC

直流回路の場合は電圧と電流の値が一定なので、**電力**は単純に電圧Vと電流Iの積によって表されます（▶P.30）。これに対し、**交流回路**の場合は、電圧×電流の値も絶えず変化します。このため、リアクタンスを含んだ回路では、電圧と電流の**位相のずれ**が生じるため（▶P.40～41）、電圧が＋のとき電流が－になる（またはその逆になる）瞬間があり、そのときは電圧×電流の値も－になってしまいます。

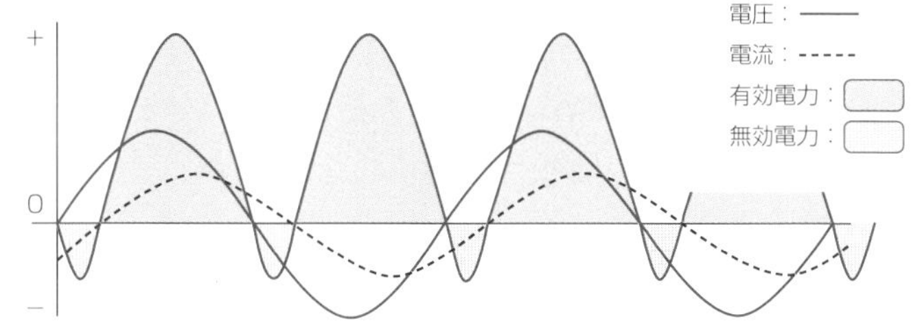

電圧×電流の値が+になる部分を**有効電力**、−になる部分を**無効電力**といいます。有効電力（記号P）は、負荷で有効に消費される電力（**消費電力**）であり、単位に**ワット**〔**W**〕を用います。これに対し、**実効値**で表した電圧Vと電流Iの**積**は**皮相電力**〔VI〕といい、単位は〔VA〕です。皮相電力は電源から供給される電力で、このうち有効電力Pとなる割合を**力率**（記号$\cos\theta$）といいます。力率は、次の式によって求められます。

$$\text{力率 } \cos\theta = \frac{\text{有効電力 } P}{\text{皮相電力 } VI} \qquad \therefore P = VI\cos\theta$$

例題 3

交流100Vの電源に、消費電力600Wの負荷が接続されている。負荷に流れる電流が8Aのとき力率は何%か。

皮相電力 ＝ 100V × 8A、消費電力 ＝ 有効電力 ＝ 600W

$$\text{力率 } \cos\theta = \frac{600}{100\times8} = 0.75 \qquad \therefore 75\%$$

用語

無効電力
電源と負荷とを往復するだけで、負荷で有効に消費（利用）されない電力。

重要ピックアップ

抵抗のみの回路
リアクタンスを含まない抵抗のみの回路では、電圧と電流の位相のずれが生じないため、皮相電力がそのまま有効電力となる。このとき力率の値は1（＝100%）である。

プラス1

力率は、インピーダンスZと抵抗Rの比に等しいので、次の式でも求められる。

$$\therefore \text{力率} = \frac{R}{Z}$$

押えドコロ　インピーダンス ／ 有効電力

- **R-L-C回路全体の抵抗値〔Ω〕**

$$\text{インピーダンス } Z = \sqrt{R^2+(X_L-X_C)^2}$$

R：抵抗
X_L：誘導性リアクタンス
X_C：容量性リアクタンス

- **有効電力 P＝ 皮相電力 VI × 力率 $\cos\theta$**（力率は一般に%で表す）

確認テスト

Key Point	できたら チェック ☑
R-L-C回路	□ 1 右の回路のインピーダンスの値は、11 Ωである。 （$R=4\Omega$　$X_L=5\Omega$　$X_C=2\Omega$）
	□ 2 1の回路に実効値50Vの交流電圧を加えた場合、回路に流れる電流は10Aである。
	□ 3 右の回路のインピーダンスの値は、10 Ωである。 （$R=6\Omega$　$X_C=8\Omega$）
	□ 4 3の回路に6 Aの電流が流れたとすると、回路に加えられた交流電圧の実効値は、84Vである。
電力と力率	□ 5 実効値で表した電圧 V と電流 I の積を「有効電力」といい、単位としてワット〔W〕を用いる。
	□ 6 消費電力800Wのモーターを交流200Vで運転したとき、5 Aの電流が流れた。このモーターの力率は80%である。
	□ 7 交流100Vの電源に、消費電力600W、力率75%の負荷を接続した。このとき、負荷に流れる電流は4 Aである。

解答・解説

1.× R-L-C 回路のインピーダンス $Z=\sqrt{R^2+(X_L-X_C)^2}=\sqrt{4^2+(5-2)^2}=\sqrt{16+9}=\sqrt{25}=5\,\Omega$。 **2.**○ オームの法則より、電流＝50V÷5 Ω＝10A。 **3.**○ R-C 回路のインピーダンス $Z=\sqrt{R^2+X_C^2}=\sqrt{6^2+8^2}=\sqrt{100}=10\,\Omega$。 **4.**× オームの法則より、電圧＝6A × 10 Ω＝60V。 **5.**× 実効値で表した電圧 V と電流 I の積は「皮相電力」といい、単位には〔VA〕を用いる。 **6.**○ 皮相電力＝200V × 5A＝1000VA、消費電力＝有効電力＝800Wなので、力率＝有効電力÷皮相電力＝800 ÷ 1000＝0.8。∴ 80%。 **7.**× 有効電力（消費電力）＝皮相電力×力率。また、負荷に流れる電流を I とすると、皮相電流 VI＝$100I$。よって、$600=100I\times0.75$。∴ $I=8$ A。

ここが狙われる！

R-L-C回路のインピーダンスを求める式　$Z=\sqrt{R^2+(X_L-X_C)^2}$　を覚えておけば、R-L回路やR-C回路のインピーダンスも求めることができる。**力率 cos θ** については、**有効電力（消費電力）＝ 皮相電力 × 力率** の関係を押えておこう。

Lesson 7 電気計測（1）

負荷に流れる電流と負荷にかかる電圧をそれぞれ**電流計**と**電圧計**によって計測する方法を学習します。重要なのは**接続の仕方**です。また、電流計と電圧計の測定範囲を拡大する方法として、**分流器**、**倍率器**の原理を確実に理解しましょう。

試験では、電流計と電圧計を正しく接続した図を選ばせる問題が出題されています。

ゴロ合わせ

【電流計と電圧計の接続】
流れ（電流計）は直か（直列）に
圧（電圧計）は並み（並列）に

用語
直列接続 ▶P.13
並列接続 ▶P.15

1 電流計と電圧計の接続 ABC

①電流計の接続

電流計は、図１のように負荷と直列に接続します。直列接続ならば**同じ大きさの電流**が流れるので、電流計は負荷に流れる電流と同じ値を示します。

■図１

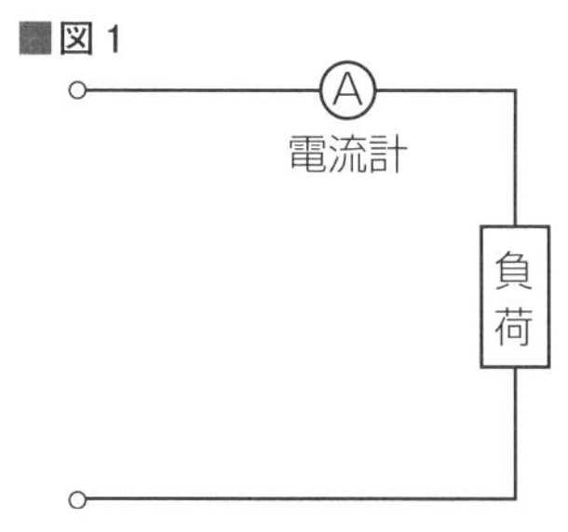

②電圧計の接続

電圧計は、図２のように負荷と並列に接続します。並列接続ならば、枝分かれしている部分にかかる**電圧が同じ大きさ**になるので、電圧計は負荷にかかる電圧と同じ値を示します。

■図２

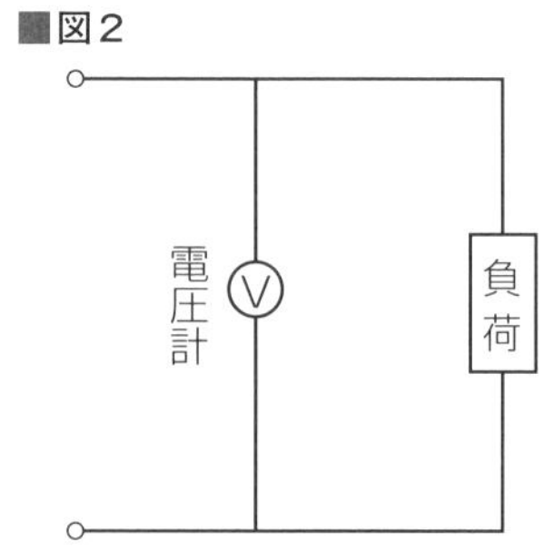

2 測定範囲の拡大 ABC

たとえば電気回路に流れる電流を測定する場合、電流の大きさが30A程度であることが予想されるのに、使用する**電流計**の最大目盛りが10Aでは測定ができません。そこでこの電流計を使用しつつ、その**測定範囲を拡大**する方法として用いられるのが**分流器**です。特別な機器ではなく、1個の抵抗を電流計と**並列**に接続するだけのものです。

電圧計についても、その測定範囲を拡大するために**倍率器**を用います。これも1個の抵抗を電圧計と**直列**に接続するだけのものです。分流器と倍率器の原理をそれぞれみていきましょう。

重要ピックアップ

測定範囲の拡大

- 電流計
  ⇒分流器を並列に
- 電圧計
  ⇒倍率器を直列に

合わせ

【測定範囲の拡大】
電流（電流計）には
分流（分流計）を並べる（並列）

3 分流器 ABC

分流器とは、電流計の最大目盛りよりも大きな値の電流を測定するために電流計と**並列接続**する**抵抗**のことです。回路に流れる電流 I は、並列部分では枝分かれして分流するため、測定可能な大きさの電流が電流計に流れるように分流器の抵抗の値 R を決めます。そして電流計の目盛りで読み取った値から電流 I の値を求めます。このとき重要な役割をするのが、電流計の**内部抵抗** r です。

用語

内部抵抗
電流計や電圧計自体がその内部にもっている抵抗。

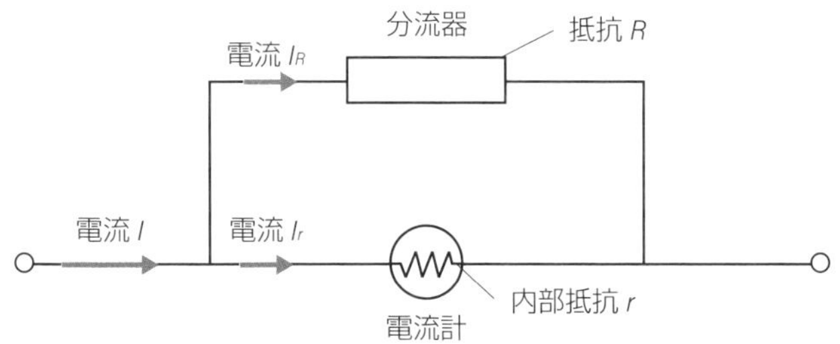

上の図より、$I = I_R + I_r$　…①

また、並列部分の電圧（分流器と電流計にかかる電圧）は同じ大きさです。オームの法則より、

$$I_R \times R = I_r \times r \qquad \therefore I_R = \frac{I_r r}{R} \quad \cdots ②$$

②を前ページの①に代入すると、

$$I = \frac{I_r r}{R} + I_r$$

この式の右辺をI_rでくくり、

$$I = \left(\frac{r}{R} + 1\right) I_r \quad \cdots ③$$

重要ピックアップ
分流器の倍率
分流器を用いると、電流計の最大目盛りの$\left(\frac{r}{R}+1\right)$倍までの電流が測定可能になる。これを分流器の倍率という。

この③をみると、電流計で測定できる電流Iの値は、電流計に流れる電流I_rの$\left(\frac{r}{R}+1\right)$倍になるということがわかります。これを$n$倍とすると、

$$\frac{r}{R} + 1 = n$$

この両辺にRをかけて、左辺と右辺を入れ替えると、

$$nR = r + R \qquad \therefore nR - R = r$$

この左辺をRでくくり、

$$R(n-1) = r \qquad \therefore R = \frac{1}{n-1} \times r \quad \cdots ④$$

④より、電流計の最大目盛りのn倍の電流を測定するときは、分流器の抵抗Rを電流計の内部抵抗rの$\frac{1}{n-1}$倍にすればよいことがわかります。

例題 1

最大目盛りが10A、内部抵抗が0.3Ωの電流計を、最大で30Aまで測定できるようにするには、分流器の抵抗Rを何Ωにすればよいか。

30Aは最大目盛り10Aの3倍なので、$n=3$
上の④より、

$$\therefore \text{分流器の抵抗 } R = \frac{1}{3-1} \times 0.3\,\Omega = 0.15\,\Omega$$

最大目盛り10Aを3倍の30Aと読み替えることによって、最大30Aまで測定します。

4 倍率器 ABC

倍率器とは、電圧計の最大目盛りよりも大きな値の電圧を測定するために電圧計と**直列接続**する**抵抗**のことです。この場合も、電圧計の**内部抵抗** r が重要です。

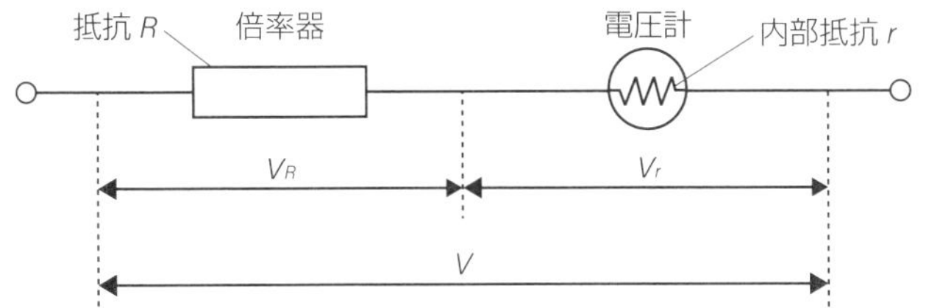

上の図より、回路にかかる電圧 V は、倍率器と電圧計のそれぞれにかかる電圧の合計なので、

$V = V_R + V_r$ …①

また、直列接続されている倍率器と電圧計に流れる電流の大きさは同じです。

オームの法則より、電流 $= \dfrac{電圧}{抵抗}$ なので、

$$\frac{V_R}{R} = \frac{V_r}{r} \qquad \therefore V_R = \frac{V_r R}{r} \quad \cdots ②$$

②を①に代入すると、

$$V = \frac{V_r R}{r} + V_r$$

この式の右辺を V_r でくくり、

$$V = \left(\frac{R}{r} + 1\right) V_r \quad \cdots ③$$

この③を見ると、電圧計で測定できる電圧 V の値は、電圧計にかかる電圧 V_r の $\left(\dfrac{R}{r} + 1\right)$ 倍になるということがわかります。これを n 倍とすると、

$$\frac{R}{r} + 1 = n$$

重要ピックアップ
倍率器の倍率
倍率器を用いると、電圧計の最大目盛りの $\left(\dfrac{R}{r} + 1\right)$ 倍までの電圧が測定可能になる。これを倍率器の倍率という。

この両辺に r をかけると、

$R + r = nr \quad \therefore R = nr - r$

この右辺を r でくくり、

$R = (n - 1)r$ …④

④より、電圧計の最大目盛りの n 倍の電圧を測定するときは、倍率器の抵抗 R を電圧計の内部抵抗 r の（$n-1$）倍にすればよいことがわかります。

例題 2

最大目盛り 30V、内部抵抗 10kΩの電圧計がある。これに倍率器として 30kΩの抵抗を直列接続すると、最大何 V まで測定可能となるか。

この倍率器を用いて測定できる最大の電圧を V〔V〕とすると、前ページの③より

$\therefore V = (\frac{30}{10} + 1) \times 30\text{V} = 120\text{V}$

例題 3

最大目盛りが 300mV で、内部抵抗が 10 Ωの電圧計を、最大 30V まで測定できるようにするには、倍率器の抵抗 R を何Ωにすればよいか。

30V は最大目盛り 300mV（＝0.3V）の 100 倍にあたるため、$n = 100$。したがって、上の④より、

∴倍率器の抵抗 $R = (100 - 1) \times 10\,\Omega = 990\,\Omega$

プラス1
電流計と電圧計とを比較すると、電圧計のほうが内部抵抗が大きい。

最大目盛り300mVを30Vと読み替えることによって、最大30Vまで測定します。

押えドコロ　電流計・電圧計の接続 ／ 分流器・倍率器

- **電流計** ⇒ 負荷と**直列**に接続、 **電圧計** ⇒ 負荷と**並列**に接続
- **測定範囲の拡大**（r：電流計・電圧計の内部抵抗、R：分流器・倍率器の抵抗）

分流器…**電流計**と**並列**に接続
⇒ 電流計の最大目盛りの（$\frac{r}{R} + 1$）倍まで測定可能

倍率器…**電圧計**と**直列**に接続
⇒ 電圧計の最大目盛りの（$\frac{R}{r} + 1$）倍まで測定可能

確認テスト

Key Point	できたら チェック ☑
電流計と電圧計の接続	□ 1 電圧計は、右図のように負荷と直列に接続する。 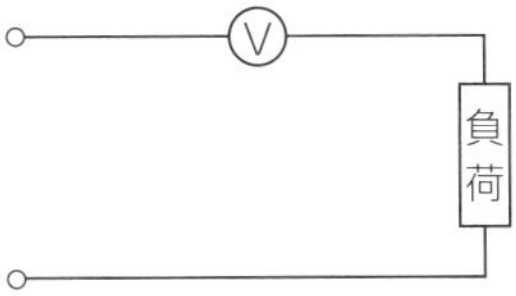
	□ 2 負荷に流れる電流および負荷にかかる電圧を計測しようとするときは、電流計と電圧計を右図のように接続する。 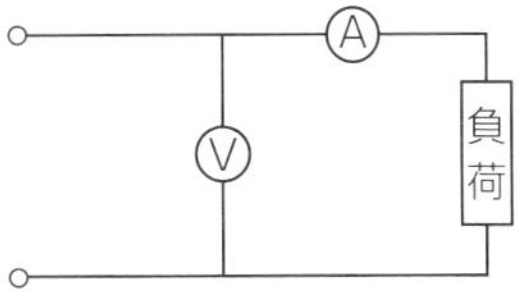
測定範囲の拡大	□ 3 電流計の測定範囲を拡大するときは、分流器と呼ばれる抵抗を電流計と並列に接続する。
	□ 4 電圧計の測定範囲を拡大するときは、倍率器と呼ばれる抵抗を電圧計と並列に接続する。
分流器・倍率器	□ 5 電流計・電圧計の内部抵抗を r とし、分流器・倍率器の抵抗を R とした場合、電流計は最大目盛りの $\left(\frac{r}{R}+1\right)$ 倍まで、電圧計は最大目盛りの $\left(\frac{R}{r}+1\right)$ 倍まで測定可能となる。
	□ 6 電圧計の最大目盛りの n 倍の電圧を測定するときは、倍率器の抵抗を電圧計の内部抵抗の $\frac{1}{n-1}$ 倍にすればよい。
	□ 7 最大目盛りが15Vで内部抵抗20kΩの電圧計を、最大150Vまで測定できるようにするには、倍率器の抵抗 R を180kΩにすればよい。

解答・解説

1. × 電圧計は負荷と並列に接続する。設問の図のように直列に接続するのは電流計。 **2.** ○ 電流計は回路が負荷のほうに枝分かれした部分で負荷と直列に接続することに注意する。 **3.** ○ 分流器は電流計と並列に接続する。 **4.** × 倍率器は電圧計と直列に接続する。 **5.** ○ それぞれ分流器の倍率、倍率器の倍率と呼ばれる。 **6.** × $\frac{1}{n-1}$ 倍ではなく、$(n-1)$ 倍である。$\frac{1}{n-1}$ 倍にするのは分流器の場合である。 **7.** ○ 150Vは15Vの10倍なので、$n=10$。したがって、倍率器の抵抗 $R=(10-1)\times 20\text{k}\Omega=180\text{k}\Omega$ にすればよい。

✓ ここが狙われる！

電流計・電圧計と**負荷**との接続の仕方と、**分流器・倍率器**との接続の仕方を混同しないようにしよう。また、**倍率器の倍率**を **n 倍**にしたいとき、倍率器の抵抗 **R** の値を電圧計の内部抵抗 r の **$(n-1)$ 倍**にすることを押さえておこう。

Lesson 8

電気計測（2）

電流計や電圧計などの電気計器について、動作原理の種類やそれを表す記号などについて学習します。**測定値と真の値との誤差**やその**補正**についてもしっかりと理解しましょう。抵抗を測定する計器はざっと目を通す程度でよいでしょう。

1 指示電気計器の記号 ABC

プラス1
指示電気計器は指針で値を指示するアナログ式のほか、数字で値を表示するデジタル式もある。

重要ピックアップ
階級を表す数字
たとえば0.2級では±0.2%までというように、許される誤差の範囲を意味する。誤差の範囲が狭いほど精密であり、階級が高くなる。

電気計器のうち、メーターの指針等によって値を指示するものを**指示電気計器**といいます。電気計器は、何を測定するのか（電流計、電圧計、電力量計、抵抗計など）、直流か交流か、**動作原理**は何か、または**計器の正確さの階級**、測定するときの置き方などによって分類されます。これらについては計器に記号（階級は数字）で表示されるので、それぞれの意味を覚えておく必要があります。

①計器の正確さの階級（階級の数字が小さいほど精密）

階　級	主な用途
0.2級	ほかの計器の標準となる
0.5級	実験室での精密測定に使用
1.0級	一般に現場（または実験）での測定用に使用
1.5級	配電盤用計器として使用
2.5級	精度を要求されないところで使用

②主に電流・電圧を測定する計器とその動作原理

ア　直流回路で使用

種　類	記　号	動作原理の概要
可動コイル形		磁石の間にコイルを置いて、コイルに流れる直流電流により生じる電磁力でコイルと指針を動かす

イ　交流回路で使用

種　類	記　号	動作原理の概要
整流形		整流器で交流を直流に変換して、可動コイル形の原理で指針を動かす
可動鉄片形		固定コイルに電流を流して磁界をつくり、その中に鉄片を置いたとき生じる電磁力で鉄片と指針を動かす
誘導形		交流電流によって時間とともに変化する磁界を利用して円板を回転させる

ウ　直流・交流の両方の回路で使用

種　類	記　号	動作原理の概要
電流力計形		固定コイルと可動コイルの間に働く電磁力を利用して可動コイルを動かす
熱電形		電流による発熱で**熱電対**を加熱し、これによって生じた熱起電力を測定する
静電形		2つの金属板（電極）の間に働く静電力を利用して測定する

③測定するときの計器の置き方を示す記号

		60°
水平に置いて使用	**鉛直**に立てて使用	**傾斜**させて使用（60°の場合）

重要ピックアップ

可動コイル形

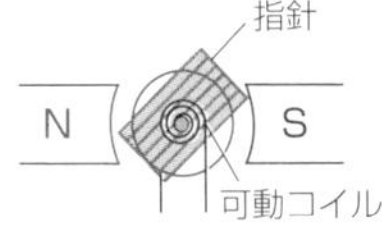

指針の振れはコイルに流れる電流の値に比例する。このため目盛りの幅はすべて等間隔の平等目盛り（▶P.257）になっている。

プラス1

可動鉄片形の計器の駆動トルク（回転力）は測定電流（または電圧）の2乗に比例するため、目盛りは2乗目盛り（0付近の幅が狭い不均等な目盛り）になる。

一般の家庭で使われている電力量計は、誘導形の計器です。

用語

熱電対

2種類の金属を接合し、接点に温度差を与えると電気が生じる（熱起電力）。このような2種類の金属を「熱電対」という。

2 誤差と補正 ABC

①誤差

計器を用いて測定しても、その測定値と真の値との間には一般に誤差が生じます。測定値をM、真の値をTとするとき、誤差ε_0は次の式で表されます。

$$\varepsilon_0 = M - T$$

また、真の値Tに対する誤差ε_0の割合を%で表したものを百分率誤差εといい、次の式によって求めます。

$$\varepsilon = \frac{誤差\ \varepsilon_0}{真の値\ T} \times 100 = \frac{M - T}{T} \times 100$$

プラス1
測定値M＜真の値Tのときは、誤差ε_0と百分率誤差εは、−（マイナス）の数になる。

例題1

20Aの回路を電流計で測定したところ、指針が19.8Aを指示した。この場合、百分率誤差εはいくらか。

測定値$M = 19.8$、真の値$T = 20$なので、

$$\therefore 百分率誤差\ \varepsilon = \frac{19.8-20}{20} = \frac{-0.2}{20} \times 100 = -1\%$$

誤差±1.0%以内であれば計器の階級は1.0級ですね。
▶P.54

②補正

誤差を真の値に正すことを補正といいます。補正値δ_0は、次の式で表されます。

$$\delta_0 = T - M$$

また、測定値Mに対する補正値δ_0の割合を%で表したものを百分率補正δといい、次の式によって求めます。

$$\delta = \frac{補正値\ \delta_0}{測定値\ M} \times 100 = \frac{T - M}{M} \times 100$$

百分率誤差εと、百分率補正δでは求める式の分母が異なることに注意だね。

例題2

例題1の場合、百分率補正δはいくらか。

$$\therefore 百分率補正\ \delta = \frac{20-19.8}{19.8} = \frac{0.2}{19.8} \times 100 = 1.0101\cdots \fallingdotseq 1.01\%$$

3 抵抗を測定する計器 ABC

抵抗の値を低抵抗、中抵抗、高抵抗の３つに区分して、それぞれの測定にふさわしい測定法または測定器の種類をまとめると、次の表のようになります。

抵抗の値	測定法・測定器
低抵抗 （1Ω程度以下）	●電位差計法 ●ダブルブリッジ法
中抵抗 （1Ω～1MΩ程度）	●ホイーストンブリッジ法 ●**テスタ**（回路計） ●抵抗法
高抵抗 （1MΩ程度以上）	●**メガー**（絶縁抵抗計） ●直偏法

測定法・測定器の名称だけ覚えておけば、試験対策としては十分です。

また、電気を大地に逃がす際に測定する**接地抵抗**、大地との絶縁の度合いを測定する**絶縁抵抗**など、測定対象ごとに用いる測定法・測定器をまとめておきます。

測定対象	測定法・測定器
接地抵抗	●コールラウシュブリッジ法 ●**アーステスタ**（接地抵抗計）
絶縁抵抗	●**メガー**（絶縁抵抗計）
電池の内部抵抗	●コールラウシュブリッジ法 ●電圧降下法

重要ピックアップ

絶縁抵抗の値

使用電圧300V（対地電圧150V）以下でも0.1MΩ（＝10万Ω）以上とされている。このように絶縁抵抗は非常に大きな値をとるため、測定にはメガー（絶縁抵抗計）を使用する。

押えドコロ 電流・電圧の測定計器 ／ 計器の誤差・補正

● **主に電流・電圧を測定する計器**

直流のみ	交流のみ	直流・交流の両方
●可動コイル形	●整流形 ●可動鉄片形 ●誘導形	●電流力計形 ●熱電形 ●静電形

● **誤差と補正（M：測定値、T：真の値）**

$$百分率誤差\ \varepsilon = \frac{M-T}{T} \times 100、\quad 百分率補正\ \delta = \frac{T-M}{M} \times 100$$

確認テスト

Key Point	できたら チェック ☑
指示電気計器の記号	□ 1 階級が0.2級の計器は、一般に現場での測定用として用いられる。
	□ 2 右のア～ウのうち、可動コイル形を表す記号は、イである。 ア イ ウ
	□ 3 可動コイル形の計器は平等目盛りであり、目盛りの幅はすべて等間隔になっている。
	□ 4 右の記号は、計器の動作原理が可動鉄片形であり、水平に置いて使用することを表している。
	□ 5 可動鉄片形の計器は、直流回路専用とされている。
	□ 6 可動コイル形、電流力計形、熱電形、静電形の計器は、いずれも直流と交流の両方の回路で使用できる。
誤差と補正	□ 7 測定値 M、真の値 T とすると、誤差 $\varepsilon = M - T$、補正値 $\delta = T - M$ として表すことができる。
	□ 8 10Vの回路を電圧計で測定したところ、指針が8Vを指示した。この場合、百分率補正 δ は＋20%である。
抵抗を測定する計器	□ 9 接地抵抗の測定にはメガー、絶縁抵抗の測定にはアーステスタを使用する。

解答・解説

1. × 現場での測定には一般に1.0級の計器が用いられる。0.2級は許容誤差±0.2%以下の精密な計器であり、ほかの計器の標準とされる。 **2.** × アが可動コイル形。イは誘導形、ウは電流力計形。 **3.** ○ 可動コイル形の指針の振れはコイルに流れる電流の値に比例するため、目盛りの幅がすべて等間隔の平等目盛りになっている。 **4.** ○ **5.** × 可動鉄片形は交流回路で使用するものとされている。直流回路専用は可動コイル形である。 **6.** × 可動コイル形は直流回路でのみ使用する。電流力計形、熱電形、静電形の3つは直流・交流両用である。 **7.** ○ **8.** × 真の値 $T = 10$、測定値 $M = 8$ なので、百分率補正 $\delta = \frac{T - M}{M} \times 100 = \frac{10 - 8}{8} \times 100 = 25\%$。 **9.** × 接地抵抗がアーステスタで、絶縁抵抗がメガーである。

✓ ここが狙われる！

指示電気計器については、**動作原理**の種類とその**記号**を確実に覚えておく必要がある。特に**直流、交流、直・交両用の区別**が重要である。カードなどを利用して暗記しよう。**可動コイル形**と**可動鉄片形**だけは計器の特徴も理解しておこう。

Lesson 9 電気機器

電気機器については、変圧器と鉛蓄電池を中心に学習しておけば、試験対策としては十分です。変圧器の原理を理解するには、レッスン4で学んだ磁界の知識が必要です。計算問題は、変圧器のコイルの巻き数と電圧・電流の関係に注意しましょう。

1コマ劇場

1 変圧器 ABC

①変圧器の構造

変圧器とは、交流回路において電磁誘導の原理を利用して、**電圧の大きさを変化**させて負荷に供給する機器をいいます。変成器（またはトランス）ともいい、電圧とともに**電流の大きさも変化**させます。変圧器の基本的な構造は、下の図のように2つのコイル（巻線）を**鉄心**に巻きつけた単純なもので、電源側を**1次コイル**（1次巻線）、負荷側を**2次コイル**（2次巻線）といいます。

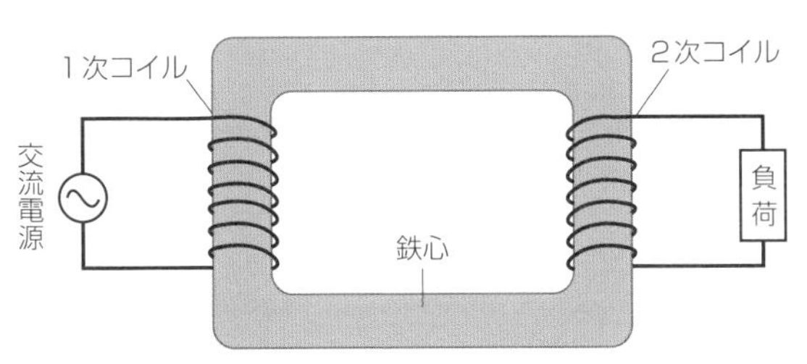

1次側は入力側、2次側は出力側ともいいます。

プラス1

変圧器の配線記号

（複線図）

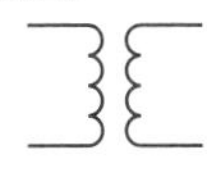

（単線図）

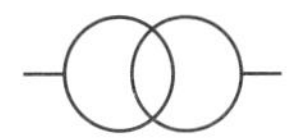

②変圧器と電磁誘導

コイルに電流を流すと、導線のまわりに生じた磁力線が束となって一定の方向を向き、コイルが磁石になることをすでに学習しました（**電磁石**▶P.33）。変圧器の１次コイルに電流を流した場合もこれと同じです。交流の電源なので周期的に電流の向きが変わり、そのつどＮ極とＳ極が逆になりますが、これが鉄心を伝わって２次コイルに感知されると、まるで２次コイルに磁石が近づいたり遠ざかったりしているのと同じ状態になります。その結果、２次コイルで**電磁誘導**（▶P.35）が起こり、電源につながっていない２次コイルに電気（**誘導起電力**）が生じます。

重要ピックアップ
交流と電磁誘導
電磁誘導で電流が流れるのは、コイルと磁石が近づく瞬間と遠ざかる瞬間だけである。直流電源では１次コイルに流れる電流の向きが一定で磁束の向きが変わらないので、２次コイルはあたかも磁石が近づいたままの状態となり、電磁誘導が起こらない。

変圧器の中には、巻線の冷却や絶縁のために、油を入れます。

③コイルの巻き数と電圧・電流の関係

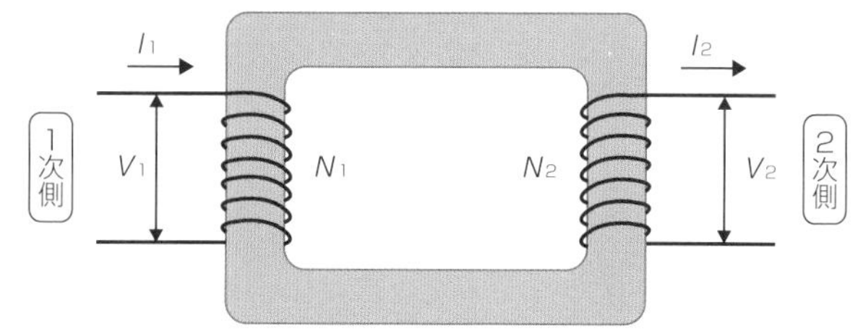

１次側：コイルの巻き数N_1、電圧V_1、流れる電流I_1
２次側：コイルの巻き数N_2、電圧V_2、流れる電流I_2

コイルの巻き数と電圧には、次の関係が成り立ちます。

$$N_1 : N_2 = V_1 : V_2 \quad \cdots ① \qquad \therefore \frac{N_1}{N_2} = \frac{V_1}{V_2} = \alpha \quad \cdots ①'$$

つまり、**コイルの巻き数の比と電圧の比**は等しいので、たとえば2次コイルの巻き数を１次コイルの２倍にすると２次コイルに生じる電圧も１次コイルに加える電圧の２倍になります。また、αのことを**変圧比**といいます。

これに対して、**コイルの巻き数の比と電流の比**は逆になり、次の関係が成り立ちます。

$$N_1 : N_2 = I_2 : I_1 \quad \cdots ② \qquad \therefore \frac{N_1}{N_2} = \frac{I_2}{I_1} \quad \cdots ②'$$

例題 1

1次コイルの巻き数が1500、2次コイルの巻き数が50の変圧器において、2次側の端子から200Vの電圧を取り出す場合、1次側に加える電圧はいくらか。

1次側に加える電圧をV_1とする。$N_1 = 1500$、$N_2 = 50$、$V_2 = 200$なので、前ページの①より、

$1500 : 50 = V_1 : 200$

$30 : 1 = V_1 : 200 \quad \therefore V_1 = 30 \times 200 = 6000\text{V}$

例題 2

1次コイルの巻き数が20、2次コイルの巻き数が400の変圧器がある。1次コイルに20Aの電流が流れているとすると、2次コイルに流れる電流はいくらか。

2次コイルに流れる電流をI_2とする。$N_1 = 20$、$N_2 = 400$、$I_1 = 20$なので、前ページの②より、

$20 : 400 = I_2 : 20$

$1 : 20 = I_2 : 20 \quad \therefore 20I_2 = 1 \times 20 \quad \therefore I_2 = 1\text{A}$

③変圧器の効率

前ページの①′と②′より、

$$\frac{V_1}{V_2} = \frac{I_2}{I_1} \qquad \therefore V_1 \times I_1 = V_2 \times I_2 \quad \cdots ③$$

③を見ると、1次側の**入力電力**（$V_1 \times I_1$）と2次側の**出力電力**（$V_2 \times I_2$）は、理論上等しいことがわかります。しかし、実際には変圧器の内部で消費される**損失**があるため、出力は入力よりも小さな値になります。変圧器の入力に対する出力の割合を**効率η**（イータ）といい、次の式で表します。

$$\text{効率}\eta = \frac{\text{出力}}{\text{入力}} \times 100 = \frac{\text{出力}}{\text{出力}+\text{損失}} \times 100$$

プラス1

a : b = x : y のとき、内項の積＝外項の積が成り立つ。

a : b = x : y

内項の積　外項の積

b × x = a × y

$\therefore x = \frac{a \times y}{b}$

例題 2は、コイルの巻き数が20倍なので、電流は反比例して20分の1と考えてもいいね。

重要ピックアップ

変圧器の主な損失

- 無負荷損
  負荷と関係なく、主に鉄心に生じる損失（鉄損）
- 負荷損
  負荷がかかると、巻線（銅）の抵抗による発熱で生じる損失（銅損）

2 蓄電池

太陽電池のような物理電池、微生物の働きを応用した生物電池などは、基本的な仕組みが化学電池と異なります。

①化学電池の仕組み

家庭で使用する**乾電池**や自動車等で使用する**蓄電池**は、いずれも電池の内部に充填された物質が化学反応によってほかの物質に変化する際に生じる電気エネルギーを利用した**化学電池**です。電流は、**電子の移動**によって生じ、電子は電池の**－極**から**＋極**へと移動します（電流の流れる向きと電子の移動方向は逆です）。したがって、化学電池の内部では、－極から＋極へ電子が移動するような化学反応が起きているわけです。自動車のバッテリーとして広く利用されている**鉛蓄電池**を例にとって考えてみましょう。

■鉛蓄電池の構造

電子 e^- の移動方向

＋極

－極

電流の流れる向き

二酸化鉛 PbO_2

鉛 Pb

電解液（希硫酸）$H_2SO_4 \rightarrow 2H^+ + SO_4^{2-}$

鉛蓄電池は、**＋極に二酸化鉛**（PbO_2）、**－極に鉛**（Pb）を使用し、これらを**電解液**である**希硫酸**（H_2SO_4）の中に入れた構造をしています。－極では鉛の原子が電子（e^-）を離して鉛イオンとなり、これが希硫酸の中に溶け出して硫酸鉛（$PbSO_4$）になります。このとき、**－極に残された電子が導線を通って＋極へと移動します**。

用語

電解液
電気伝導性を有する溶液。

－極…$Pb + SO_4^{2-} \longrightarrow PbSO_4 + 2e^-$

一方、＋極では次の反応が起こります。

＋極…$PbO_2 + 4H^+ + SO_4^{2-} + 2e^- \longrightarrow PbSO_4 + 2H_2O$

②一次電池と二次電池

鉛蓄電池では、電子の移動（＝電流の流れ）が起きること（放電）によって電解液の希硫酸が減っていき、また両極に硫酸鉛（$PbSO_4$）が付着していくため、次第に起電力が低下していきます。ところが、外部の直流電源の＋端子を＋極、－端子を－極に接続して、放電時と逆向きに電流を流すと、前ページの化学反応とまったく逆向きの反応が＋極と－極で起こり、起電力を回復します。これを**充電**といいます。

■充電時の電流と電子の向き

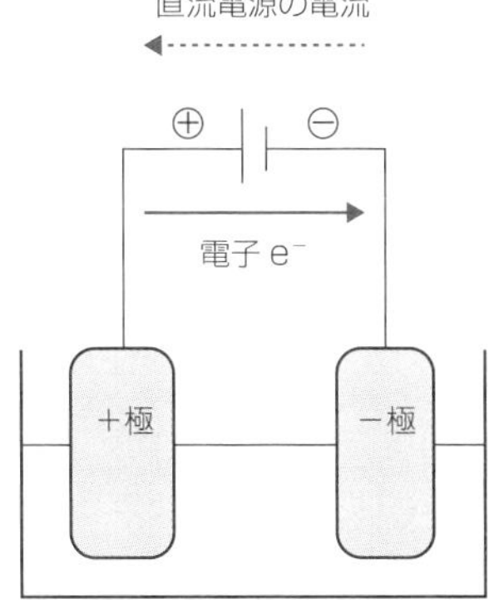

このように、充電をすることによってくり返し使用できる電池を**二次電池**（**蓄電池**）といい、乾電池のように充電のできない使いきりの電池を**一次電池**といいます。

一次電池の代表として、マンガン乾電池とアルカリ乾電池についてまとめておきましょう。

■マンガン乾電池とアルカリ乾電池の構造

	マンガン乾電池	アルカリ乾電池
＋極	二酸化マンガン MNO_2	二酸化マンガン MNO_2
－極	亜鉛 Zn	亜鉛 Zn
電解液	塩化亜鉛 $ZnCl_2$ の水溶液	水酸化カリウム KOH 等のアルカリ水溶液

プラス1
蓄電池は、使用せずに保存しているだけでも残存容量が低下する。蓄電池の容量は、アンペア時〔Ah〕で表す。

直流電源の場合、電流は電源の⊕側から出ます。

押えドコロ　変圧器（トランス）／鉛蓄電池

変圧器（トランス）

- コイルの**巻き数の比**と**電圧の比**は等しい ⇒ $N_1 : N_2 = V_1 : V_2$
- コイルの**巻き数の比**と**電流の比**は逆 ⇒ $N_1 : N_2 = I_2 : I_1$

1次側：巻き数N_1、電圧V_1、電流I_1
2次側：巻き数N_2、電圧V_2、電流I_2

鉛蓄電池

＋極：**二酸化鉛**（PbO_2）、－極：**鉛**（Pb）、**電解液**：**希硫酸**（H_2SO_4）

確認テスト

Key Point	できたら チェック ☑
変圧器	□ **1** 変圧器は、電圧の大きさを変える働きをするが、直流の電圧を変えることはできない。
	□ **2** 1次コイルと2次コイルの巻き数比が1：10の理想変圧器（損失を0とする理想的な変圧器）において、2次側の電圧は1次側の電圧の10倍になる。
	□ **3** 1次コイルと2次コイルの巻き数比が1：10の理想変圧器において、2次側から負荷に供給される電力（出力電力）は、1次側に供給される電力（入力電力）の10倍になる。
	□ **4** 1次巻線が200、2次巻線が1200の理想変圧器において、2次側から60Vの電圧を取り出す場合、1次側には360Vの電圧を加える必要がある。
	□ **5** 1次巻線が1500、2次巻線が500の理想変圧器において、1次巻線に2Aの電流が流れているとき、2次巻線には6Aの電流が流れている。
	□ **6** 変圧器の効率ηは、損失が小さいほど低下する。
蓄電池	□ **7** 鉛蓄電池は、＋極に二酸化鉛（PbO_2）、－極に鉛（Pb）、電解液としてアルカリ水溶液を用いた蓄電池である。
	□ **8** 蓄電池は、起電力が低下しても、外部の直流電源を用いて、蓄電池による電流の向きと逆向きに電流を流すことによって起電力を回復し、くり返し使用することができる。

解答・解説

1.○ 変圧器は電磁誘導の原理を利用するので、交流回路では働くが直流回路では働かない。 **2.**○ 電圧の比はコイルの巻き数の比と等しい。 **3.**× 理想変圧器においては、入力電力＝出力電力となる。 **4.**× 1次側に加える電圧をV_1とすると、200：1200＝V_1：60が成り立つ。$\therefore V_1 = 10$V。 **5.**○ 2次巻線に流れる電流をI_2とすると、1500：500＝I_2：2が成り立つ。$\therefore I_2 = 6$A。 **6.**× 変圧器の効率$\eta = \dfrac{出力}{出力+損失} \times 100$と表せる。したがって、損失が小さいほど変圧器の効率ηは上昇する。 **7.**× 鉛蓄電池の電解液には希硫酸（H_2SO_4）が用いられる。 **8.**○ 蓄電池（二次電池）は、設問のように充電することによってくり返し使用できる。

✓ ここが狙われる！

電気機器について出題されるのは、ほとんどが**変圧器**についてである。**電磁誘導**の原理、**コイルの巻き数と電圧・電流の関係**が特に重要である。計算問題に慣れておこう。蓄電池については、**鉛蓄電池**の構造をしっかり押さえよう。

第2章
消防関係法令（共通）

この章で最も重要なことは、自動火災報知設備その他の消防用設備等を、だれが、何に対して設置し、維持する義務を負うのかという点です。消防用設備等の設置対象は「防火対象物」であり、「特定防火対象物」と呼ばれるものを覚えると学習が楽になります。消防設備士の責務や免状についてもよく出題されます。なお、レッスン2と4は、最初は目を通す程度でよいでしょう。

Lesson 1　消防法令上の用語
Lesson 2　消防の組織と火災予防
Lesson 3　防火管理者と統括防火管理者
Lesson 4　防火対象物の点検、防炎規制
Lesson 5　消防用設備等に関する規定（1）
Lesson 6　消防用設備等に関する規定（2）
Lesson 7　消防用設備等に関する規定（3）
Lesson 8　消防用機械器具等の検定
Lesson 9　消防設備士制度
Lesson10　危険物規制

Lesson 1 消防法令上の用語

ここでは「防火対象物」「無窓階」など、消防法令に定義されている重要用語について学習します。試験によく出題されるだけでなく、これ以降のレッスンの内容に関係する基本的な用語なので、しっかりと理解しましょう。

1 消防法令に定義されている用語 A

用語

船きょ
船を建造・修理するための施設。ドックともいう。

建築物
土地に定着する工作物のうち屋根および柱もしくは壁を有するもの（建築基準法第2条第1号）。

重要ピックアップ
防火対象物と消防対象物

消防対象物
防火対象物

①「防火対象物」と「消防対象物」

防火対象物とは防火管理の対象となるものをいい、消防法（以下「法」と略す）で次のように定義されています。

> **山林**又は**舟車**(しゅうしゃ)、船きょ若(も)しくはふ頭に繋留(けいりゅう)された**船舶**、**建築物その他の工作物**若しくはこれらに属する物
> （法第2条第2項）

また、**消防対象物**の定義は以下の通りです。

> **山林**又は**舟車**、船きょ若しくはふ頭に繋留された**船舶**、**建築物その他の工作物**又は**物件**
> （法第2条第3項）

消防対象物には**物件**（山林・舟車・船舶・工作物以外の一切のもの）が含まれる点が重要です。立木や枯れ草等を含め、消火の対象となるすべてのものが消防対象物です。

②「舟車」

> 船舶安全法第２条第１項の規定を適用しない船舶、端舟、はしけ、被曳船その他の**舟**及び**車両**
> （法第２条第６項）

車両には、自動車、自転車、電車、モノレールカーなどが含まれます。

プラス1
船舶安全法第２条第１項では、「船舶」には機関のほか一定の設備等を施設すべきことを定めている。

端舟は小舟やボート、はしけは貨物を積んで航行する平底の船、被曳船はほかの船に引っ張られている船のことですね。

③「関係者」

> 防火対象物又は消防対象物の**所有者**、**管理者**又は**占有者**
> （法第２条第４項）

④「関係のある場所」

> 防火対象物又は消防対象物のある場所
> （法第２条第５項）

⑤「危険物」

> 別表第一の品名欄に掲げる物品で、同表に定める区分に応じ同表の性質欄に掲げる性状を有するもの
> （法第２条第７項）

つまり、**危険物**は消防法の別表第一の品名欄に掲げられていて、しかもその性質欄にある「酸化性固体」や「引火性液体」等といった性状を有する物品です。

プラス1
「危険物」の分類
- 第１類
  酸化性固体
- 第２類
  可燃性固体
- 第３類
  自然発火性物質
  および禁水性物質
- 第４類（▶P.110）
  引火性液体
- 第５類
  自己反応性物質
- 第６類
  酸化性液体

⑥「消防用設備等」

> 政令で定める**消防の用に供する設備**、**消防用水**及び**消火活動上必要な施設**　（法第17条第１項）

このうち「消防の用に供する設備」は、さらに消火設備、警報設備、避難設備に分かれます（▶P.87）。

⑦「無窓階」

無窓階とは、消防法施行令（以下「令」と略す）で次のように定義されています。

無窓階は「窓が無い」という意味ではないことに注意しましょう。

建築物の地上階のうち、総務省令で定める**避難上又は消火活動上有効な開口部を有しない階**
(令第10条第1項第5号)

+プラス1
高さ31mを超える建築物を高層建築物という。

有効な開口部を有している階は「**普通階**」といいます。

無窓階のほか、一定以上の階や地階(地下にある階)は、避難や消火活動の際に危険度が高くなるため、消防用設備等の設置基準が厳しくなります。

2 特定防火対象物

小学校・中学校・高校・大学のほか、図書館や美術館、共同住宅、寄宿舎などは、特定防火対象物に含まれていません。

用語
複合用途防火対象物
2階がクリニックで1階がコンビニというような、政令で定める2つ以上の用途に使用する防火対象物のこと。いわゆる「雑居ビル」。

百貨店や劇場、病院など、**不特定多数**の者が出入りする施設や、**避難が困難**な人々のいる施設を**特定防火対象物**といいます。火災発生の際の危険度が大きいため、防火管理や消防用設備等の規制などが強化されています。

■主な特定防火対象物(▶P.70～71)

- 劇場、映画館、公会堂、集会場など
- キャバレー、ダンスホール、カラオケボックスなど
- 料理店、飲食店など
- 百貨店、マーケット、物品販売店舗、展示場など
- 旅館、ホテル、宿泊所など
- 病院、診療所、助産所
- 老人ホーム、老人デイサービスセンターなど
- 保育所、幼稚園、特別支援学校、障害者支援施設など
- 公衆浴場のうち蒸気浴場・熱気浴場に類するもの
- 一部が特定防火対象物である複合用途防火対象物
- 地下街など

押えドコロ 防火対象物の定義

「**山林**又は**舟車**、船きょ若しくはふ頭に繫留された**船舶**、**建築物その他の工作物**若しくはこれらに属する物」

消防対象物と混同しないこと!

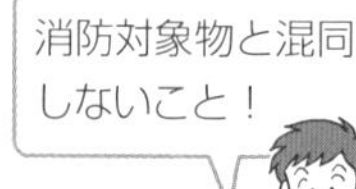

確認テスト

Key Point	できたら チェック ☑
消防法令に定義されている用語	□ 1 山林または舟車、船きょもしくはふ頭に繋留された船舶、建築物その他の工作物または物件を、「防火対象物」という。
	□ 2 「舟車」には、自動車や電車も含まれている。
	□ 3 「関係者」とは、防火対象物または消防対象物の設計者、所有者または管理者のことをいう。
	□ 4 「関係のある場所」とは、防火対象物または消防対象物のある場所をいう。
	□ 5 「危険物」とは、消防法の別表第一の品名欄に掲げる物品で、同表に定める区分に応じ同表の性質欄に掲げる性状を有するものをいう。
	□ 6 「消防用設備等」とは、消火設備、警報設備、避難設備のことをいう。
	□ 7 採光上または排煙上有効な開口部を有しない階のことを「無窓階」という。
	□ 8 「高層建築物」とは、高さ41 mを超える建築物のことをいう。
特定防火対象物	□ 9 「特定防火対象物」とは、特定された多数の者が出入りする防火対象物のことをいう。
	□ 10 百貨店、ホテル、病院は、いずれも「特定防火対象物」に該当する。
	□ 11 幼稚園、小学校、図書館は、いずれも「特定防火対象物」に該当する。
	□ 12 「複合用途防火対象物」とは、政令で定める2つ以上の用途を含んだ防火対象物のことをいう。

解答・解説

1. × これは防火対象物ではなく、消防対象物の定義である。 **2.** ○ **3.** × 所有者、管理者または占有者をいう。設計者は含まない。 **4.** ○ **5.** ○ **6.** × これは「消防の用に供する設備」である。「消防用設備等」には消防の用に供する設備のほか、消防用水および消火活動上必要な施設が含まれる。 **7.** × 採光上や排煙上ではなく、避難上または消火活動上有効な開口部を有しない階をいう。 **8.** × 41 mではなく、31 mを超える建築物をいう。 **9.** × 特定された多数の者ではなく、不特定多数の者が出入りする施設や、避難が困難な人々のいる施設をいう。 **10.** ○ **11.** × 幼稚園は該当するが、小学校や図書館は該当しない。 **12.** ○

✓ ここが狙われる!

「**防火**対象物」と「**消防**対象物」の定義の違い（「物件」を含むかどうか）や、「**無窓階**」とは何か、「**特定防火対象物**」に該当する施設は何かなどを確実に覚えよう。定義は、法令に規定されている文言通りに出題されることが多いことも知っておこう。

第2章 消防関係法令（共通）

■〈資料 1〉消防法施行令 別表第一

＊ピンク色の部分は「**特定防火対象物**」、それ以外は「**非特定防火対象物**」

(1)	イ	劇場、映画館、演芸場または観覧場
	ロ	公会堂または集会場
(2)	イ	キャバレー、カフェー、ナイトクラブその他これらに類するもの
	ロ	遊技場またはダンスホール
	ハ	「風俗営業等の規制及び業務の適正化等に関する法律」第２条第５項に規定する性風俗関連特殊営業を営む店舗（二並びに（1）項イ、（4）項、（5）項イおよび（9）項イに掲げる防火対象物の用途に供されているものを除く）その他これに類するものとして総務省令で定めるもの
	ニ	カラオケボックスその他遊興のための設備または物品を個室（これに類する施設を含む）において客に利用させる役務を提供する業務を営む店舗で総務省令で定めるもの
(3)	イ	待合、料理店その他これらに類するもの
	ロ	飲食店
(4)	―	百貨店、マーケットその他の物品販売業を営む店舗または展示場
(5)	イ	旅館、ホテル、宿泊所その他これらに類するもの
	ロ	寄宿舎、下宿または共同住宅
(6)	イ	①次のいずれにも該当する病院（火災発生時の延焼を抑制するための消火活動を適切に実施することができる体制を有するものとして総務省令で定めるものを除く） ⅰ診療科名中に特定診療科名（内科、整形外科、リハビリテーション科その他の総務省令で定める診療科名をいう。②ⅰにおいて同じ）を有すること ⅱ医療法第７条第２項第４号に規定する療養病床または同項第５号に規定する一般病床を有すること ②次のいずれにも該当する診療所 ⅰ診療科名中に特定診療科名を有すること ⅱ４人以上の患者を入院させるための施設を有すること ③病院（①に掲げるものを除く）、患者を入院させるための施設を有する診療所（②に掲げるものを除く）または入所施設を有する助産所 ④患者を入院させるための施設を有しない診療所、入所施設を有しない助産所
	ロ	①老人短期入所施設、養護老人ホーム、特別養護老人ホーム、有料老人ホーム（避難が困難な要介護者を主として入居させるものに限る）、介護老人保健施設など ②救護施設 ③乳児院 ④障害児入所施設 ⑤障害者支援施設（避難が困難な障害者を主として入所させるものに限る）など

(6)	ハ	①老人デイサービスセンター、老人福祉センター、老人介護支援センター、有料老人ホーム（ロ①に掲げるものを除く）、老人デイサービス事業を行う施設など ②更生施設 ③助産施設、保育所、幼保連携型認定こども園、児童養護施設、児童自立支援施設、児童家庭支援センターなど ④児童発達支援センター、児童心理治療施設など ⑤身体障害者福祉センター、障害者支援施設（ロ⑤に掲げるものを除く）、地域活動支援センター、福祉ホームなど
	ニ	幼稚園または特別支援学校
(7)	—	小学校、中学校、義務教育学校、高等学校、中等教育学校、高等専門学校、大学、専修学校、各種学校その他これらに類するもの
(8)	—	図書館、博物館、美術館その他これらに類するもの
(9)	イ	公衆浴場のうち、蒸気浴場、熱気浴場その他これらに類するもの
	ロ	イに掲げる公衆浴場以外の公衆浴場
(10)	—	車両の停車場または船舶もしくは航空機の発着場（旅客の乗降または待合いの用に供する建築物に限る）
(11)	—	神社、寺院、教会その他これらに類するもの
(12)	イ	工場または作業場
	ロ	映画スタジオまたはテレビスタジオ
(13)	イ	自動車車庫または駐車場
	ロ	飛行機または回転翼航空機の格納庫
(14)	—	倉庫
(15)	—	前各項に該当しない事業場
(16)	イ	複合用途防火対象物のうち、その一部が（1）項から（4）項まで、（5）項イ、（6）項または（9）項イに掲げる防火対象物の用途に供されているもの
	ロ	イに掲げる複合用途防火対象物以外の複合用途防火対象物
(16の2)	—	地下街
(16の3)	—	準地下街 建築物の地階（(16の2）項に掲げるものの各階を除く）で連続して地下道に面して設けられたものと当該地下道とを合わせたもの（(1）項から（4）項まで、（5）項イ、（6）項または（9）項イに掲げる防火対象物の用途に供される部分が存するものに限る）
(17)	—	「文化財保護法」の規定によって重要文化財、重要有形民俗文化財、史跡もしくは重要な文化財として指定され、または旧「重要美術品等の保存に関する法律」の規定によって重要美術品として認定された建造物
(18)	—	延長50メートル以上のアーケード
(19)	—	市町村長の指定する山林
(20)	—	総務省令で定める舟車

Lesson 2

消防の組織と火災予防

火災予防のために出される**措置命令**や**立入検査**のほか、建築物の新築等の際に必要とされる**「消防同意」**について学習します。命令権者や同意権者がだれであるかが重要です。そのため、まず**消防の組織**から理解していきましょう。

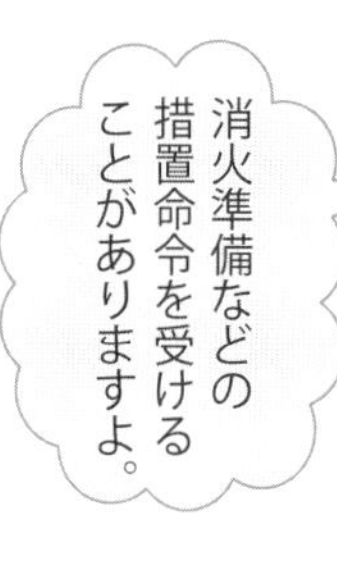

1 消防の組織

ABC

わが国の消防組織は「**自治体消防**（市町村消防）」と呼ばれ、**市町村**に当該市町村の区域内における消防責任があります。管理者は**市町村長**であり、条例に従って、消防長や消防団長の任命、予算の編成などを行います。

市町村には**消防本部**、**消防署**、**消防団**の全部または一部を設けなければならず、少なくとも消防本部または消防団のいずれかを設けることとされています。なお、消防本部を設けずに消防署を設けることは認められていません。

消防本部・消防署は常備体制の機関で、消防団は非常備体制なんだね。

機　関	機関の長	概　要
消防本部	消防長	市町村の消防事務を統括する機関
消防署	消防署長	消防本部の下部機関。火災の予防、火災の消火、救急業務等を行う
消防団	消防団長	非常備体制の消防機関（消防本部・消防署を設置しない自治体においては、消防活動を全面的に担う）

消防本部・消防署の消防職員のうち、消防士などの階級をもち、制服を着用して消防業務（消火・救助・救急等）に従事する者を**消防吏員**といいます。これに対し、消防団の**消防団員**は消防職員と異なり非常勤であり、ほかに本業をもちながら必要があれば参集し、消防活動に従事します。

2 屋外における火災予防　ABC

①屋外における措置命令（法第３条第１項）

消防長（消防本部を置かない市町村の場合は**市町村長**）、**消防署長**その他の**消防吏員**は、屋外において「火災の予防に危険であると認める行為者」または「火災の予防に危険であると認める物件、消防活動に支障になると認める物件の所有者・管理者・占有者で権原を有する者」に対して、次のア～エの措置をとるよう命じることができます。

ア　以下の 1）～ 6）の**禁止**・**停止**・**制限**、または 1）～ 6）を行う場合の**消火準備**

1）火遊び、2）喫煙、3）たき火、4）火を使用する設備・器具の使用、5）使用に際して火災発生のおそれのある設備・器具の使用、6）1)～5）に類する行為

イ　残火、取灰または火粉の始末

ウ　危険物、または放置され、みだりに存置された燃焼のおそれのある物件の除去その他の処理

エ　放置され、みだりに存置された物件（ウの物件以外）の整理または除去

②消防職員による措置代行（法第３条第２項）

消防長・消防署長は、火災の予防に危険であると認める物件、消防活動に支障になると認める物件について、①の措置命令の相手を確知できない場合は、消防職員（消防本部を置かない市町村の場合は消防団員）に、①のウ、エの措置をとらせることができます。この場合、物件を除去させた消防長・消防署長は、その物件を保管しなければなりません。

消防長や消防署長も消防吏員です。また、消防団長は消防団員に含まれます。

「法」とは、消防法のことです。

用語

権原
ある行為を正当化する法律上の原因。

権原を有する者
法律上、命令の内容を正当に実行することができる者。

プラス1
消防団長、消防団員にはこのような措置を命じる権限がないことに注意しよう。

3 立入検査等

ABC

①**資料提出命令、消防職員の立入検査**（法第４条第１項）

消防長（消防本部を置かない市町村の場合は**市町村長**）または**消防署長**は、火災予防のために必要があるときは、次のア、イを行うことができます。

ア　関係者に対して資料の提出を命じたり、報告を求めたりすること（**資料提出命令**）

イ　**消防職員**に対し、あらゆる関係のある場所に立ち入って、消防対象物の位置、構造、設備および管理の状況を検査させ、関係のある者に質問させること（**立入検査**）

用語
関係のある者
関係者（▶P.67）のほか、その従業員等を含む。

消防対象物
（▶P.66）

②**消防団員の立入検査**（法第４条の２第１項）

消防長（消防本部を置かない市町村の場合は**市町村長**）または**消防署長**は、火災予防のため特に必要があるときは消防対象物と期日または期間を指定して、当該管轄区域内の**消防団員**に①のイの立入検査をさせることができます。

プラス1
立入検査に事前通告は必要ない。また、立入検査を行う時間について特に制限はされていない。

①、②とも、関係のある場所に立ち入る場合は、市町村長の定める**証票**を携帯し、関係のある者の請求があれば、これを示さなければなりません。ただし、**個人の住居**については、**関係者の承諾**を得た場合または火災発生のおそれが著しく大きいため特に緊急の必要がある場合でなければ、立ち入ることができません。

また、立入検査によって知り得た関係者の秘密をみだりにほかに漏らしてはなりません。

4 防火対象物についての命令

①防火対象物に対する措置命令（法第5条第1項）

消防長（消防本部を置かない市町村の場合は**市町村長**）または**消防署長**は、防火対象物の位置、構造、設備または管理の状況について、火災の予防に危険であると認める場合、消防活動に支障になると認める場合、火災が発生したならば人命に危険であると認める場合など、火災の予防上必要があると認める場合は、権原を有する関係者に対し、当該**防火対象物の改修、移転、除去、工事の中止**その他の必要な措置を命じることができます。

②防火対象物の使用禁止等命令（法第5条の2第1項）

消防長（消防本部を置かない市町村の場合は**市町村長**）または**消防署長**は、防火対象物の位置、構造、設備または管理の状況について一定の事項に該当する場合は、権原を有する関係者に対し、当該**防火対象物の使用の禁止、停止または制限**を命じることができます。一定の事項の例としては、上記①や下記③の措置命令などが実行されず、火災の予防に危険であると認める場合などが挙げられます。

③消防吏員による措置命令（法第5条の3第1項）

消防長（消防本部を置かない市町村の場合は**市町村長**）、**消防署長**その他の**消防吏員**は、防火対象物において「火災の予防に危険であると認める行為者」または「火災の予防に危険であると認める物件、消防活動に支障になると認める物件の所有者・管理者・占有者で権原を有する者」に対して、「**屋外における措置命令**（▶P.73の①）」の内容と同様の措置をとるよう命じることができます。

5 消防同意（法第7条）

消防同意とは、建築物の新築等について建築基準法上の確認等（許可、認可、建築確認）を行う際に、消防機関の

用語

防火対象物
（▶P.66）

プラス1

建築物その他の工作物で、ほかの法令によって建築や増築などの許可・認可を受け、その後事情が変更していないものについては、①の措置命令はできない。

重要ピックアップ

罰則

- 法第3条第1項、法第4条第1項に対する違反
→30万円以下の罰金または拘留
- 法第5条第1項に対する違反
→2年以下の懲役または200万円以下の罰金
- 法第5条の2第1項に対する違反
→3年以下の懲役または300万円以下の罰金
- 法第5条の3第1項に対する違反
→1年以下の懲役または100万円以下の罰金

同意を得ることをいいます。建築物の新築、増改築、修繕などの工事を行おうとする建築主は、その計画が適法であるかどうかについて、まず**建築主事**（または特定行政庁）に、確認等の申請をします。次に、建築主事（または特定行政庁）が、**消防長**（消防本部を置かない市町村の場合は**市町村長**）または**消防署長**に対して消防同意を求めます。

 用語
建築主事
建築確認等を行うために地方自治体に置かれている職員のこと。「特定行政庁」とは建築主事を置く市町村の区域については市町村長、その他の市町村の区域については都道府県知事を指す。

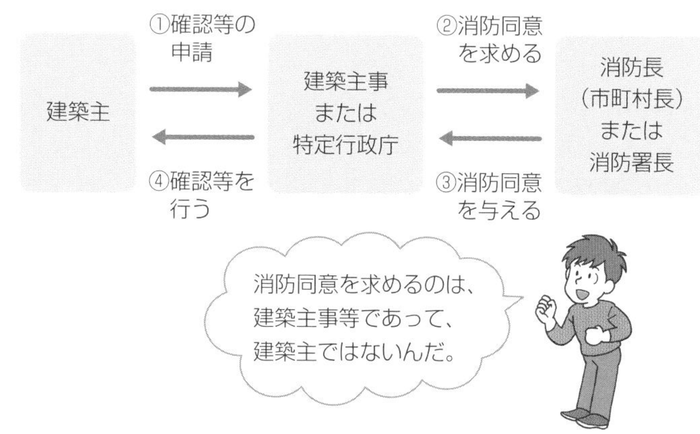

建築物の計画が防火に関する法令に違反しないものであれば、同意が与えられます。同意期間は、都市計画区域等の一般建築物の場合は同意を求められた日から**３日以内**、それ以外については**７日以内**と定められています。

なお、建築確認は民間の**指定確認検査機関**でも行うことができますが、建築主事の場合と同様、消防同意が必要です。消防同意を得ないで、建築主事（または特定行政庁）あるいは指定確認検査機関が確認等を行っても、無効となります。

用語
指定確認検査機関
建築基準法により、建築確認や検査を行う機関として、国土交通大臣または都道府県知事から指定を受けた民間の機関。

 **押えドコロ**　消防同意

- **消防同意を求める者**
  …**建築主事**（または特定行政庁）、指定確認検査機関
- **消防同意を行う者**
  …**消防長**（消防本部を置かない市町村の場合は**市町村長**）、**消防署長**

確認テスト

Key Point	できたら チェック ☑		
消防の組織	□	1	市町村は、少なくとも消防本部または消防団のいずれかを設けることとされている。
	□	2	消防団員とは、消防士などの階級をもち、制服を着用して消防業務に従事する者をいう。
屋外における火災予防	□	3	消防吏員は、たき火を行うなど、火災の予防に危険であると認める行為者に対して、消火の準備を命じることができる。
	□	4	消防団長は、火災の予防に危険であると認める危険物の除去を、その危険物の管理者で権原を有する者に命じることができる。
	□	5	消防長は、火災の予防に危険であると認める物件について、措置命令の相手を確知できない場合、消防職員に除去させることができる。
立入検査等	□	6	消防本部を置かない市町村の市町村長は、火災予防のために必要があるときは、関係者に対して資料提出命令を出すことができる。
	□	7	消防署長は、消防職員に立入検査をさせることはできるが、消防団員に立入検査をさせることはできない。
	□	8	個人の住居への立入検査は、火災発生のおそれが著しく大きく、特に緊急の必要がある場合にのみ認められる。
防火対象物についての命令	□	9	消防署長は、防火対象物の構造等について火災の予防上必要があると認める場合、権原を有する関係者に改修等を命じることができる。
消防同意	□	10	建築物を新築しようとする建築主は、許可の申請と同時に、消防長または消防署長に対して消防同意を求めなければならない。
	□	11	消防同意の期間は、都市計画区域等の一般建築物の場合、同意を求められた日から3日以内とされている。
	□	12	建築主事等は、建築物の計画が防火に関する法令に違反しないものであれば、消防同意を得ることなく確認を与えることができる。

解答・解説

1.○ **2.**× これは「消防吏員」の説明。消防団員は、非常備体制の消防機関である消防団の構成員。 **3.**○ **4.**× 消防団長にはこのような措置を命じる権限がない。 **5.**○ **6.**○ **7.**× 消防団員にも、消防対象物と期日または期間を指定して立入検査をさせることができる。 **8.**× 関係者の承諾を得た場合にも認められる。 **9.**○ **10.**× 消防同意は、建築主ではなく、建築主事等が求める。 **11.**○ **12.**× 消防同意のない確認は無効である。

✓ ここが狙われる！

措置命令や立入検査等については**命令権者**がだれであるか、また、消防同意については**同意を求める者**および**同意権者**がだれであるかが重要である。きちんと整理しておこう。

第2章 消防関係法令（共通）

Lesson 3

防火管理者と統括防火管理者

防火管理体制のあいまいな雑居ビル等で、死者を伴う火災被害が頻発しています。ここでは、防火管理の中心となる防火管理者と統括防火管理者について学習しましょう。防火管理者を定める防火対象物の種類と、業務の内容が重要です。

1 防火管理者を定める防火対象物 ABC

政令で定める**防火対象物**の管理について権原を有する者は、一定の資格者から**防火管理者**を定め、その防火対象物について必要な業務を行わせる必要があります。

令別表第一（▶P.70～71）に掲げる防火対象物のうち、下の表の①～③については、**収容人員**がそれぞれ一定以上の場合に防火管理者を定めなければなりません。

	令別表第一に掲げる防火対象物	収容人員
①	・（6）のロ ・（16）のイと（16の2）のうち、（6）のロの用途を含むもの	10人以上
②	特定防火対象物 ・（6）のロ、（16の3）を除く ・（16）のイと（16の2）は、（6）のロの用途を含むものを除く	30人以上
③	非特定防火対象物 ・（18）、（19）、（20）を除く	50人以上

プラス1
令別表第一（6）のロは「自力避難困難者入所福祉施設等」ともいう。

重要ピックアップ
防火対象物の区分
ア　甲種防火対象物
右の表のうち、
・①のすべて
・②で建物延べ面積300㎡以上のもの
・③で建物延べ面積500㎡以上のもの
イ　乙種防火対象物
右の表のうち、
・②で建物延べ面積300㎡未満のもの
・③で建物延べ面積500㎡未満のもの

令別表第一の防火対象物のうち、①～③以外のものは、収容人員にかかわらず、防火管理者の選任は不要です。

また、同じ敷地内に、管理の権原を有する者が同一である防火対象物が2つ以上ある場合は、それらを1つのものとして収容人員を合計します。

「令」とは、消防法施行令のことですね。

例題

次のうち、防火管理者の選任が不要なものはどれか。

ア　収容人員が40人である映画スタジオ
イ　収容人員が45人である遊技場
ウ　同じ所有者で、同じ敷地内にある収容人員各20人の3棟の共同住宅

ア「映画スタジオ」は非特定防火対象物で収容人員50人未満なので選任不要です。イ「遊技場」は特定防火対象物で収容人員30人以上なので選任が必要です。ウ「共同住宅」は非特定防火対象物ですが、この場合は収容人数を合計して50人以上となるため選任が必要です。

∴ 防火管理者の選任が不要なのは、アのみ

重要ピックアップ

防火管理者の選任が不要な防火対象物

（　）は令別表第一の項

- 準地下街　（16の3）
- 延長50m以上のアーケード（18）
- 市町村長の指定する山林　（19）
- 総務省令で定める舟車　（20）

2 防火管理者の業務 ABC

防火管理者の業務は以下の通りです（令第3条の2）。

①防火対象物についての**消防計画の作成**
②消防計画に基づく**消火・通報・避難の訓練**の実施
③**消防用設備等**（▶P.67）の点検および整備
④**火気の使用または取扱い**に関する監督
⑤避難または防火上必要な構造・設備の維持管理
⑥収容人員の管理
⑦その他防火管理上必要な業務

また、防火管理者は上記③または④の業務を行うときは、火元責任者その他の防火管理の業務に従事する者に対し、必要な指示を与えなければなりません。

消防計画は、防火管理者が所轄消防長または消防署長に届け出なければなりません。

用語

火元責任者
防火管理者を補助するものとして、一定の場所または各部屋ごとに実情に応じて任命する。

3 統括防火管理者

下の表の①～⑥のうち、管理について権原が分かれているもの（＝管理権原を有する者が複数存在するもの）については、管理権原を有する者が協議して、当該防火対象物全体の防火管理業務を行う**統括防火管理者**を定め、必要な業務を行わせることが義務づけられています。

①	**高層建築物**（高さ31mを超える建築物）
②	**地下街**（令別表第一の（16の2）） ただし、**消防長**または**消防署長**が指定するものに限る
③	令別表第一の（6）の口と、（6）の口の用途を含む（16）のイのうち、地階を除く**階数が3以上**＋収容人員**10人以上**
④	**特定防火対象物**（（6）の口、（16の2）、（16の3）を除く）のうち、地階を除く**階数が3以上**＋収容人員**30人以上** ただし、（16）のイは（6）の口の用途を含むものを除く
⑤	令別表第一の（16）の口のうち、 地階を除く**階数が5以上**＋収容人員**50人以上**
⑥	準地下街（令別表第一の（16の3））

統括防火管理者は、政令で定める一定の資格を有する者から選任され、当該建築物全体に関する**消防計画の作成**や**避難訓練の実施**その他の業務を行います。また、防火対象物の部分ごとに選任された防火管理者に対し、必要な措置を講じるよう**指示する権限**が与えられています。

防火対象物の管理権原を有する者は、防火管理者または統括防火管理者を選任・解任したときは、遅滞なく、所轄消防長または消防署長に届け出なければなりません。

＋プラス1

従来は管理権原を有する者の協議による共同防火管理が行われていたが、法改正で統括防火管理者の制度が導入され、建築物全体の防火管理体制の強化が図られることになった。

用語

地下街

地下の工作物内に設けられた店舗、事務所その他これらに類する施設で、連続して地下道に面して設けられたものとその地下道とを合わせたものをいう。

押えドコロ 防火管理者の主な業務

- **消防計画の作成**
- **消火・通報・避難の訓練**の実施
- **消防用設備等**の点検および整備
- **火気の使用または取扱い**に関する監督

「危険物」の使用や取扱いに関する監督は含まれないんだね。

確認テスト

Key Point	できたら チェック ☑
防火管理者を定める防火対象物	□ 1 保育所は、常に防火管理者を定める必要がある。
	□ 2 収容人員45名の図書館は、防火管理者を定めなくてもよい。
	□ 3 同じ敷地内に、所有者が同一の遊技場（収容人員15名）と飲食店（収容人員20名）がある場合、防火管理者は定めなくてもよい。
	□ 4 延長50mのアーケードには、防火管理者を定めなくてもよい。
防火管理者の業務	□ 5 防火対象物についての消防計画の作成は、防火管理者の業務である。
	□ 6 危険物の取扱いに関する監督は、防火管理者の業務である。
	□ 7 防火管理者は、消防用設備等の点検や整備を行う際には、火元責任者に必要な指示を与えなければならない。
統括防火管理者	□ 8 複数の管理権原者が存在する高さ31mを超える建築物は、消防長または消防署長の指定するものに限り、統括防火管理者を選任する。
	□ 9 複数の管理権原者が存在している地下街は、消防長または消防署長の指定するものに限り、統括防火管理者の選任を必要とする。
	□ 10 統括防火管理者には、防火対象物の部分ごとに選任された防火管理者に対し、必要な措置を講じるよう指示する権限が与えられている。
	□ 11 統括防火管理者を選任・解任したときは、所轄消防長または消防署長に届け出る必要があるが、防火管理者の選任・解任の場合は届け出る必要がない。

解答・解説

1.× 保育所（令別表第一（6）のハ）は特定防火対象物なので、収容人員30人以上の場合に防火管理者の選任が必要となる。常に必要というのは誤り。 2.○ 図書館（令別表第一（8））は非特定防火対象物なので、収容人員50人以上で選任が必要となる。 3.× 遊技場（令別表第一（2）のロ）、飲食店（同（3）のロ）ともに特定防火対象物であり、収容人員の合計が30人以上なので、防火管理者の選任が必要である。 4.○ 5.○ 6.× 火気の使用や取扱いに関する監督は防火管理者の業務であるが、危険物は含まれていない。 7.○ 8.× 高層建築物は、消防長や消防署長の指定とは関係なく、統括防火管理者を選任する必要がある。 9.○ 10.○ 11.× 防火管理者の選任・解任についても、統括防火管理者の場合と同様、所轄消防長または消防署長に届け出る必要がある。

✓ここが狙われる！

防火対象物のうち、**防火管理者**または**統括防火管理者**を選任しなければならないものについて、**令別表第一**の項目を色分けするなどして、少しずつ覚えていこう。また、防火管理者と統括防火管理者の業務の内容にも注意しよう。

Lesson 4

防火対象物の点検、防炎規制

「防火対象物定期点検報告制度」と「防炎規制」について学習します。防火対象物の点検は、消防用設備等の点検（レッスン7）とは異なることに注意しましょう。防炎規制では、対象となる物品と規制を受ける防火対象物等が重要です。

1 防火対象物の点検（法第８条の２の２） ABC

政令で定める防火対象物の管理について権原を有する者は、専門的知識をもつ**防火対象物点検資格者**に、その防火対象物における防火管理上必要な業務や、消防用設備等の設置・維持その他火災の予防上必要な事項について点検させる必要があります。これを**防火対象物定期点検報告制度**といいます。対象となるのは、防火管理者を定めなければならない防火対象物（▶P.78）のうち、下の表のものです。

①	**特定防火対象物**（ただし、令別表第一（16の3）を除く） かつ、**収容人員300人以上**のもの
②	**特定１階段等防火対象物** 収容人員300人未満であって、 令別表第一の（1）～（4）、（5）のイ、（6）、（9）のイのために使用する部分が**避難階以外の階**（１階と２階は除く）に存在し、その階から避難階または地上に直通する階段が**１か所以下**しか設けられていないもの

用語

防火対象物点検資格者
「防火対象物における火災予防に関する専門的知識を有する者で総務省令で定める資格を有する者」をいう。

避難階
直接地上へと通じる出入口のある階。

この点検は**1年に1回**行うものとされており、その結果を消防長または消防署長に**報告**しなければなりません。

2 防炎規制（法第8条の3）

①防炎規制とは

高層建築物や特定防火対象物などで使用するカーテン、じゅうたんなど、火災発生時に延焼の媒体となるおそれのある物品に対する規制を「**防炎規制**」といいます。対象となる物品（**防炎対象物品**）には、炎に接しても燃えにくいといった一定の性能（**防炎性能**）が要求されます。

用語

延焼
火災の火がほかに燃え広がること。

②防炎対象物品

防炎対象物品は、以下の1）～8）です。

1）カーテン
2）布製のブラインド
3）暗幕
4）じゅうたん等
5）展示用の合板
6）どん帳その他舞台において使用する幕
7）舞台において使用する大道具用の合板
8）工事用シート

用語

じゅうたん等
じゅうたん、ござ、カーペット、人工芝、合成樹脂製床シートなどが含まれる。

防炎対象物品またはその材料で防炎性能を有するものには、防炎性能を有するものである旨の表示（**防炎表示**）をすることができます。

■防炎表示の例

消防庁登録者番号
×××××

登録確認機関名
○○○○○○○

プラス1
防炎対象物品やその材料は、防炎表示等の付いているものでなければ、防炎物品として販売することができない。

用語

防炎防火対象物

消防法施行令では、右表の 3) および 4) を「防炎防火対象物」と呼んでいる。また 5) 複合用途防火対象物は、3) や 4) の用途に使われている部分だけを防炎防火対象物とみなす。

③防炎規制を受ける防炎防火対象物等

下の表の 1) ～ 6) が、防炎規制を受けます。

1)	**高層建築物**（高さ31mを超える建築物）
2)	**地下街**（令別表第一（16の2））
3)	**特定防火対象物**のうち、 令別表第一の（1）～（4）、（5）のイ、（6）、（9）のイ、（16の3）
4)	**映画スタジオ**または**テレビスタジオ** （令別表第一（12）のロ）
5)	**複合用途防火対象物**（令別表第一（16））のうち、 上記 3）または 4）の用途に使われている部分
6)	**工事中の建築物その他の工作物** • 建築物（都市計画区域外の住宅は除く） • プラットホームの上屋 • 貯蔵槽（屋外タンク、高架水槽） • 化学工業製品製造装置　その他

高層建築物であれば用途にかかわらず防炎規制を受けます。延べ面積は防炎規制には関係ありません。

例題

次のうち、防炎規制を受けないものはどれか。

ア　2階建て、延べ面積 180 ㎡の旅館

イ　複合用途防火対象物のうち、倉庫に使われている部分

ウ　高さ 35m の共同住宅

ア「旅館」は令別表第一（5）のイに掲げられている特定防火対象物です。イ「倉庫」は 3)、4)の用途に含まれていません。ウ「共同住宅」は非特定防火対象物ですが、高さ 35m なので 1) の高層建築物に該当します。

∴ 防炎規制を受けないものは、イのみ

押えドコロ　防炎規制の対象

高層建築物、地下街、一定の特定防火対象物、映画・テレビのスタジオ、工事中の建築物　その他

→ これらで使用する →

• カーテン
• じゅうたん等
• 舞台において使用する幕
• 工事用シート　その他

確認テスト

Key Point	できたら チェック ☑		
防火対象物の点検	□	1	防火対象物定期点検報告制度の対象となるのは、防火管理者を定めなければならない防火対象物のうち、一定のものである。
	□	2	防火対象物点検資格者による点検は、1か月に1回行う必要がある。
	□	3	防火対象物点検資格者による点検の結果は、消防長または消防署長に報告しなければならない。
	□	4	消防設備士であれば、登録講習機関の行う講習さえ修了すれば、防火対象物点検資格者になることができる。
防炎規制	□	5	防炎規制とは、高層建築物や特定防火対象物などで使用する防炎対象物品について、一定の防炎性能を要求する制度である。
	□	6	防炎対象物品には、じゅうたん等のほか、工事用シートやテントなどが含まれている。
	□	7	小学校のカーテンは、防炎規制の対象となる。
	□	8	映画スタジオで使用している暗幕は、防炎規制の対象となる。
	□	9	高さが25mで、延べ床面積が3000㎡以上ある博物館は、防炎規制を受ける。
	□	10	複合用途防火対象物内にある診療所で使用されているカーペットは、防炎規制の対象となる。

解答・解説

1.○ **2.**× 1年に1回行うものとされている。 **3.**○ **4.**× 3年以上の実務経験を経たうえで、登録講習機関の行う講習を修了する必要がある。 **5.**○ **6.**× じゅうたん等や工事用シートは含まれるが、テントは防炎対象物品に含まれていない。 **7.**× カーテンは防炎対象物品であるが、小学校（令別表第一（7））は防炎規制を受けないので、小学校のカーテンは防炎規制の対象とならない。 **8.**○ 暗幕は防炎対象物品であり、映画スタジオは「防炎防火対象物」である。 **9.**× 博物館（令別表第一（8））は「防炎防火対象物」ではなく、高さ25mでは高層建築物にも該当しないので、防炎規制は受けない。なお、延べ床面積の大きさは関係ない。 **10.**○ カーペットは防炎対象物品であり、診療所（令別表第一（6）のイ）の用途に使われている複合用途防火対象物の部分は防炎規制を受けるので、当該カーペットは防炎規制の対象となる。

✓ ここが狙われる！

防炎規制については、**防炎対象物品**であるかどうかと、防炎規制を受ける**防炎防火対象物等**に該当するかどうかの2点について、押さえておく必要がある。

Lesson 5

消防用設備等に関する規定（1）

レッスン5～7にかけては、消防用設備等の設置・維持義務について学習します。このレッスンの内容は、設置維持の義務者、消防用設備等の種類、付加条例といった基本的なことがらです。特に、消防用設備等の種類が重要です。

1 消防用設備等の設置・維持義務 A

政令で定める**防火対象物の関係者**は、**消防用設備等**について、消火、避難その他の消防の活動のために必要とされる性能を有するよう、**政令で定める技術上の基準**に従って設置し、維持しなければなりません。これを消防用設備等の**設置・維持義務**といいます（法第17条第１項）。

この義務のポイントをまとめておきましょう。

①**何に対して設置するのか** ⇒「政令で定める防火対象物」

これは、**消防法施行令別表第一**（▶P.70～71）に掲げている防火対象物とされています（令第６条）。

②**だれが義務を負うのか** ⇒「防火対象物の関係者」

「関係者」とは、防火対象物の**所有者**、**管理者**、**占有者**のことです（▶P.67）。

③**何を設置し、維持するのか** ⇒「消防用設備等」

「通常用いられる消防用設備等」と「必要とされる防火安全性能を有する消防の用に供する設備等」があります。

重要ピックアップ
政令で定める技術上の基準（設備等技術基準）
消防用設備等を設置すべき防火対象物の用途、規模、収容人員等に関する基準のほか、設置する消火器具の適応性の種別や設置位置等に関する基準などがある。

2 消防用設備等の種類

消防用設備等（「通常用いられる消防用設備等」）とは、①**消防の用に供する設備**、②**消防用水**および③**消火活動上必要な施設**のことをいい、①はさらに**消火設備**、**警報設備**、**避難設備**に分かれます。

具体的には、以下の通りです（令第７条）。

■消防用設備等の種類

消防の用に供する設備	**消火設備**	● 消火器 ● 簡易消火用具 ● 屋内消火栓設備 ● 屋外消火栓設備 ● スプリンクラー設備 ● 水噴霧消火設備 ● 泡消火設備 ● 不活性ガス消火設備 ● ハロゲン化物消火設備 ● 粉末消火設備 ● 動力消防ポンプ設備
	警報設備	● **自動火災報知設備** ● **ガス漏れ火災警報設備** ● 消防機関へ通報する火災報知設備 ● 漏電火災警報器 ● 非常警報器具 ● 非常警報設備
	避難設備	● 避難器具 ● 誘導灯および誘導標識
消防用水		● 防火水槽 ● 防火水槽に代わる貯水池その他の用水
消火活動上必要な施設		● 排煙設備 ● 連結散水設備 ● 連結送水管 ● 非常コンセント設備 ● 無線通信補助設備

ゴロ合わせ

【消防の用に供する設備】
用（消防の用に供する設備）があったら
消して（消防設備）、鳴らして（警報設備）、
逃げる（避難設備）

重要ピックアップ

簡易消火用具
- 水バケツ
- 水槽
- 乾燥砂
- 膨張ひる石
- 膨張真珠岩

非常警報器具
- 警鐘
- 携帯用拡声器
- 手動式サイレン
- その他

非常警報設備
- 非常ベル
- 自動式サイレン
- 放送設備

避難器具
- すべり台
- 避難はしご
- 救助袋
- 緩降機
- 避難橋
- その他

前ページの「通常用いられる消防用設備等」のほかに、防火対象物の関係者は、「**必要とされる防火安全性能を有する消防の用に供する設備等**」を用いることもできます。これは、消防長または消防署長によって、その防火安全性能が「通常用いられる消防用設備等」の防火安全性能と同等以上であると認められるものです。

具体的には、次のものが挙げられます。

1）パッケージ型消火設備、パッケージ型自動消火設備
2）共同住宅用スプリンクラー設備
3）共同住宅用自動火災報知設備
4）住戸用自動火災報知設備
5）特定小規模施設用自動火災報知設備
6）複合型居住施設用自動火災報知設備
7）共同住宅用非常警報設備
8）共同住宅用連結送水管、共同住宅用非常コンセント設備
9）加圧防排煙設備
10）特定駐車場用泡消火設備

用語
防火安全性能
火災の拡大を初期に抑制する性能、火災時に安全に避難することを支援する性能または消防隊による活動を支援する性能をいう。

3 附加条例 ABC

市町村は、その地方の気候または風土の特殊性により、消防用設備等について政令で定める技術上の基準などでは防火の目的を十分に果たすことが難しいと認めるときは、その**市町村の条例**により、政令等の規定で定める基準とは異なる規定を設けることができます。これを「**附加条例**」といいます（法第17条第2項）。

「附加条例」では、政令で定めるものより厳しい規定を設けます。緩やかな規定は設けられません。

押えドコロ　消防用設備等（「通常用いられる消防用設備等」）

①消防の用に供する設備
- **消火設備**（消火器、スプリンクラー設備など）
- **警報設備**（自動火災報知設備など）
- **避難設備**（避難器具、誘導灯など）

②消防用水
③消火活動上必要な施設

確認テスト

Key Point		できたら チェック ☑
消防用設備等の設置・維持義務	□ 1	消防設備士は、消防用設備等の設置・維持義務を負う。
	□ 2	防火対象物の管理者は、消防用設備等の設置・維持義務を負う。
消防用設備等の種類	□ 3	消防用設備等とは、消防の用に供する設備、消防用水および避難設備のことをいう。
	□ 4	消防の用に供する設備は、消火設備、警報設備、避難設備に分かれる。
	□ 5	消火設備には、屋内消火栓設備、スプリンクラー設備、連結散水設備などが含まれる。
	□ 6	消防機関へ通報する火災報知設備は、警報設備の１つである。
	□ 7	避難設備には、避難器具、誘導灯および誘導標識が含まれる。
	□ 8	すべり台、避難はしごは、避難設備に含まれない。
	□ 9	水バケツおよび水槽は、消防用水に含まれる。
	□ 10	消火活動上必要な施設には、排煙設備、連結送水管、非常コンセント設備などが含まれる。
	□ 11	パッケージ型消火設備、共同住宅用スプリンクラー設備は、どちらも「通常用いられる消防用設備等」に含まれる。
附加条例	□ 12	その地方の気候・風土の特殊性により、政令で定める技術上の基準では防火目的を十分果たすことが難しい場合は、市町村の条例で異なる規定を設けることができる。

解答・解説

1.× 消防用設備等の設置・維持義務を負うのは、防火対象物の関係者（所有者、管理者、占有者）である。 2.○ 3.× 避難設備ではなく、消火活動上必要な施設である。あとの2つは正しい。 4.○ 5.× 連結散水設備は消火設備ではなく、消火活動上必要な施設に含まれる。あとの2つは正しい。 6.○ 7.○ 8.× すべり台と避難はしごは、避難設備の一つである避難器具に含まれている。 9.× 水バケツおよび水槽は、消火設備の一つである簡易消火用具に含まれる。消防用水とは、防火水槽またはこれに代わる貯水池その他の用水をいう。 10.○ 11.× これらは「必要とされる防火安全性能を有する消防の用に供する設備等」に含まれる。 12.○

✓ ここが狙われる！

「**消防の用に供する設備**」である消火設備・警報設備・避難設備はもちろん、「**消防用水**」や「**消火活動上必要な施設**」などにそれぞれ含まれている設備や器具は、カード化するなどしてすべて覚えよう。「簡易消火用具」「避難器具」に含まれるものも同様である。

消防用設備等に関する規定（2）

消防用設備等を設置する場合の「設置単位」についての原則と例外、「既存防火対象物に対する適用除外」の原則とその例外、「用途変更の場合の適用除外」の原則とその例外について学習します。いずれも重要かつ頻出の事項です。

1コマ劇場

こういう建物も1つの防火対象物になりますか？

この場合は、原則的に、用途ごとに別の防火対象物になります。

共同住宅 5階
共同住宅 4階
共同住宅 3階
マーケット 2階
マーケット 1階

1 設置単位について ABC

消防用設備等を設置する場合、建築物である防火対象物については、特段の規定がない限り、**1棟の建築物**ごとに設置します。これを「**1棟1設置単位**」といいます。

また、下の図のように、建築物Aと建築物Bが渡り廊下または地下連絡路などによって接続されている場合には、原則としてAとBを合わせて1棟として扱います。

建築物B
建築物A
4階
3階
渡り廊下 2階
1階
B1階
地下連絡路 B2階

プラス1
消防用設備等の設置は「1棟単位」であり、「1敷地単位」ではないことに注意しよう。

渡り廊下等で接続していても、一定の防火措置を講じた場合は、別棟として扱われることがあります。

1棟1設置単位の例外となる特段の規定のうち、重要なものをみておきましょう。

①**令8条による規定**

1棟の防火対象物の一部分が「**開口部のない耐火構造の床または壁で区画されているとき**」は、その部分を別個の独立した防火対象物とみなします。その部分で出火したとしても、ほかの部分に火災が延焼したり、ほかの部分の出火によってその部分に延焼したりする危険が少ないからです。

この場合、「開口部」がないという点がポイントであり、防火戸や防火シャッター等が設けられていても、開口部がある以上、独立した防火対象物とは認められません。

②**令9条による規定**

複合用途防火対象物（▶P.68）の場合、その建築物の内部には別の用途に使用される2種類以上の部分が存在していますが、**同じ用途に使用される部分は1つの防火対象物**とみなして、それぞれに消防設備等を設置します。

	用途	階
1つの防火対象物	共同住宅	5階
	共同住宅	4階
1つの防火対象物	事務所	3階
	事務所	2階
1つの防火対象物	マーケット	1階

ただし、スプリンクラー設備その他の特定の設備については、原則通り、建築物1棟を1設置単位とします。

③**令9条の2による規定**

「**地下街**」（令別表第一（16の2））は、複数の用途に使用されていても、全体として1つの防火対象物です。また、**特定防火対象物**（令別表第一（16の2）と（16の3）を除く）の**地階**（地下にある階）で「地下街」と一体をなすものとして消防長または消防署長が指定したものは、一部の特定の設備についてはその「地下街」の部分とみなします。

開口部
採光、換気、通風、出入りなどのために設けられた出入口、窓、階段等のこと。

耐火構造
鉄筋コンクリート造り、れんが造り等の構造で、建築基準法に基づく耐火性能を有するもの。

重要ピックアップ

令9条が適用されない特定の設備
- スプリンクラー設備
- 自動火災報知設備
- ガス漏れ火災警報設備
- 漏電火災警報器
- 非常警報設備
- 避難器具
- 誘導灯

令9条の2が適用される特定の設備
- スプリンクラー設備
- 自動火災報知設備
- ガス漏れ火災警報設備
- 放送設備（非常ベルまたは自動式サイレン付き）

2 既存防火対象物に対する適用除外 ABC

消防用設備等の技術上の基準を定めた規定（政令その他の命令、付加条例を含む）は必要に応じて改正されます。しかし、そのたびに、現に存在している防火対象物や新築・増築等の工事中の防火対象物（「**既存防火対象物**」）を新しい規定に適合させなければならないとすると、既存防火対象物の構造自体に修正を加える必要が生じる場合もあり、関係者の経済的負担が重くなってしまいます。そこで法第17条の２の５では、このような場合は原則として**改正後の規定の適用を除外**し、**改正前の規定をそのまま適用する**こととしています。

ただし、以下の①～⑤の例外が定められています。

①改正前の規定に違反していた場合

既存防火対象物の消防用設備等が、改正後の規定に適合しないだけでなく、そもそも改正前の規定に違反していた場合は、改正後の規定を適用します。

②改正後に一定規模以上の増改築等をした場合

改正後に、次の 1) ～ 3) のいずれかに該当する増改築または大修繕等を行った場合は、改正後の規定を適用します。

1) 増築または改築に係る防火対象物の床面積の合計が、**1000㎡以上**となるもの
2) 増築または改築に係る防火対象物の床面積の合計が、従前の**延べ面積の２分の１以上**となるもの
3) 防火対象物の主要構造部である「**壁**」について、**過半**（２分の１超）の修繕または模様替えとなるもの

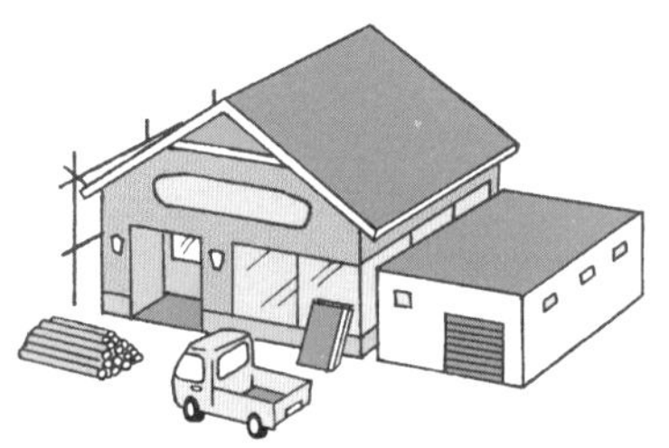

重要ピックアップ
法不遡及の原則
法令が改正された場合、改正前からすでに存在していたことにまで改正後の規定の効力を及ぼすことを「遡及」という。「遡及」は原則として禁止されており、法第17条の２の５はこの「法不遡及の原則」を定めたものである。

 用語
延べ面積
建物の各階の床面積を合計したもの。

例題

消防用設備等の技術上の基準を定めた規定が改正された場合、改正後の規定を適用するのは、次のうちどちらか。

ア　改正後、床面積の合計が800㎡で、従前の延べ面積の3分の2に及ぶ増改築を行った

イ　改正後、防火対象物の屋根全体に大規模な修繕を行った

アは、床面積の合計は1000㎡以上ではありませんが、従前の延べ面積の3分の2（2分の1以上になる）ということで、改正後の規定を適用することになります。イは、主要構造部の「壁」ではなく「屋根」の大修繕なので、たとえ過半でも改正後の規定は適用されません。　　∴ 改正後の規定を適用するのは、ア

③改正後の規定に適合することとなった場合

関係者が自主的に設置したり変更したりしていた消防用設備等が、改正後の規定に適合することになった場合は、改正後の規定を適用します。

④既存防火対象物が特定防火対象物である場合

現に存在している防火対象物や新築・増築等の工事中の防火対象物が**特定防火対象物**（▶P.70～71令別表第一のピンク色の部分）である場合は、常に改正後の規定を適用します。

⑤消火器その他の特定の消防用設備等である場合

次のア～ケの消防用設備等については、常に改正後の規定を適用します（ただし、エとオは一定の場合に限る）。

ア　消火器
イ　簡易消火用具
ウ　二酸化炭素消火設備（全域放出方式のものに限る）
エ　自動火災報知設備
オ　ガス漏れ火災警報設備
カ　漏電火災警報器
キ　非常警報器具および非常警報設備
ク　避難器具
ケ　誘導灯および誘導標識

重要ピックアップ

改正後の規定を適用する消防用設備等の補足

- 自動火災報知設備
  特定防火対象物のほか、重要文化財等（令別表第一(17)）に設けるものに限る
- ガス漏れ火災警報設備
  特定防火対象物のほか、温泉採取設備に設けるものに限る

3 用途変更の場合の適用除外 ABC

倉庫を工場に変えるなど、防火対象物の用途を変更したことによって、消防用設備等の技術上の基準を定めた規定（政令その他の命令、附加条例を含む）に適合しなくなった場合でも、**用途変更前の規定**をそのまま適用することが原則とされています（法第17条の３）。

ただし、以下の①～⑤の例外が定められています。

①用途変更前の規定に違反していた場合

用途変更前に設置していた消防用設備等が規定に違反していた場合は、変更後の用途に係る規定を適用します。

②用途変更後に一定規模以上の増改築等をした場合

増改築等の規模は「既存防火対象物に対する適用除外」の②の 1）～ 3）（▶P.92）と同じです。この場合、変更後の用途に係る規定を適用します。

増改築に係る部分の床面積合計が、
- 1000㎡以上
- 従前の延べ面積の2分の1以上

上記いずれかの場合、変更後の用途に係る規定を適用します。

③用途変更後の規定に適合することとなった場合

消防用設備等が、用途変更後の規定に適合している場合は、変更後の用途に係る規定を適用します。

④変更後の用途が特定防火対象物である場合

変更後の用途が**特定防火対象物**（▶P.70～71）に該当する場合は、変更後の用途に係る規定を適用します。

⑤消火器その他の特定の消防用設備等である場合

「既存防火対象物に対する適用除外」の⑤（▶P.93）と同じです。

押えドコロ 「既存防火対象物に対する適用除外」の原則および例外

- **原則**：**改正前の規定**
- **例外**：**改正後の規定**
  - ①改正前の規定に違反していた
  - ②改正後に一定規模以上の増改築等をした
  - ③改正後の規定に適合することとなった
  - ④既存防火対象物が特定防火対象物である
  - ⑤消火器その他の特定の消防用設備等である

確認テスト

Key Point	できたら チェック ☑
設置単位について	□ 1 建築物である防火対象物については、特段の規定がない限り、1棟の建築物ごとに消防用設備等を設置する。
	□ 2 1棟の防火対象物の一部分が防火戸によって完全に区画されている場合は、独立した防火対象物とみなす。
	□ 3 店舗と共同住宅を含む複合用途防火対象物は、常に1棟の建築物全体で1つの防火対象物とみなされる。
既存防火対象物に対する適用除外	□ 4 消防用設備等の技術上の基準を定めた規定が改正されても、既存防火対象物については、原則として改正前の規定を適用する。
	□ 5 基準を定めた規定が改正されたとき、既存防火対象物の消防用設備等が改正前の規定に違反していた場合は、改正前の規定に適合させる。
	□ 6 基準を定めた規定が改正された場合、既存の特定防火対象物に設置していた消防用設備等については、改正後の規定を適用する。
用途変更の場合の適用除外	□ 7 倉庫を工場に用途変更して基準に適合しなくなった場合でも、原則として用途変更前の倉庫に係る基準が適用される。
	□ 8 用途変更後、床面積の合計が1200㎡で、従前の延べ面積の4分の1に当たる増改築を行った場合、用途変更前の基準が適用される。
	□ 9 倉庫を改造して飲食店に用途変更した場合、設置する消防用設備等については、従前の倉庫に係る基準を適用する。
	□ 10 防火対象物の用途を変更した場合、消火器や漏電火災警報器については、変更後の用途に係る規定を適用する必要がある。

解答・解説

1.○ **2.**×「開口部のない耐火構造の床または壁で区画されているとき」に独立した防火対象物とみなされる。防火戸で区画されても開口部がある以上、独立した防火対象物とはみなされない。 **3.**× スプリンクラー設備などの特定の設備を除き、店舗部分、共同住宅部分のそれぞれが1つの防火対象物とみなされる。 **4.**○ **5.**× この場合は改正前の規定ではなく、改正後の規定を適用し、これに適合させる。 **6.**○ **7.**○ **8.**× 増改築に係る床面積の合計が1000㎡以上なので、従前の延べ面積の2分の1以上でなくとも、変更後の用途に係る規定を適用しなければならない。 **9.**× 変更後の用途である飲食店（令別表第一（3）のロ）は特定防火対象物なので、変更後の飲食店に係る基準を適用しなければならない。 **10.**○

✓ ここが狙われる！

「既存防火対象物に対する適用除外」と「用途変更の場合の適用除外」の**原則**をまずしっかりと押さえよう。試験では、これらの**例外**（特に「用途変更」）についてよく出題されているが、**原則と例外の区別**を意識して、例外を一つひとつ整理しておくことが大切だ。

Lesson 7

消防用設備等に関する規定（3）

ここでは、消防用設備等の「届出および検査」「点検および報告」「設置維持命令」について学習します。重要かつ頻出の事項ばかりです。なお、消防用設備等の点検は、防火対象物の点検（レッスン4）とは異なる制度なので注意しましょう。

1コマ劇場

延べ面積300㎡以上

新しくできたレストランに消火器を設置しにきたようです。

レストランで延べ面積が300㎡以上の場合は、消防長か消防署長に届出が必要よ。

1 消防用設備等の設置の届出・検査 ABC

政令で定める**防火対象物の関係者**は、**消防用設備等**または**特殊消防用設備等**を**設置**したときは、その旨を**消防長**または**消防署長**に**届出**をし、**検査**を受けなければなりません（法第17条の３の２）。消防長または消防署長は、届出があったときは、遅滞なく、設置された消防用設備等または特殊消防用設備等が設備等技術基準（▶P.86）または設備等設置維持計画に適合しているかどうかを検査しなければならず、適合していると認めた場合は、関係者に**検査済証**を交付します。

この届出のポイントをまとめておきましょう。

①届出をする者

防火対象物の関係者（所有者・管理者・占有者）です。

②届出先

消防長（消防本部を置かない市町村の場合は**市町村長**）または**消防署長**です。

用語

特殊消防用設備等
消防用設備等と同等以上の防火安全性能を有し、「設備等設置維持計画」に従って設置・維持するものとして総務大臣から認定を受けたもの。

設備等設置維持計画
関係者が総務省令で定めるところにより作成する特殊消防用設備等の設置および維持に関する計画。

③届出期間

設置のための**工事が完了した日から4日以内**です。

④届出をして検査を受ける必要のある防火対象物

令別表第一（▶P.70〜71）に掲げる防火対象物のうち、下の表の1）〜4）のものです（令第35条第1項）。

1）	ⅰ（2）の二、（5）のイ、（6）のイ①〜③およびロ ⅱ（6）のハ（利用者を入居・宿泊させるものに限る） ⅲ（16）のイ、（16の2）、（16の3）のうち、ⅰまたはⅱの用途を含むもの
2）	**特定防火対象物**（1）に掲げるもの以外）であって、 かつ、**延べ面積300㎡以上**のもの
3）	**非特定防火対象物**（（19）（20）を除く） かつ、**延べ面積300㎡以上**のもので、 **消防長または消防署長が指定**したもの
4）	**特定1階段等防火対象物** 令別表第一の（1）〜（4）、（5）のイ、（6）、（9）のイのために使用する部分が**避難階以外の階**（1階と2階は除く）に存在し、その階から避難階または地上に直通する階段が**1か所以下**しか設けられていないもの

左の表の1）に掲げられた特定防火対象物は、延べ面積にかかわらず届出および検査が必要となります。

⑤届出を必要としない消防用設備等

簡易消火用具、非常警報器具については、届出を必要としません（＝この検査は受けなくてよい）。

2 消防用設備等の定期点検および報告 ABC

消防用設備等の設置・維持が義務づけられている**防火対象物の関係者**は、消防用設備等または特殊消防用設備等を**定期に点検**し、その結果を**消防長または消防署長に報告**しなければなりません（法第17条の3の3）。

この点検・報告のポイントをまとめておきましょう。

①定期点検の内容と期間

ア　**機器点検…6か月に1回**

イ　**総合点検…1年に1回**

用語

機器点検
消防用設備等の機器の損傷の有無など、一定の事項について基準に従って確認すること。

総合点検
消防用設備等の全部または一部を作動・使用することによって、その総合的機能を確認すること。

プラス1
点検を必要としない防火対象物
令別表第一（20）「総務省令で定める舟車」
- 総トン数５t以上の舟で推進機関を有するもの
- 鉄道営業法、道路運送車両法などによって消火器具を設置する車両

重要ピックアップ
設置維持命令違反
- 設置しなかった者
→１年以下の懲役または100万円以下の罰金
- 維持のための措置をしなかった者
→30万円以下の罰金または拘留

②点検を行う者および点検を行う防火対象物

ア　**消防設備士**または**消防設備点検資格者**が行うもの
令別表第一に掲げる防火対象物のうち、下の表の 1) ～ 4)

1)	**特定防火対象物**であって、かつ、**延べ面積1000㎡以上**のもの
2)	**非特定防火対象物**（(19)（20）を除く）であって、かつ、**延べ面積1000㎡以上**のもので、**消防長または消防署長が指定**したもの
3)	**特定１階段等防火対象物**（前ページ④の表の 4）と同じ）
4)	**全域放出方式**の**不活性ガス消火設備**（**二酸化炭素**を放射するものに限る）が設置されている防火対象物

イ　上記ア以外については、**関係者**が点検を行う

③点検結果の報告

ア　報告する者……**防火対象物の関係者**
イ　報告先…………**消防長**（消防本部を置かない市町村の場合は**市町村長**）または**消防署長**
ウ　報告の期間……**特定防火対象物**：**１年**に１回
非特定防火対象物：**３年**に１回

3 消防用設備等の設置維持命令

消防長（消防本部を置かない市町村の場合は**市町村長**）または**消防署長**は、消防用設備等が設備等技術基準に従って設置または維持されていないと認めるときは、当該防火対象物の**関係者で権原を有するもの**に対し、基準に従って設置または維持するため必要な措置をとるよう命じることができます（法第17条の４）。命令違反は罰則の対象です。

押えドコロ　届出・検査、有資格者による点検を行う防火対象物

特定防火対象物	非特定防火対象物
一定以上の延べ面積 • 届出･検査（300㎡以上） • 点検（1000㎡以上）	一定以上の延べ面積 • 届出･検査（300㎡以上） • 点検（1000㎡以上）　＋ **消防長・消防署長の指定**

確認テスト

Key Point	できたら チェック ☑
消防用設備等の届出および検査	□ 1 消防用設備等を設置したときは、消防団長に届出をし、検査を受けなければならない。
	□ 2 届出期間は、設置工事完了の日から4日以内とされている。
	□ 3 延べ面積250㎡の遊技場は、消防用設備等を設置したとき、届出をして検査を受ける必要がある。
	□ 4 延べ面積800㎡の美術館で消防長が指定したものは、消防用設備等を設置したとき、届出をして検査を受ける必要がある。
	□ 5 延べ面積1600㎡の共同住宅で簡易消火用具を設置しても、届出をして検査を受ける必要はない。
消防用設備等の点検および報告	□ 6 機器点検は1年に1回、総合点検は6か月に1回と定められている。
	□ 7 延べ面積1200㎡の幼稚園の消防用設備等は、消防設備士または消防設備点検資格者が点検を行う。
	□ 8 消防設備士または消防設備点検資格者が点検を行った場合は、これらの者が点検結果の報告をしなければならない。
	□ 9 報告の期間は、特定防火対象物については6か月に1回、非特定防火対象物については1年に1回とされている。
消防用設備等の設置維持命令	□ 10 消防用設備等の設置維持命令は、消防長（消防本部を置かない市町村の場合は市町村長）または消防署長が命じる。
	□ 11 消防用設備等の設置維持命令は、当該消防用設備等の設置工事を行った消防設備士に対して命じられる。

解答・解説

1. × 消防団長ではなく、消防長（消防本部を置かない市町村の場合は市町村長）または消防署長に届出をし、検査を受ける。 **2.** ○ **3.** × 遊技場（令別表第一（2）のロ）は特定防火対象物であるが、述べ面積が300㎡以上ではないので、届出・検査は必要ない。 **4.** ○ **5.** ○ 簡易消火用具と非常警報器具については、届出・検査の必要がない。 **6.** × 機器点検が6か月に1回で、総合点検が1年に1回である。 **7.** ○ **8.** × 消防設備士や消防設備点検資格者が点検を行った場合でも、点検結果の報告は防火対象物の関係者がしなければならない。 **9.** × 報告の期間は、特定防火対象物が1年に1回で、非特定防火対象物が3年に1回である。 **10.** ○ **11.** × 消防設備士ではなく、当該防火対象物の関係者で権原を有するものに対して命じられる。

✓ ここが狙われる！

届出・検査の場合も消防設備士等による点検の場合も、**非特定防火対象物**については**消防長または消防署長の指定**が必要であることに注意する。また、届出をする者・届出先・届出の期間、点検の内容と期間・点検を行う者、報告する者・報告先・報告の期間を整理しておこう。

Lesson 8

消防用機械器具等の検定

ここでは、消防用機械器具等の検定制度について学習します。「型式承認」および「型式適合検定」の意味をまず理解しましょう。「検定対象機械器具等」に含まれるものや、「合格の表示」「型式承認の失効」の効果なども重要です。

1 検定制度の概要 ABC

消防法では、消防用機械器具等のことを「消防の用に供する機械器具等」と呼んでいます。

用語

形状等
形状、構造、材質、成分および性能。

日本消防検定協会等
日本消防検定協会のほかに、総務大臣の登録を受けた検定機関（法人）を含む。

消防用機械器具等とは、消防に用いる機械器具や設備、防火薬品などをいいます。このうち、一定の形状等でなければ火災の予防や消火、人命救助等のために重大な支障を生じるおそれがあり、あらかじめ検査を受ける必要があると認められるものを「**検定対象機械器具等**」といいます。

この検定制度は、**型式承認**と**型式適合検定**＊の２段階です。

＊型式適合検定：「個別検定」から改称（平成25年度より）

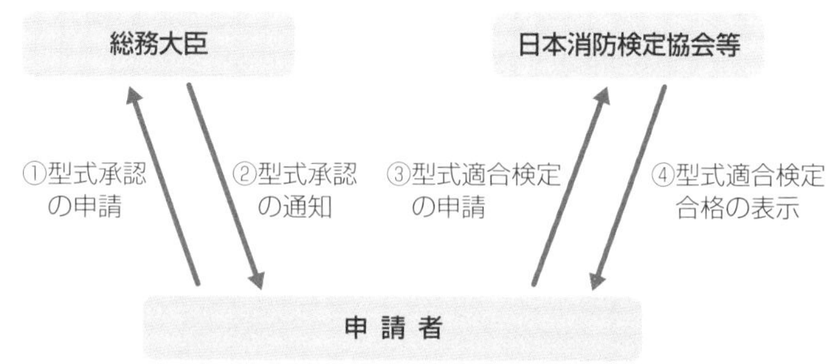

①②型式承認

型式承認とは、検定対象機械器具等の型式に係る形状等が、総務省令で定める技術上の規格（「**規格省令**」という）に適合していることを認める承認です。

型式承認は、**総務大臣**が行います。型式承認を受けようとする者（申請者）から申請を受けた総務大臣は、申請のあった検定対象機械器具等の型式に係る形状等が規格省令に適合しているときは型式承認を行い、その旨を申請者に通知します。

③④型式適合検定

型式適合検定とは、検定対象機械器具等の形状等が、型式承認を受けた検定対象機械器具等の型式に係る形状等に適合しているかどうかについて行う検定をいいます。

型式適合検定は、**日本消防検定協会等**が行います。これに合格すると「合格の表示」（▶P.102）が付されます。

消防用機械器具等のうち、**検定対象機械器具等**とされているものは以下の通りです。

- 消火器
- 消火器用消火薬剤（二酸化炭素を除く）
- 泡消火薬剤（水溶性液体用のものを除く）
- 火災報知設備の感知器、発信機
- 中継器（火災報知設備またはガス漏れ火災警報設備に使用）
- 受信機（火災報知設備またはガス漏れ火災警報設備に使用）
- 閉鎖型スプリンクラーヘッド
- 流水検知装置（スプリンクラー設備等に使用）
- 一斉開放弁（スプリンクラー設備等に使用）
- 金属製避難はしご
- 緩降機
- 住宅用防災警報器

輸入品もこの検定制度の対象となります。

重要ピックアップ

検定が不要な消防用機械器具等

- 輸出されるもの
- 船舶安全法または航空法に基づく検査・試験に合格したもの
- 特殊消防用設備等の部分であるもの

用語

スプリンクラー設備等
スプリンクラー設備のほか、水噴霧消火設備、泡消火設備を含む。

緩降機
避難器具。ロープを滑車にかけて窓などから脱出するもの。

2 合格の表示 ABC

日本消防検定協会等は、型式適合検定に合格した検定対象機械器具等には「**合格の表示**」を付さなければなりません。また、この表示が付されたものでなければ、販売したり、販売の目的で陳列したり、設置等の工事に使用したりしてはなりません。

■合格の表示の例

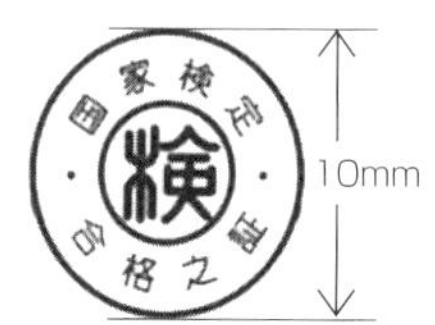

用語

合格の表示
当該検定対象機械器具等が、型式承認を受けたものであり、かつ型式適合検定に合格したものであることを示す表示。

合格の表示を付すのは、日本消防検定協会等です。

3 型式承認の失効 ABC

総務大臣は、**規格省令の変更**により、すでに型式承認を受けた検定対象機械器具等の型式に係る形状等が変更後の規格に適合しないと認めるときは、型式承認の効力を失わせる（または一定期間経過後に効力が失われるものとする）こととされています。これを「**型式承認の失効**」といいます。

さらに、型式承認を受けた者に次のような事由があれば、型式承認の効力を失わせることができます。

ア　不正な手段によって型式承認を受けたとき

イ　正当な理由がないのに、型式承認の通知を受けた日から２年以内に型式適合検定の申請をしないとき

型式承認が失効した場合は、同時に日本消防検定協会等が行った**型式適合検定の効力も失われる**こととなります。

プラス1

罰則
型式適合検定に合格していないものに表示を付した者、または紛らわしい表示をした者
→１年以下の懲役または100万円以下の罰金

押えドコロ　型式承認と型式適合検定 ／「検定対象機械器具等」の例

型式承認と型式適合検定
- 型式承認…**総務大臣**
- 型式適合検定…**日本消防検定協会等**
  合格した検定対象機械器具等には「**合格の表示**」を付す

「検定対象機械器具等」の例
- 消火器、消火器用消火薬剤
- 閉鎖型スプリンクラーヘッド
- 緩降機
- 住宅用防災警報器

確認テスト

Key Point	できたら チェック ☑		
検定制度の概要	□	1	型式承認とは、検定対象機械器具等の型式に係る形状等が、総務省令で定める技術上の規格に適合している旨の承認をいう。
	□	2	型式承認は、日本消防検定協会等が行う。
	□	3	型式適合検定とは、検定対象機械器具等の形状等が、型式承認を受けた検定対象機械器具等の型式に係る形状等に適合しているかどうかについて行う検定をいう。
	□	4	型式承認を受けていなくても、型式適合検定に合格すれば、検定に合格した旨の表示を付すことができる。
	□	5	検定対象機械器具等が輸入品の場合は、検定を受ける必要がない。
	□	6	ガス漏れ火災警報設備に用いる検知器、閉鎖型スプリンクラーヘッドおよび緩降機は、いずれも検定対象機械器具等に含まれる。
合格の表示	□	7	合格の表示は、総務大臣が付すものとされている。
	□	8	合格の表示が付されていない検定対象機械器具等は、販売、販売目的の陳列、設置等の工事に使用してはならない。
型式承認の失効	□	9	総務大臣は、規格省令が変更され、検定対象機械器具等が変更後の規格に適合しないと認めるときには、型式承認の効力を失わせ、または一定期間経過後に効力を失わせることとする。
	□	10	型式承認が失効しても、型式適合検定の効力には影響しない。
	□	11	型式適合検定に合格していないものに表示を付した者、または紛らわしい表示をした者に対しては、罰則の適用がある。

解答・解説

1.○　**2.**×　型式承認は、総務大臣が行う。　**3.**○　**4.**×　型式承認を受けていない場合は、そもそも型式適合検定を受けることができない。　**5.**×　検定対象機械器具等は、輸入品であっても検定の対象となる。一方、海外に輸出する場合には検定を受ける必要がない。　**6.**×　ガス漏れ火災警報設備に用いる中継器と受信機は含まれるが、検知器は含まれていない。あとの2つのものは含まれる。　**7.**×　合格の表示は、総務大臣ではなく日本消防検定協会等が付す。　**8.**○　**9.**○　**10.**×　型式承認が失効した場合には、同時に型式適合検定の効力も失われる。　**11.**○

✓ ここが狙われる！

「**型式承認**」「**型式適合検定**」のそれぞれの意味や、だれが行うのかなどについて確実に理解しておこう。「**合格の表示**」を付した場合の効果も重要である。また、「**検定対象機械器具等**」については、その種類を具体的な内容まできちんと覚えておく必要がある。

消防設備士制度

ここでは消防設備士の「業務独占」「免状」「責務」について学習します。どれも重要かつ頻出の事項です。まず、**消防設備士でなければ行えない工事や整備を覚えましょう。免状の交付・書換え、講習の受講義務**なども非常に重要です。

1 消防設備士の業務独占 ABC

消防設備士免状の交付を受けていない者は、政令で定める消防用設備等または特殊消防用設備等の**工事**（設置に係るものに限る）または**整備**を行ってはならないとされており、このことを「**消防設備士の業務独占**」といいます。

右ページの表１は、このような、消防設備士でなければ行えない設置工事や整備の対象となる**消防用設備等**および**特殊消防用設備等**をまとめたものです。

たとえば表１の①に掲げられている屋内消火栓設備を、設置義務のある工場に設置する工事を行うことは、消防設備士でなければできません。ただし、電源・水源・配管が「除外される部分」とされているため、たとえば屋内消火栓設備の電源部分については、消防設備士でなくても工事または整備が行えることになります。

表２には、消防設備士でなくても行える「**軽微な整備**」として政令・規則で定められているものを掲げています。

重要ピックアップ

設置義務があること

「消防設備士の業務独占」の対象となる消防用設備等および特殊消防用設備等は、いずれも防火対象物や危険物の製造所等において設置義務があるものに限られることに注意する。

■表1　消防設備士でなければ行えないもの

①設置工事または整備	除外される部分
● 屋内消火栓設備	電源·水源·配管
● 屋外消火栓設備	電源·水源·配管
● スプリンクラー設備	電源·水源·配管
● 水噴霧消火設備	電源·水源·配管
● 泡消火設備	電源
● 不活性ガス消火設備	電源
● ハロゲン化物消火設備	電源
● 粉末消火設備	電源
● 自動火災報知設備	電源
● ガス漏れ火災警報設備	電源
● 消防機関へ通報する火災報知設備	電源
● 金属製避難はしご（固定式のもの）	―
● 救助袋	―
● 緩降機	―
● 必要とされる防火安全性能を有する消防の用に供する設備等 （＊消防庁長官が定めるものに限る）	電源·水源·配管
● 特殊消防用設備等 （＊消防庁長官が定めるものに限る）	電源·水源·配管

②整備のみ	除外される部分
● 消火器	―
● 漏電火災警報器	―

■表2　消防設備士でなくても行える「軽微な整備」

屋内消火栓設備	表示灯の交換
屋内消火栓設備 または 屋外消火栓設備	ホースまたはノズル、ヒューズ類、ネジ類等部品の交換
	消火栓箱、ホース格納箱等の補修
	その他これらに類するもの

消防設備士でなければ行えないものから「除外される」ということは、消防設備士でなくても行えるということです。

プラス1

＊消防庁長官が定めるもの
「必要とされる防火安全性能を有する消防の用に供する設備等」（▶P.88の枠内1）～6））。

「特殊消防用設備等」は以下のもの。
- ドデカフルオロ-2-メチルペンタン-3-オンを消火剤とする消火設備
- 加圧防煙設備
- 火災による室内温度上昇速度を感知する感知器を用いた火災報知設備

重要ピックアップ
工事の着工届
消防用設備等を設置する甲種消防設備士は、設置工事の着工10日前までに着工届を出す（▶P.108）。設置の届出を行うのが関係者であること（▶P.96）と混同しないようにしよう。

プラス1
「必要とされる防火安全性能を有する消防の用に供する設備等」について
〔第１類～第３類に含まれるもの〕
- パッケージ型消火設備
- パッケージ型自動消火設備

〔第１類のみに含まれるもの〕
- 共同住宅用スプリンクラー設備

〔第２類のみに含まれるもの〕
- 特定駐車場用泡消火設備

〔第４類のみに含まれるもの〕
- 共同住宅用自動火災報知設備
- 住戸用自動火災報知設備
- 特定小規模施設用自動火災報知設備
- 複合型居住施設用自動火災報知設備
- 加圧防排煙設備

2 消防設備士の免状 ABC

①免状の種類

消防設備士免状の種類には、**甲種消防設備士免状**および**乙種消防設備士免状**があり、次のように異なります。

甲　種	• **工事**および**整備**（点検を含む）を行うことができる • **特類**および**第１類～第５類**に区分される
乙　種	• **整備**（点検を含む）のみ行うことができる • **第１類～第７類**に区分される

消防設備士が行うことのできる工事や整備の対象となる設備等（「**工事整備対象設備等**」）の種類は、免状の種類および区分ごとに次のように定められています。

区　分	工事整備対象設備等	甲　種	乙種
特　類	• 特殊消防用設備等	工事＋整備	
第１類	• 屋内消火栓設備 • 屋外消火栓設備 • スプリンクラー設備 • 水噴霧消火設備	工事＋整備	整備
第２類	• 泡消火設備	工事＋整備	整備
第３類	• 不活性ガス消火設備 • ハロゲン化物消火設備 • 粉末消火設備	工事＋整備	整備
第４類	• 自動火災報知設備 • ガス漏れ火災警報設備 • 消防機関へ通報する火災報知設備	工事＋整備	整備
第５類	• 金属製避難はしご（固定式） • 救助袋 • 緩降機	工事＋整備	整備
第６類	• 消火器		整備
第７類	• 漏電火災警報器		整備

＊このほか、「必要とされる防火安全性能を有する消防の用に供する設備等」が含まれます（▶欄外 プラス１）

②免状の交付

消防設備士免状は、消防設備士試験に合格した者に対して、**都道府県知事**が交付します。免状の交付を受けようとする者は、試験を行った都道府県知事に申請します。

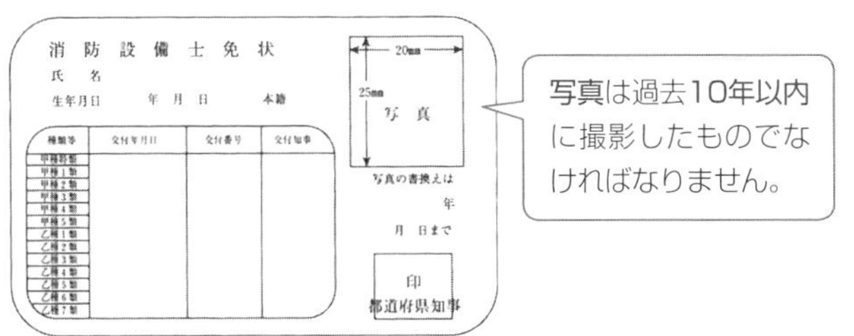

③免状の書換え

記載事項に次のような変更を生じたときは、遅滞なく、免状の**書換え**を申請しなければなりません。

- 氏名、本籍地の属する都道府県などが変わったとき
- 添付されている**写真**が、撮影から**10年経過**したとき

書換えは、**免状を交付**した都道府県知事、または**居住地**もしくは**勤務地**を管轄する都道府県知事に申請します。

④免状の再交付

交付された免状を**亡失**、**滅失**、**汚損**、**破損**したときは、その免状の**交付**または**書換え**をした都道府県知事に、免状の**再交付**を申請することができます（義務ではない）。

⑤免状の返納命令と不交付

消防設備士が消防法令に違反しているとき、免状を交付した**都道府県知事**は、その消防設備士に**免状の返納**を命じることができます。また、都道府県知事は、次のア、イに該当する場合には、免状の交付を行わないこと（**不交付**）ができます。

ア　免状の返納を命じられた日から**1年**を経過しない者
イ　消防法令に違反して**罰金以上の刑**に処せられた者で、その執行を終わり、または執行を受けることがなくなった日から起算して**2年**を経過しない者

重要ピックアップ
免状の記載事項
- 免状の交付年月日
- 交付番号
- 氏名
- 生年月日
- 本籍地の属する都道府県
- 免状の種類
- 写真

消防設備士免状の効力は交付を受けた都道府県だけでなく、全国どこでも有効です。

プラス1
免状を亡失して再交付を受けたあとで、亡失した免状を発見した場合は、再交付を受けた都道府県知事に発見した免状を10日以内に提出しなければならない。

プラス1
罰則
免状の返納命令に違反した者
→30万円以下の罰金または拘留

3 消防設備士の責務　ABC

用語

講習

都道府県知事（総務大臣が指定する市町村長その他の機関を含む）が行う工事整備対象設備等の工事または整備に関する講習のこと。受講には手数料がかかる。

定められた期間内に受講しないと、免状の返納を命じられることがあります。

①講習の受講義務

消防設備士は、一定の時期に**都道府県知事**が行う**講習**を受けなければなりません。受講する時期は次の通りです。

ア　消防設備士の**免状交付を受けた日以後**における最初の**4月1日から2年以内**

イ　アの**講習を受けた日以後**における最初の**4月1日から5年以内**（これ以降も同様に受講を続けていく）

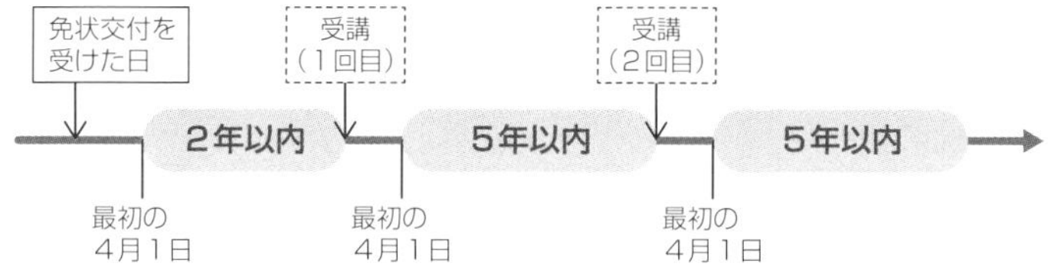

②誠実義務および質の向上

消防設備士はその**業務を誠実に行う**とともに、**工事整備対象設備等の質の向上**に努めなければなりません。

③免状の携帯義務

消防設備士は、その業務に従事するときは、消防設備士免状を携帯していなければなりません。

④工事着手の届出義務（着工届）

甲種消防設備士は、工事に着手する日の**10日前まで**に工事整備対象設備等の種類、工事の場所その他必要な事項を、**消防長**（消防本部を置かない市町村の場合は**市町村長**）または**消防署長**に届け出なければなりません。

プラス1

罰則

工事着手の届出を怠った者
→30万円以下の罰金または拘留

押えドコロ　工事整備対象設備等の第1類～第4類

- **第1類**（屋内消火栓設備など）――― **電源**・**水源**・**配管**の部分は除外
- **第2類**（泡消火設備）
- **第3類**（不活性ガス消火設備など）
- **第4類**（自動火災報知設備など）

（第2類～第4類）―― **電源**の部分は除外

確認テスト

Key Point	できたら チェック ☑	
消防設備士の業務独占	□ 1	設置義務のある消火器の整備は、消防設備士でなければ行えない。
	□ 2	設置義務のある非常警報設備を設置する工事は、消防設備士でなければ行えない。
	□ 3	設置義務のあるスプリンクラー設備の配管部分の整備は、消防設備士でなくても行える。
消防設備士の免状	□ 4	甲種第４類の消防設備士は、自動火災報知設備の設置工事が行える。
	□ 5	乙種第６類の消防設備士は、漏電火災警報器の整備が行える。
	□ 6	消防設備士免状は、市町村長等から交付される。
	□ 7	免状の本籍地の記載に変更を生じたときは、書換えをする義務がある。
	□ 8	免状を亡失したときは、居住地または勤務地を管轄する都道府県知事に再交付を申請する義務がある。
消防設備士の責務	□ 9	消防設備士は、免状の交付を受けた日から起算して２年以内に１回目の講習を受けることとされている。
	□ 10	消防設備士は、工事整備対象設備等の質の向上に努める義務がある。
	□ 11	工事整備対象設備等の工事に着工する場合は、着工日の10日前までに、消防長（消防本部を置かない市町村は市町村長）または消防署長に届け出なければならない。
	□ 12	工事着手の届出は、防火対象物の関係者が行うものとされている。

解答・解説

1.○　2.× 非常警報設備は、消防設備士が行う工事整備対象設備等に含まれていない。 3.○ スプリンクラー設備の「配管」は消防設備士が行う工事整備対象設備等の除外部分とされている。 4.○　5.× 漏電火災警報器は第７類の工事整備対象設備等。 6.× 免状の交付は、市町村長等ではなく都道府県知事が行う。 7.○　8.× 再交付は（亡失の場合でも）義務ではない。また、再交付の申請先はその免状の交付または書換えをした都道府県知事である。 9.× 免状の交付を受けた日からではなく、免状交付を受けた日以後における最初の4月1日から2年以内である。 10.○　11.○　12.× 工事着手の届出をするのは、工事を行う甲種消防設備士とされている。

✓ここが狙われる！

「業務独占」では、**消防設備士でなければ行えないもの**とそうでないものを区別できるようにする。「免状」では、**類ごとの工事整備対象設備等**の種類や、免状に関する**申請先**を覚える。「責務」では**講習の受講期間**、**工事着手の届出**の時期・届出する者・届出先がポイントとなる。

Lesson 10

危険物規制

消防法上の「危険物」に関する規制について学習します。試験では、危険物（主に第４類危険物）の指定数量のほか、危険物取扱者が取扱い・立会いのできる範囲、許可等の申請や届出を必要とする手続きなどが特に重要です。

1コマ劇場

○△市窓口

申請 許可

危険物の製造所等の設置や変更は、市町村長等への許可の申請が必要です。

1 危険物と指定数量

ABC

水素、プロパン、液化石油ガスなどの気体は、消防法上の「危険物」には含まれません。

プラス1

第４類以外の危険物の指定数量の例

- 硫黄（第２類）……………100kg
- カリウム、ナトリウム（第３類）……………10kg

消防法上、「危険物」（▶P.67）は第１類～第６類に区分されています。常温（20℃）で気体のものはなく、すべて固体または液体のいずれかです。

■第４類危険物（引火性液体）の品名と指定数量

品名	性質	主な物品名	指定数量
特殊引火物	－	ジエチルエーテル	50ℓ
第１石油類	非水溶性	ガソリン	200ℓ
	水溶性	アセトン	400ℓ
アルコール類	－	メタノール	400ℓ
第２石油類	非水溶性	灯油、軽油	1000ℓ
	水溶性	酢酸	2000ℓ
第３石油類	非水溶性	重油	2000ℓ
	水溶性	グリセリン	4000ℓ
第４石油類	－	ギヤー油	6000ℓ
動植物油類	－	アマニ油	10000ℓ

「**指定数量**」とは、消防法による**規制**を受けるかどうかの基準となる数量です。指定数量以上の危険物を**製造所等**（製造所・貯蔵所・取扱所）以外の場所で貯蔵したり取り扱ったりすることは、原則として禁止されています。
例）ガソリン600ℓを貯蔵する場合

左ページの表より、ガソリン（第１石油類・非水溶性）の指定数量は200ℓなので、600ℓならば指定数量の３倍を貯蔵していることになり、規制を受けます。

危険物が２種類以上の場合には、それぞれが**指定数量の何倍**であるかを求め、それらを**合計して１倍以上**になれば（たとえ個々の危険物の指定数量の倍数が１未満であっても）指定数量以上の危険物の貯蔵・取扱いとなり、全体として消防法による規制を受けます。

用語
製造所等
「危険物施設」とも呼ばれ、次のように区分される。
①**製造所**
②**貯蔵所**
- 屋内貯蔵所
- 屋外貯蔵所
- 屋内タンク貯蔵所
- 屋外タンク貯蔵所
- 地下タンク貯蔵所
- 簡易タンク貯蔵所
- 移動タンク貯蔵所

③**取扱所**
- 給油取扱所
- 販売取扱所
- 移送取扱所
- 一般取扱所

2 危険物取扱者 ABC

製造所等では、危険物取扱者の資格をもたない者だけで危険物を取り扱うことは認められません。製造所等における危険物の取扱いは、**指定数量と関係なく**、次のアまたはイに限られます。

ア　**危険物取扱者自身**（甲種、乙種、丙種）が行う
イ　**危険物取扱者**（**甲種または乙種**）**の立会い**のもとに、危険物取扱者以外の者が行う

危険物取扱者の資格（免状）は**甲種**、**乙種**および**丙種**の３種類です。次のような違いがあります。

	取扱い	立会い
甲　種	すべての類の危険物	すべての類の危険物
乙　種	免状を取得している類の危険物のみ	免状を取得している類の危険物のみ
丙　種	第４類のうち、ガソリンなど特定の危険物のみ	できない

丙種危険物取扱者は、自分自身では取り扱うことのできる危険物であっても、危険物取扱者以外の者の取扱いには立ち会うことができません。

3 申請・届出手続き ABC

製造所等を新たに設置するときは、市町村長等の許可を得なければなりません。このように、許可や承認等の**申請**あるいは**届出**を必要とする手続きのうち、主なものをまとめておきましょう。

①申請手続き

申請の種類	手続きの内容	申請先
許　可	製造所等の**設置**	**市町村長等**
	製造所等の位置・構造・設備の**変更**	
承　認	製造所等の**仮使用**	
	危険物の**仮貯蔵**・**仮取扱い**	**消防長**または**消防署長**

仮使用とは、製造所等の変更工事を行う場合に、工事と関係のない部分を使用することをいいます。また**仮貯蔵・仮取扱い**とは、10日間以内に限り、製造所等以外の場所で危険物を仮に貯蔵または取り扱うことをいいます。

②届出手続き（届出先は常に**市町村長等**）

届出を必要とする手続き	届出の期限
危険物保安監督者の選任・解任	選任・解任後**遅滞なく**
危険物の**品名、数量などの変更**（製造所等の位置・構造・設備の変更は伴わないもの）	変更しようとする日の**10日前**まで

危険物保安監督者は、甲種・乙種の危険物取扱者のうち製造所等で6か月以上実務経験を有する者から選任され、危険物取扱作業の保安に関する監督業務を行います。

なお、申請・届出先の「市町村長等」には都道府県知事も含まれることに注意しましょう。

市町村長等	消防本部および消防署を設置する市町村の場合 ➡ 市町村長
	上記以外の市町村の場合 ➡ 都道府県知事

プラス1

製造所等は、設置の許可を受けた後工事に着工し、完成後、完成検査済証の交付を受けないと使用を開始できない。

ゴロ合わせ

【申請手続き】
仮（仮使用、仮貯蔵・仮取扱い）が付いたら承認で、貯めて取扱う（仮貯蔵・仮取扱い）は消防長

4 警報設備と避難設備

火災や危険物流出などの事故が発生した際は、従業員等に早期に知らせなければなりません。このため、**指定数量の10倍以上**の危険物を貯蔵または取り扱う製造所等は、移動タンク貯蔵所（タンクローリー）を除き、施設の状況に応じて**警報設備**の設置が義務づけられています。製造所等に設置する警報設備は、次の５種類とされています。

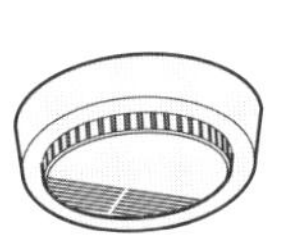
①自動火災報知設備

②消防機関に報知ができる電話

③非常ベル装置

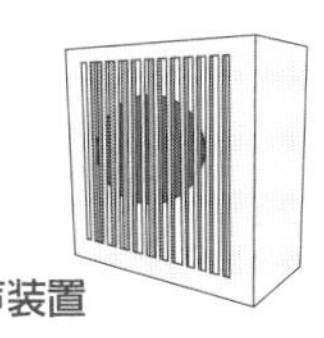
④拡声装置

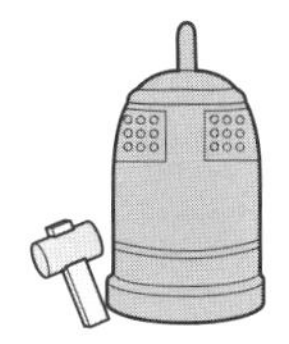
⑤警鐘（けいしょう）

また、**給油取扱所**（ガソリンスタンド）のうち、以下のものについては、火災が発生したときに避難が容易でないと認められることから、**避難設備**として、「非常口」などと書かれた**誘導灯**の設置が義務づけられています。

- 建築物の２階部分を店舗・飲食店等に使用しているもの
- 一方のみが開放されている屋内給油取扱所のうち、敷地外に直接通じる避難口が設けられ、かつ壁等により区画された事務所等を有するもの

重要ピックアップ
警報設備の設置
「危険物の規制に関する規則」によると、一定の危険物施設に自動火災報知設備の設置が義務づけられており（▶P.124）、そのほかの危険物施設は、自動火災報知設備以外の②～④の警報設備から１種類以上を設けることとされている。

プラス1
誘導灯

押えドコロ 危険物の指定数量 ／ 申請・届出手続き

危険物の指定数量

＊第４類危険物（非水溶性）の場合

- 第１石油類（ガソリンなど）… **200ℓ**
- 第２石油類（灯油など）…… 1000ℓ
- 第３石油類（重油など）…… 2000ℓ

申請・届出手続き

- 製造所等の**設置**・**変更**
  ⇒市町村長等へ**許可申請**
- 危険物の**品名**・**数量の変更**
  ⇒市町村長等へ**届出**

確認テスト

Key Point	できたら チェック ☑
危険物と指定数量	□ 1 第４類危険物の第１石油類の指定数量は、すべて200 ℓである。
	□ 2 2000 ℓの灯油を貯蔵するのは、指定数量の２倍の貯蔵に当たる。
	□ 3 1000 ℓの重油を取り扱うのは、指定数量の0.5倍の取扱いに当たる。
	□ 4 100 ℓのガソリンと７kgのナトリウムを同一の場所で貯蔵する場合、消防法による規制は受けない。
危険物取扱者	□ 5 製造所等では、たとえ指定数量未満であっても、危険物取扱者以外の者だけで危険物を取り扱うことはできない。
	□ 6 製造所等では、危険物取扱者以外の者であっても、丙種危険物取扱者の立会いがあればガソリンを取り扱うことができる。
	□ 7 甲種危険物取扱者の立会いがあれば、危険物取扱者以外の者であっても、第１類～第６類のすべての危険物を取り扱うことができる。
申請・届出手続き	□ 8 製造所等を設置するときは、市町村長等に届出をする必要がある。
	□ 9 危険物の仮貯蔵・仮取扱いについては、消防長または消防署長に対して承認の申請をする必要がある。
警報設備と避難設備	□ 10 危険物施設に設置する警報設備は、自動火災報知設備、消防機関に報知ができる電話、拡声装置、警鐘の４種類とされている。
	□ 11 建築物の２階部分を店舗として用いている給油取扱所は、避難設備として誘導灯を設置する義務がある。

解答・解説

1.× 第１石油類の非水溶性は200 ℓであるが、水溶性は400 ℓである。 **2.**○ **3.**○ 重油の指定数量は2000 ℓなので、1000 ℓは0.5倍に当たる。 **4.**× ガソリンの指定数量は200 ℓなので100 ℓでは0.5倍、ナトリウムの指定数量は10kgなので７kgでは0.7倍。したがって、個々の指定数量の倍数は１未満であるが、合計では1.2倍なので、指定数量以上の貯蔵として消防法による規制を受ける。 **5.**○ **6.**× 丙種危険物取扱者は、自分自身では取り扱える危険物（ガソリンなど）であっても、危険物取扱者以外の者の取扱いに立ち会うことはできない。**7.**○ **8.**× 届出ではなく、許可を申請する必要がある。**9.**○ 危険物の仮貯蔵・仮取扱いだけは、申請先が消防長または消防署長であることに注意。 **10.**× これに「非常ベル装置」を含めた５種類である。 **11.**○

ここが狙われる！

第４類危険物の指定数量のうち、**非水溶性**のものは覚えておく必要がある（水溶性の指定数量は非水溶性の２倍である）。申請・届出手続きについては、仮貯蔵・仮取扱いを除き、申請先・届出先がすべて「**市町村長等**」であることに注意しよう。

第3章

消防関係法令（類別）

この章では、消防関係法令の「類別」として出題されることの多い事項を学習します（実際の試験では第４章や第５章の内容とともに「構造・機能等」の問題として出題される事項もあります）。どのレッスンも重要性に差はありません。まずは**自動火災報知設備の設置義務のある防火対象物**を覚えましょう。

Lesson 1　自動火災報知設備の設置義務（1）
Lesson 2　自動火災報知設備の設置義務（2）
Lesson 3　自動火災報知設備の設置基準（1）
Lesson 4　自動火災報知設備の設置基準（2）
Lesson 5　ガス漏れ火災警報設備、その他の設置

Lesson 1

自動火災報知設備の設置義務（1）

防火対象物に自動火災報知設備を設置しなければならないのはどのような場合でしょうか。ここでは、**建物の延べ面積や階数に基づいて自動火災報知設備の設置**が義務づけられることについて学習します。

1コマ劇場

この雑居ビルは延べ面積が300㎡未満だから、「自火報」の設置は不要ですね。

地下の用途と床面積を調べてみないとわかりません。

4F ○○○企画
3F △△キャッシング
2F ××キャッシング
1F ラーメン

1 自動火災報知設備の設置　ABC

自動火災報知設備とは、火災の熱、煙または炎を**感知器**によって感知し、**受信機**に火災信号を送り、**地区音響装置**を鳴動させるという一連の自動的な動作によって、火災が発生したことを早期に報知し、避難や消火等を実施させるための警報設備です（その構造については第4章、第5章で解説します）。発信機や中継器を含むものもあります。

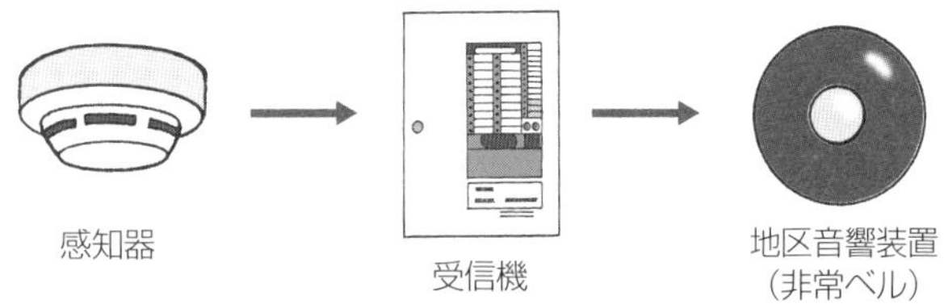

プラス1
自動火災報知設備は「自火報」と略されることがある。

用語
自動火災報知設備の設置義務
- 一般の防火対象物 P.117
- 危険物施設 P.124

延べ面積 P.92

2 延べ面積・階数に基づく設置義務　ABC

令21条は基本的に**延べ面積**と**階数**に基づいて自動火災報知設備の設置義務を定めています（右ページ資料2）。

■〈資料2〉自動火災報知設備を設置する防火対象物の延べ面積等

防火対象物（令別表第一〔ただし、(18)～(20)を除く〕）＊ピンク色は「特定防火対象物」			Ⓐ延べ面積（㎡以上）	Ⓑ地階または無窓階の場合
(1)	イ	劇場、映画館、演芸場、観覧場	300	
	ロ	公会堂、集会場		
(2)	イ	キャバレー、カフェー、ナイトクラブ等		床面積100㎡以上
	ロ	遊技場、ダンスホール		
	ハ	性風俗営業店舗等		
	ニ	カラオケボックス等	すべて	
(3)	イ	待合、料理店等	300	床面積100㎡以上
	ロ	飲食店		
(4)	−	百貨店、マーケット、物品販売店舗、展示場		
(5)	イ	旅館、ホテル、宿泊所等	すべて	
	ロ	寄宿舎、下宿、共同住宅	500	
(6)	イ	病院、診療所、助産所	すべて・300	
	ロ	自力避難困難者入所福祉施設等	すべて	
	ハ	老人福祉施設、児童養護施設、保育所等	すべて・300	
	ニ	幼稚園、特別支援学校	300	
(7)	−	小・中・高等学校、大学、各種学校等	500	
(8)	−	図書館、博物館、美術館等		
(9)	イ	蒸気浴場、熱気浴場等	200	
	ロ	イ以外の公衆浴場	500	
(10)	−	車両の停車場、船舶・航空機の発着場		
(11)	−	神社、寺院、教会等	1000	
(12)	イ	工場、作業場	500	
	ロ	映画スタジオ、テレビスタジオ		
(13)	イ	自動車車庫、駐車場		
	ロ	航空機の格納庫	すべて	
(14)	−	倉庫	500	
(15)	−	前各項に該当しない事業場	1000	
(16)	イ	特定防火対象物が存する複合用途防火対象物	300（※1）	（※5）
	ロ	イ以外の複合用途防火対象物	（※2）	
(16の2)	−	地下街	300（※3）	
(16の3)	−	準地下街	500（※4）	
(17)	−	重要文化財等の建造物	すべて	

第3章 消防関係法令（類別）

①建物の延べ面積に基づく設置義務

延べ面積（P.117資料２のⒶ列）に基づく設置義務について、具体的にみていきましょう。

ア　特定防火対象物の場合

特定防火対象物は、原則として、延べ面積300㎡以上の場合に自動火災報知設備を設置しなければなりません。

ただし、次の 1）～ 5）は例外なので要注意です。

1）(2) のニ（カラオケボックス等）、(5) のイ（旅館、ホテル、宿泊所等）、(6) のロ（自力避難困難者入所福祉施設等）は、延べ面積とは関係なく、すべてに設置する。また、(6) のイ（病院、診療所、助産所）とハ（老人福祉施設、児童養護施設、保育所等）のうち、利用者を入院・入所または入居・宿泊させるものも、延べ面積とは関係なくすべてに設置する

2）(9) のイ（蒸気浴場、熱気浴場等）は、延べ面積200㎡以上の場合に設置する

3）(16) のイ（特定防火対象物が存する複合用途防火対象物）は、延べ面積300㎡以上の場合、特定防火対象物が存する部分だけでなく、建物の全体（全階）に設置義務が生じる（資料２の※１）

4）(16の2)（地下街）は、延べ面積300㎡以上の場合、その地下街全体に設置義務が生じるが、延べ面積300㎡未満の場合でも、上記 1）の用途に用いられる部分にだけは設置する必要がある（資料２の※３）

5）(16の3)（準地下街）は、延べ面積500㎡以上で、かつ特定防火対象物が存する部分の床面積の合計が300㎡以上の場合に、準地下街全体に設置義務が生じる（資料２の※４）

イ　非特定防火対象物の場合

非特定防火対象物は、原則として、延べ面積500㎡以上の場合に自動火災報知設備を設置します。

ただし、次の 1）～ 3）は例外なので注意しましょう。

重要ピックアップ
(6)のイ（病院、診療所、助産所）のうち、患者を入院させるための施設を有しない診療所や入所施設を有しない助産所は、延べ面積300㎡以上の場合に自動火災報知設備を設置する。(6)のハ（老人福祉施設、児童養護施設、保育所等）のうち、利用者を入居・宿泊させないものも同様。

用語
地下街
▶P.80
準地下街
▶P.71 表中（16の3）

1）(13) のロ（**航空機の格納庫**）、(17)（**重要文化財等の建造物**）は、延べ面積と関係なく**すべてに設置する**
2）(11)（**神社、寺院、教会等**）、(15)（前各項に該当しない**事業場**）は、延べ面積**1000㎡**以上の場合に設置する
3）(16) のロ（**(16) のイ以外の複合用途防火対象物**）は、各用途部分の床面積がそれぞれ資料２のⒶ列の面積以上の場合に設置する（資料２の※２）

②建物の階数に基づく設置義務

ア　11階以上の階

防火対象物の**11階以上の階**は、建物の延べ面積や各階の床面積とは関係なく、**階ごと**に自動火災報知設備を設置しなければなりません。

イ　地階、無窓階、３階以上10階以下の階

地階、**無窓階**または**３階以上10階以下**の階であって、かつ、**床面積300㎡**以上のものについては、その**階ごと**に自動火災報知設備を設置しなければなりません。

ウ　P.117資料２のⒷ列の地階または無窓階

地階または**無窓階**のうち、次の 1) と 2) は、その**階ごと**に自動火災報知設備を設置しなければなりません。

1）(2) のイ～ハ（**キャバレー、遊技場**等）、(3)（**飲食店**等）の存する地階または無窓階で、**床面積100㎡**以上のもの
2）(16) のイ（**特定防火対象物が存する複合用途防火対象物**）の地階または無窓階で、(2) または (3) の用途が存する部分の**床面積の合計**が**100㎡**以上のもの（資料２の※５）

ここまででの学習内容を具体的な事例で考えてみましょう。

■図１　地上２階、地下１階の建物

【非特定防火対象物の設置義務】
神（神社・寺院・教会等）の事務所（事業場）は、千㎡（1000㎡以上）

【非特定防火対象物の設置義務】
階ごと（階ごと）にいちいち（11階以上）設置（設置義務）

無窓階
▶P.67

建物の延べ面積は 90＋90＋100 ＝280㎡ですね。

第3章 消防関係法令（類別）

前ページ図１の建物は、共同住宅と特定防火対象物である飲食店に用いられているので、特定防火対象物が存する複合用途防火対象物（資料２（16）のイ）に当たります。しかし、延べ面積が280㎡しかないため、建物全体（全階）には自動火災報知設備の設置義務は生じません（▶P.118①のアの3））。ただし、地階にある飲食店の床面積が100㎡以上なので、この**地階にだけ**自動火災報知設備の設置義務が生じます（▶P.119②のウの2））。

■図２　地上３階、地下１階の建物

3階　事務所　90㎡
2階　事務所　90㎡
1階　事務所　90㎡
地階　遊技場　90㎡

建物の延べ面積は
90×4＝360㎡
だね。

この建物は、事務所および特定防火対象物である遊技場に用いられているため、特定防火対象物が存する複合用途防火対象物（P.117（16）のイ）に当たります。しかも延べ面積が360㎡なので、**建物全体（全階）**に自動火災報知設備の設置義務が生じます（▶P.118①のアの3））。なお、遊技場のある地階の床面積は100㎡未満なので、地階にだけ自動火災報知設備の設置義務が生じるということはありません（▶P.119②のウの2））。また、３階の床面積は300㎡未満なので、３階にだけ設置義務が生じるということもありません（▶P.119②のイ）。

押えドコロ　延べ面積・階数に基づく自動火災報知設備の設置義務

- **特定防火対象物**　⇒ 原則：延べ面積**300㎡**以上の場合に設置
- **非特定防火対象物** ⇒ 原則：延べ面積**500㎡**以上の場合に設置
- **特定防火対象物が存する複合用途防火対象物**の**地階**または**無窓階**
  遊技場、飲食店等に用いられる部分の**床面積の合計100㎡**以上
  ⇒ その**地階・無窓階ごと**に設置

確認テスト

Key Point	できたら チェック ☑		
建物の延べ面積に基づく設置義務	□	1	飲食店で、延べ面積200㎡のものには、自動火災報知設備を設置しなければならない。
	□	2	旅館、ホテルは、すべてに自動火災報知設備の設置義務がある。
	□	3	映画館で、延べ面積360㎡のものには、自動火災報知設備を設置しなければならない。
	□	4	特定防火対象物が存する複合用途防火対象物で延べ面積300㎡以上のものは、特定防火対象物が存する部分にだけ自動火災報知設備の設置義務がある。
	□	5	共同住宅で、延べ面積500㎡のものには、自動火災報知設備を設置しなければならない。
	□	6	神社で、延べ面積960㎡のものには、自動火災報知設備を設置しなければならない。
	□	7	重要文化財の建造物は、延べ面積500㎡以上の場合のみ、自動火災報知設備の設置義務がある。
建物の階数に基づく設置義務	□	8	延べ面積720㎡の事務所ビルの、床面積60㎡の12階には自動火災報知設備を設置しなくてもよい。
	□	9	延べ面積480㎡で地上3階建ての図書館の、床面積160㎡の3階には自動火災報知設備を設置しなくてもよい。
	□	10	延べ面積290㎡の複合用途防火対象物の地階にある、床面積100㎡のキャバレーには、自動火災報知設備の設置義務がある。

解答・解説

1.× 飲食店（令別表第一（3）のロ）は、延べ面積300㎡以上で設置義務が生じる。 2.○ 3.○ 映画館（令別表第一（1）のイ）は、延べ面積300㎡以上で設置義務が生じる。 4.× 建物の全体（全階）に設置義務が生じる。 5.○ 共同住宅（令別表第一（5）のロ）は、延べ面積500㎡以上で設置義務が生じる。 6.× 神社（令別表第一（11））は、延べ面積1000㎡以上で設置義務が生じる。 7.× 重要文化財等の建造物は、延べ面積と関係なくすべてに設置義務がある。 8.× 11階以上の階は、延べ面積や床面積と関係なく階ごとに設置義務がある。 9.○ 図書館（令別表第一（8））は、延べ面積500㎡以上で設置義務が生じる。また3階以上（10階以下）の階は、床面積300㎡以上の場合に階ごとに設置義務が生じる。 10.○ 特定防火対象物のキャバレー（令別表第一（2）のイ）が存する複合用途防火対象物であり、地階のキャバレーの床面積が100㎡以上なので、地階（キャバレー）に設置義務が生じる（延べ面積300㎡未満なので建物の全体（全階）には生じない）。

✓ ここが狙われる！

特定防火対象物と非特定防火対象物に分けて、設置義務が生じる**延べ面積**とその例外を確実に覚えよう。**階数**に基づく設置義務も非常に重要かつ頻出である。

第3章 消防関係法令（類別）

Lesson 2

自動火災報知設備の設置義務（2）

ここでは、自動火災報知設備の設置について、建物の延べ面積や階数以外の特殊な条件に基づいて設置義務が生じる場合と、設置を省略できる場合について学習します。また危険物施設について、設置義務のある６種類の名称を確認しましょう。

1 特殊な条件に基づく設置義務 ABC

①特定１階段等防火対象物

特定１階段等防火対象物については、延べ面積と関係なく、すべてに**自動火災報知設備を設置**しなければなりません。特定１階段等防火対象物とは、**特定用途部分が避難階以外の階**（１階と２階は除く）に存在する防火対象物で、その階から避難階または地上に直通する階段が**１か所以下**しか設けられていないものをいいます（▶P.97表中の４））。具体的には下図のような、地階または３階以上の階に特定用途部分があり、屋内階段が１つしかない防火対象物です。特定用途部分のある階だけでなく、建物の全体（全階）に設置義務が生じます。

■特定１階段等防火対象物

3階（特定用途部分）	屋内階段
2階	
1階	
地階（特定用途部分）	

用語

特定用途部分
P.117の(1)～(4)、(5)のイ、(6)、(9)のイのために使用する部分。

避難階
▶P.82

一般には、１階が避難階に当たります。

②指定可燃物の貯蔵・取扱いをする防火対象物

指定可燃物とは、わら製品、木毛その他の物品で、火災が発生した場合にその拡大が速やかであり、または消火活動が著しく困難になるものとして、政令（「危険物の規制に関する政令」）によって数量が定められているものをいいます。この数量の**500倍以上**を貯蔵または取り扱う防火対象物には、自動火災報知設備を設置する義務が生じます。

③通信機器室

防火対象物内にある**通信機器室**で、**床面積が500㎡以上**のものには、自動火災報知設備を設置しなければなりません。

④防火対象物内の道路

防火対象物内の一部分が**道路**として使用されており、その道路部分の床面積が、屋上の場合には**600㎡以上**、それ以外の場合には**400㎡以上**のものであるときは、その道路部分に自動火災報知設備を設置しなければなりません。

⑤地階または２階以上の階で駐車場があるもの

防火対象物の**地階または２階以上の階**であって、**駐車場**として使用されている部分があるものについては、その駐車場部分の床面積が**200㎡以上**であるときは、**その階**に自動火災報知設備を設置しなければなりません。

2 自動火災報知設備を省略できる場合 ABC

次のア～ウの設備のいずれかを適切に設置した場合は、その設備の有効範囲内の部分に限り、自動火災報知設備の設置を**省略**することができます（なお、ア～ウのいずれも**閉鎖型スプリンクラーヘッド**を備えているものに限る）。

ア　スプリンクラー設備
イ　水噴霧消火設備
ウ　泡消火設備

ただし、**特定防火対象物**などについては、たとえ前述の

プラス1

「危険物の規制に関する政令」別表第四で定める指定可燃物の数量の例

- わら類、紙くず等…1000kg
- 木毛（木材を糸状に削ったもの）等…400kg
- 可燃性液体類…2㎥

ゴロ合わせ

通信（通信機器室）は
ご自由（500㎡以上）に
道路は無（600㎡以上）視（400㎡以上）
駐車場に客（200㎡以上）

プラス1

駐車場（令別表第一（13）のイ）は非特定防火対象物なので、１階に設けられていれば、500㎡以上の場合に自動火災報知設備の設置義務が生じる。

▶P.118のイ

重要ピックアップ
自動火災報知設備の省略ができない場合
- 特定防火対象物
- 地階、無窓階および11階以上の階
- 煙感知器等（熱煙複合式スポット型感知器、炎感知器を含む）の設置義務がある場所

設備を設置した場合であっても、自動火災報知設備の設置の**省略はできない**とされていることに注意しましょう。

3 危険物施設における設置義務 ABC

危険物施設（製造所等）のうち、**指定数量の10倍以上**の危険物を貯蔵または取り扱うものには、移動タンク貯蔵所（タンクローリー）を除き、施設の状況に応じて自動火災報知設備その他の**警報設備**の設置が義務づけられています（▶P.113）。警報設備として**自動火災報知設備**の**設置**が**義務**づけられている危険物施設には下の表のものがあります。そのほかの施設では、自動火災報知設備以外の４種類の警報設備から１種類以上設けることとされています。

プラス1
移送取扱所（パイプライン施設など）については、特に告示で定めるところにより警報設備を設けることとされている。

■ 自動火災報知設備の設置義務がある主な危険物施設

製造所 **一般取扱所**	● 延べ面積が500㎡以上のもの ● 屋内で指定数量の100倍以上の危険物を取り扱うもの（高引火点危険物を100℃未満で取り扱うものを除く）
屋内貯蔵所	● 指定数量の100倍以上の危険物を貯蔵するもの（高引火点危険物のみを貯蔵するものを除く） ● 軒高が６m以上の平屋建てのもの
屋外タンク貯蔵所	岩盤タンクに係るもの
屋内タンク貯蔵所	タンク専用室を平家建て以外の建築物に設けて、液体危険物を貯蔵するもの
給油取扱所	● 一方のみ開放の屋内給油取扱所 ● 上部に上階を有する屋内給油取扱所

押えドコロ 特殊な条件に基づく自動火災報知設備の設置義務

- **特定１階段等防火対象物** ⇒ 建物の全体（全階）に設置
- **地階または２階以上の階で駐車場があるもの**
  駐車場部分の**床面積200㎡以上** ⇒ その階に設置

確認テスト

Key Point		できたら チェック ☑
特殊な条件に基づく設置義務	□ 1	地階または3階以上の階に特定用途部分があり、その階から避難階または地上に直通する屋内階段が1か所以上ある防火対象物のことを「特定1階段等防火対象物」という。
	□ 2	特定1階段等防火対象物の場合、建物の全体に自動火災報知設備の設置義務が生じる。
	□ 3	政令が定める数量の500倍以上の指定可燃物を貯蔵または取り扱う防火対象物には、自動火災報知設備を設置する義務がある。
	□ 4	防火対象物内にある床面積300㎡の通信機器室には、自動火災報知設備を設置しなければならない。
	□ 5	防火対象物内の一部分が道路として使用されている場合、道路部分の床面積が600㎡以上（屋上以外の場合は400㎡以上）であれば、その道路部分に自動火災報知設備を設置する必要がある。
	□ 6	防火対象物の地階または2階以上の階に駐車場が存在するときは、その駐車場部分の床面積が300㎡以上である場合に限り、その階に自動火災報知設備を設置しなければならない。
自動火災報知設備を省略できる場合	□ 7	延べ面積300㎡の映画館であっても、閉鎖型スプリンクラーヘッドを備えたスプリンクラー設備を設置している場合は、自動火災報知設備の設置を省略することができる。
危険物施設における設置義務	□ 8	危険物施設である地下タンク貯蔵所は、指定数量の100倍の危険物を貯蔵していても、自動火災報知設備を設置する必要はない。

解答・解説

1.× 屋内階段は1か所以上ではなく、1か所しか設けられていないものをいう。 2.○ 特定用途部分のある階だけでなく、建物の全体（全階）に設置義務が生じる。 3.○ 4.× 防火対象物内にある通信機器室は、床面積500㎡以上の場合に自動火災報知設備の設置義務が生じる。 5.○ 6.× 地階または2階以上の階はその駐車場部分の床面積が200㎡以上の場合に、自動火災報知設備の設置義務が生じる。7.× 映画館（令別表第一（1）のイ）は特定防火対象物なので、たとえ閉鎖型スプリンクラーヘッドを備えたスプリンクラー設備を設置していても、自動火災報知設備を省略することはできない。 8.○ 自動火災報知設備の設置義務がある危険物施設は、製造所など6種類に限られており、地下タンク貯蔵所はこれに含まれていない。

✓ ここが狙われる！

特定1階段等防火対象物は、延べ面積と関係なく建物全体に、また、**地階または2階以上の階**で**駐車場**が存在するものは、駐車場部分の床面積が**200㎡以上**のときに**その階に**自動火災報知設備の設置義務が生じることを押さえておこう。

第3章 消防関係法令（類別）

Lesson 3 自動火災報知設備の設置基準（1）

自動火災報知設備を設置する際には、防火対象物に「警戒区域」を設定する必要があります。警戒区域の設定基準の原則と例外について、しっかりと学習しましょう。また、感知器を設置する場所と設置を省略できる場所について理解しましょう。

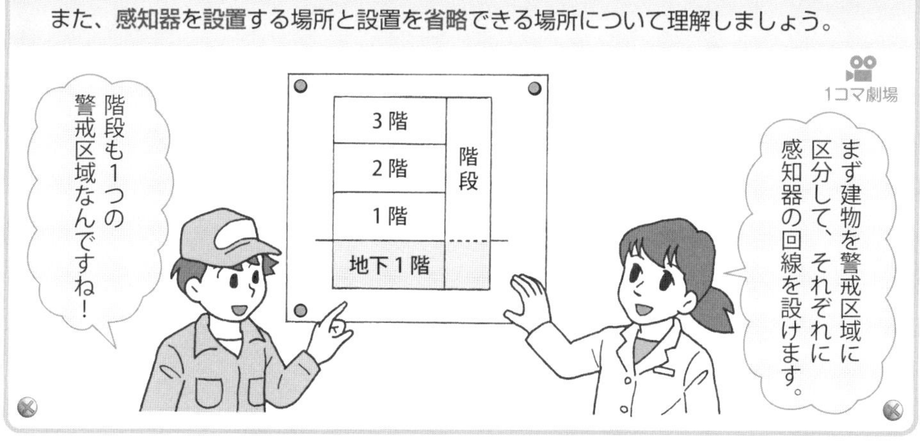

1 自動火災報知設備の警戒区域

警戒区域とは、「火災の発生した区域を他の区域と区別して識別することができる最小単位の区域」をいいます。自動火災報知設備を設置する際は、防火対象物をいくつかの警戒区域に区分し、その警戒区域ごとに**感知器の回線**を設けます。これにより、受信機に送られてきた火災信号がどの回線（警戒区域）から発信されたものかを特定して、火災の発生場所を知ることができます

警戒区域は、次の基準に従って設定します。

「警戒区域」は、令21条第2項の第1号に定義されています。

プラス1
警戒区域とは、自動火災報知設備の1つの回線が有効に火災の発生を覚知することができる区域ともいえる。

	原　則	主な例外
①	1つの警戒区域の面積は**600㎡以下**、1辺の長さは**50m以下**とする	● 主要な出入口から内部を見通せる場合は、**1000㎡以下**でもよい
②	**2つ以上の階にわたらない**こと	● 2つの階にわたっても面積の合計が**500㎡以下**のとき ● **たて穴区画**＋煙感知器

原則と例外を具体的にみていきましょう。

①面積600㎡以下・1辺の長さ50m以下

ア　原則

面積が**600㎡以下**、1辺の長さが**50m以下**であれば、1つの警戒区域とすることができます。

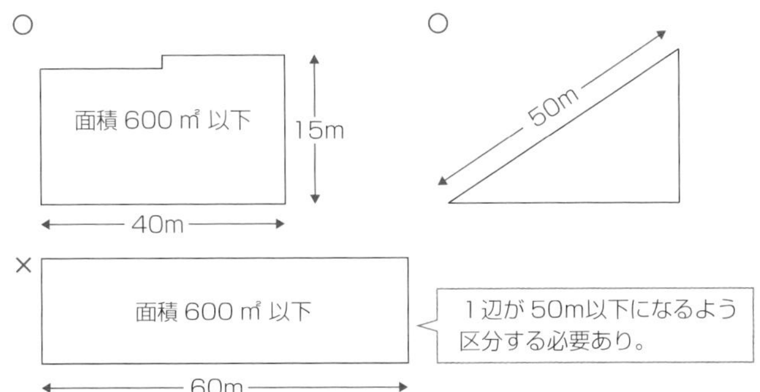

イ　例外

1) 倉庫や体育館のように、その防火対象物の**主要な出入口から内部を見通せる場合**には、**面積1000㎡以下**までを1つの警戒区域とすることができる

2) **光電式分離型感知器**を設置する場合には、1辺の長さを**100m以下**とすることができる

②2つ以上の階にわたらないこと

ア　原則

1階と2階など、上下の階にわたって1つの警戒区域とすることはできません。

イ　例外

1) 2つの階にわたっても**面積の合計が500㎡以下**の場合には、2つの階で1つの警戒区域とすることができる

用語

光電式分離型感知器
周囲の空気が一定の濃度以上の煙を含んだときに火災信号を発信する感知器のうち、広範囲の煙の累積による光電素子の受光量の変化で作動するものをいう（▶P.162）。

用語

傾斜路
スロープのこと。

リネンシュート
リネン類（シーツや枕カバーなど）を、各階から洗濯室のある下の階まで落とすためのたて穴区画。

パイプダクト
配管をまとめて通すたて穴区画。パイプスペース（PS）ともいう。

重要ピックアップ
煙感知器の図記号

「シャフト」とはパイプダクト等が通るスペースで、上の階から下の階まで貫通するものをいいます。

2）**たて穴区画**（階段、傾斜路、エレベーター昇降路、リネンシュート、パイプダクトなど）には**煙感知器**（▶P.160）を設ける必要があり、その場合には、そのたて穴区画を1つの警戒区域とすることができる

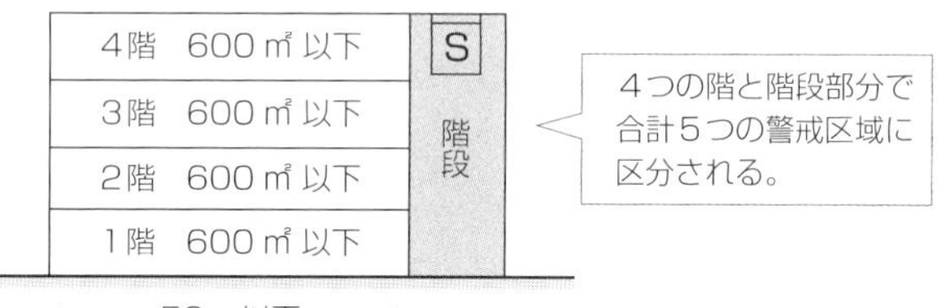

さらに、たて穴区画については、次のような例外があるので注意しましょう。

- **水平距離で50m以下**の範囲内に複数のたて穴区画がある場合には、まとめて1つの警戒区域とすることができる

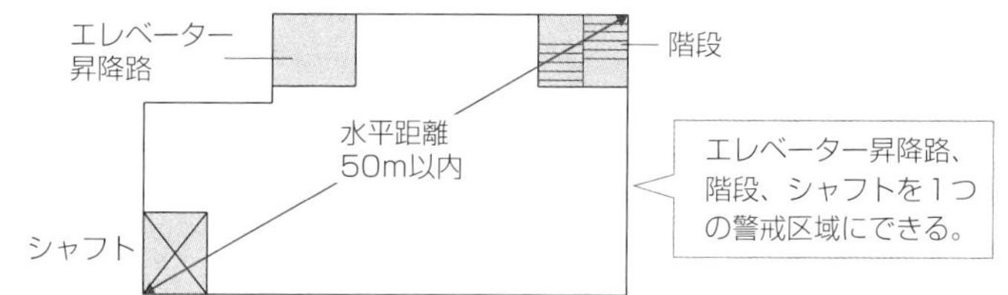

- 人が通行する**階段**（エスカレーターを含む）と**傾斜路**
  a）地階が1階のみの場合は地階部分も合わせて1つの警戒区域とし（図1）、**地階が2階以上**ある場合には地階部分と地上部分を**別個の警戒区域**とする（図2）

■図1

3階
2階
1階
地下1階
S
階段

■図2

ただし、人が通行しないエレベーター昇降路、リネンシュート、パイプダクト等のたて穴区画については、地階が２階以上でも１つの警戒区域とする

b）防火対象物が高層建築物などで階数が多い場合には、**垂直距離45m以下**ごとに別の警戒区域とする（図４）

■図３

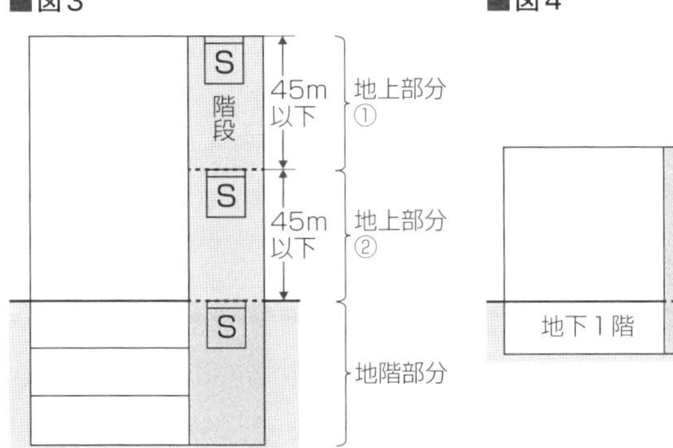

■図４

 **用語**

高層建築物
高さが31mを超える建築物。

プラス1

- 左の図３は、地階が２階以上あるので地階部分は別個の警戒区域
- 左の図４は、地階が１階のみなので、地階部分も合わせて１つの警戒区域

2 感知器の設置 ABC

感知器とは、火災によって生じる熱、煙または炎を利用して自動的に火災の発生を感知し、火災信号（火災が発生した旨の信号）や火災情報信号（熱や煙等に関する信号）を受信機等に発信するものをいいます。何を利用して火災を感知するかによって**熱感知器**、**煙感知器**、**炎感知器**などの種類に分かれます。

感知器については、総務省令（消防法施行令）と消防法施行規則（以下、「規則」と略す）で、次のように定めています（囲みの中の上が総務省令、下が規則）。

- **天井または壁の屋内に面する部分**および**天井裏の部分**（天井がない場合は、屋根または壁の屋内に面する部分）に、**有効に火災の発生を感知できるように設ける**
- **点検その他の維持管理ができる場所に設ける**

たて穴区画には、煙感知器を設置する必要がありましたね。

また、規則その他によって**感知器の設置を省略できる場所**のうち、重要なものをまとめておきましょう。

用語

取付け面

感知器を取り付ける天井の室内に面する部分または上階の床もしくは屋根の下面をいう。

①取付け面の高さが20m以上の場所

感知器の**取付け面の高さが20m以上**の場所は、熱感知器や煙感知器が有効に作動しない可能性があります（炎感知器は除く）。

②外部の気流が流通して、有効に感知できない場所

上屋（立体駐車場など）やプラットホームなどのように**外部の気流が流通**する場所では、熱感知器や煙感知器では火災の発生を有効に感知することができない可能性があります（炎感知器は除く）。

③天井裏で、天井と上階の床との距離が0.5m未満の場所

逆にいうと、天井と上階の床との距離が0.5m以上ある天井裏では、感知器の設置を除外できません。

用語

耐火構造

▶P.91

④主要構造部を耐火構造とした建築物の天井裏の部分

主要構造部を**耐火構造**とした場合、その建築物の**天井裏**の部分は感知器の設置を除外できます。ただし、それ以外の場所は除外できません。

⑤閉鎖型スプリンクラーヘッドを備えたスプリンクラー設備等を設置した場合の有効範囲内の部分

このような場所では、自動火災報知設備そのものの設置を省略できます（▶P.123～124）。ただし、特定防火対象物などでは省略できません。

⑥浴室、便所など常に水を使用する室

隣接する脱衣室や洗面所は除外できません。

押えドコロ　自動火災報知設備の警戒区域の設定

- 警戒区域は**面積600㎡以下、1辺50m以下**

〔例外〕　・主要出入口から内部を見通せる場合は**1000㎡以下**

- **2つ以上の階にわたらない**

〔例外〕　・面積の合計**500㎡以下**ならば2つの階で1つの警戒区域

・**煙感知器**を設けた**たて穴区画**（階段等）は1つの警戒区域

確認テスト

Key Point		できたら チェック ☑
自動火災報知設備の警戒区域	□ 1	自動火災報知設備の警戒区域とは、火災の発生した区域を他の区域と区別して識別することができる最小単位の区域をいう。
	□ 2	1つの警戒区域の面積は600㎡以下、1辺の長さは60m以下が原則とされている。
	□ 3	防火対象物の主要な出入口から内部を見通せる場合には、例外的に面積1000㎡以下までを1つの警戒区域とすることができる。
	□ 4	警戒区域は、2つ以上の階にわたらないことが原則であるが、面積の合計が600㎡以下であれば、例外的に2つの階を1つの警戒区域とすることができる。
	□ 5	階段やエレベーター昇降路などは2つ以上の階にわたるものであるが、煙感知器を設ける場合は1つの警戒区域として設定できる。
	□ 6	階段、傾斜路、パイプダクトが水平距離で50m以下の範囲内に存在する場合、それらをまとめて1つの警戒区域とすることができる。
	□ 7	階段（エスカレーターを含む）の地階部分は、常に地上部分と一体であり、1つの警戒区域として設定しなければならない。
感知器の設置	□ 8	感知器（炎感知器を除く）の取付け面の高さが15m以上の場所は、感知器の設置を除外できるとされている。
	□ 9	上屋その他外部の気流が流通し、感知器によってはその場所における火災の発生を有効に感知できない場所では、感知器（炎感知器を除く）の設置を除外することができる。
	□ 10	天井裏で、天井と上階の床との間の距離が0.5m未満の場所には、感知器を設置しなくてもよい。
	□ 11	主要構造部を耐火構造とした建築物内に設けられた木造の押入れには、感知器を設置しなくてもよい。

解答・解説

1.○　2.×　1辺の長さは50m以下が原則である。　3.○　4.×　面積が合計500㎡以下の場合に、2つの階を1つの警戒区域とすることができる。　5.○　6.○　7.×　地階が2階以上ある場合は、階段の地階部分と地上部分は別個の警戒区域とする。　8.×　取付け面の高さが20m以上の場合に感知器の設置を除外される。　9.○　10.○　11.×　主要構造部を耐火構造とした建築物の天井裏の部分は感知器の設置を除外できるが、木造の押入れなどは除外できない。

✓ ここが狙われる！

自動火災報知設備の**警戒区域**は頻出かつ重要であり、**設定基準の原則**と**例外**を確実に覚えるようにしよう。**感知器**については、**設置を除外（省略）できる場所**を頭に入れておこう。

Lesson 4
自動火災報知設備の設置基準（2）

このレッスンの内容は本来、第５章「電気に関する部分」に含まれるものですが、類別の法令の問題として出題されることが多いため、ここで学習します。「電気に関する部分」を免除される受験生の方も、このレッスンは確実に理解しましょう。

1 煙感知器の設置義務がある場所

たて穴区画には**煙感知器**（▶P.160）を設置することを学習しましたが（▶P.128)、これも含めて規則で煙感知器の設置が義務づけられている主な場所をまとめておきましょう。

右の①および②は「たて穴区画」ですね。

①階段および傾斜路

防火対象物の用途に関係なく、設置義務があります。

②エレベーター昇降路、リネンシュート、パイプダクト等

標題に類するものも含めて、防火対象物の用途に関係なく設置します。

③取付け面の高さ15m以上20m未満の場所

感知器を設置する区域の取付け面の高さが15m以上20m未満の場所は、防火対象物の用途に関係なく設置します。

④廊下および通路

次の防火対象物に限り、設置義務があります。

ア　**特定防火対象物**（▶P.117資料２のピンク色のもの）

イ　令別表第一(5)のロ（寄宿舎、下宿、共同住宅）

プラス1
右の①～⑥は、規則第23条第５項に定められている。

ウ　同 (9) のロ（蒸気浴場、熱気浴場等以外の公衆浴場）
エ　同 (12)（工場、作業場、映画・テレビのスタジオ）
オ　同 (15)（同 (1) ～ (14) に該当しない事業場）

⑤カラオケボックス等の個室など

令別表第一 (2) のニ（カラオケボックス等）とその用途に使用されている同 (16) のイ（特定の複合用途防火対象物）、(16の2)（地下街）、(16の3)（準地下街）の部分に限り、設置義務があります。

⑥地階、無窓階および11階以上の階

特定防火対象物および令別表第一 (15)（事業場）に限ります。

小・中・高等学校、大学や、図書館等の廊下・通路には設置義務がありません。

プラス1
④⑤⑥は煙感知器のほかに、熱煙複合式感知器でもよい。
③と⑥は炎感知器でもよい。

2 煙感知器を設置できない場所　ABC

煙感知器（熱煙複合式スポット型感知器を含む）の特性上、誤報を生じやすく設置できない場所は以下の通りです。これらの場所には、適応する**熱感知器**（Ⓐ差動式スポット型熱感知器、Ⓑ差動式分布型熱感知器、Ⓒ定温式スポット型熱感知器など）を設置します。

煙感知器を設置できない場所	Ⓐ	Ⓑ	Ⓒ
じんあい、微粉等が多量に滞留する場所	○	○	○
煙が多量に流入するおそれのある場所	○	○	○
結露が発生する場所	○（防水型）	○	○（防水型）
水蒸気が多量に滞留する場所	○（防水型）	○（2種のみ）	○（防水型）
排気ガスが多量に滞留する場所	○	○	×
腐食性ガスが発生するおそれのある場所	×	○	○（耐酸型等）
著しく高温となる場所	×	×	○
厨房その他正常時において煙が滞留する場所	×	×	○（高湿度では防水型）

用語

熱煙複合式スポット型感知器
熱感知器（▶P.148～）と煙感知器の両方の性能をもつスポット型感知器。

スポット型
局所的に熱・煙・炎を感知する方式（▶P.149）。

分布型
広範囲の熱を感知する方式（▶P.151）。

差動式
温度差が生じることによって作動する方式（▶P.149）。

定温式
一定の温度になったとき作動する方式（▶P.154）。

3 感知器の取付け面の高さ ABC

感知器は、種類と種別によって取り付けることのできる高さの限界が決まっています。一般に、取付け面が高くなるほど感度の高いものが必要となります。**取付け面の高さ**または**天井等の高さ**に応じて設置できるとされている主な感知器の種類と種別は、それぞれ次の通りです。

■ 取付け面の高さと感知器の種類・種別

取付け面の高さ	設置可能な感知器の種類・種別	
20m以上	炎感知器のみ	
20m未満	煙	光電式スポット型（1種） イオン化式スポット型（1種）
15m未満	煙	光電式スポット型（2種） イオン化式スポット型（2種）
	熱	差動式分布型
8m未満	熱	差動式スポット型 補償式スポット型 定温式スポット型（特種・1種）
4m未満	煙	光電式スポット型（3種） イオン化式スポット型（3種）
	熱	定温式スポット型（2種）

「煙」…煙感知器、「熱」…熱感知器

光電式スポット型やイオン化式スポット型などは3種までありますが、20m未満では1種のみ、15m未満では1種または2種、4m未満では1種～3種のいずれも設置することができます。なお、上の表で種別（1種、2種など）の記載がないものは、何種でも設置できるという意味です。

なお、炎感知器は、20m未満でも設置することができます。

■ 天井等の高さと感知器の種類・種別

天井等の高さ	設置可能な感知器の種類・種別
20m以上	炎感知器のみ
20m未満	光電式分離型煙感知器（1種）
15m未満	光電式分離型煙感知器（2種）

＋プラス1

特性上、炎感知器>煙感知器>熱感知器の順に、高い位置に取り付けることができる。

たとえば取付け面の高さが6mの場合、定温式スポット型感知器ならば特種または1種でないと設置できません。
感知器の種類については、第4章のレッスン1～4で詳しく学習します。

ゴロ合わせ

【熱感知器の取付け面の高さ】
砂糖(差動式)をブンブン(分布型)
かけるよイチゴ(15m未満)には。
砂糖(差動式)好き和尚(補償式)が
低音得意(定温式 特種・1種)で
スポッと(スポット型)はまる鉢(8m未満)の中

4 受信機の設置 ABC

受信機とは、火災信号などを受信して、火災の発生等を関係者や消防機関に報知するものです。ここでは受信機の設置基準の制限について2点だけ押さえておきましょう。

①設置台数の制限

次の受信機は、1つの防火対象物について**2台以下**しか設置できません（地階、無窓階、2階以上の階など、階ごとに自動火災報知設備を設置する場合は、その階につき2台まで）。

- **P型・GP型1級受信機**で**1回線**のもの
- **P型・GP型2級受信機**
- **P型・GP型3級受信機**

つまり、**P型・GP型1級受信機**で**2回線以上**のものであれば、**3台以上**設置することができます。

②延べ面積に基づく設置の制限

次の表の受信機は、表に示された**延べ面積以下**の防火対象物にしか設置できません（地階、無窓階、2階以上の階など、階ごとに自動火災報知設備を設置する場合は、その階の床面積以下と読み替える）。

■受信機設置の延べ面積制限

P型・GP型2級受信機・1回線	350㎡以下
P型・GP型3級受信機	150㎡以下

受信機については、第4章のレッスン6～8で詳しく学習します。

用語

P型受信機
火災信号等を共通の信号として受信するもの（固有の信号として受信するものはR型受信機）。

GP型受信機
P型受信機の機能とG型受信機の機能とを併せもつものをいう。なお、G型とはガス漏れ信号を受信し、ガス漏れの発生を防火対象物の関係者に報知するもの。

5 地区音響装置の鳴動制限 ABC

非常ベルやブザー等を音響装置といい、このうち受信機に内蔵されているものを**主音響装置**、建物の各階に設置するものを**地区音響装置**といいます。地区音響装置は感知器や発信器等の作動と連動して、警報音または音声によって防火対象物に有効に報知できるよう設置する必要があります。このため、地区音響装置は**全館一斉鳴動**が基本です。

用語

鳴動
音が鳴り響くこと。

ただし、次のような大規模な防火対象物においては、全館一斉鳴動によるパニックを防ぐため、まずは防火対象物の一部分のみを鳴動させる**区分鳴動**とし、一定の時間を経過した後に自動的に一斉鳴動に移行するよう措置することとされています。これを**鳴動制限**といいます。**地階を除く階数が5以上であって、かつ延べ面積が3000㎡を超えるもの**が**鳴動制限を行う防火対象物**となります。

一斉鳴動に移行するまでの時間は、数分以内（最大でも10分まで）とされています。

また、区分鳴動をさせる部分については、次のア～ウのように定められています。

ア　出火階が**2階以上**の階の場合
　⇒　**出火階**および**その直上階**のみ

イ　出火階が**1階**の場合
　⇒　**出火階、その直上階、地階全部**

ウ　出火階が**地階**の場合
　⇒　**出火階、その直上階、地階全部**

これらを図にすると、次のようになります。

重要ピックアップ
区分鳴動させる階
- 原則
  …出火階＋直上階
- 1階または地階が出火階の場合
  …原則＋地階全部

■区分鳴動の対象階

（炎）…出火階、●…出火階と同時に鳴動させる階

	ア	イ	ウ		
3階	●	−	−	−	−
2階	（炎）	●	−	−	−
1階	−	（炎）	●	−	−
地下1階	−	●	（炎）	●	●
地下2階	−	●	●	（炎）	●
地下3階	−	●	●	●	（炎）

押えドコロ　取付け面の高さと感知器の種類・種別

20m以上	炎感知器のみ
20m未満	煙感知器…光電式スポット型（1種） イオン化式スポット型（1種）
8m以上 15m未満	煙感知器…上記のもの（1種または2種） 熱感知器…差動式分布型のみ

確認テスト

Key Point	できたら チェック ☑
煙感知器の設置義務がある場所	□ 1 階段、エレベーター昇降路が設けられている部分には、防火対象物の用途に関係なく、煙感知器を設けなければならない。
	□ 2 小学校や図書館の廊下および通路部分には、煙感知器を設けなければならない。
煙感知器を設置できない場所	□ 3 湯沸し室のような水蒸気が多量に滞留する場所には、煙感知器ではなく、差動式スポット型熱感知器（防水型）などを設置する。
感知器の取付け面の高さ	□ 4 取付け面の高さが 20 m以上である場合、設置できる感知器の種別は炎感知器のみとされている。
	□ 5 取付け面の高さが 18 mの場合には、イオン化式スポット型（2種）の煙感知器を設置することができる。
	□ 6 取付け面の高さが 10 mの場合、差動式分布型（2種）の熱感知器を設置することができる。
	□ 7 光電式分離型煙感知器（2種）は、取付け面の高さが 16 mの天井面に設置することができる。
受信機の設置	□ 8 P型1級受信機で1回線のものは、1つの防火対象物について2台以下しか設置することができない。
	□ 9 GP型3級受信機は、延べ面積 300 ㎡の防火対象物に設置することができる。
地区音響装置の鳴動制限	□ 10 地階を除く階数が5以上あって、かつ延べ面積が2500 ㎡を超える防火対象物では、地区音響装置の鳴動制限を行う必要がある。
	□ 11 地区音響装置の鳴動制限を行う防火対象物において、出火階が1階の場合には、1階と2階のほか、地階の全部に区分鳴動を行う。

解答・解説

1.○　2.× 小学校や図書館の廊下および通路部分には、煙感知器の設置義務がない。 3.○　4.○　5.× 15 m以上20 m未満は、イオン化式スポット型煙感知器の1種であれば設置可能。 6.○ 8 m以上15 m未満は、差動式分布型であれば何種でも設置できる。 7.× 15 m以上20 m未満は、光電式スポット型煙感知器の1種であれば設置可能。 8.○　9.× GP型3級受信機は、延べ面積 150 ㎡以下の防火対象物にしか設置できない。 10.× 地階を除く階数が5以上であって、かつ延べ面積が3000 ㎡を超えるものについて鳴動制限を行う。 11.○ 出火階である1階、その直上階の2階のほか、地階全部に区分鳴動を行う。

ここが狙われる！

煙感知器の設置基準に関する出題はそれほど多くないが、**取付け面の高さ**と感知器の種別、**受信機の設置台数**、地区音響装置の**鳴動制限**に関する出題は多いので確実に理解しよう。

Lesson 5

ガス漏れ火災警報設備、その他の設置

類別の法令では「ガス漏れ火災警報設備の設置義務」についてよく出題されています。また、「消防機関へ通報する火災報知設備」についても類別の法令での出題がほとんどなので、このレッスンでまとめて学習することにします。

1 ガス漏れ火災警報設備の設置義務 ABC

ガス漏れ火災警報設備とは、燃料用ガスまたは自然発生する可燃性ガスの漏れを検知して、防火対象物の関係者等に警報を発する設備をいいます。ガス漏れ火災警報設備の設置対象となる防火対象物は次の通りです。

①地下街

地下街（令別表第一（16の 2））で、**延べ面積1000㎡以上**のものが設置対象となります。

**用語**
令別表第一
▶P.70～71、117

②準地下街

準地下街（令別表第一（16の 3））は**延べ面積1000㎡以上**で、かつ**特定用途部分の床面積の合計が500㎡以上**のものが設置対象となります。

用語
特定用途部分
令別表第一の（1）～（4）、（5）のイ、（6）、（9）のイのために使用する部分。

③特定防火対象物の地階

令別表第一の（1）～（4）、（5）のイ、（6）および（9）のイに掲げる特定防火対象物の**地階**で、**床面積の合計が1000㎡以上**のものが設置対象となります。

④特定用途部分を有する複合用途防火対象物の地階

複合用途防火対象物（令別表第一（16）のイ）の**地階**で、**床面積の合計が1000㎡以上**であって、かつ**特定用途部分の床面積の合計が500㎡以上**のものが設置対象となります。

⑤温泉採取設備のある建築物等

令別表第一に掲げる建築物その他の工作物のうち、その内部に**温泉の採取のための設備**（総務省令で定めるもの）が設置されているものが設置対象となります。

 **用語**

温泉の採取のための設備（総務省令）

- 温泉井戸
- ガス分離設備
- ガス排出口
- 配管

以上より、ガス漏れ火災警報設備の設置対象は、いずれも**地下**に関係するものであることがわかります。地下は密閉性が高いためガスが溜まりやすく、ガスが爆発した場合に圧力が抜けにくいため、**被害が大きくなる**可能性が高いからです。このほか、消防活動が困難となることや、利用者等のパニックが懸念されることなども考慮されています。上記①～④を表にまとめてみましょう。

合わせ

【ガス漏れ火報設備の設置対象】
地下（地下街）と
特定地下（特定防火対象物の地階）に
栓（1000㎡以上）をする

■ガス漏れ火災警報設備の設置対象となる防火対象物

● 地下街（①） ● 特定防火対象物の地階（③）	延べ面積**1000㎡**以上
● 準地下街（②） ● 特定用途部分を有する複合用途防火対象物の地階（④）	延べ面積＊**1000㎡**以上で特定用途部分の床面積の合計**500㎡**以上

＊④の場合は地階の床面積の合計が1000㎡以上

ただし上記①～⑤であっても、ガス漏れ火災警報設備の設置義務が生じるのは、次のア、イいずれかの場合です。

ア　燃料用ガスを使用している場合

ガス燃焼機器を接続すれば使用できるように**都市ガス**のガス栓が設置されていれば、これに該当します。これに対し、容器で販売されている液化石油ガス（＝LPガス）の場合は、ガス漏れ火災警報設備の設置義務は生じません。

イ　可燃性ガスが自然発生するおそれがあるとして消防長または消防署長が指定するもの

燃料用ガスまたは自然発生する可燃性ガスの漏れを検知することが、ガス漏れ火災警報設備の第一の役割です。

アに該当しなくても、イによって設置義務が生じます。

2 消防機関へ通報する火災報知設備 ABC

①火災通報装置の仕組み

消防機関へ通報する火災報知設備は、M型火災報知設備と**火災通報装置**に分かれますが、M型火災報知設備は現在では廃止されているため、火災通報装置の仕組みについて学習します。

火災通報装置は、火災が発生した場合に、手動起動装置（火災通報専用の押しボタン、通話装置、遠隔起動装置等）の操作や自動火災報知設備の受信機から火災信号を受け取ることによって、「119番」の**電話回線**を使用して消防機関を呼び出し、**蓄積音声情報**（あらかじめ音声で記憶させている火災通報に関する情報）によって通報するとともに、通話も行える装置です。

用語
M型火災報知設備
火災を発見した際に手動で発信機を操作し、消防機関にあるM型受信機に火災信号を送り、火災発生を通報する設備。

プラス1
蓄積音声情報として「ピピピピ、火事です。○○町▽▽番地の××です」などといったメッセージが流される。

■火災通報装置の仕組み

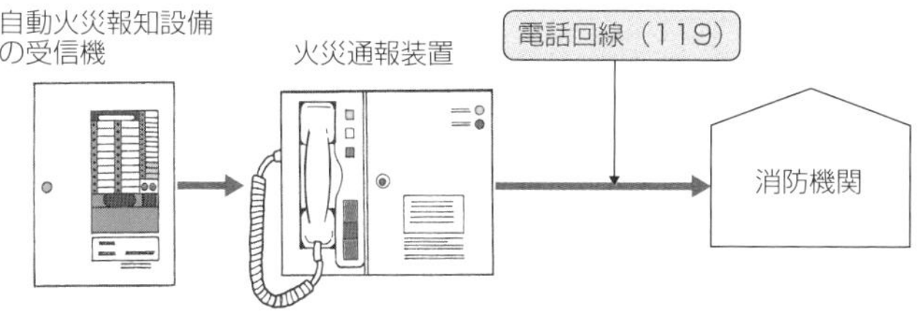

また、火災通報装置については、次のような基準も定められています。

- 建物の防災センター等（守衛室など）に設置すること
- 屋内の電話回線のうち交換機等と電話局の間となる部分に接続すること（光回線、IP回線は使用不可）

②消防機関へ通報する火災報知設備の設置義務

消防機関へ通報する火災報知設備の設置が義務づけられる防火対象物は、次の通りです。

ア　設置対象とされている防火対象物

1）面積と関係なく

令別表第一（6）のイ①～③・ロ、（16の2）、（16の3）

2）延べ面積500㎡以上のもの

同（1）、（2）、（4）、（5）のイ、（6）のイ④・ハ・ニ、（12）、（17）

3）延べ面積1000㎡以上のもの

同（3）、（5）のロ、（7）～（11）、（13）～（15）

イ　設置の省略

アの 1）～ 3）に該当する防火対象物でも、次の場合には消防機関へ通報する火災報知設備の設置を省略できます。

- 消防機関から**著しく離れた**場所にあるとき
- 消防機関から**歩行距離で500m以内**の場所にあるとき
- **消防機関へ常時通報できる電話**を設置したとき

「消防機関へ常時通報できる電話」とは、119番で通報できる電話という意味であり、現在ではこれが普及しているため、ほとんどの防火対象物では、消防機関へ通報する火災報知設備を設置しなくてもよいことになります。しかし、上記 1）と 2）のうち以下に掲げる防火対象物は、通報が遅れると大きな事故につながるおそれがあるため、たとえ消防機関へ常時通報できる電話を設置した場合であっても消防機関へ通報する火災報知設備（火災通報装置）の設置は省略してはならないとされています。

1）	● **自力避難困難者入所福祉施設等**（令別表第一（6）のロ）
2）	● **旅館、ホテル、宿泊所等**（同（5）のイ） ● **病院、診療所、助産所**（同（6）のイ） ● **老人福祉施設、児童養護施設、保育所等**（同（6）のハ）

令別表第一（6）のイ①～③は、病院、診療所、助産所で利用者を入院または入所させるものです。一方、（6）のイ④は入院・入所させない診療所や助産所です。

プラス1

消防機関からの歩行距離500m以内でも消防機関へ通報する火災報知設備の設置を省略できないもの

- （6）のイ①・②
- （16）のイのうち、（6）のイ①・②の用途部分があるもの
- （16の2）または（16の3）のうち、（6）のイ①・②の用途部分があるもの

ただし、消防機関が存する建築物内にある場合には省略可能

押えドコロ　**ガス漏れ火災警報設備の設置対象**

- **地下街、特定防火対象物の地階**
  ⇒ **1000㎡以上**
- **準地下街、特定用途部分を有する複合用途防火対象物の地階**
  ⇒ **1000㎡以上かつ特定用途部分**の床面積**500㎡以上**

確認テスト

Key Point	できたら チェック ☑
ガス漏れ火災警報設備の設置義務	□ 1 地下街で延べ面積が800㎡のものは、ガス漏れ火災警報設備を設置しなくてもよい。
	□ 2 準地下街で述べ面積が1000㎡以上あり、都市ガスを使用している飲食店や物品販売店舗の部分の床面積合計が500㎡以上のものは、ガス漏れ火災警報設備を設置しなければならない。
	□ 3 百貨店の地階で床面積が800㎡のものは、ガス漏れ火災警報設備を設置しなければならない。
	□ 4 複合用途防火対象物の地階で床面積合計が1000㎡あり、飲食店や物品販売店舗の部分の床面積合計が450㎡のものは、ガス漏れ火災警報設備を設置しなければならない。
	□ 5 図書館の地階は、その面積にかかわらず、ガス漏れ火災警報設備を設置しなくてもよい。
	□ 6 都市ガスを使用しているホテルの3階で、床面積が1200㎡のものは、ガス漏れ火災警報設備を設置しなければならない。
消防機関へ通報する火災報知設備	□ 7 延べ面積が500㎡以上のマーケットでも、消防機関からの歩行距離が480mの場所にあるときは、消防機関へ通報する火災報知設備の設置を省略することができる。
	□ 8 延べ面積が1000㎡以上の小学校でも、消防機関へ常時通報できる電話を設置したときは、消防機関へ通報する火災報知設備の設置を省略することができる。
	□ 9 病院は、消防機関へ常時通報できる電話を設置したときは、消防機関へ通報する火災報知設備の設置を省略することができる。

解答・解説

1.○ 地下街は延べ面積1000㎡以上で設置対象となる。 2.○ 3.× 特定防火対象物の地階は、床面積合計が1000㎡以上で設置対象となる。 4.× 特定用途部分の床面積合計が500㎡以下なので、設置対象とならない。 5.○ 図書館（令別表第一（8））は特定防火対象物ではない。 6.× 地階ではないので設置対象にならない。 7.○ マーケット（令別表第一（4））は、消防機関からの歩行距離が500m以内ならば省略できる。 8.○ 消防機関へ常時通報できる電話を設置した小学校（令別表第一（7））は、延べ面積1000㎡以上でも省略できる。 9.× 病院（令別表第一（6）のイ）は、消防機関へ常時通報できる電話を設置した場合でも省略できない。

✓ここが狙われる！

ガス漏れ火災警報設備、消防機関へ通報する火災報知設備ともに、どのような防火対象物に設置義務が生じるのかを確実に理解しよう。特に、ガス漏れ火災警報設備は頻出である。

第4章

構造・機能等（規格に関する部分）

この章では、感知器や発信機、中継器、受信機の技術上の規格を定める省令（「規格省令」という）を中心に学習します。よく出題されるのは、規格省令に定められている**感知器の定義**です。各感知器の作動原理を理解すれば正解できます。また、**受信機の種類ごとに備える装置等**についてもよく出題されます。自分で表などを作ってまとめておくとよいでしょう。

Lesson 1　感知器の概要
Lesson 2　熱感知器（1）
Lesson 3　熱感知器（2）
Lesson 4　煙感知器・炎感知器
Lesson 5　発信機と中継器
Lesson 6　受信機の概要
Lesson 7　P型受信機
Lesson 8　R型・アナログ式受信機
Lesson 9　ガス漏れ火災警報設備
Lesson 10　電源

Lesson 1

感知器の概要

ここでは、規格を定める省令に規定されている用語の意義（定義）のうち重要なものと、感知器の種類について大まかに学習します。あとのレッスンで詳しく学ぶ際の基礎となる部分なので、カード化したり表にしたりしてまとめておきましょう。

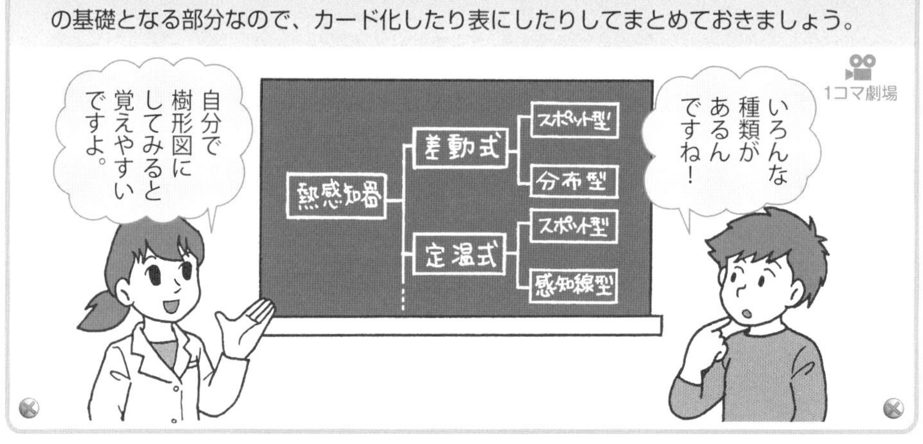

1 自動火災報知設備の概要 ABC

自動火災報知設備は、火災の熱、煙または炎を**感知器**によって感知し、**受信機**に**火災信号**を送り、**地区音響装置**を鳴動させるという一連の動作を自動的に行います。また、感知器の代わりに人が火災を発見し、**発信機**の押しボタンを押すことによって、火災信号を手動で発信することもできます。これを簡単に表すと、下のようになります。

プラス1
感知器と受信機の間に設けて火災信号等を中継する中継器も重要。ただし、中継器は設備によっては設けない場合もある。

一般的に、発信機と地区音響装置は、表示灯（▶P.218）と一緒に、機器収容箱（▶P.277）に入っています。

■自動火災報知設備

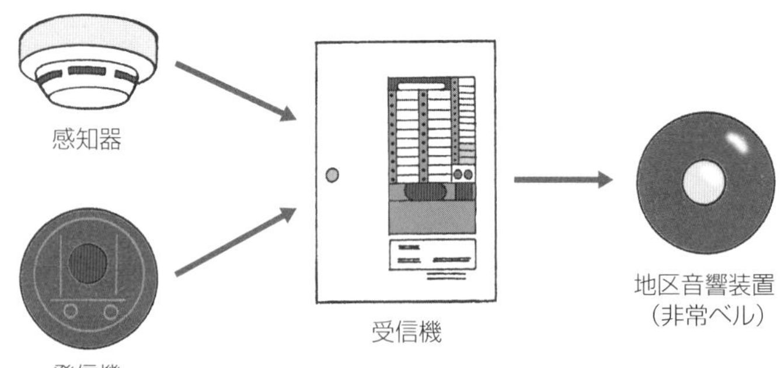

2 規格省令上の用語の定義 ABC

規格を定める省令（規格省令）に規定されている「用語の意義（定義）」のうち、特に重要なものをまとめておきましょう。

①感知器

火災により生ずる熱、火災により生ずる燃焼生成物（以下「煙」という）または火災により生ずる炎を利用して自動的に火災の発生を感知し、**火災信号**または**火災情報信号**を**受信機**もしくは中継器または消火設備等に発信するもの。

②火災信号

火災が**発生**した旨の信号。

③火災情報信号

火災によって生ずる**熱**または**煙の程度**その他火災の程度に係る信号。

④火災表示信号

火災情報信号の程度に応じて、火災表示を行う温度または濃度を固定する装置（感度固定装置）により処理される火災表示をする程度に達した旨の信号。

⑤設備作動信号

消火設備等が作動した旨の信号。

⑥自動試験機能

火災報知設備に係る機能が適正に維持されていることを、自動的に確認することができる装置による火災報知設備に係る試験機能。

⑦遠隔試験機能

感知器に係る機能が適正に維持されていることを、当該感知器の設置場所から離れた位置において確認することができる装置による試験機能。

⑧発信機

火災信号を受信機に手動により発信するもの。

用語

規格を定める省令（規格省令）

- 火災報知設備の感知器及び発信機に係る技術上の規格を定める省令
- 中継器に係る技術上の規格を定める省令
- 受信機に係る技術上の規格を定める省令

以上を「規格三省令」ともいう。

プラス1

ガス漏れ火災警報設備の場合は「感知器」ではなく、「検知器」によってガス漏れを検知する。
▶P.188

⑥と⑦の制御機能の作動条件値（異常の有無を判定する基準となる数値）は、設計範囲外に設定できず、また容易に変更できないものでなければなりません。

3 感知器の種類 ABC

規格省令が掲げている感知器の種類は、次の通りです。

①**熱感知器**（▶P.148～159、270～272）

種　類			感度種別
差動式	スポット型		1種・2種
	分布型	空気管式	1種・2種・3種
		熱電対式	1種・2種・3種
		熱半導体式	1種・2種・3種
定温式	スポット型		特種・1種・2種
	感知線型		特種・1種・2種
熱複合式	熱複合式	スポット型	―
	補償式	スポット型	1種・2種
熱アナログ式	スポット型		―

②**煙感知器**（▶P.160～163、272～273）

種類			感度種別
イオン化式	スポット型	非蓄積型	1種・2種・3種
		蓄積型	1種・2種・3種
光電式	スポット型	非蓄積型	1種・2種・3種
		蓄積型	1種・2種・3種
	分離型	非蓄積型	1種・2種
		蓄積型	1種・2種
煙複合式	スポット型		―
イオン化アナログ式	スポット型		―
光電アナログ式	スポット型		―
	分離型		―
熱煙複合式	スポット型		―

③**炎感知器**（▶P.164、273）

種類		区分
紫外線式	スポット型	屋内・屋外・道路型
赤外線式	スポット型	屋内・屋外・道路型
紫外線赤外線併用式	スポット型	屋内・屋外・道路型
炎複合式	スポット型	屋内・屋外・道路型

プラス1

煙感知器を設置できない場所には、適応する熱感知器を設置する。▶P.133

重要ピックアップ

感度種別（1～3種）
感知器の感度を表す。数字が小さいものほど感度がよい（特種は1種よりさらに感度がよい）。感知器の種類によっては感度種別がないものもある。

用語

非蓄積型
煙が一定濃度に達すると、直ちに作動する方式。

蓄積型
煙が一定濃度に達してもすぐには作動せず、その状態が一定の時間継続したときに作動する方式。

押えドコロ　感知器の種類

- **熱感知器**…**差動式**（スポット型・分布型）、**定温式**（スポット型）等
- **煙感知器**…**イオン化式**（スポット型）、**光電式**（スポット型・分離型）等

確認テスト

Key Point		できたら チェック ☑
自動火災報知設備の概要	□ 1	自動火災報知設備は、火災の熱や煙、炎を検知器によって検知し、受信機に火災信号を送り、地区音響装置を鳴動させるという動作を自動的に行う。
	□ 2	中継器は、すべての自動火災報知設備に設置されるわけではない。
規格省令上の用語の意義	□ 3	感知器は、自動的に火災の発生を感知し、火災信号またはガス漏れ信号を受信機等に発信する機器である。
	□ 4	火災信号とは、火災が発生した旨の信号をいう。
	□ 5	火災表示信号とは、火災によって生じる熱や煙の程度その他火災の程度に係る信号をいう。
	□ 6	遠隔試験機能とは、感知器に係る機能が適正に維持されていることを、当該感知器の設置場所から離れた位置において確認することができる装置による試験機能をいう。
	□ 7	中継器とは、火災信号を受信機に手動により発信するものをいう。
感知器の種類	□ 8	熱感知器には、差動式スポット型、差動式分布型、定温式スポット型などの種類がある。
	□ 9	煙感知器には、イオン化式スポット型、光電式分離型、紫外線式スポット型などの種類がある。
	□ 10	差動式スポット型、補償式スポット型、光電式分離型は、いずれも感度種別が1種または2種だけしかない。
	□ 11	定温式の熱感知器には、「特種」という感度種別がある。
	□ 12	蓄積型とは、煙が一定濃度に達すると直ちに作動する方式をいう。

解答・解説

1.× 検知器によって検知するのではなく、感知器によって感知する。 2.○ 3.× 感知器は火災信号または火災情報信号を受信機等に発信する。ガス漏れ信号ではない。4.○ 5.× これは火災表示信号ではなく、火災情報信号である。 6.○ 7.× これは中継器ではなく、発信機である。 8.○ 9.× 紫外線式スポット型だけは炎感知器である。あとの2つは正しい。 10.○ 11.○ 12.× これは非蓄積型である。

✓ ここが狙われる!

このレッスンで学習する**用語の意義（定義）**は、それ自体の出題頻度は高くないが、どれも基本的で重要なものばかりである。また、**熱感知器**、**煙感知器**、**炎感知器**には、それぞれにどのような**型式**と**感度種別**があるのか、しっかりと押さえておこう。

Lesson 2

熱感知器（1）

このレッスンでは、熱感知器のうち「差動式」のものについて学習します。差動式にはスポット型と分布型があります。両者の違いは何か、また、それぞれどのような原理を利用した方式のものがあるのか、確実に理解していきましょう。

1コマ劇場

この「空気管」って何ですか？

広範囲の熱を感知するために、天井に張り巡らすパイプです。

空気管

1 差動式感知器の概要 ABC

熱感知器の**差動式**とは、**温度差**が生じることによって作動する方式をいいます。感知器の周囲の温度が上昇して、その**上昇率（上昇の割合）が一定の率以上**になったときに火災信号を発信します。上昇率は、たとえば「1分間当たりに室温が10℃高くなる」というような表し方をします。

差動式の感知器は、スポット型と分布型に分かれます。**スポット型**とは、**局所的**に熱などを感知する方式をいい、**分布型**とは、**広範囲**の熱を感知する方式をいいます。

「局所的に」ということを規格省令では「一局所の」と表現しています。

■ 差動式感知器の種類

2 差動式スポット型 ABC

規格省令では「**差動式スポット型感知器**」として、次のように定義しています。

> **周囲の温度の上昇率**が一定の率以上になったときに火災信号を発信するもので、**一局所の熱効果**により作動するものをいう。

差動式スポット型感知器は、①空気の膨張を利用したもの、②温度検知素子を利用したもの、③熱起電力を利用したものに分けられます。

①空気の膨張を利用したもの

下の図1のように、配線の一方（⊕）を本体に固定した接点に接続し、もう一方（⊖）を**ダイヤフラム**という膜に設けた接点に接続します。ダイヤフラムは膨張収縮が可能な膜であり、火災が発生すると、その熱により**空気室**内の空気が暖められて**膨張**し、ダイヤフラムを押し上げます。すると⊕側の接点と⊖側の接点とが接触し（回路が閉じて）、火災信号が受信機に送られるという仕組みです。

■図1

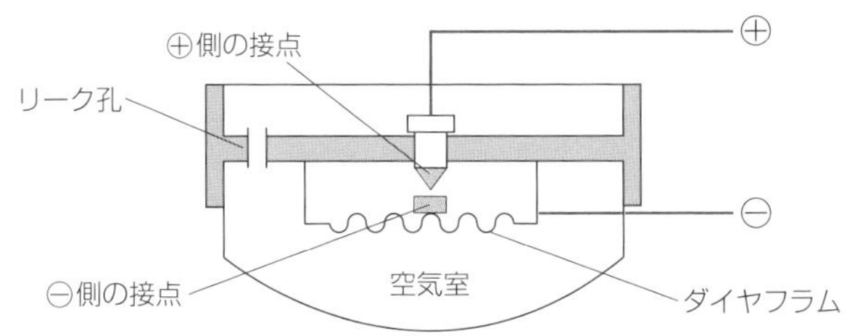

図中の**リーク孔**とは、膨張した空気を逃がすための穴です。火災ではなく、暖房の熱などで空気室の空気が膨張した場合、その分の空気はリーク孔から逃げるため、誤って回路が閉じることを防ぎます。火災のときには温度上昇による空気の膨張が急激なので、リーク孔から空気を逃がしきれず、回路が閉じることになります。

用語

リーク孔
暖房など火災以外の緩やかな温度上昇によって誤作動しないよう、膨張した空気を逃がすための穴。

②温度検知素子を利用したもの

下の図２のように、温度変化によって抵抗値が変化するサーミスタなどの半導体素子を、**温度検知素子**として利用したものです。温度上昇の割合が一定以上になると、回路がこれを検出し、スイッチング回路を働かせて火災信号を受信機に送ります。暖房などの緩やかな温度変化の場合には、検知回路が働かないようになっています。

用語

サーミスタ
わずかな温度の違いによって電気抵抗が大きく変化する半導体素子。

素子
電子回路の中で重要な役割をもつ個々の構成要素。

■図２

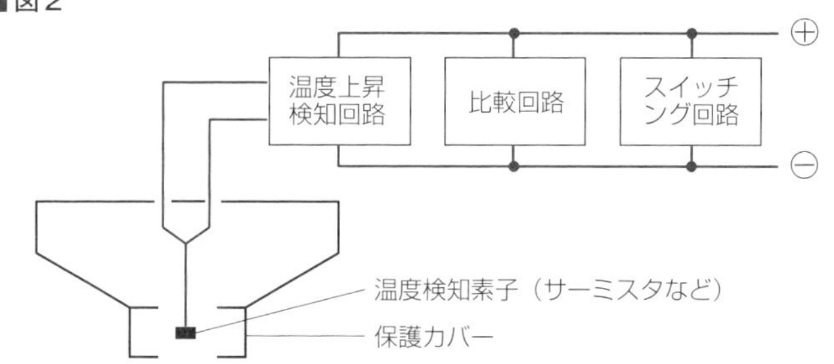

③熱起電力を利用したもの

異なる２種類の金属を接合して**熱電対**とし、その接点に温度差を与えると**熱起電力**が生じる現象（ゼーベック効果）を応用したものです。火災の発生で熱電対の温接点が高温となり、冷接点との温度差によって熱起電力が生じると、スイッチの一種であるリレーが働いて、火災信号を受信機に送ります。緩やかな温度変化の場合には、リレーが働かないようになっています。

用語

熱電対
▶P.55

温接点
温度が高くなるほうの接点。

冷接点
温度が低くなるほうの接点。

■図３

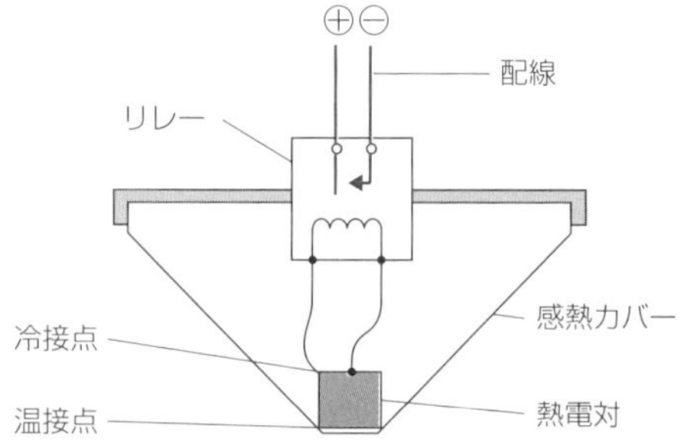

3 差動式分布型 ABC

規格省令では「**差動式分布型感知器**」として、次のように定義しています。

> **周囲の温度の上昇率**が一定の率以上になったときに火災信号を発信するもので、**広範囲の熱効果の累積**により作動するものをいう。

スポット型と異なる点に注意して、この定義も確実に覚えましょう。

さらに差動式分布型感知器は、①空気管式、②熱電対式および③熱半導体式に分けられます。

①空気管式

差動式スポット型の**空気の膨張を利用したもの**（▶P.149①）と同じ原理を応用したもので、「空気室」を「空気管」という長い管に置き換えたものといえます。

空気管は、銅製のパイプであり、これを天井に張り巡らす（＝分布させる）ことによって、**広範囲の熱を感知**することができます。

■図4

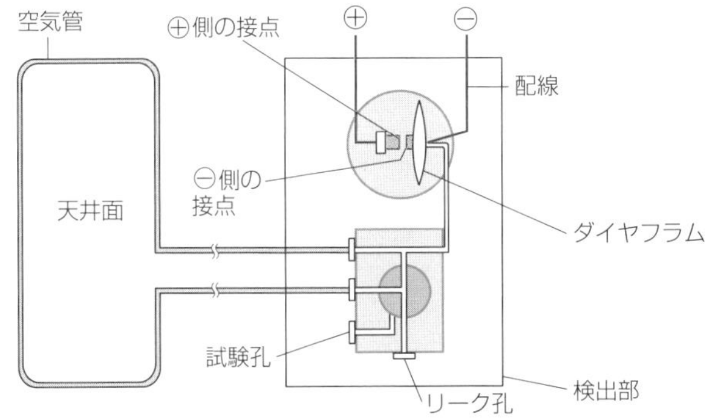

空気管には、次のような規格が定められています。

- 継ぎ目のない1本の**長さが20m以上**で、**内径および肉厚が均一**で、その機能に有害な影響を及ぼすおそれのある傷、割れ、ねじれ、腐食等を生じないこと
- **肉厚0.3㎜以上、外径1.94㎜以上**であること

プラス1

空気管式のものは、次の点を容易に試験できる構造でなければならない。

- 空気管の漏れ
- リーク抵抗（リーク孔から漏れる空気への抵抗）
- 接点水高（接点の間隔を水位で表したもの）

重要ピックアップ

空気管の肉厚と外径

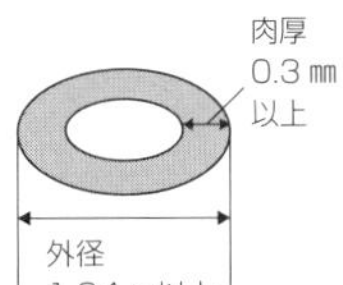

第4章 構造・機能等（規格に関する部分）

②熱電対式

差動式スポット型の**熱起電力を利用したもの**（▶P.150 ③）と同じ原理を応用したものですが、異なるのは、**熱電対**を天井に分布させて、**広範囲に温度変化を検出**できるようにしている点です。**検出部**には、図５のようにメーターリレーを用いるものや、SCR（電子制御素子）を用いるものがあります。熱電対は、直列に接続します。

プラス1
火災で急激に温度が上昇すると、熱電対に生じた熱起電力によりメーターリレーまたはSCRが作動して、火災信号を受信機に送信する。

■図５

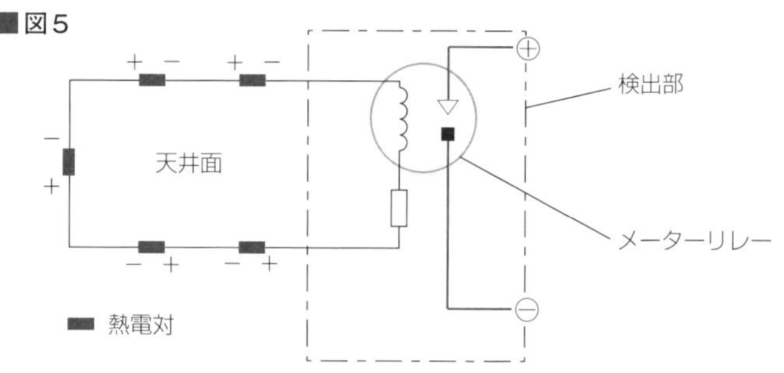

③熱半導体式

温度が上昇すると**電気抵抗が減少**する半導体（▶P.27）を利用した**熱半導体素子**を、天井に分布させる方式です。②の熱電対式における「熱電対」を「熱半導体素子」に置き換えたものであり、原理はほとんど同じです。

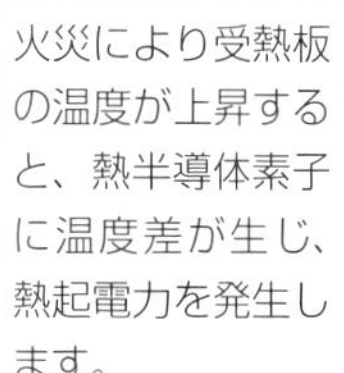

■図６

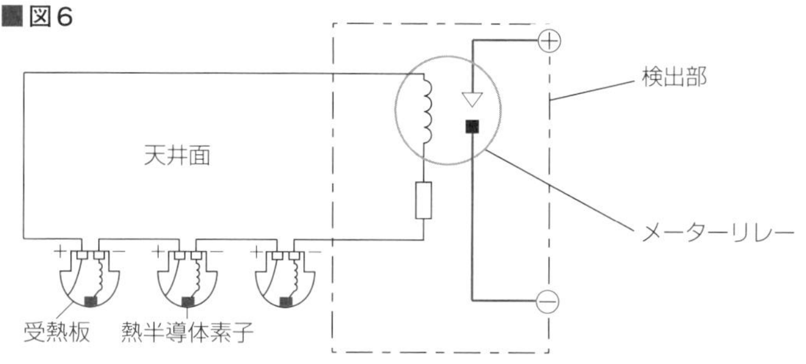

押えドコロ　**差動式熱感知器の定義**

周囲の温度の上昇率が一定の率以上になったとき火災信号を発信する

- **一局所の熱効果**により作動する ⇒ **差動式スポット型**
- **広範囲の熱効果の累積**により作動する ⇒ **差動式分布型**

確認テスト

Key Point	できたら チェック ☑
差動式感知器の概要	□ 1 差動式とは一定の温度になると作動する方式をいい、スポット型と分布型に分かれる。
差動式スポット型	□ 2 差動式スポット型感知器とは、周囲の温度の上昇率が一定の率以上になったときに火災信号を発信するもので、一局所の熱効果により作動するものをいう。
	□ 3 空気の膨張を利用した差動式スポット型感知器は、空気管、ダイヤフラム、リーク孔などから構成されている。
	□ 4 リーク孔とは、誤作動をしないよう、火災以外の緩やかな温度上昇によって膨張した空気を逃がすために設けられた穴である。
	□ 5 差動式スポット型感知器には、空気の膨張を利用したもののほか、温度検知素子を利用したものや、熱起電力を利用したものもある。
差動式分布型	□ 6 差動式分布型感知器とは、周囲の温度の上昇率が一定の率以上になったときに火災信号を発信するもので、一局所の熱効果の累積により作動するものをいう。
	□ 7 空気管式の場合、空気管は1本（継ぎ目のないものをいう）の長さが20m以上で、内径および肉厚が均一でなければならない。
	□ 8 空気管は、肉厚が0.3㎜以上で、内径が1.94㎜以上でなければならないとされている。
	□ 9 空気管は銅製のパイプで、これを天井に張り巡らすことによって、広範囲の熱を感知する仕組みになっている。
	□ 10 熱電対式の場合、その検出部にはメーターリレーまたはSCR（電子制御素子）が用いられる。
	□ 11 熱半導体式とは、温度が上昇するにつれて抵抗が増大する半導体を利用した熱半導体素子を、天井に分布させる方式をいう。

解答・解説

1.× 差動式は、温度差が生じることによって作動する。一定の温度になると作動する方式は定温式である。 2.○ 3.× スポット型の場合は「空気管」ではなく「空気室」である。 4.○ 5.○ 6.× 一局所ではなく、広範囲の熱効果の累積により作動する。 7.○ 8.× 内径ではなく、外径が1.94㎜以上とされている。 9.○ 10.○ 11.× 熱半導体素子は、温度が上昇するにつれて抵抗（電気抵抗）が減少する半導体を利用している（半導体は通常、温度が上昇すると抵抗が減少する）。

✓ ここが狙われる！

差動式スポット型感知器と差動式分布型感知器の**定義**を確実に覚えること。差動式分布型の**空気管**の規格についてもよく出題されている。また、**リーク孔**の役割にも注意しよう。

Lesson 3 熱感知器（2）

このレッスンでは、熱感知器のうち「定温式」「熱複合式」「熱アナログ式」のものについて学習します。それぞれの定義はもちろんのこと、構造が図で示されているものについては、その仕組みをよく理解して、部品の名称まで覚えましょう。

1 定温式感知器 A

熱感知器のうち、差動式の場合は感知器の周囲の温度が上昇して、その上昇率が一定の率以上になったときに作動しますが（▶P.148）、**定温式**の場合は感知器の周囲の温度が**一定の温度になったときに作動します**。つまり、一定の温度になると、感知器が火災を感知して作動し、火災信号を受信機に送信します。この一定の温度を**公称作動温度**といいます。規格省令では、定温式感知器の公称作動温度の区分について、次のように定めています。

> **公称作動温度**の範囲 … **60℃から150℃まで**
> - **60℃以上80℃以下**のもの ⇒ **5℃刻み**とする
> - **80℃を超える**もの ⇒ **10℃刻み**とする

定温式感知器は、**定温式スポット型**と**定温式感知線型**に分けられます。それぞれの構造をみていきましょう。

重要ピックアップ
公称作動温度
公称作動温度の区分は定温式スポット型および定温式感知線型のほか、熱複合式スポット型、補償式スポット型にも準用されている（ただし補償式スポット型の場合は「公称定温点」という）。

①定温式スポット型

規格省令では「**定温式スポット型感知器**」として、次のように定義しています。

> **一局所**の周囲の温度が**一定の温度以上**になったときに火災信号を発信するもので、**外観が電線状以外**のものをいう。

定温式スポット型感知器には、バイメタル式のものや、金属の膨張式と呼ばれるものなどがあります。

ア　バイメタル式

バイメタルとは、熱膨張率が著しく異なる２つの金属板を張り合わせたものをいい、温度が高くなるにつれて形が変化する（大きくたわむ）性質があります。火災が発生して温度が上昇すると、バイメタルがたわんで接点が押し上げられます。これにより接点が接触すると、回路が閉じて火災信号が受信機に送信されます。

■図１

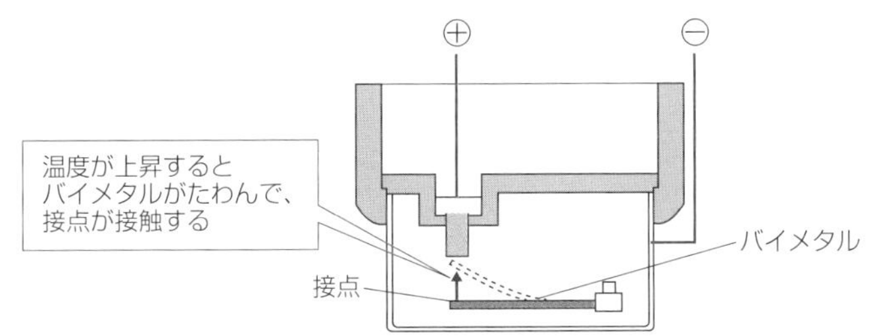

■図２　円形バイメタルの場合

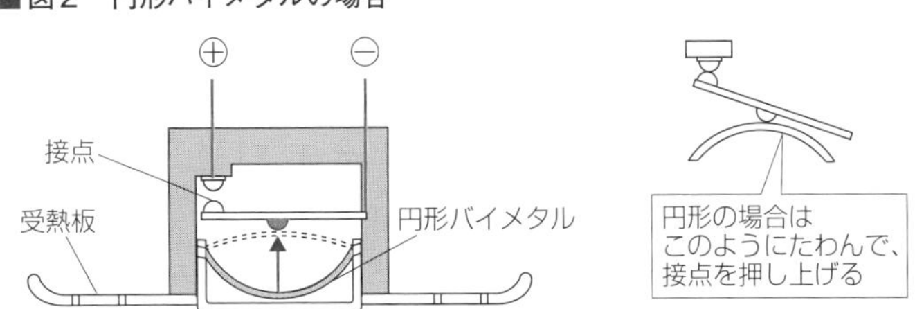

「外観が電線状」のものは、定温式感知線型になります。▶P.156

用語

熱膨張率
温度が高くなるにつれて物体の長さや体積が増加する現象を熱膨張といい、その増加する割合を1℃当たりで表した値を熱膨張率という。

＋プラス1
定温式スポット型にはア、イのほかに、半導体（サーミスタ）を利用したものもある。

イ　金属の膨張式

図３のように、熱膨張率の大きい金属（高膨張金属）を外筒として、熱膨張率の小さい金属（低膨張金属）をその内部に組み込みます。火災が発生して温度が上昇すると、外筒が横方向に大きく膨張して、それによって内部が上下方向に縮むため、接点どうしが接触します。

■図３

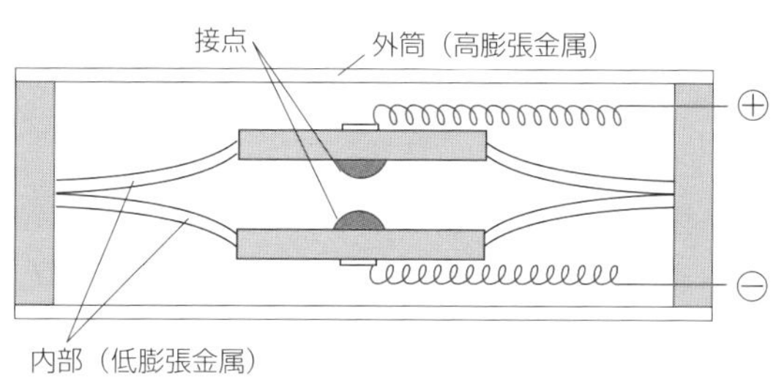

②定温式感知線型

規格省令では「**定温式感知線型感知器**」として、次のように定義しています。

> 一局所の周囲の温度が**一定の温度以上**になったときに火災信号を発信するもので、**外観が電線状**のものをいう。

感知線型は、図４のように**電線**となる２本のピアノ線をより合わせた構造をしています（一方が⊕、片方が⊖）。ピアノ線はどちらも可溶絶縁物で被覆されており、火災が発生して温度が上昇すると、熱によってこの可溶絶縁物が溶けてピアノ線どうしが接触し、回路が閉じて火災信号が受信機に送信されます。

可溶絶縁物が溶けてしまうから、くり返し使うことはできないね。

■図４

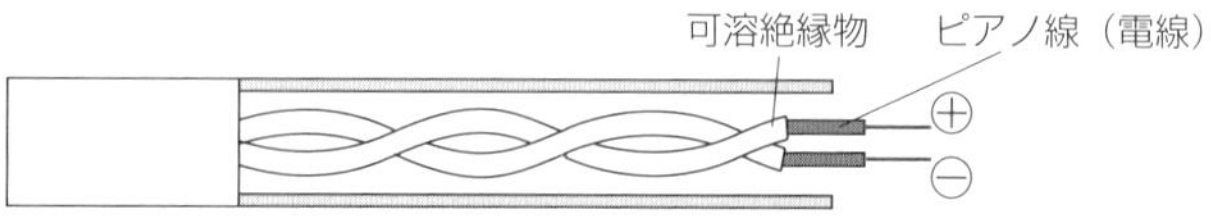

2 熱複合式感知器 ABC

複合式とは、異なる２種類の感知器の性能を併せもったものをいい、**熱複合式**の感知器は、**差動式**と**定温式**の両方の性能を併せもっています。熱複合式スポット型感知器と補償式スポット型感知器があります（▶P.146）。

①熱複合式スポット型感知器

規格省令では、次のように定義しています。

> **差動式スポット型**感知器の性能及び**定温式スポット型**感知器の性能を併せもつもので、**二以上の火災信号を発信する**ものをいう。

差動式と定温式による作動が、それぞれ別々の火災信号を受信機に発信します。

②補償式スポット型感知器

規格省令では、次のように定義しています。

> **差動式スポット型**感知器の性能及び**定温式スポット型**感知器の性能を併せもつもので、**一の火災信号を発信する**ものをいう。

温度が**急激**に上昇した場合は、空気室の空気が膨張してダイヤフラムを押し上げ、回路が閉じます（▶P.149）。温度が**緩やか**に上昇した場合は、リーク孔から空気が逃げてしまいますが、一定の温度（**公称定温点**）まで上昇すると、高膨張金属が膨張して回路が閉じます（▶P.154、156）。

■図５

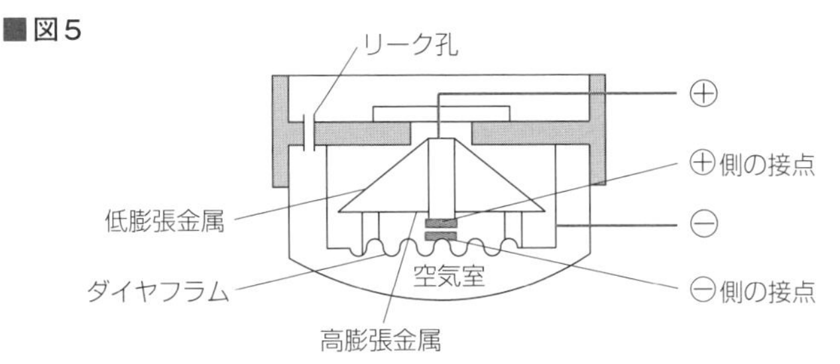

複合式は、２種類の感知器の長所と短所を補い合うことにより、誤報（非火災報）をできるだけ少なくするよう開発されました。

＋プラス1

熱複合式スポット型は別々の火災信号を発信するので、差動式で作動したのか、定温式で作動したのかがわかる。一方、補償式スポット型は火災信号が１種類なのでこの区別ができない。

重要ピックアップ

補償式スポット型の定温式の構造

図５のような「金属の膨張式」のほかに、「バイメタル式」のものもある。

3 熱アナログ式感知器 ABC

規格省令は、「**熱アナログ式スポット型感知器**」のみを掲げており（▶P.146）、次のように定義しています。

> 一局所の周囲の温度が**一定の範囲内の温度**になったときに当該温度に対応する**火災情報信号**を発信するもので、**外観が電線状以外**のものをいう。

アナログ式感知器（煙感知器を含む）は、火災信号ではなく、火災情報信号を発する点がポイントです。

差動式感知器は、周囲の温度の上昇率が一定の率以上になったときに作動し、定温式感知器は、周囲の温度が一定の温度以上になったときに作動しますが、**熱アナログ式**の感知器の場合は、周囲の温度が**一定の範囲内の温度**になったときに作動する仕組みになっています。この一定の範囲のことを、「**公称感知温度範囲**」といいます。規格省令では、公称感知温度範囲の上限値と下限値について、次のように定めています。

> 公称感知温度範囲（値は1℃刻み）
> - **上限値** … 60℃以上、165℃以下
> - **下限値** … 10℃以上、上限値より10℃低い温度以下

プラス1
熱アナログ式スポット型感知器の感度は、定温式の「特種」に相当するものでなければならないとされている。

また、発信されるのは火災信号ではなく、周囲の温度が公称感知温度範囲の温度になったときに、その温度に対応する**火災情報信号**（▶P.145）が連続して発信されるようになっています。これにより、火災表示信号を発信する前の段階での早期対応が可能となります。

押えドコロ 定温式／熱複合式／熱アナログ式

- **定温式**…**一局所**の周囲の温度が**一定の温度以上**になると作動
  - **定温式スポット型** ⇒ **バイメタル式、金属の膨張式**
  - **定温式感知線型** ⇒ **外観が電線状**のもの
- **熱複合式**…**差動式**と**定温式**の両方の性能を併せもつ
- **熱アナログ式**…**一定の範囲内の温度**になると作動

確認テスト

Key Point	できたら チェック ☑		
定温式感知器	□	1	定温式感知器の公称作動温度の範囲は、60℃から150℃までと定められている。
	□	2	公称作動温度が60℃以上80℃以下のものは1℃刻みとし、80℃を超えるのものは10℃刻みとする。
	□	3	一局所の周囲の温度が一定の温度以上になったときに火災信号を発信するもので、外観が電線状のものを「定温式スポット型感知器」という。
	□	4	定温式スポット型感知器には、バイメタル式のもの、金属の膨張式のものなどがある。
	□	5	定温式感知線型感知器は、周囲の温度が一定の温度以上になったときに、広範囲の熱効果の累積により作動する。
熱複合式感知器	□	6	熱複合式感知器は、差動式と定温式の性能を併せもっている。
	□	7	「補償式スポット型感知器」とは、差動式スポット型感知器の性能および定温式スポット型感知器の性能を併せもつもので、2以上の火災信号を発信するものをいう。
	□	8	補償式スポット型感知器には、空気室、ダイヤフラム、リーク孔が存在する。
熱アナログ式感知器	□	9	「熱アナログ式感知器」とは、一局所の周囲の温度が一定の範囲内の温度になったときに当該温度に対応する火災情報信号を発信するもので、外観が電線状以外のものをいう。
	□	10	熱アナログ式感知器の公称感知温度範囲の上限値は、60℃以上、150℃以下とされている。

解答・解説

1.○　2.× 60℃以上80℃以下のものは5℃刻みである。 3.× 定温式スポット型感知器は、外観が電線状以外のものである。 4.○　5.× 定温式感知線型も定温式スポット型と同様、一局所の周囲の温度が一定の温度以上になったときに作動する。 6.○　7.× 2以上の火災信号を発信するのは「熱複合式スポット型」。「補償式スポット型」は1つの火災信号を発信する。 8.○ これらは差動式スポット型感知器と共通のものである。 9.○　10.× 60℃以上、165℃以下とされている。

✓ここが狙われる！

規格省令で定めている各感知器の**定義**は確実に覚えること。定温式感知器の**公称作動温度**、熱アナログ式感知器の**公称感知温度範囲**もよく出題されている。また、**定温式スポット型**と**補償式スポット型**については、その構造をしっかり頭に入れておく必要がある。

Lesson 4 煙感知器・炎感知器

このレッスンでは、**煙感知器と炎感知器**について学習します。特に煙感知器のイオン化式スポット型、光電式スポット型、光電式分離型がどのような構造をしていて、どのような原理で作動するのかを確実に理解しましょう。

1 煙感知器 ABC

煙感知器は、煙によって火災の発生を感知します。その感知方式には、**イオン化式**と**光電式**の２種類があります。

①イオン化式スポット型感知器

規格省令では、次のように定義しています。

> 周囲の空気が**一定の濃度以上の煙**を含むに至ったときに火災信号を発信するもので、**一局所の煙**による**イオン電流の変化**により作動するものをいう。

次ページ図１のように、**内部イオン室**および外気と流通できる**外部イオン室**からなります。両室内に**アメリシウム**という放射性物質を放射すると空気分子が＋と－のイオンに分かれ、これに直流電圧を加えると微弱な**イオン電流**が生じます。このとき火災による煙が外部イオン室に流入すると、煙の粒子がイオンと結合するため外部イオン室だけイオン電流が減少します。この**イオン電流の変化**を感知す

イオン化式感知器はスポット型のみです。P.146

 用語

イオン電流
イオンの運動により生じる電流。電解質溶液やイオン化したガス等でみられる。

ることによってスイッチング回路が閉じ、火災信号が受信機に送信されます。

■図1

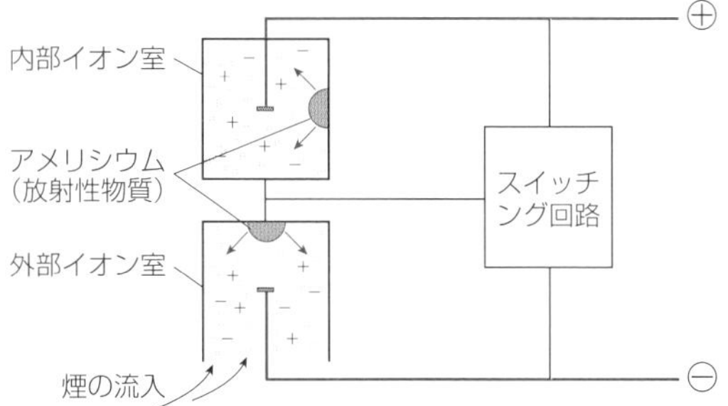

②光電式スポット型感知器

規格省令では、次のように定義しています。

> 周囲の空気が**一定の濃度以上の煙**を含むに至ったときに火災信号を発信するもので、**一局所の煙**による**光電素子の受光量の変化**により作動するものをいう。

図2のように、外部からの光を完全に遮断した**暗箱**の中に、**光源**となる**半導体素子**(発光ダイオード等)とその光を受ける**光電素子**(受光素子)を遮光板をはさんで設置し、光源から光を一定方向に照射します。このとき火災による煙が暗箱に流入すると、光源からの光が煙によって散乱して**光電素子の受光量**が**変化**するため、これを感知することによって回路が閉じ、火災信号が受信機に送信されます。

重要ピックアップ
減光式と散乱光式
光電式には、減光式と散乱光式の2種類ある。スポット型には、図2のような散乱光式が一般的に使用されている。

■図2　光電式スポット型(散乱光式)

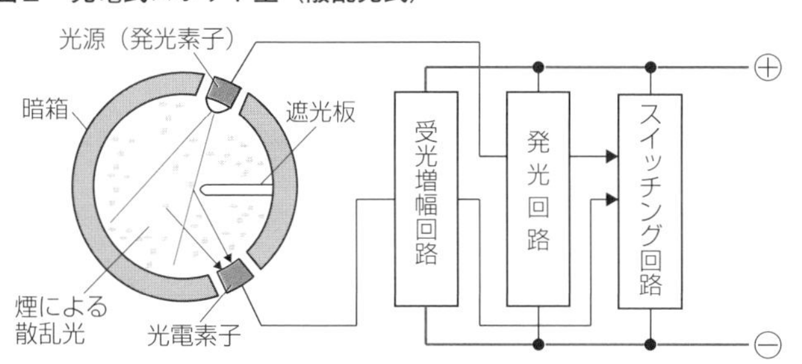

③光電式分離型感知器

規格省令では、次のように定義しています。

> 周囲の空気が**一定の濃度以上の煙**を含むに至ったときに火災信号を発信するもので、**広範囲の煙の累積**による**光電素子の受光量の変化**により作動するものをいう。

＋プラス1
送光部から出た光の量が煙によって減少することを利用しているので、原理としては減光式である。

図3のように、**送光部**と**受光部**からなります。これを一定の距離をあけて設置し、送光部から受光部に向けて光を照射します。火災による煙が発生すると、送光部から出た光がさえぎられ、受光部の**光電素子の受光量が変化**します。これを感知することによって回路が閉じ、火災信号が受信機に送信されます。

■図3

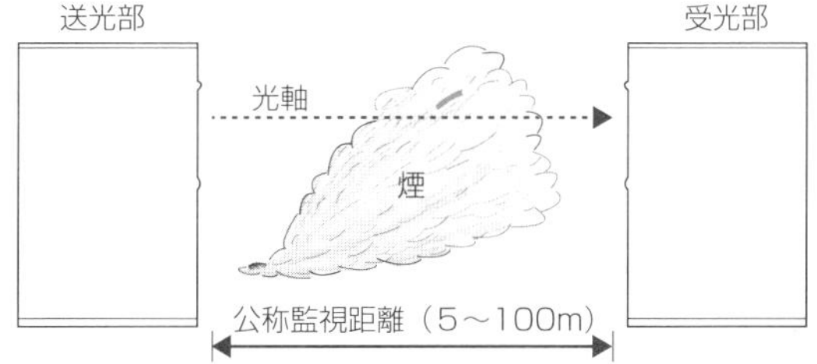

「送光部」のことを「発光部」などと書かないように注意しよう。

送光部から受光部までの距離を、**公称監視距離**といい、規格省令ではこれを**5m以上100m以下（5m刻み）**とするよう定めています。これにより、広範囲の煙を感知することができるので、一局所の煙による誤作動を防げるとともに、設置個数もスポット型と比べて少なくて済みます。

＋プラス1
熱煙複合式スポット型感知器
下記Ⓐと Ⓑの両方の性能を併せもつもの。
Ⓐ次のいずれか
- 差動式スポット型
- 定温式スポット型

Ⓑ次のいずれか
- イオン化式スポット型
- 光電式スポット型

④煙複合式スポット型感知器

煙複合式の感知器はスポット型のみです。**イオン化式**と**光電式**の性能を併せもっており、規格省令では次のように定義しています。

> **イオン化式スポット型**感知器の性能及び**光電式スポット型**感知器の性能を併せもつものをいう。

⑤イオン化アナログ式スポット型感知器

規格省令では、次のように定義しています。

> 周囲の空気が**一定の範囲内の濃度の煙**を含むに至ったときに当該濃度に対応する**火災情報信号**を発信するもので、**一局所の煙**による**イオン電流の変化**を利用するものをいう。

アナログ式の場合は、煙が**一定の範囲内の濃度**になったときに作動します。この一定の範囲を、**公称感知濃度範囲**といいます。規格省令では次のように定めています。

> **公称感知濃度範囲**（値は0.1%刻み）
> - **上限値 … 15%以上、25%以下**
> - **下限値 … 1.2%以上、上限値より7.5%低い濃度以下**
>
> ＊1m当たりの減光率に換算した値

アナログ式でない煙感知器ならば、一定の濃度以上の煙を含むに至ったとき作動します。

第4章 構造・機能等（規格に関する部分）

⑥光電アナログ式感知器

ア　光電アナログ式スポット型感知器

> 周囲の空気が**一定の範囲内の濃度の煙**を含むに至ったときに当該濃度に対応する**火災情報信号**を発信するもので、**一局所の煙**による**光電素子の受光量の変化**を利用するものをいう。

公称感知濃度範囲は、イオン化アナログ式スポット型の場合と同じです。

イ　光電アナログ式分離型感知器

> 周囲の空気が**一定の範囲内の濃度の煙**を含むに至ったときに当該濃度に対応する**火災情報信号**を発信するもので、**広範囲の煙の累積**による**光電素子の受光量の変化**を利用するものをいう。

公称監視距離は、光電式分離型の場合（▶P.162）と同じです。

＋プラス1
光電アナログ式分離型の「公称感知濃度範囲」は、イオン化アナログ式スポット型の場合よりも厳密に定められている（試験対策としては必要ない）。

2 炎感知器

ABC

炎からは目に見える可視光線のほかに、**紫外線**や**赤外線**が放射されています。**炎感知器**は、この紫外線や赤外線の受光量の変化を感知することによって作動します。

主な炎感知器の定義をまとめておきましょう。

①紫外線式スポット型感知器

炎から放射される**紫外線の変化が一定の量以上**になったときに火災信号を発信するもので、**一局所の紫外線**による受光素子の**受光量の変化**により作動するものをいう。

②赤外線式スポット型感知器

炎から放射される**赤外線の変化が一定の量以上**になったときに火災信号を発信するもので、**一局所の赤外線**による受光素子の**受光量の変化**により作動するものをいう。

③紫外線赤外線併用式スポット型感知器

炎から放射される**紫外線および赤外線の変化が一定の量以上**になったときに火災信号を発信するもので、**一局所の紫外線および赤外線**による受光素子の**受光量の変化**により作動するものをいう。

炎感知器にも**公称監視距離**があり、次のように定められています。

- **視野角５度ごとに定める**
- **20m未満の場合…１m刻み**
- **20m以上の場合…５m刻み**

また**道路型**の炎感知器は、最大視野角が**180度以上**でなければなりません。

■ 炎感知器の公称監視距離

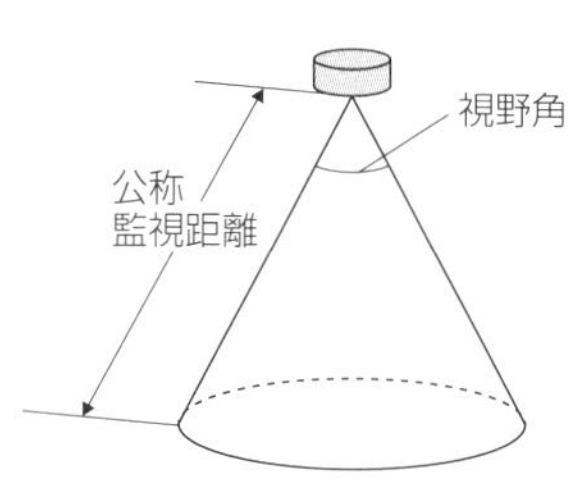

重要ピックアップ

炎複合式スポット型感知器

紫外線式スポット型感知器の性能および赤外線式スポット型感知器の性能を併せもつものをいう。

プラス1

炎感知器の受光素子については、感度の劣化や疲労現象が少なく、長時間の使用に十分耐えることが必要とされている。

炎感知器には、
- 屋内型
- 屋外型
- 道路型

があります。
▶P.146

押えドコロ 煙感知器の作動原理の比較

- **イオン化式スポット型**…一局所の煙による**イオン電流**の変化
- **光電式スポット型**…一局所の煙による**光電素子の受光量**の変化
- **光電式分離型**…**広範囲の煙の累積**による光電素子の受光量の変化

確認テスト

Key Point	できたら チェック ☑
煙感知器	□ 1 イオン化式スポット型感知器の外部イオン室および内部イオン室の放射線源として、ウランが一般に用いられている。
	□ 2 イオン化式スポット型感知器の外部イオン室に煙が流入した場合、外部イオン室のイオン電流が減少する。
	□ 3 光電式スポット型感知器とは、周囲の空気が一定の濃度以上の煙を含むに至ったときに火災信号を発信するもので、一局所の煙による光電素子の受光量の変化により作動するものをいう。
	□ 4 光電式スポット型感知器は、一定の距離をあけて設置される送光部と受光部からなる。
	□ 5 光電式分離型感知器では、送光部から受光部までの公称監視距離は、5m以上100m以下とし、5m刻みとするよう定められている。
	□ 6 イオン化アナログ式スポット型感知器とは、周囲の空気が一定の濃度以上の煙を含むに至ったときに当該濃度に対応する火災情報信号を発信するもので、一局所の煙によるイオン電流の変化を利用するものをいう。
	□ 7 イオン化アナログ式スポット型感知器と光電アナログ式スポット型感知器の公称感知濃度範囲の値は、0.1%刻みとされている。
炎感知器	□ 8 炎から放射される紫外線の変化が一定の量以上になったときに火災信号を発信するもので、一局所の紫外線による受光素子の受光量の変化により作動するものを、紫外線式スポット型感知器という。
	□ 9 紫外線赤外線併用式スポット型感知器とは、紫外線式スポット型と赤外線式スポット型の性能を併せもつものをいう。
	□ 10 炎感知器の公称監視距離は視野角5度ごとに定め、20m未満の場合は1m刻み、20m以上の場合には5m刻みとする。

解答・解説

1.× ウランではなく、アメリシウムという放射性物質が用いられている。 2.○ 煙の粒子がイオンと結合するため、イオン電流は減少する。 3.○ 4.× 送光部と受光部からなるのは「光電式分離型感知器」である。 5.○ 6.× 一定の濃度以上の煙ではなく、一定の範囲内の濃度の煙である。 7.○ 光電アナログ式スポット型の公称感知濃度範囲は、イオン化アナログ式スポット型と同じである。 8.○ 9.× これは「炎複合式スポット型感知器」である。 10.○

ここが狙われる!

イオン化式スポット型、**光電式スポット型**および**光電式分離型**の感知器の構造と作動原理が重要である。また、**公称監視距離**や**公称感知濃度範囲**の値も頭に入れておこう。

Lesson 5

発信機と中継器

規格省令が定める発信機と中継器に関する規格のうち、よく出題されるものを学習しましょう。発信機にはP型やT型等の種類があり、P型の1級と2級の違いが重要です。中継器は、発信までの所要時間や電源に関する規格に注意しましょう。

1 発信機 ABC

①発信機の概要

発信機とは、火災を発見した人が手動により火災信号を発信するものをいい(▶P.144)、次のように分類されます。

どの種類の発信機も屋内型と屋外型があります。

■ 発信機の種類

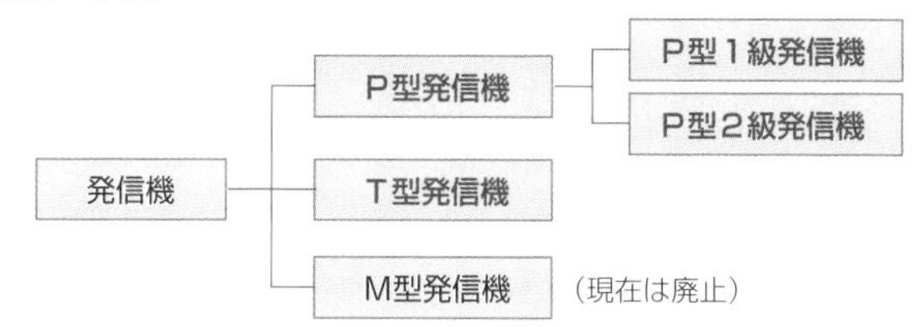

用語
M型発信機
消防機関に通報するM型火災報知設備の発信機で(▶P.140)、「各発信機に固有の火災信号を受信機に手動により発信するものをいう」と定義されている。現在では廃止されている。

②P型発信機

規格省令では次のように定義しています。

> 各発信機に共通又は固有の火災信号を受信機に手動により発信するもので、**発信と同時に通話することができない**ものをいう。

■ P型1級発信機の構造

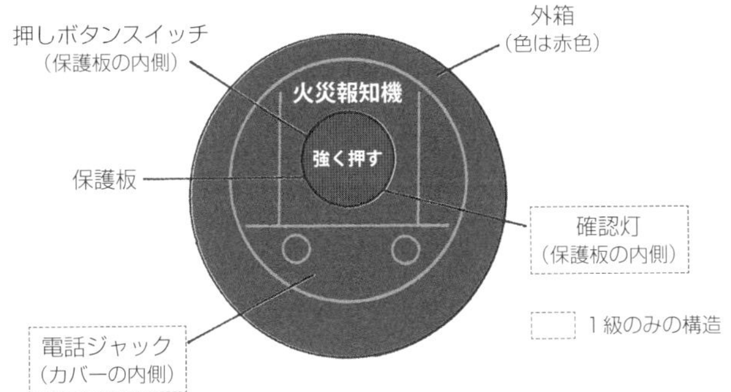

ア　P型1級のみの構造・機能の規格

P型発信機のうち2級にはなく、**1級のみ**が備えることとされている構造・機能の規格は次の2つです。

1) **受信機に受信されたことを確認できる装置（確認灯）**
火災信号を伝達したとき、受信機が当該信号を受信したことを確認できる装置（**確認灯**）を有すること。これにより、確かに通報できたかどうかがわかる

2) **受信機と電話連絡ができる装置（電話ジャック）**
火災信号の伝達に支障なく、受信機との間で、相互に電話連絡をすることができる装置を有すること。つまり、送受話器を**電話ジャック**に差し込むことによって、受信機側と通話できるようにしなければならない

イ　P型1級・2級に共通の構造・機能の規格

次の構造・機能の規格は、P型発信機の1級だけでなく、2級にも備えなければなりません。

1) 外箱の色は、**赤色**であること
2) 火災信号は、押しボタンスイッチを**押したときに**伝達されること
3) 押しボタンスイッチを押した後、当該スイッチが自動的に元の位置に戻らない構造の発信機の場合は、当該スイッチを元の位置に戻す操作を忘れないための措置を講じること
4) **保護板**は、透明の**有機ガラス**を用いること

重要ピックアップ

発信と同時に通話することができない
押しボタンスイッチを押して火災信号を発信すると同時に通話することはできないが、電話ジャックに送受話器（▶P.282）を差し込むことによって通話することができる。

プラス1
送受話器は受信機内に常設してある。火災の際は、それを持って発信機の所へ行き、情報を受信機側に伝える。

確認灯は、
- 確認ランプ
- 受信ランプ
- 通報確認ランプ
- 応答確認灯

その他さまざまな呼称があります。

ゴロ合わせ

【P型1級発信機の構造】
ビーチ（P型1級）へ
発信（発信機）、
確認してから（確認灯）
電話する（電話ジャック）

用語
有機ガラス
透明なプラスチックでできたガラス。

必ずしも保護板を破壊しなくても、押しボタンスイッチを押すことができるんだね。

5) 押しボタンスイッチは、その前方に保護板を設け、その保護板を**破壊**または**押し外す**ことによって、容易に押すことができること

③ T型発信機

規格省令では次のように定義しています。

> 各発信機に共通又は固有の火災信号を受信機に手動により発信するもので、**発信と同時に通話することができる**ものをいう。

重要ピックアップ
T型発信機

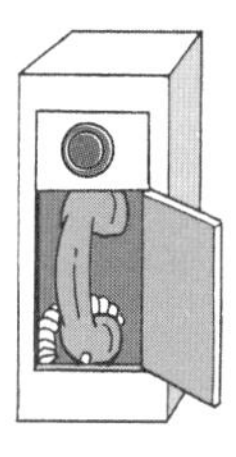

T型発信機は、いわゆる「非常電話」であり、はじめから**送受話器**が付いています。火災信号は、この送受話器を**取り上げたときに自動的に送信**されるようになっており、この送受話器を使って受信機側と通話することもできます。これが「**発信と同時に通話することができる**」という意味です。なお、前ページP型1級と2級に共通の構造・機能の規格の1）と3）は、T型発信機にも準用されます。

2 中継器 ABC

用語
ガス漏れ信号
ガス漏れが発生した旨の信号。

消火設備等
消火設備、排煙設備、警報装置その他これらに類する防災のための設備をいう。

中継器とは、感知器等から火災信号やガス漏れ信号などを受信して、これをさらに受信機等へ発信する（＝中継する）機器をいいます。規格省令では、次のように定義しています。

> **火災信号、火災表示信号、火災情報信号、ガス漏れ信号**又は**設備作動信号**を受信し、これらを信号の種別に応じて、次に掲げるものに発信するものをいう。
> イ　火災信号、火災表示信号、火災情報信号又はガス漏れ信号にあっては、**他の中継器、受信機**又は**消火設備等**
> ロ　設備作動信号にあっては、他の中継器又は受信機

中継器に関する規格のうち、重要なものをまとめておきましょう。

①受信から発信までの所要時間

受信開始から発信開始までの所要時間は、**5秒以内**でなければなりません。ただし、ガス漏れ火災警報設備に使用する中継器の場合は、ガス漏れ信号の受信開始からガス漏れ表示までの所要時間が5秒以内である受信機に接続するものに限り、60秒以内とすることができます。

②蓄積式の中継器の場合

蓄積時間（感知器からの火災信号等を検出してから受信を開始するまでの時間）は、**5秒を超え、60秒以内**とされています。ただし、発信機からの火災信号を検出したときは、人からの確実な信号なので、蓄積機能を自動的に解除することとされています。

③地区音響装置を鳴動させる中継器

地区音響装置を鳴動させる中継器は、受信機で操作しない限り、鳴動を継続させなければなりません。

④中継器の構造・機能

ア　**配線**は、十分な電流容量を有し、かつ、接続が的確でなければなりません。

イ　**充電部**は、外部から容易に人が触れないように、十分に保護する必要があります。

ウ　中継器（定格電圧60Vを超えるもの）の**金属製外箱**には、**接地端子**を設ける必要があります。

エ　火災信号、火災表示信号、火災情報信号またはガス漏れ信号に影響を与えるおそれのある操作機構を設けてはなりません。

⑤中継器の電源

中継器には、その中継器自体が電源を有し、ほかからは**電力を供給されない方式**のものと、中継器自体には電源がなく、検知器や受信機またはほかの中継器から**電力を供給される方式**のものとがあります。

プラス1

「中継器に係る技術上の規格を定める省令」は、火災報知設備だけでなく、ガス漏れ火災警報設備に使用する中継器についても定めている。

用語

蓄積式の中継器
誤報を防ぐため、感知器から火災信号等を受信してもすぐには発信せず、一定の時間（蓄積時間）を経過してから発信する機能（蓄積機能）をもつ中継器。

鳴動は受信機からの操作で停止しなければならず、中継器が停止させることはできません。

ア　電力を供給されない方式のもの

1) 電源がなくなると中継ができなくなるため、**主電源**のほかに**予備電源**を設けること（ただし、ガス漏れ火災警報設備に使用する中継器は除く）
2) 主電源回路の両線、予備電源回路の１線に、**保護装置**を設けること
3) 外部負荷に電力を供給する場合は、その電力を供給する回路にも**保護装置**を設けること
4) 主電源が停止したときは主電源が停止した旨の信号を、また、保護装置が作動したときは保護装置が作動した旨の信号を、受信機に自動的に送ること

用語
保護装置
ヒューズ、ブレーカなどのこと。

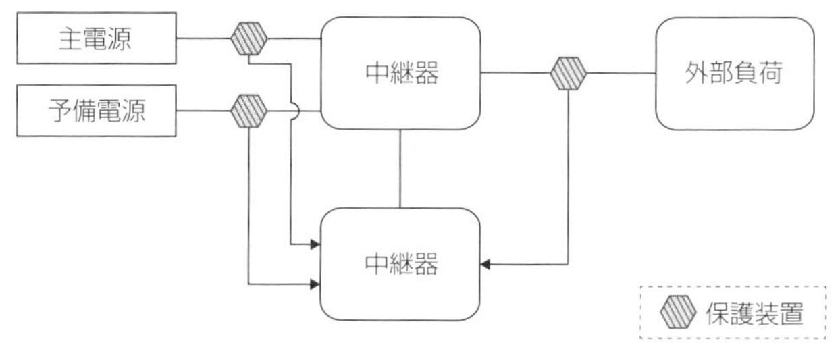

イ　電力を供給される方式のもの

1) **予備電源は不要**である（電力を供給してくれる受信機等に予備電源が設けられているため）
2) 外部負荷に電力を供給する場合は、その電力を供給する回路に**保護装置**を設け、保護装置が作動したときは作動した旨の信号を受信機に自動的に送ること

押えドコロ　**発信機・中継器のポイント**

- **発信機**…P型１級のみ　⇒ **確認灯**および**電話ジャック**
  P型１級・２級共通 ⇒ **外箱**（**赤色**）、**保護板**（**有機ガラス**）など

- **中継器**
  - 電力を供給されない方式 ⇒ **予備電力が必要**（ガス漏れ火災警報設備用を除く）
  - 電力を供給される方式 ⇒ 予備電力は不要

確認テスト

Key Point	できたら チェック ☑
発信機	□ 1 P型発信機とは、各発信機に共通または固有の火災信号を受信機に手動により発信するもので、発信と同時に通話することができるものをいう。
	□ 2 火災信号を伝達したとき、受信機が当該信号を受信したことを確認できる装置は、P型発信機の1級のみに設ける必要がある。
	□ 3 P型発信機の押しボタンスイッチは、保護板を破壊または押し外すことによって、容易に押せるものでなければならない。
	□ 4 受信機との間で相互に電話連絡をすることができる装置は、P型の1級および2級に設ける必要がある。
	□ 5 T型発信機とは、送受話器を取り上げたときに火災信号が送信されるものをいい、その外箱は赤色と定められている。
中継器	□ 6 中継器の受信開始から発信開始までの所要時間は、5秒以内が原則とされている。
	□ 7 地区音響装置を鳴動させる中継器には、当該地区音響装置の鳴動を停止させる装置を設ける必要がある。
	□ 8 定格電圧60Vを超える中継器の金属製外箱には、接地端子を設けなければならない。
	□ 9 中継器自体に電源を有し、受信機等から電力を供給されない方式の中継器の場合は、ガス漏れ火災警報設備に使用する中継器を含め、予備電源を設ける必要がある。
	□ 10 受信機等から電力を供給されない方式の中継器には、主電源回路、予備電源回路のほか、外部負荷に電力を供給する場合にはその回路にも、ヒューズ、ブレーカ等の保護装置を設ける必要がある。

解答・解説

1.× P型発信機はT型とは異なり、発信と同時に通話することはできない。 **2.**○ 確認灯はP型1級のみに設ける。 **3.**○ **4.**× 受信機と電話連絡ができる装置（電話ジャック）は、P型のうち1級発信機のみが備えるものとされている。 **5.**○ 外箱を赤色とする規格はT型発信機にも準用される。 **6.**○ **7.**× 地区音響装置の鳴動は受信機からの操作によって停止しなければならず、中継器が停止させることはできない。 **8.**○ **9.**× 電力を供給されない方式の中継器には、予備電源を設ける必要がある。ただし、ガス漏れ火災警報設備に使用する中継器には設けなくてもよいとされている。 **10.**○

ここが狙われる！

発信機については、**P型の1級と2級の違い**が重要である。**中継器**は、受信から発信までの所要時間その他の規格や、**電力を供給されない方式**の中継器についてよく出題されている。

第4章 構造・機能等（規格に関する部分）

Lesson 6 受信機の概要

ここでは、受信機の種類ごとの定義と各受信機に共通の構造・機能、さらに受信機の部品の構造・機能について学習します。P型とR型の違いをしっかりと理解しましょう。受信機の部品では、表示灯、音響装置、予備電源が特に重要です。

1コマ劇場

これはP型受信機です。

警戒区域ごとに個別に配線されていますね。

1 受信機の概要

ABC

用語
受信機
(▶P.274)
火災信号等
(▶P.145)

受信機とは、火災信号、火災表示信号、火災情報信号、ガス漏れ信号または設備作動信号を受信し、火災の発生やガス漏れの発生、消火設備等の作動を、防火対象物の関係者または消防機関に報知するものをいいます。

■受信機の種類

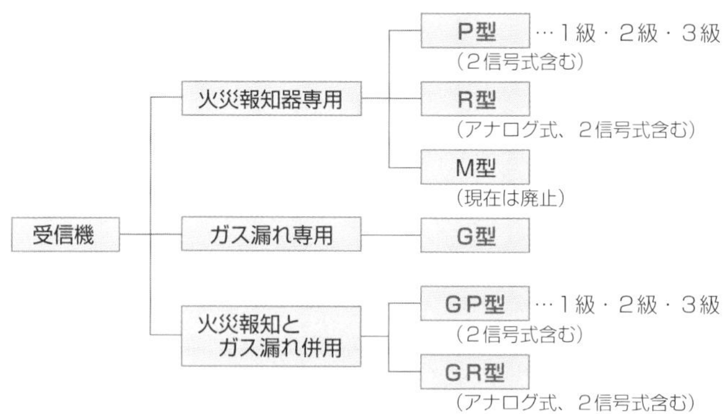

用語
M型受信機(▶P.140)
「M型発信機から発せられた火災信号を受信し、火災の発生を消防機関に報知するものをいう」と定義されている。現在では廃止されている。

規格省令上の主な定義をまとめておきましょう。

①P型受信機

火災信号もしくは**火災表示信号**を**共通の信号**としてまたは設備作動信号を共通もしくは固有の信号として受信し、火災の発生を防火対象物の関係者に報知するもの。

②R型受信機

火災信号、**火災表示信号**もしくは**火災情報信号**を**固有の信号**としてまたは設備作動信号を共通もしくは固有の信号として受信し、火災の発生を防火対象物の関係者に報知するもの。

③アナログ式受信機

火災情報信号を受信し、火災の発生を防火対象物の関係者に報知するもの。

④2信号式受信機

同一の警戒区域からの**異なる2つの火災信号**を受信したときに火災表示を行うことができる機能を有するもの。

⑤G型受信機

ガス漏れ信号を受信し、ガス漏れの発生を防火対象物の関係者に報知するもの。

⑥GP型受信機

P型受信機の機能とG型受信機の機能とを併せもつもの。

⑦GR型受信機

R型受信機の機能とG型受信機の機能とを併せもつもの。

なお、**火災表示**とは、受信機（2信号式、アナログ式、G型を除く）が、火災信号または火災表示信号を受信したときに次の2つを自動的に表示し、かつ**地区音響装置**を自動的に鳴動させることをいいます。

- 赤色の**火災灯**および**主音響装置**により火災の発生
- **地区表示装置**により火災の発生した警戒区域

プラス1

「受信機に係る技術上の規格を定める省令」は、火災報知設備だけでなく、ガス漏れ火災警報設備に使用する受信機についても定めている。

プラス1

火災情報信号には、火災表示および注意表示を行う温度または濃度を設定する感度設定装置により処理される火災表示および注意表示をする程度に達した旨の信号を含む。

重要ピックアップ

2信号式受信機

誤報を防ぐために開発されたもの。2つの火災信号が入るまでは確定的な火災表示を行わない（発信機からの手動による信号を受信した場合を除く）。

2 P型とR型の違い

P型の「**共通の信号**」とは、各回線からの信号がどれも同一であるという意味です。どの回線から発信されたのかという情報が信号に含まれていないので、P型受信機には回線ごとに専用の**地区表示灯**を設ける必要があります。

4階
3階
2階
1階
回線ごとに専用の地区表示灯
どの地区表示灯が点灯するかによって火災発生場所がわかる
P型受信機

プラス1
P型は警戒区域（▶P.126）の数に比例して配線の数が多くなり、受信機のサイズも大きくなる。

これに対して、**R型の「固有の信号」**とは、回線ごとに信号が異なるという意味です。信号そのものから火災発生場所が判断できるので、下図のように中継器を介して配線を1つにまとめることができ、R型受信機において固有の信号を判別して、表示パネル（地区表示装置）に火災発生場所を表示します。

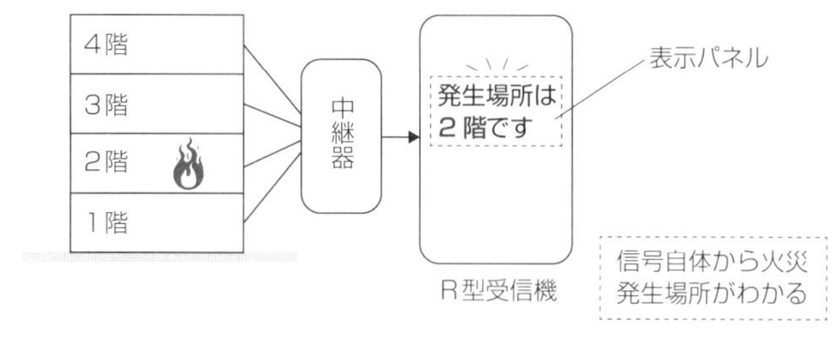

3 各受信機に共通の構造・機能

どの種類の受信機にも共通する構造・機能の規格のうち、重要なものをまとめておきましょう。

1）不燃性または難燃性の外箱で覆うこと

2) 定格電圧**60Vを超える**受信機の**金属製外箱**には、**接地端子**を設けること
3) **水滴**が浸入しにくいこと
4) **予備電源**を設けること（設けなくてよいものもある）
5) **主電源を監視する装置**を受信機の前面に設けること
6) 受信機の試験装置は、受信機の前面で容易に操作することができること
7) **火災復旧スイッチや音響装置の鳴動を停止するスイッチ**は受信機の内部に設ける場合などを除き、**専用のもの**とすること
8) **定位置に自動的に戻らないスイッチ**が定位置にないときは、音響装置または点滅する注意灯が作動すること
9) **蓄積時間**（火災信号等を検出してから受信を開始するまでの時間）**を調整する装置**を設ける場合は受信機の**内部**に設けること（**蓄積式受信機**は、蓄積時間を**5秒を超え60秒以内**とし、発信機からの火災信号を検出したときは蓄積機能を自動的に解除することとされている）
10) 電源の電圧が以下に示す範囲内で変動した場合でも、機能に異常を生じないこと
   - **主電源**……定格電圧の**90%以上110%以下**
   - **予備電源**…定格電圧の**85%以上110%以下**

4 受信機の部品の構造・機能 ABC

①表示灯（火災灯、地区表示灯など）
1) **電球**は、使用される回路の定格電圧の**130%**の交流電圧を**20時間**連続して加えた場合でも、断線、著しい光束変化、黒化または著しい電流の低下を生じないこと
2) 電球は**2個以上並列**に接続すること。ただし、放電灯または発光ダイオードの場合は1個でもよい
3) 周囲の明るさが**300ルクス**の状態で、**前方3m**離れた地点で点灯していることを明確に識別できること

重要ピックアップ
予備電源を設けなくてよい受信機
- P型2級（1回線）
- P型3級
- G型
- GP型2級（P型の部分が1回線）
- GP型3級

用語
火災復旧スイッチ
（▶P.244）

音響装置の鳴動を停止するスイッチ等を「停止」側に倒すと、自動的には定位置に戻らないので、必ず戻しておく必要があります。

用語
定格電圧
メーカーが保証する使用限度の電圧。

プラス1
その他の部品の規格
- **指示電気計器**
  電圧計の最大目盛りは、使用回路の定格電圧の140%以上200%以下であること
- **スイッチ**
  接点は腐食するおそれがなく、容量は最大使用電流に耐えること

②音響装置

1）定格電圧の**90%**（予備電源を設けている場合は、予備電源の定格電圧の**85%**）の電圧で音響を発すること

2）定格電圧で連続**8時間**鳴動した場合でも、構造・機能に異常を生じないこと

3）音圧は、音響装置の中心から1m離れた地点で測定して次の値以上であること

- **主音響装置……85dB（P型3級は70dB）以上**
- **地区音響装置…90dB（音声の場合は92dB）以上**

用語

主音響装置
（▶P.191）
地区音響装置
（▶P.276、277）
dB（デシベル）
音の強さ（音圧レベル）を表す単位。

プラス1

主音響装置の音圧は無響室（残響がほとんどない特別な実験室）で測定した値。

③予備電源

1）**密閉型**蓄電池であること（開放型は不可）

2）主電源と予備電源は**自動的に切り替える**装置を設けること

3）最大消費電流に相当する負荷を加えたときの電圧を容易に測定できる装置を設けること

4）口出線は、色分けするとともに、誤接続を防止するための措置を講じること

5）P型とR型の受信機の予備電源は、**監視状態を60分間**継続した後、**2回線分**の火災表示の作動と、接続されているすべての地区音響装置を同時に鳴動させることができる消費電流を**10分間**継続して流せる容量以上であること

6）G型受信機に予備電源を設ける場合は、2回線を**1分**間有効に作動させ、同時にその他の回線を**1分間**監視状態にすることができる容量以上であること

用語

口出線
モータや発電機などの電源の引込みまたは引出しに用いられる電線のこと。

G型は予備電源を設ける義務はありません。▶P.175

押えドコロ　受信機の種類と共通の構造・機能

- **P型**…**共通**の信号、**R型**…**固有**の信号
- **蓄積式受信機**…蓄積時間は**5秒を超え60秒以内**
- **表示灯**（火災灯、地区表示灯など）**の電球**…**2個以上並列**に接続
- **音響装置**…定格電圧の**90%**（予備電源は**85%**）で音響を発する
  主音響装置の音圧 ⇒ 85dB（P型3級は70dB）以上

確認テスト

Key Point	できたら チェック ☑
受信機の概要	□ 1 P型受信機は、火災信号もしくは火災表示信号を固有の信号としてまたは設備作動信号を共通もしくは固有の信号として受信し、火災の発生を防火対象物の関係者に報知する。
	□ 2 2信号式受信機とは、感知器からの火災信号を受信しても、一定の時間（5秒を超え、60秒以内）を経過してからでないと火災表示を行わないものをいう。
P型とR型の違い	□ 3 P型は、どの感知器から発信されたのかという情報が信号に含まれていないので、回線ごとに専用の地区表示灯を設ける必要がある。
各受信機に共通の構造・機能	□ 4 主電源を監視する装置は、受信機の前面に設けなければならない。
	□ 5 火災復旧スイッチまたは音響装置の鳴動を停止するスイッチは、専用のものとする。
	□ 6 蓄積時間を調整する装置を設ける場合は、受信機の前面の見やすい箇所に設けなければならない。
受信機の部品の構造・機能	□ 7 表示灯（火災灯、地区表示灯など）の電球は、2個以上並列に接続することとされている。
	□ 8 音響装置は、定格電圧の70%の電圧で音響を発するものでなければならない。
	□ 9 主音響装置の音圧は、無響室で音響装置の中心から前方1m離れた地点で測定した値が、85dB（P型3級受信機の場合は70dB）以上でなければならない。
	□ 10 予備電源を設ける場合は、主電源が停止したときは自動的に予備電源に切り替え、主電源が復旧したときは手動で主電源に切り替える装置を設ける必要がある。

解答・解説

1.× P型受信機は、火災信号や火災表示信号を固有の信号としてではなく、共通の信号として受信する。 2.× 設問の記述は「蓄積式受信機」である。 3.○ 4.○ 5.○ 6.× 蓄積時間を調整する装置は、受信機の内部に設けることとされている。 7.○ 8.× 定格電圧の90%（予備電源を設けている場合はその85%）の電圧で音響を発するものでなければならない。 9.○ 10.× 主電源が復旧したときも、自動的に予備電源から主電源に切り替えるものでなければならない。

✓ ここが狙われる！

受信機の部品の構造・機能がよく出題されている。**表示灯**、**音響装置**および**予備電源**の規格について、特にその数値を確実に覚えておく必要がある。

第4章 構造・機能等（規格に関する部分）

P型受信機

このレッスンではP型受信機について学習します。P型は１級から３級まであり、１級・２級には多回線用と１回線用があります。それぞれどのような装置や機能を備える必要があるのか、前のレッスンの内容も含め、しっかりと理解しましょう。

1 P型受信機の概要 ABC

P型受信機は１級、２級、３級に分かれます。１級と２級は**多回線用**と**１回線用**がありますが、３級は**１回線用**のみです。したがって、全部で５種類になります。

P型のどの種類もレッスン6で学習した「各受信機に共通の構造・機能」および「受信機の部品の構造・機能」の規格が原則として適用されます。

■ P型受信機の種類

このうち**P型１級の多回線用**は、**すべての機能を備えた**いわばフルバージョンタイプであり、そのほかのものは、このP型１級多回線用が備える機能や装置のうちいくつかを免除されたタイプということができます。

2 P型1級受信機 ABC

①P型1級多回線用

P型1級多回線用が備えることとされている機能や装置は、次の通りです。

ア　回線数

回線数（＝警戒区域数）に制限はありません。2回線以上はすべて多回線用です。

イ　装置およびその機能

1）**火災表示試験装置**
「火災表示の作動を容易に確認することができる装置」の略称。受信機が火災信号を受信したときの作動が正常であるかどうかを試験する機能をもつ

2）**火災表示の保持装置**
火災表示がなされたとき、手動で復旧しない限り、表示された状態を保持する機能をもつ装置のこと

3）**予備電源装置**
レッスン6「③予備電源」の1）～5）（▶P.176）を満たすもの

4）**地区表示灯**
信号を発信した警戒区域を表示する**地区表示装置**である

5）**火災灯**
受信機が火災信号を受信することによって点灯する**赤色**の表示灯（▶P.175）である

6）**電話連絡装置**

- **P型1級発信機**（▶P.167）から火災信号を受信した場合は、火災信号を受信した旨の信号を当該発信機に送ることができ、当該発信機との間で電話連絡ができるもの
- **T型発信機**（▶P.168）を接続している受信機で、**2回線以上から同時にかかってきた場合**は、通話すべき発信機を任意に選択することができ、かつ、遮断された回線のT型発信機にも話中音（通話の内容）が流れるもの

用語
警戒区域
（▶P.126）

P型1級多回線用の受信機の図は、次ページにあります。

プラス1
P型1級多回線用であっても、感知器の感度の良否を試験する機能はない。なぜなら、受信機側から感知器の試験を行うことは不可能だからである。

重要ピックアップ
発信機灯
発信機が作動したことを知らせる表示灯を発信機灯といい、これを備える受信機もあるが、法令上はP型1級多回線用であっても備える必要はない。

7) **導通試験装置**

受信機と終端器との間の信号回路の**導通試験**（断線の有無を調べる試験）を行うための装置

8) **主音響装置**

管理担当者に火災の発生を知らせるために、受信機本体に内蔵される音響装置

9) **地区音響装置**

地区表示灯と連動して、各地区にある非常ベル等を鳴動させる装置

ウ　そのほかの重要な機能

1) **火災表示までの所要時間**

火災信号等の受信開始から火災表示までの所要時間は、非蓄積式の場合、地区音響装置の鳴動を除き、**5秒以内**であること

2) **火災信号等を2回線から同時受信した場合の火災表示**

2回線から同時に受信しても、火災表示ができること

■ P型1級受信機（多回線用）の例

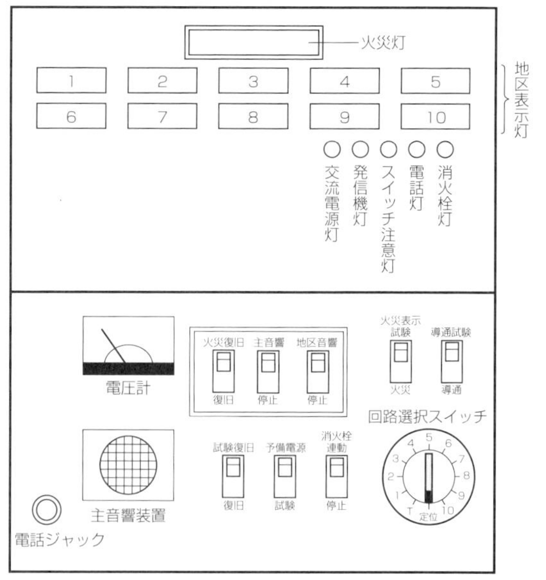

用語

終端器

受信機側から断線の有無を確認するために、回路の端末にある感知器等に設けられる抵抗。一般的に「終端抵抗」と呼ばれる。

音響装置の音圧について▶P.176

重要ピックアップ

所要時間60秒以内

蓄積式受信機の場合は5秒を超えて60秒以内の蓄積時間が設けられる。▶P.175

プラス1

火災表示試験装置や導通試験装置の操作中でも、ほかの警戒区域からの火災信号等を受信した場合には火災表示をすることができなければならない。

②P型1級1回線用

P型1級多回線用の「イ　装置およびその機能」(▶P.179)のうち、4)～7)はP型1級1回線用には備える必要がありません。P型1級1回線用に必要なものと必要でないものをまとめておきましょう。

必要なもの	必要でないもの
●火災表示試験装置 ●火災表示の保持装置 ●予備電源装置 ●主音響装置 ●地区音響装置	●**地区表示灯** ●**火災灯** ●**電話連絡装置** ●**導通試験装置**

なお、P型1級多回線用の「ウ　そのほかの重要な機能」(▶P.180)の1)は、P型1級1回線用にも共通する機能です。

3 P型2級・3級受信機 ABC

①P型2級多回線用

P型2級多回線用が備えることとされている機能や装置は、次の通りです。

ア　回線数

回線数(=警戒区域数)は、**5回線以下**とされています。

イ　装置およびその機能

P型1級多回線用の「イ　装置およびその機能」のうち、5)～7)はP型2級多回線用に備える必要がありません。必要なものと必要でないものをまとめましょう。

必要なもの	必要でないもの
●火災表示試験装置 ●火災表示の保持装置 ●予備電源装置 ●**地区表示灯** ●主音響装置 ●地区音響装置	●**火災灯** ●**電話連絡装置** ●**導通試験装置**

2級でも多回線なので、地区表示灯を設けないと、どの回線から発信されたのかわかりません。

第4章 構造・機能等(規格に関する部分)

ウ　そのほかの重要な機能

P型1級多回線用の1）と2）がどちらも適用されます。

②P型2級1回線用

P型1級多回線用の「イ　装置およびその機能」のうち、P型2級1回線用に備える必要があるのは1)、2)、8）のみです。また、「ウ　そのほかの重要な機能」は1）のみ適用されます。

③P型3級1回線用

P型1級多回線用の「イ　装置およびその機能」のうち、P型3級1回線用に備える必要があるのは、1）と8）のみです。「ウ　そのほかの重要な機能」は、1）のみ適用されます。

ここで、P型1級多回線用以外の4種類のP型受信機について、備える必要のある「装置およびその機能」を表にまとめておきましょう。

■ P型受信機が備える装置等

●：必要　－：不要

	1級		2級		3級
	多回線	1回線	多回線	1回線	1回線
1）火災表示試験装置	●	●	●	●	●
2）火災表示の保持装置	●	●	●	●	－
3）予備電源装置	●	●	●	－	－
4）地区表示灯	●	－	●	－	－
5）火災灯	●	－	－	－	－
6）電話連絡装置	●	－	－	－	－
7）導通試験装置	●	－	－	－	－
8）主音響装置	●	●	●	●	●
9）地区音響装置	●	●	●	－	－

主音響装置の音圧は、P型3級のみが70dB以上で、それ以外のものはすべて85dB以上でしたね。
▶P.176

押えドコロ　P型受信機の装置・機能

- P型受信機のすべてが備える必要のある装置・機能
  ⇒ 火災表示試験装置、主音響装置、火災表示まで5秒以内（非蓄積式）
- P型のうち1級多回線用のみが備える装置
  ⇒ 火災灯、電話連絡装置、導通試験装置

確認テスト

Key Point	できたら チェック ☑
P型受信機の概要	□ 1 P型受信機は1級、2級、3級に分けられ、そのいずれにも多回線用と1回線用がある。
P型1級受信機	□ 2 P型1級受信機の多回線用は、回線数（警戒区域数）に制限がない。
	□ 3 P型1級受信機の多回線用には、火災灯、地区表示灯、発信機灯をすべて備えなければならない。
	□ 4 P型1級受信機多回線用には、P型1級発信機から火災信号を受信した場合、火災信号を受信した旨の信号を当該発信機に送ることができ、かつ、当該発信機との間で電話連絡ができる電話連絡装置を備える必要がある。
	□ 5 T型発信機を接続するP型1級受信機（多回線用）は、2回線以上から同時にかかってきた場合、通話すべき発信機を任意に選択することができ、かつ、遮断された回線のT型発信機にも話中音が流れない電話連絡装置を備える必要がある。
P型2級・3級受信機	□ 6 P型2級受信機多回線用の回線数は、5回線以下とされている。
	□ 7 P型2級受信機多回線用には、火災灯と地区表示灯は必要ないとされている。
	□ 8 非蓄積式のP型受信機はいずれも、火災信号または火災表示信号の受信開始から火災表示までの所要時間について、（地区音響装置の鳴動を除き）5秒以内とされている。
	□ 9 火災表示試験装置、主音響装置および導通試験装置は、P型受信機のすべてが備える必要がある。
	□ 10 予備電源装置は、P型2級受信機1回線用およびP型3級受信機には備える必要がない。

解答・解説

1.× P型3級受信機は、1回線用のみである。 2.○ 3.× 火災灯および地区表示灯は備える必要があるが、発信機灯は備える必要がない。 4.○ 5.× 話中音が「流れない」ではなく、「流れる」電話連絡装置を備える必要がある。 6.○ 7.× 火災灯は必要ないが、地区表示灯は必要である。 8.○ 9.× 火災表示試験装置と主音響装置はすべてに備える必要があるが、導通試験装置はP型1級受信機多回線用のみが備えるものである。 10.○

ここが狙われる！

P型受信機が**備える必要のある装置等**をP.182の表を見て確実に覚えよう。P型のすべてが備える装置等と、**P型1級多回線用のみが備える装置等**を覚えておくと有効である。また、**火災表示までの所要時間**（蓄積式の場合は蓄積時間）もよく出題されている。

Lesson 8 R型・アナログ式受信機

ここではR型受信機とアナログ式受信機について学習します。レッスン6でP型とR型の違いを学びましたが、R型が備える機能や装置はP型とほぼ同じです。アナログ式受信機は、「注意表示」についてしっかりと理解しましょう。

1コマ劇場

あっ、火災発生です！

ピーピー感知器作動……

落ち着いて。まだ「注意表示」の段階です。

1 R型受信機 ABC

R型受信機は、火災信号等を固有の信号として受信することから、中継器を介して配線を1つにまとめることができ（▶P.174）、P型受信機よりも配線の数が少なくて済むので、配線敷設の施工コストを低減することができます。

R型受信機が備える機能や装置は、P型1級多回線用とほとんど同じです。

①回線数

回線数（＝警戒区域数）に制限はありません。

②装置およびその機能

P型1級多回線用のもの（右の表）とほぼ同じです。ただし、7）導通試験装置については、次のア、イの機能が必要とされます。

■ R型受信機が備える装置等

R型受信機が備える装置等
1）火災表示試験装置
2）火災表示の保持装置
3）予備電源装置
4）地区表示装置
5）火災灯
6）電話連絡装置
7）導通試験装置
8）主音響装置
9）地区音響装置

ア　断線を検出する試験機能

受信機から**終端器に至る外部配線**の**断線**を検出することができる試験機能が必要です。

イ　短絡（ショート）を検出する試験機能

受信機から**中継器**（感知器からの火災信号を中継器を経ずに受信するものについては感知器）**に至る外部配線**の短絡を検出することができる試験機能が必要です。

③そのほかの重要な機能

P型1級多回線用の 1）と 2）（▶P.180）が適用されます。

2　アナログ式受信機　ABC

①アナログ式受信機の特徴

アナログ式以外の受信機（2信号式、G型を除く）は、火災信号または火災表示信号（火災表示をする程度に達した旨の信号）を受信することにより、**火災表示**（▶P.173）を行います。これに対し**アナログ式受信機**は、アナログ式感知器から**火災情報信号**（▶P.145）を受信し、まだ火災に至らない段階で、**注意表示**（火災表示をするまでの間において補助的に異常の発生を表示するもの）を行うことができるという特徴があります。

②アナログ式受信機の注意表示と火災表示

ア　注意表示

火災情報信号のうち注意表示をする程度に達したものを受信したときに、次の動作を自動的に行います。

1）**注意灯**および**注意音響装置**によって異常の発生を表示
2）**地区表示装置**によって異常の発生した警戒区域を表示

イ　火災表示

火災信号、火災表示信号または火災情報信号のうち火災表示をする程度に達したものを受信したときに、次の動作を自動的に行います。

1）赤色の**火災灯**と**主音響装置**によって火災の発生を表示

用語

終端器
▶P.180

短絡（ショート）
short circuitの略。電気回路の2点間を抵抗の小さい導線で接続すること。多大な電流が流れるため非常に危険である。

用語

アナログ式感知器
- 熱アナログ式 ▶P.158
- イオン化アナログ式
- 光電アナログ式 ▶P.163

＋プラス1

火災表示が防火対象物の関係者や利用者に火災の発生を報知するものであるのに対して、注意表示は受信機を監視している防災要員等に異常を報知して早期対応をとらせるためのものである。

2）**地区表示装置**によって火災の発生した警戒区域を表示

3）**地区音響装置**を鳴動させる

③アナログ式のＲ型受信機が備える機能や装置

ア　回線数

回線数（＝警戒区域数）に制限はありません。

イ　装置およびその機能

Ｒ型受信機が備える装置等（▶P.184）を備えるとともに、次のものが重要です。

1）**注意表示試験装置**

注意表示の作動を容易に確認することができる装置

2）**感度設定装置**

火災情報信号の程度に応じて火災表示および注意表示を行う温度や濃度（**表示温度等**）を設定する装置。個々の感知器の設置場所に応じて、きめ細かく表示温度等の設定を行うことができる

重要ピックアップ

感度設定装置についての主な規格

- 表示温度等を設定する感知器を特定でき、当該感知器に係る表示温度等が容易に確認できること
- ２以上の操作によらなければ表示温度等の変更ができないこと

ウ　そのほかの重要な機能

1）**注意表示までの所要時間**

火災情報信号（注意表示をする程度に達したものに限る）の受信開始から注意表示までの所要時間は、**５秒以内**であること

2）**火災表示までの所要時間**

火災信号等の受信開始から火災表示までの所要時間は、地区音響装置の鳴動を除き、**５秒以内**であること

3）**火災信号等を２つの警戒区域から同時受信した場合**

２つの警戒区域の回線から火災信号等を同時に受信しても、火災表示ができること

押えドコロ　Ｒ型受信機 ／ アナログ式受信機

- **Ｒ型受信機**が備える導通試験装置の**試験機能**
  ⇒ **終端器**に至る外部配線の**断線**、**中継器**に至る外部配線の**短絡**の検出
- **アナログ式受信機の特徴**
  ⇒ 火災表示の前に、**注意表示**を行うことができる

確認テスト

Key Point	できたら チェック ☑
R型受信機	□ 1 R型受信機には、火災表示の作動を容易に確認できる装置を備える必要はない。
	□ 2 R型受信機は、終端器に至る外部配線の断線を検出する試験機能をもった装置を備えなければならない。
	□ 3 R型受信機には、中継器（感知器からの火災信号を直接受信するものについては感知器）に至る外部配線の断線を検出する試験機能をもった装置を備えなければならない。
	□ 4 R型受信機は、2回線から火災信号を同時に受信しても火災表示をすることができる機能を備えなければならない。
アナログ式受信機	□ 5 アナログ式受信機は、アナログ式感知器から火災情報信号を受信し、火災に至らない段階で注意表示を行うことができる。
	□ 6 火災情報信号のうち注意表示をする程度に達したものを受信したときは、注意灯および地区音響装置によって異常の発生を自動的に表示する。
	□ 7 火災信号を受信したときは、自動的に、赤色の火災灯と主音響装置によって火災の発生を表示し、地区表示装置によって火災の発生した警戒区域を表示し、かつ、地区音響装置を鳴動させる。
	□ 8 R型受信機はすべて、注意表示の作動を容易に確認することができる装置を備える必要がある。
	□ 9 火災情報信号の程度に応じ、火災表示および注意表示を行う温度や濃度を設定する装置のことを、感度設定装置という。
	□ 10 火災情報信号（注意表示をする程度に達したもの）の受信開始から注意表示までの所要時間は、60秒以内とされている。

解答・解説

1.× これは「火災表示試験装置」であり、R型受信機にも備える必要がある。 2.○ 3.×「断線」ではなく、「短絡」を検出する試験機能。 4.○ P型1級・2級受信機と同様である。 5.○ 6.×「地区音響装置」ではなく、「注意音響装置」である。 7.○ 8.× これは「注意表示試験装置」であり、アナログ式以外のR型受信機には備える必要がない。 9.○ 10.× 60秒以内ではなく、5秒以内である。

✓ ここが狙われる！

R型受信機が備える機能・装置はP型1級多回線用とほぼ同じなので、しっかりと復習をし、導通試験装置について「**断線**」と「**短絡**」を間違えないよう注意する。**アナログ式受信機**については**注意表示**と**火災表示**の仕方を混同しないこと。**表示までの所要時間**も重要である。

Lesson 9

ガス漏れ火災警報設備

自動火災報知設備はおおむね、「感知器」→「中継器」→「受信機」→「音響装置」という構成になりますが、ガス漏れ火災警報設備の場合は「感知器」を「検知器」、「音響装置」を「警報装置」といいます。特に、**検知器の性能基準**が重要です。

1 ガス漏れ火災警報設備の概要 ABC

ガス漏れ火災警報設備は、規格省令によって次のように定義されています。

燃料用ガス又は自然発生する可燃性ガス（以下「ガス」という）の漏れを検知し、防火対象物の関係者又は利用者に警報する設備であって、ガス漏れ検知器（以下「**検知器**」という）及び**受信機**又は検知器、**中継器**及び受信機で構成されたものに**警報装置**を付加したものをいう。

重要ピックアップ
燃料用ガス
消防法令においては「都市ガス」を指す。「ＬＰガス（液化石油ガス、プロパンガスともいう）」についてはＬＰガス法に基づき警報器の設置義務が定められている。

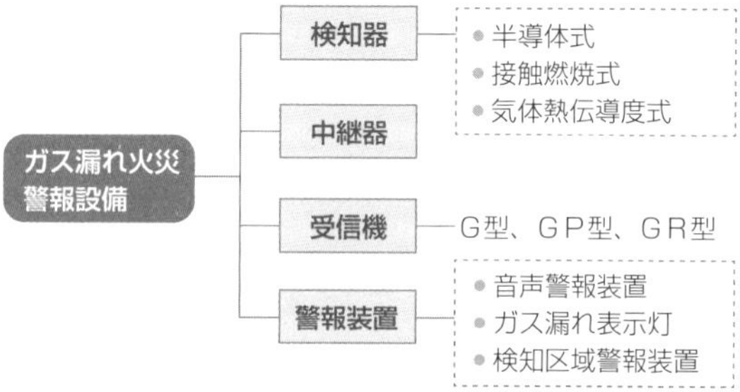

ガス漏れ火災警報設備
- 検知器
  - 半導体式
  - 接触燃焼式
  - 気体熱伝導度式
- 中継器
- 受信機 ― G型、ＧＰ型、ＧＲ型
- 警報装置
  - 音声警報装置
  - ガス漏れ表示灯
  - 検知区域警報装置

ガス漏れ火災警報設備には、人が手動で信号を発信する「発信機」は含まれていません。また、「**中継器**」については、自動火災報知設備の中継器に関する規格（▶P.168）がガス漏れ火災警報設備の中継器にも適用されます。

2 検知器 ABC

自動火災報知設備の「感知器」に当たるものが、ガス漏れ火災警報設備の「**検知器**」です。

> ガス漏れを検知し、中継器若しくは受信機に**ガス漏れ信号を発信**するもの又はガス漏れを検知し、ガス漏れの発生を音響により**警報**するとともに、中継器若しくは受信機にガス漏れ信号を発信するものをいう。

①検知器の性能の基準

ガスは空気と一定の濃度範囲で混合している場合にのみ燃焼（または爆発）します。この濃度範囲を**爆発範囲**などといい、この範囲の濃度が濃いほうの限界を**爆発上限界**、薄いほうの限界を**爆発下限界**といいます。検知器の性能の基準は、爆発下限界などをもとにして定められています。

1) ガス濃度が**爆発下限界の４分の１以上**のときに確実に作動し、**200分の１以下**のときに作動しないこと
2) **爆発下限界の４分の１以上**の濃度のガスにさらされているときは、**継続して作動**すること
3) 信号を発する濃度のガスに断続的にさらされても、機能に異常を生じないこと
4) 通常の使用状態において、調理等の際に発生する湯気、油煙、アルコール、廃ガス等により容易に信号（警報機能を有するものは信号および警報）を発しないこと
5) 信号を発する濃度のガスに接したときは、**60秒以内**に信号（警報機能を有するものは信号および警報）を発すること

検知器の検知方式（半導体式等）については、第５章で学習します。

重要ピックアップ

爆発範囲

爆発上限界以上ではガス濃度が濃すぎて燃焼しない。一方、爆発下限界以下では濃度が薄すぎて燃焼しない。爆発範囲内にあれば、何らかの火源が与えられると燃焼（爆発）する。

プラス1

爆発下限界の1/200から1/4までの濃度を、「警報濃度」ともいう。1/200以下では作動しないことにしているのは、微量のガスによる誤作動を防ぐためである。

重要ピックアップ
検知器の警報機能
検知器にはそれ自体に警報機能（ガス漏れの発生を音響により警報する機能）を有するものがある。

②検知器の警報方式

警報機能を有する検知器が警報を発する方式には、次の３種類があります。

ア　即時警報型

ガス濃度が警報設定値に達した直後に警報を発します。

イ　警報遅延型

ガス濃度が警報設定値に達した後、その濃度以上の状態が一定時間（20〜60秒）継続したときに警報を発します。

ウ　反限時警報型

警報遅延型のうち、ガス濃度が**高い**ほど早めに警報を発する必要があるため、警報を遅延する時間を短くする機能を備えたものをいいます。

3 ガス漏れ火災警報設備の受信機

ガス漏れ火災警報設備の「受信機」には、ガス漏れ専用の**Ｇ型**のほかに、火災報知と併用の**ＧＰ型**、**ＧＲ型**があります（▶P.173）。

①ガス漏れ表示

Ｇ型、ＧＰ型、ＧＲ型受信機は、ガス漏れ信号を受信したとき、**黄色**の**ガス漏れ灯**および**主音響装置**によりガス漏れの発生を、**地区表示装置**によりガス漏れの発生した警戒区域を、それぞれ自動的に表示するものでなければなりません。以上の動作をまとめて**ガス漏れ表示**といいます。

また、ＧＰ型とＧＲ型の地区表示装置は、火災の発生した警戒区域とガス漏れの発生した警戒区域とを明確に識別できるように表示するものでなければなりません。

②Ｇ型・ＧＰ型・ＧＲ型受信機の機能および装置

主な機能や装置をまとめておきましょう。

1）**ガス漏れ表示試験装置**

ガス漏れ表示の作動を容易に確認することができる装置による試験機能を有すること

G型の予備電源について▶P.176

2) **導通試験装置**
終端器に至る信号回路の導通を回線ごとに容易に確認することができる装置による試験機能を有すること。ただし、回線数が5以下のものおよび検知器の電源の停止が受信機において確認できるものは除く
3) **ガス漏れ表示までの所要時間**
ガス漏れ信号の受信開始からガス漏れ表示までの所要時間は、**60秒以内**であること
4) **ガス漏れ信号を2回線から同時受信した場合**
2回線から同時受信しても、ガス漏れ表示ができること

■ G型受信機の例

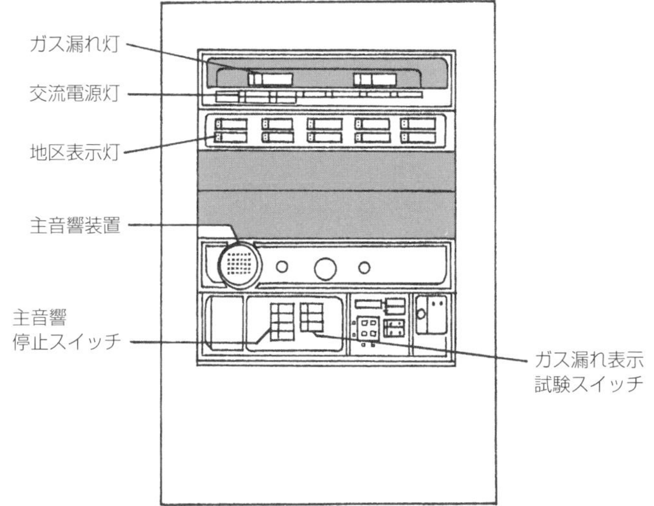

③標準遅延時間について

検知器がガス漏れ信号を発する濃度のガスを検知してからガス漏れ信号を発するまでの標準的な時間を「**検知器の標準遅延時間**」といい、受信機がガス漏れ信号を受信してからガス漏れが発生した旨の表示をするまでの標準的な時間を「**受信機の標準遅延時間**」といいます。規則では両方を合計して**60秒以内**とするよう定めています。

プラス1
ガス漏れ表示試験装置や導通試験装置の操作中であっても、ほかの警戒区域からのガス漏れ信号を受信した場合にはガス漏れ表示ができなければならない。

火災表示の場合は所要時間5秒以内だったね。
▶P.180

重要ピックアップ
GP型受信機およびGR型受信機の機能
- GP型1級受信機
P型1級の機能＋G型の機能
- GP型2級受信機
P型2級の機能＋G型の機能
- GP型3級受信機
P型3級の機能＋G型の機能
- GR型受信機
R型の機能＋G型の機能

4 警報装置 ABC

ガス漏れ火災警報設備の「警報装置」は**音声警報装置**、**ガス漏れ表示灯**および**検知区域警報装置**からなります。

①音声警報装置

音声によりガス漏れの発生を**防火対象物の関係者および利用者**に警報する装置です。マイク、増幅器等の操作部とスピーカーから構成されます。ベルやブザーではなく音声によるものとされているのは、ガス漏れの場合、火災とは異なり、その段階ではまだ災害となっていないため、対応に比較的余裕があることと、その反面、ガスは目に見えないことから恐怖感が強く、パニックを引き起こす可能性があることなどを考慮したためです。

音声ならば、ガス漏れの状況や避難方法なども伝えることができるね。

②ガス漏れ表示灯

検知器の作動と連動して、表示灯によりガス漏れの発生を**通路にいる防火対象物の関係者**に警報する装置をいいます。受信機によってガス漏れの発生を知った防火対象物の関係者が警報のあった警戒区域に到着した際、ガス漏れの発生場所を容易に判別できるよう設けるものです。１つの警戒区域が１つの部屋からなるような、通路に当たるものがない場合には設ける必要がありません。

プラス1
「ガス漏れ表示灯」を、受信機に備える「ガス漏れ灯」と混同しないよう注意すること。

③検知区域警報装置

検知器の作動と連動して、**音響**によりガス漏れの発生を**検知区域**において防火対象物の関係者に警報する装置をいいます。警報機能を有する検知器を設置する場合や、常時人がいない場所（機械室等）には設ける必要がありません。

用語
検知区域
１つの検知器が有効にガス漏れを検知することができる区域をいう。

押えドコロ 検知器の性能の基準

- ガス濃度が**爆発下限界の４分の１以上**のとき確実に作動し、**200分の１以下**では作動しないこと
- 信号を発する濃度のガスに接したときは、**60秒以内**に信号を発すること

検知器および受信機の標準遅延時間を合計して60秒以内とします。

確認テスト

Key Point	できたら チェック ☑
ガス漏れ火災警報設備の概要	□ 1 ガス漏れ火災警報設備は、検知器、中継器、発信機、受信機および警報装置からなる。
検知器	□ 2 検知器はガス濃度が爆発下限界の４分の１以上のときに確実に作動し、200分の１以下のときは作動しないものでなければならない。
	□ 3 検知器は、信号を発する濃度のガスに接したとき、５秒以内に信号（警報機能を有するものは信号と警報）を発する必要がある。
	□ 4 警報機能を有する検知器の警報方式のうち、即時警報型とは、ガスの濃度が警報設定値に達した直後に警報を発するものをいう。
	□ 5 警報機能を有する検知器の警報方式のうち反限時警報型は、ガスの濃度が高いほど警報を遅延する時間を長くする機能を備えている。
ガス漏れ火災警報設備の受信機	□ 6 ガス漏れ火災警報設備の受信機のガス漏れ灯は、赤色に点灯するものでなければならない。
	□ 7 受信機のガス漏れ信号の受信開始からガス漏れ表示までの所要時間は、60秒以内とされている。
	□ 8 検知器の標準遅延時間と受信機の標準遅延時間は、合計して120秒以内としなければならない。
	□ 9 ＧＰ型受信機およびＧＲ型受信機の地区表示装置は、火災の発生した警戒区域とガス漏れの発生した警戒区域とを明確に識別できるように表示するものでなければならない。
警報装置	□ 10 ガス漏れ火災警報設備の警報装置は、音声警報装置、ガス漏れ表示灯および地区音響装置からなる。
	□ 11 １つの警戒区域が１つの部屋からなる場合には、ガス漏れ表示灯は設けないことができる。

解答・解説

1.×「発信機」はガス漏れ火災警報設備には含まれていない。 2.○ 3.× ５秒以内ではなく、60秒以内である。4.○ 5.× ガスの濃度が高いほど危険なので、警報を遅延する時間を短くする機能を備えている。6.× ガス漏れ灯は黄色に点灯する。 7.○ 8.× 検知器と受信機の標準遅延時間は、合計して60秒以内としなければならない。 9.○ 10.× 地区音響装置ではなく、検知区域警報装置である。 11.○

✓ ここが狙われる！

検知器の性能の基準に関する出題が多い。**警報濃度**（爆発下限界の1/200から1/４まで）、検知器の**警報方式**、**信号を発するまでの時間**（60秒以内）などが重要である。また、検知器と受信機の**標準遅延時間**にも注意しておこう。

第４章 構造・機能等（規格に関する部分）

Lesson 10

電源

電源は第５章（「電源および配線関係」）で詳しく学習しますが、ここでは非常電源に用いる**蓄電池設備の基準**についてまとめておきます。蓄電池設備の構造・性能のほか、蓄電池設備に用いる**蓄電池**や**充電設備**にも注意しておきましょう。

1 非常電源 ABC

電源には通常用いる**常用電源**のほかに、**非常電源**および**予備電源**があります。

- **非常電源**…**常用**電源が**停電**の時に用いる電源
- **予備電源**…**非常**電源が**故障**した場合などに用いる電源

予備電源については、これまでにも中継器（▶P.170）や受信機（▶P.176）のところで学習してきました。ここでは非常電源についてみておきましょう。規則では、非常電源について次のような基準を定めています。

ア　延べ面積**1000㎡以上**の**特定防火対象物**に設ける自動火災報知設備のもの
　⇒ **蓄電池設備** *

イ　ア以外の防火対象物に設ける自動火災報知設備のもの
　⇒ **非常電源専用受電設備**または**蓄電池設備** *

　　＊直交変換装置を有するものを除く

「非常電源専用受電設備」は、第５章で学習します。

 用語

直交変換装置
交流の電流を直流に変換して蓄電池を充電する機能と、直流の電流を交流に変換する機能を併せもった装置。

2 蓄電池設備の基準

蓄電池設備には、次のような基準が定められています。

ア　蓄電池設備の構造および性能

1) 蓄電池設備は自動的に充電するものとし、充電電源電圧が安定して使用できる定格電圧の±10%の範囲内で変動しても機能に異常なく充電できるものであること
2) 蓄電池設備には、**過充電防止機能**を設けること
3) 蓄電池設備には、自動的にまたは手動により容易に**均等充電**を行うことができる装置を設けること（均等充電を行わなくても機能に異常を生じないものは除く）
4) 蓄電池設備から消防用設備等の操作装置に至る配線の途中に**過電流遮断器**のほか、**配線用遮断器**または**開閉器**を設けること
5) 蓄電池設備には、当該設備の**出力電圧**または**出力電流**を監視できる**電圧計**または**電流計**を設けること
6) 蓄電池設備は、**0℃**から**40℃**までの範囲の周囲温度において機能に異常を生じないものであること

イ　蓄電池設備の蓄電池の構造および性能

1) 蓄電池の単電池当たりの公称電圧は、次の通りとする
   - 鉛蓄電池…２V
   - アルカリ蓄電池…1.2V
2) 蓄電池は、液面が容易に確認できる構造とすること
3) **減液警報装置**が設けられていること（補液の必要がないものは除く）

ウ　蓄電池設備の充電装置の構造および性能

1) 自動的に充電でき、かつ、充電完了後は**トリクル充電**または**浮動充電**に自動的に切り替えられるものであること（切替えの必要がないものは除く）
2) 充電装置の入力側には、**過電流遮断器**のほか、**配線用遮断機**または**開閉器**を設けること
3) **充電中**である旨を表示する装置を設けること

用語

均等充電
蓄電池設備の放電・充電をくり返した際に起きる蓄電池容量や電圧のばらつきを補正するために行う充電方式。

過電流遮断器
回路に過電流が流れたときに機器等を保護し、事故の波及を防止するために電路を自動的に遮断する保護装置。ヒューズなど。

配線用遮断器
ブレーカともいう。過電流を自動的に遮断するほか手動でも開閉操作ができる。

開閉器
スイッチなど、回路を切ったり入れたりするための器具。

トリクル充電
蓄電池に微小電流を流して充電を続け、負荷を使用し続けるという充電方式。

浮動充電
自己放電や常時使用する直流電源の供給を交流入力電源から負担し、停電時等は蓄電池設備から電源供給するという充電方式。

押えドコロ　蓄電池設備の基準

- **蓄電池設備** ⇒ **過充電防止装置**を設ける
- **蓄電池の単電池当たりの公称電圧**
  鉛蓄電池…2V、アルカリ蓄電池…1.2V
- **蓄電池設備の蓄電池** ⇒ 原則として**減液警報装置**を設ける

確認テスト

Key Point	できたら チェック ☑		
非常電源	□	1	非常電源は、常用電源が停電した時に用いるための電源である。
	□	2	延べ面積1000㎡以上の特定防火対象物に設ける自動火災報知設備の非常電源には、非常電源専用受電設備または蓄電池設備を用いることとされている。
蓄電池設備の基準	□	3	蓄電池設備は自動的に充電するものとし、充電電源電圧が定格電圧の±10%の範囲内で変動しても機能に異常なく充電できるものである必要がある。
	□	4	蓄電池設備には、過放電防止機能を設ける必要がある。
	□	5	蓄電池設備に用いる鉛蓄電池の単電池当たりの公称電圧は、1.2Vとされている。
	□	6	蓄電池設備の蓄電池には、補液の必要がないものを除き、減液警報装置を設けなければならない。
	□	7	非常電源に用いる蓄電池設備の蓄電池は、密閉型の蓄電池でなければならない。
	□	8	蓄電池設備の充電装置には、充電中である旨を表示する装置を設けなければならない。

解答・解説

1.○　**2.**×　この場合は非常電源専用充電設備は用いることができず、蓄電池設備を用いなければならない。**3.**○　**4.**×　過放電ではなく、過充電防止機能を設ける。　**5.**×　鉛蓄電池は2Vとされている（1.2Vはアルカリ蓄電池）。**6.**○　**7.**×　密閉型蓄電池を用いなければならないのは予備電源の場合である（▶P.176）。非常電源についてはこのような規定はない。　**8.**○

ここが狙われる！

予備電源と**非常電源**を混同しないようにしよう。**蓄電池設備の基準**はよく出題されており、特に、**過充電防止機能**を設けることや、蓄電池の**単電池当たりの公称電圧**に注意しよう。

第5章

構造・機能等（電気に関する部分）

この章の大きな柱は、**感知器・発信機・受信機**の具体的な**設置基準**と、**電源および配線関係**（電線の接続方法を含む）、そして**感知器と受信機についての試験・点検方法**です。設置基準は細かな数値がたくさん出てくるので、カード化するなど工夫して暗記に努めましょう。なお、**配線や試験・点検**については**実技試験**でも出題されるので、ここできちんと理解しておきましょう。

Lesson 1　感知器共通の設置基準
Lesson 2　熱感知器の設置基準
Lesson 3　煙感知器の設置基準
Lesson 4　炎感知器、その他の設置基準
Lesson 5　発信機・受信機・地区音響装置の設置基準
Lesson 6　電源および配線関係（1）
Lesson 7　電源および配線関係（2）
Lesson 8　回路抵抗・絶縁抵抗および接地工事
Lesson 9　試験および点検（1）
Lesson 10　試験および点検（2）
Lesson 11　ガス漏れ火災警報設備の設置基準

Lesson 1 感知器共通の設置基準

このレッスンでは「**感知区域**」と「**感知面積**」のほか、各感知器に共通する設置基準のうち重要なもの（感知器の取付け位置と傾斜角の最大値）について学習します。まず「**警戒区域**」と「**感知区域**」の関係をしっかりと理解しましょう。

1コマ劇場

取付けできる角度か確認した!?

1 感知区域と感知面積 ABC

火災の発生した区域をほかと区別した最小単位を**警戒区域**とすることは、すでに第３章で学習しました（▶P.126）。ところが警戒区域の中には壁があったり、天井のはり等が出ていたりするため、これらに遮られることによって、感知器が火災を感知できない場合があります。そこで規則では、感知器が火災発生を有効に感知できる区域を**感知区域**と呼び、次のように定義しています。

> 壁又は**取付け面から0.4m**（差動式分布型感知器又は煙感知器を設ける場合にあっては**0.6m**）**以上突出したはり**等によって区画された部分

要するに、感知器が火災を有効に感知できると考えられる範囲を、壁やはり等によって区切ったものといえます。これを図にして表すと、次ページのようになります。

用語
取付け面
▶P.130

一般には、１つの警戒区域がいくつかの感知区域に分けられるかたちになるんだね。

■感知区域の例

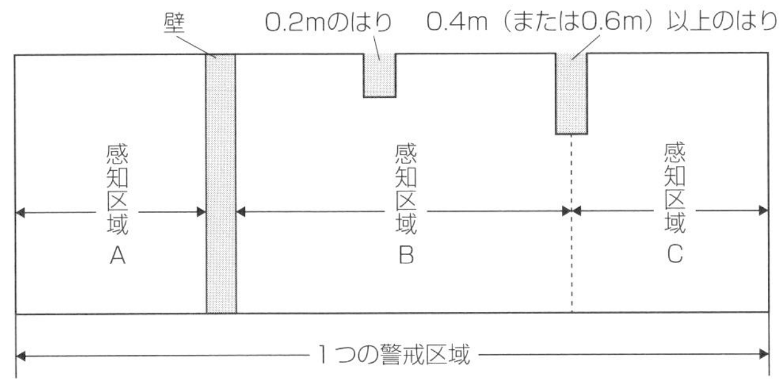

- 感知区域A…壁で区画されている
- 感知区域B…0.4m（または0.6m）未満のはりでは区画されない
- 感知区域C…0.4m（または0.6m）以上のはりで区画されている

さらに規則では、1個の感知器が火災を有効に感知できる床面積（**感知面積**）を定めており、感知区域ごとに感知面積につき1個以上の個数を、火災を有効に感知するように設けることとしています。

たとえば、感知区域の面積が200㎡の場合、感知面積が60㎡の感知器ならば、何個設置する必要があるでしょう。

$$\textbf{設置個数} = \frac{\textbf{感知区域の面積〔㎡〕}}{\textbf{感知器1個の感知面積〔㎡〕}}$$

$$\frac{200㎡}{60㎡} = 3.33\cdots$$ 小数点以下は切り上げます。

∴4個以上設置する必要があります。

感知面積は、その感知器の**種別**および**取付け面の高さ**等に応じて規定されています。

たとえば、定温式スポット型の「1種」は、取付け面の高さが4m未満の場合、主要構造部が耐火構造ならば60㎡、その他の構造ならば30㎡、取付け面の高さが4m以上8m未満の場合は、主要構造部が耐火構造ならば30㎡、その他の構造ならば15㎡と定められています。感知面積についての重要な規定を次ページでまとめます。

感知区域と感知面積は、「製図」の重要なポイントとなります。

プラス1

感知器の回線は警戒区域ごとに設けるが（▶P.126）、これは1つの警戒区域ごとに感知器を1個ずつ設けるということではない。

用語

耐火構造
▶P.91

①スポット型の熱感知器

主なスポット型熱感知器については、感知面積が下の表のように定められています。

【4m未満のスポット型熱感知器の感知面積】
頑丈な(耐火構造)定年(定温式)に、なろうに(70・60・20㎡)は、砂糖(差動式)を食うな(90・70㎡)、コショウ(補償式)も食うな(90・70㎡)

■主なスポット型熱感知器の感知面積（単位：㎡）

感知器の種類と種別		取付け面の高さ			
		4m未満		4m以上8m未満	
		耐火構造	それ以外	耐火構造	それ以外
定温式スポット型	特種	70	40	35	25
	1種	60	30	30	15
	2種	20	15	−	−
差動式スポット型	1種	90	50	45	30
	2種	70	40	35	25
補償式スポット型	1種	90	50	45	30
	2種	70	40	35	25

②差動式分布型（熱電対式）の熱感知器

熱電対式の差動式分布型感知器については、取付け面の高さとは関係なく、次のような区分に従い、火災を有効に感知するよう**熱電対部**（▶P.152）を設けることとされています。

ア　主要構造部が耐火構造の場合

1）感知区域の床面積が**88㎡以下**のとき

⇒ **4個以上**の熱電対部を設ける

2）感知区域の床面積が**88㎡を超える**とき

⇒ **4個**のほかに、**22㎡増すごと**に**1個**を加える

イ　ア以外の場合

1）感知区域の床面積が**72㎡以下**のとき

⇒ **4個以上**の熱電対部を設ける

2）感知区域の床面積が**72㎡を超える**とき

⇒ **4個**のほかに、**18㎡増すごと**に**1個**を加える

③煙感知器（光電式分離型を除く）

光電式分離型を除く**煙感知器**（スポット型）については、

主要構造部が耐火構造であるかどうかに関係なく、次のように感知面積が定められています。ただし、**廊下**、**通路**、**階段**および**傾斜路**は除きます。

■煙感知器（光電式分離型を除く）の感知面積（単位：㎡）

感知器の種類と種別		取付け面の高さ	
		4m未満	4m以上20m未満
煙感知器（光電式分離型を除く）	1種	150	75
	2種		
	3種	50	−

⚡**重要ピックアップ**
廊下等は除く
廊下、通路、階段、傾斜路を除く感知区域ごとに、左の表で定める感知面積につき1個以上の感知器を火災を有効に感知するように設ける。廊下等に設ける場合については
▶P.210

ゴロ合わせ
【4m未満の煙感知器の感知面積】
1、2（1種・2種）はイチゴ（150㎡）
3（3種）はゴマ（50㎡）

2 各感知器に共通の設置基準　ABC

感知器は、規則で定めるところにより、**天井または壁の屋内に面する部分**および**天井裏の部分**（天井がない場合は屋根または壁の屋内に面する部分）に、**有効に火災の発生を感知できるように設ける**こととされています（▶P.129）。各感知器に特有の設置基準については、レッスン2～4で学習しますので、ここではいくつかの感知器に共通する基準のうち、重要なものをまとめておきましょう。

①感知器の取付け位置について

ア　取付け面から感知器の下端までの距離

1）**熱感知器**

感知器の下端が、**取付け面の下方0.3m以内**の位置になるように設けること

2）**煙感知器**（光電式分離型を除く）

感知器の下端が、**取付け面の下方0.6m以内**の位置になるように設けること

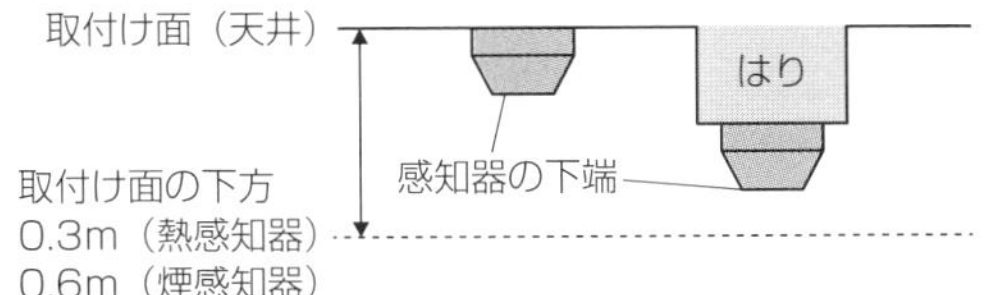

イ　空気吹出し口からの距離

差動式分布型感知器・光電式分離型感知器・炎感知器を除いて、換気口等の**空気吹出し口から1.5m以上**離れた位置に設けること。

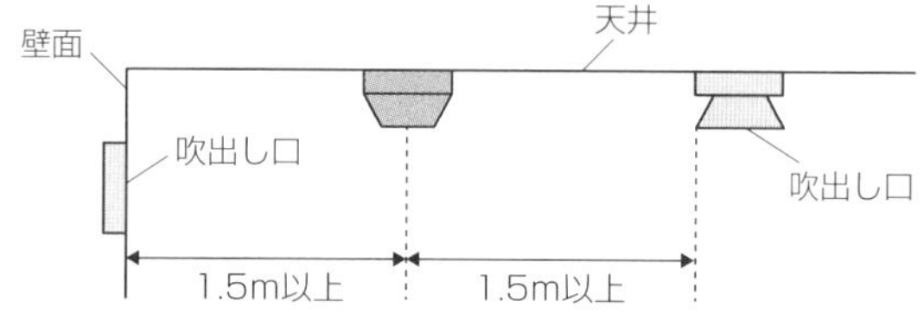

感知器の中心から吹出し口の端までで1.5m以上です。

ゴロ合わせ

【感知器の傾斜角の最大値】
佐藤氏プンプン（差動式分布型）孤独（５度）で
スポーツ（スポット型）が仕事（４５度）。
香典（光電式分離型）はおのおの（炎感知器）が
くれ（９０度）

②感知器の傾斜角の最大値について

感知器は、一定の角度まで傾斜させて取り付けても機能に異常を生じないものでなければなりません。この角度を**傾斜角**といい、規則および規格省令によって、次のように感知器ごとの傾斜角の最大値が定められています。

感知器の種類	傾斜角の最大値
● **差動式分布型感知器の検出部** （検出部▶P.151・152の図）	5度
● **スポット型の感知器** （炎感知器を除く）	45度
● **光電式分離型感知器** ● **光電アナログ式分離型感知器** ● **炎感知器**	90度

傾斜角の最大値を超える傾斜面に取り付ける場合には、座板等を用いて傾斜しないようにします。

重要ピックアップ

座板等を用いる

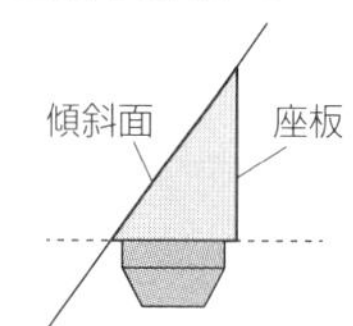

押えドコロ　各感知器に共通の設置基準

- **取付け面から感知器の下端までの距離**
  ⇒ **熱感知器**…**0.3m以内**、**煙感知器**（光電式分離型を除く）…**0.6m以内**
- **空気吹出し口からの距離** ⇒ **1.5m以上**
  例外：差動式分布型、光電式分離型、炎感知器
- **傾斜角の最大値**
  ⇒ **差動式分布型の検出部**…**５度**、**スポット型**（炎感知器除く）…**45度**

確認テスト

Key Point	できたら チェック ☑
感知区域と感知面積	□ 1 感知区域とは、壁または取付け面から0.6m（差動式分布型感知器または煙感知器の場合は0.4m）以上突出したはり等によって区画された部分をいう。
	□ 2 定温式スポット型（1種）の感知面積は、主要構造部が耐火構造で取付け面の高さが4m未満の場合、60㎡とされている。
	□ 3 熱電対式の差動式分布型感知器を設置する場合は、熱電対部を4個以上設ける必要がある。
	□ 4 光電式分離型を除く煙感知器（1種）の感知面積は、取付け面の高さが4m未満の場合、50㎡とされている。
各感知器に共通の設置基準	□ 5 差動式スポット型感知器は、その下端が取付け面の下方0.3m以内の位置になるように設けなければならない。
	□ 6 光電式分離型を除く煙感知器は、その下端が取付け面の下方0.3m以内の位置になるように設けなければならない。
	□ 7 定温式スポット型の感知器は、空気吹出し口から1.5m以上離れた位置に設ける必要がある。
	□ 8 差動式スポット型、光電式分離型および炎感知器の取付け位置は、換気口等の空気吹出し口から1.5m以上離れている必要がない。
	□ 9 差動式分布型感知器の検出部については、傾斜角の最大値は5度とされている。
	□ 10 スポット型の感知器および炎感知器については、傾斜角の最大値は45度とされている。

解答・解説

1.× 差動式分布型感知器と煙感知器の場合が0.6mで、それ以外が0.4mである。 2.○ 3.○ 主要構造部が耐火構造であるか否かや感知区域の床面積にかかわらず、最低でも4個の熱電対部を設けなければならない。 4.× 150㎡とされている。 5.○ 差動式スポット型は熱感知器なので正しい。 6.× 煙感知器（光電式分離型を除く）は0.6m以内である。 7.○ 8.× 差動式スポット型ではなく差動式分布型である。このほかの記述は正しい。 9.○ 10.× スポット型の感知器（炎感知器を除く）は45度であるが、炎感知器は90度とされている。

✓ここが狙われる！

感知区域の定義や**感知面積**は、製図試験において重要なポイントとなる（甲種を受験する人はここでしっかりと理解しておくこと）。各感知器に共通の設置基準は、**取付け位置**も**傾斜角**も頻出かつ重要である。該当する**感知器の種類**や**数値**を確実に覚えよう。

Lesson 2 熱感知器の設置基準

熱感知器のうち、定温式の性能を有する感知器と、差動式分布型感知器について、それぞれ特有の設置基準を学習します。差動式分布型では、空気管式と熱電対式の設置基準がよく出題されます。特に、数値を確実に覚えるようにしましょう。

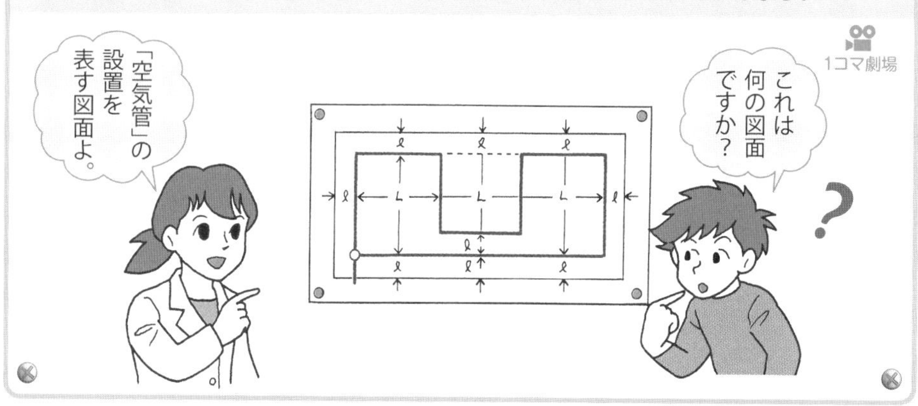

1 定温式の性能を有する感知器 ABC

定温式の性能を有する感知器（**定温式感知器、熱複合式感知器**）は、**周囲の温度**によって、設置場所が次のように規制されています。

ア　補償式スポット型感知器の場合

正常時の最高周囲温度が**公称定温点**（▶P.157）**よりも20℃以上低い場所**に設ける必要があります。

イ　ア以外の定温式の性能を有する感知器の場合

正常時の最高周囲温度が**公称作動温度**（▶P.154）**よりも20℃以上低い場所**に設ける必要があります。

たとえば、公称作動温度が75℃である定温式スポット型感知器ならば、最高周囲温度が55℃以下（75℃より20℃以上低い）の場所に設置しなければならないということです。逆に最高周囲温度が40℃の場所ならば、公称作動温度が60℃以上（40℃より20℃以上高い）の感知器を設置すればよいわけです。

プラス1
2つ以上の公称作動温度を有する感知器の場合は、最も低い公称作動温度よりも20℃以上低い場所に設ける。

2 差動式分布型の感知器 ABC

差動式分布型のうち、**空気管式**および**熱電対式**の感知器に特有の設置基準をまとめておきましょう。

①空気管式の設置基準

ア　最小露出長

感知器の**空気管**が露出している部分は、感知区域ごとに**20m以上**としなければなりません。空気管の露出長が20m以上にならない小感知区域である場合は、図1のように**2重巻き**や**コイル巻き**にして20m以上とします。

■図1

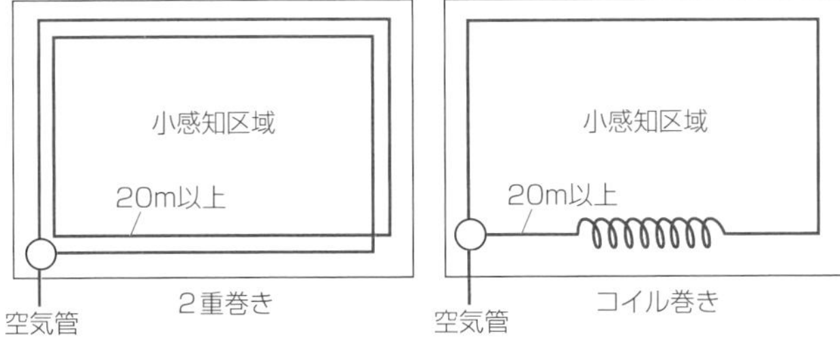

イ　接続長

1つの検出部に接続する**空気管の全長は100m以下**としなければなりません。

ウ　空気管の取付け間隔

1) 空気管は、感知区域の**取付け面の各辺から1.5m以内**の位置に設けること（図2のℓ）

2) **相対している空気管の相互間隔**は、次の通りとする（図2のL）
   - 主要構造部を耐火構造とした防火対象物またはその部分の場合
     ⇒ **9m以下**
   - それ例外の構造の場合
     ⇒ **6m以下**

■図2

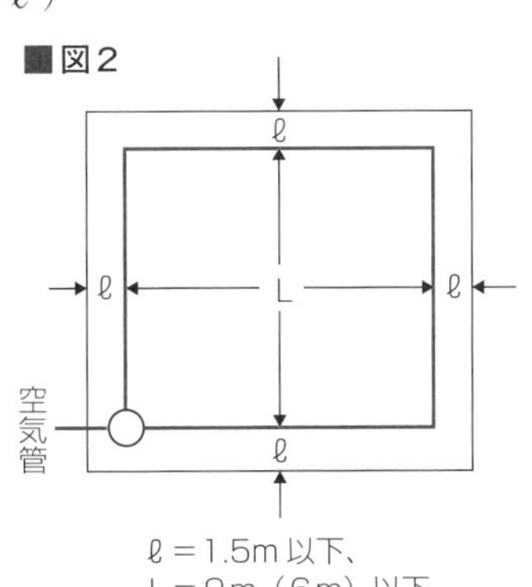

差動式スポット型は共通の設置基準（P.201～202）のみです。

用語

小感知区域
小部屋や押入れなどの小さな感知区域のこと。

プラス1
空気管の全長には、検出部まで接続する部分の空気管の長さも含む。

第5章 構造・機能等（電気に関する部分）

エ　前ページのウの例外

感知区域の規模または形状によって有効に火災の発生を感知することができるときは、次のような設置方法が認められます。

1）一辺省略

図３のように、壁面に沿う１辺（--------部分）を省略することによって、凹状に設置することができる

■図３

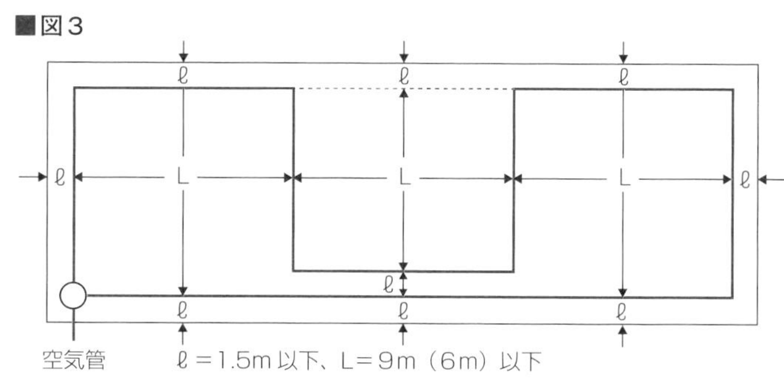

省略された部分は壁面から1.5m以内にならないので前ページウの 1）の例外です。

2）二辺省略

図４のように、空気管の短いほうの相互間隔（L_1の方向）を**6m（5m）以下**とした場合には、ほかの相互間隔（L_2の方向）を**9m（6m）以上**とすることができる。図４の２辺（--------部分）が省略されていることになるので、**二辺省略**と呼ばれる

重要ピックアップ

二辺省略

L_1の方向の空気管の相互間隔は、主要構造部が耐火構造の場合は6m以下、それ以外の構造の場合は5m以下とする。

■図４

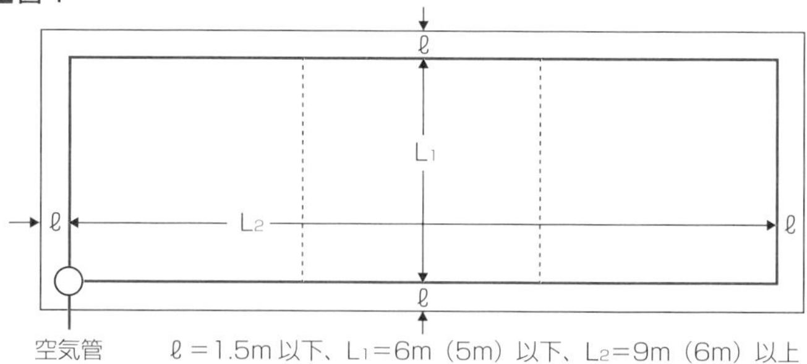

オ　空気管の取付け工事について

空気管の取付けを行う場合は、次のように施工しなければなりません。

1) 空気管の**止め金具**（ステップル）の**間隔は、35cm以内**とすること
2) 空気管の**屈曲部の半径**は、**5mm以上**とすること
3) 空気管の屈曲部を止める場合は、**屈曲部から5cm以内**をステップルで止めること

■図5

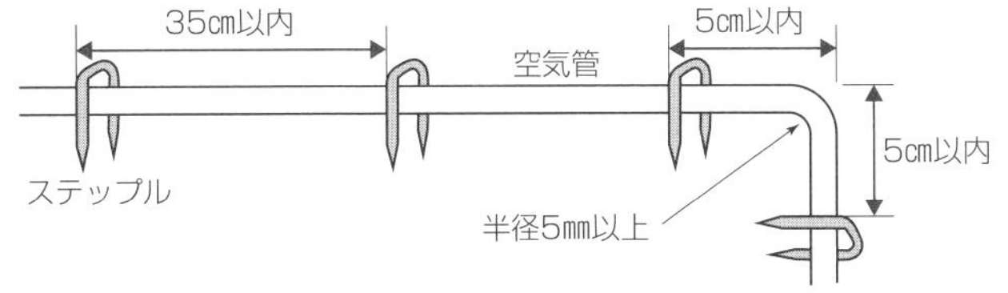

②熱電対式の設置基準

ア　設置する熱電対部の個数

レッスン1で学習した通り、**最低4個以上の熱電対部**を設ける必要があります（▶P.200）。ただし、1つの検出部に接続する熱電対部の数は、**20個以下**とされています。

イ　熱電対式の取付け工事について

1) 熱電対部を止める場合は、その**両端5cm以内**の接続電線部分を止め金具（ステップル）で止めること
2) ステップルの間隔は、**35cm以内**とすること

■図6

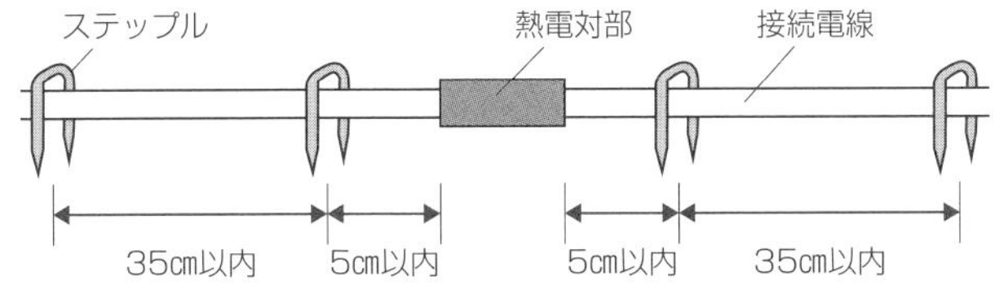

重要ピックアップ

差動式分布型感知器熱半導体式の感熱部の設置個数

感知区域ごとに2個（取付け面の高さが8m未満では1個）以上を設置する。ただし、1つの検出部につき15個以下とする。

熱電対部自体をステップルで止めないようにね。

第5章

構造・機能等（電気に関する部分）

押えドコロ　空気管式の設置基準

- **空気管の露出部分** ⇒ 感知区域ごとに**20m以上**とする
- **1つの検出部に接続する空気管の長さ** ⇒ **全長100m以下**とする
- **空気管の取付け間隔の原則**
  - **取付け面の各辺から1.5m以内**の位置に設ける
  - **相対している空気管の相互間隔**（耐火構造の場合）は**9m以下**

確認テスト

Key Point	できたら チェック ☑		
定温式の性能を有する感知器	□	1	定温式スポット型感知器を設置する場合、正常時における最高周囲温度が公称作動温度より20℃以上低い場所に設ける必要がある。
差動式分布型の感知器	□	2	差動式分布型感知器の空気管式を設置する場合、空気管の露出部分は、感知区域ごとに20m以上としなければならない。
	□	3	差動式分布型感知器の空気管式を設置する場合は、1つの検出部に接続する空気管の全長は60m以下としなければならない。
	□	4	差動式分布型感知器の空気管式を設置する場合、空気管は、原則として感知区域の取付け面の各辺から1.5m以内の位置に設ける必要がある。
	□	5	差動式分布型感知器の相対する空気管の相互間隔は、主要構造部を耐火構造とした防火対象物またはその部分の場合、原則として6m以下となるように設けなければならない。
	□	6	主要構造部を耐火構造とした防火対象物に差動式分布型感知器の空気管式を設置する場合、空気管の短いほうの相互間隔を6m以下とすれば、ほかの相互間隔は9m以上とすることができる。
	□	7	空気管の取付け工事において、空気管の止め金具（ステップル）の間隔は、50㎝以内とするよう定められている。
	□	8	空気管の取付け工事において、空気管の屈曲部の半径は、5㎜以上とするよう定められている。
	□	9	差動式分布型感知器の熱電対式を設置する場合は、1つの検出部に接続する熱電対部の数を15個以下としなければならない。
	□	10	差動式分布型感知器の熱電対式の取付け工事において、熱電対部を止める場合は、その両端5㎝以内の接続電線部分を止め金具で止めることとされている。

解答・解説

1.○　**2.**○　**3.**×　1つの検出部に接続する空気管の全長は100m以下とする。　**4.**○　ただし、一辺省略の場合には例外が認められる。　**5.**×　この場合は、原則として9m以下となるように設ける。　**6.**○　二辺省略の場合の例外である。　**7.**×　止め金具（ステップル）の間隔は、35㎝以内と定められている。　**8.**○　**9.**×　1つの検出部に接続する熱電対部の数は20個以下とされている。　**10.**○

✓ ここが狙われる！

差動式分布型感知器の**空気管式**の設置基準がよく出題される。空気管の**最小露出長、接続長**のほか、**相対する空気管の相互間隔、取付け工事**の施工方法まで、定められた数値を確実に覚えておく必要がある。

煙感知器の設置基準

このレッスンでは、煙感知器を光電式分離型とそれ以外のものとに分け、それぞれの設置基準について学習します。取付け位置について、細かい数値が定められています。図をよく見て、実際の現場をイメージしながら頭に入れていきましょう。

1コマ劇場

換気口や吸気口、それに壁からの距離に注意して！

1 煙感知器（光電式分離型を除く） A B C

煙感知器（光電式分離型を除く）に特有の設置基準をまとめておきましょう。

①取付け位置

1）天井が低い居室または狭い居室の場合には、**入口付近**に設けること

2）天井付近に吸気口のある居室の場合は、**吸気口付近**に設けること。換気口等の空気吹出し口から1.5m以上離れた位置に設けること（▶P.202）と混同しないこと

3）**壁またははりから0.6m以上離れた位置**に設けること

■図1

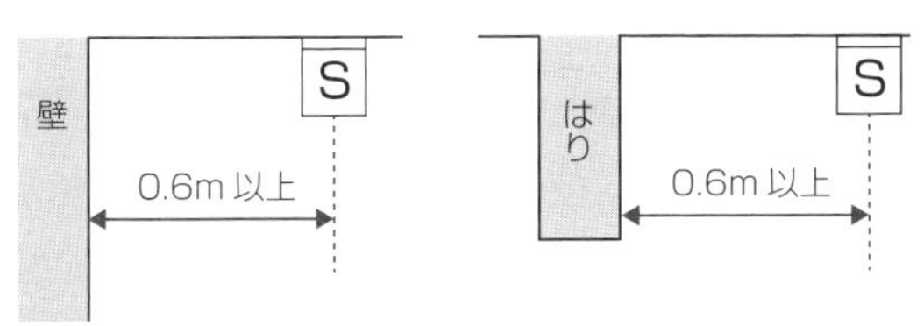

天井が低い居室
床面から天井面までおおむね2.3m未満の居室。

狭い居室
おおむね40㎡未満の居室。

プラス1
煙感知器（光電式分離型を除く）の下端は、取付け面の下方0.6m以内の位置に設けることにも注意する。▶P.201

②廊下・通路に設ける場合

用語
歩行距離
実際に歩いた場合の距離をいい、原則として中心線に沿って測定する。２点間を直線で結ぶ水平距離とは異なるので注意する。

1）**廊下・通路**においては、１種と２種は**歩行距離30m**（３種は**20m**）につき１個以上を設けること。また、感知器が廊下・通路の端にある場合は、壁面から**歩行距離15m**（３種は**10m**）以下の位置に設けること

■図２

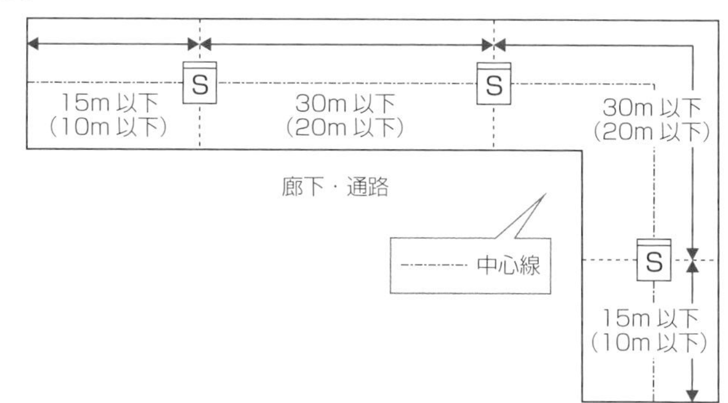

2）次のような廊下・通路には設置する必要がない
　A　廊下・通路が**10m以下**の場合
　B　廊下・通路から階段までの歩行距離が**10m以下**の場合

■図３

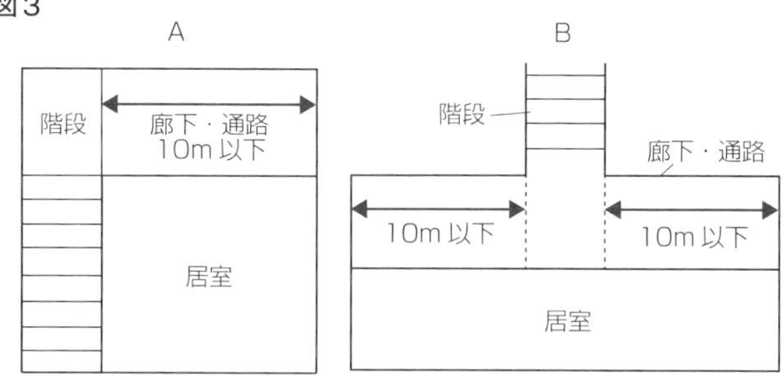

③階段・傾斜路に設ける場合

特定１階段等防火対象物
▶P.122

1）**階段**（エスカレーター含む）・**傾斜路**では、１種と２種は**垂直距離15m**（３種は**10m**）につき１個以上を設けること。**特定１階段等防火対象物**の場合は、**垂直距離7.5m**につき１個以上（１種と２種に限る）を設けること

2) **地階**が存在する場合

A　地階1階のみの場合は地階も含めて垂直距離をとる

B　地階が2階以上ある場合は、地階部分と地上部分とを分けて垂直距離をとる

地階が2階以上の場合は、地階部分と地上部分は別個の警戒区域だからですね。
▶P.128

■図4

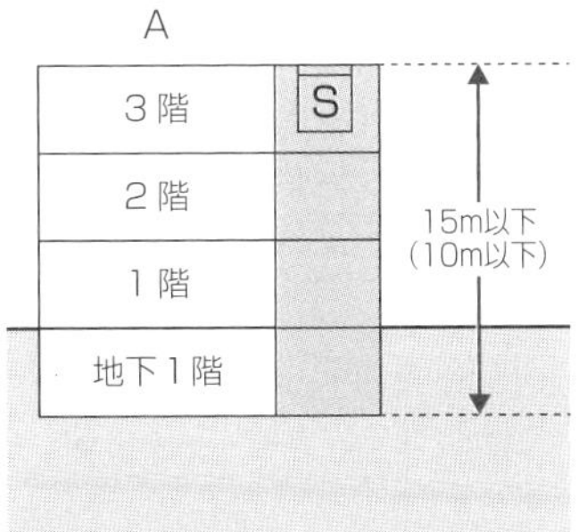

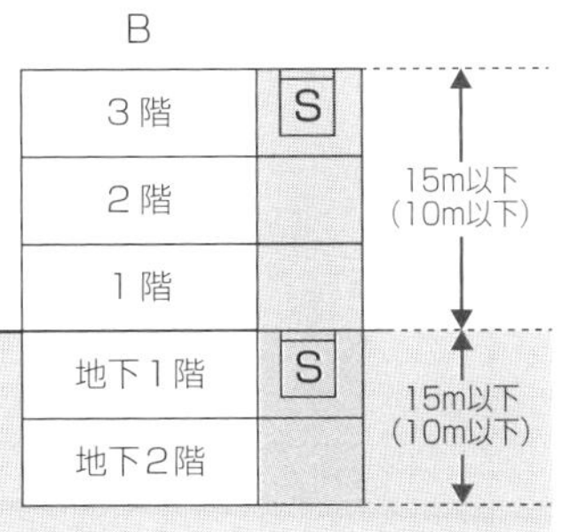

④エレベーター昇降路等に設ける場合

エレベーター昇降路、リネンシュート、パイプダクト等については、その**最頂部**に設けます。ただし、水平断面積が**1㎡以上**の場合に限ります。

プラス1
水平断面積1㎡未満の場合は、設置を省略できる。

2 光電式分離型感知器 ABC

光電式分離型感知器（▶P.162）に特有の設置基準は、次の通りです。

ア　感知器の受光面が日光を受けないように設けます。

イ　感知器の**光軸**（感知器の送光面の中心と受光面の中心とを結ぶ線）が、**並行する壁から0.6m以上離れた位置**となるように設けます。

ウ　**送光部**および**受光部**は、その**背部の壁から1m以内**の位置に設けます。

エ　感知器を設置する区域の**天井等の高さが20m未満**の場所に設けます。この場合、天井等の高さが**15m以上**の場所に設ける感知器は、1種に限ります。

用語
天井等
天井の室内に面する部分または上階の床もしくは屋根の下面をいう。

オ　感知器の**光軸の高さ**は、**天井等の高さの80%以上**となるようにします。

カ　感知器の**光軸の長さ**が当該感知器の**公称監視距離の範囲内**となるようにします。

キ　感知器は壁によって区画された区域ごとに、当該区域の各部分から**1つの光軸までの水平距離が7m以下**となるように設けます。

公称監視距離
送光部から受光部までの距離。5m以上100m以下（5m刻み）とするよう定められている。
▶P.162

設置場所の天井等の高さは20m未満です（「20m以上の場所以外の場所」だから）。

■図5

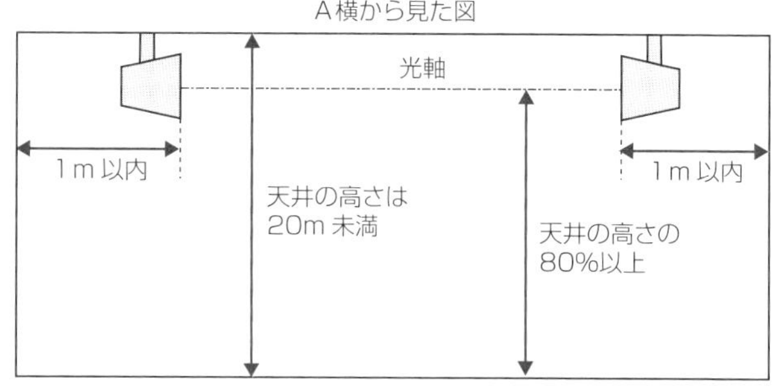

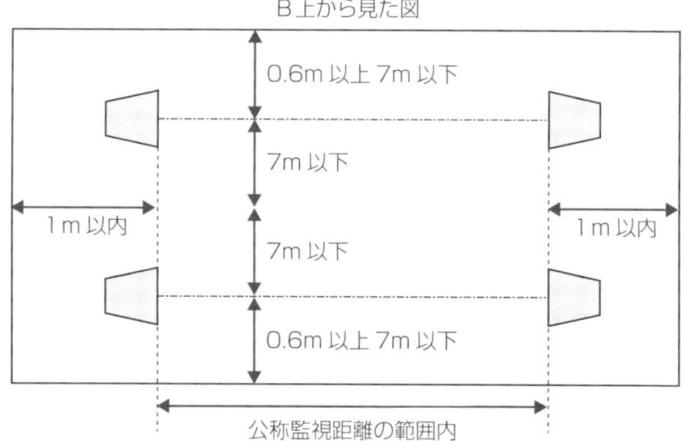

押えドコロ　**煙感知器の設置基準**

- **煙感知器（光電式分離型を除く）**
  天井が低い居室等は**入口付近**、吸気口があれば**吸気口付近**に設ける
- **光電式分離型の光軸**
  並行する壁から**0.6m以上7m以下**、天井等の**80%以上**の高さに設ける

確認テスト

Key Point		できたら チェック ☑
煙感知器（光電式分離型を除く）	□ 1	天井が低い居室または狭い居室に煙感知器を設置する場合には、その入口付近に設ける必要がある。
	□ 2	天井付近に吸気口のある居室に煙感知器を設置する場合には、その吸気口から1.5m以上離れた位置に設ける必要がある。
	□ 3	壁・はりから0.6m以上離れた位置に、煙感知器の下端が取付け面の下方0.6m以内の位置になるように設ける必要がある。
	□ 4	廊下や通路に1種または2種の煙感知器を設ける場合には、歩行距離20mにつき1個以上と定められている。
	□ 5	特定1階段等防火対象物を除き、階段に1種または2種の煙感知器を設ける場合には、垂直距離45mにつき1個以上と定められている。
光電式分離型感知器	□ 6	光電式分離型感知器の光軸が、並行する壁から0.6m以上離れた位置となるように設けなければならない。
	□ 7	光電式分離型感知器の送光部および受光部が、その背部の壁から1m以内の位置になるように設けなければならない。
	□ 8	光電式分離型感知器の光軸の高さは、天井等の高さの90%以上となるようにしなければならない。
	□ 9	天井等の高さが15m以上（20m未満）の場所に設ける光電式分離型感知器は、1種のものに限られる。
	□ 10	光電式分離型感知器は、壁によって区画された区域ごとに当該区域の各部分から1つの光軸までの水平距離が10m以下となるように設けなければならない。

解答・解説

1.○　2.× 吸気口の付近に設ける必要がある。1.5m以上離すのは換気口等の空気吹出し口の場合である。3.○　4.× 廊下・通路において1種または2種は歩行距離30mにつき1個以上とされている。　5.× この場合、1種または2種は垂直距離15mにつき1個以上とされている。　6.○　7.○　8.× 光軸の高さは天井等の高さの80%以上とする。　9.○　10.× 当該区域の各部分から1つの光軸までの水平距離が7m以下となるように設ける必要がある。

ここが狙われる！

試験では、感知器の種類ごとに設置基準を問う問題の中に**各感知器に共通の設置基準**も含まれていることが多い。**種類ごとに特有の基準**を学習しつつ、本章レッスン1や第3章（類別の法令）で学んだ共通の基準も併せて復習しておこう。

Lesson 4 炎感知器、その他の設置基準

このレッスンでは炎感知器のほか、アナログ式感知器の設置基準について学習します。炎感知器は、道路型とそれ以外に分けて基準が定められていますが、両者に共通する基準に注意しましょう。アナログ式は目を通す程度で大丈夫です。

1コマ劇場

あれ？これじゃ「監視空間」をカバーできないぞ！

炎感知器
公称監視距離
監視空間

1 炎感知器 ABC

炎感知器には屋内型、屋外型、道路型の３種類があり、道路型とそれ以外に分けて設置基準が定められています。

①道路型以外の炎感知器（屋内型・屋外型）

ア　感知器は、**天井等**または**壁**に設ける必要があります。

イ　壁によって区画された区域ごとに、当該区域の床面から**高さ1.2mまでの空間**（**監視空間**という）の各部分から感知器までの距離が**公称監視距離の範囲内**（▶P.164）となるように設けなければなりません（図１）。

■図１

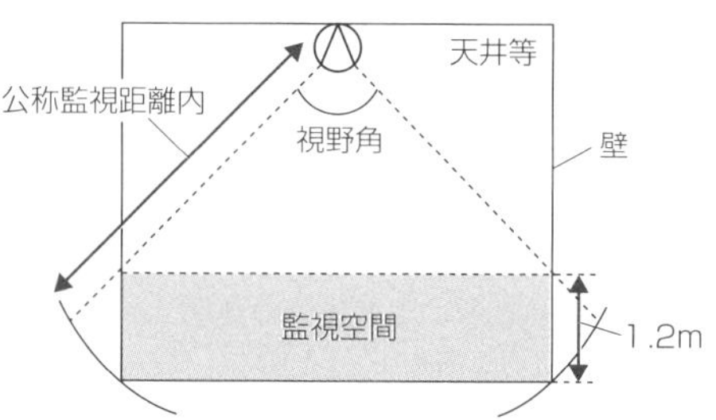

重要ピックアップ
屋内型と屋外型
屋内には屋内型、屋外には屋外型のものを設ける。ただし、文化財関係建築物等の軒下や物品販売店の荷さばき場などのように、雨水のかかるおそれがないように措置された場所には屋内型を設置することができる。

重要ピックアップ
炎感知器の図記号

ウ　感知器は、**障害物等**によって有効に火災の発生を感知できないことがないように設置しなければなりません。図２のように、監視空間内に監視空間を超える障害物等がある場合は、未監視部分を監視するために別に感知器を設ける必要があります。

■図2

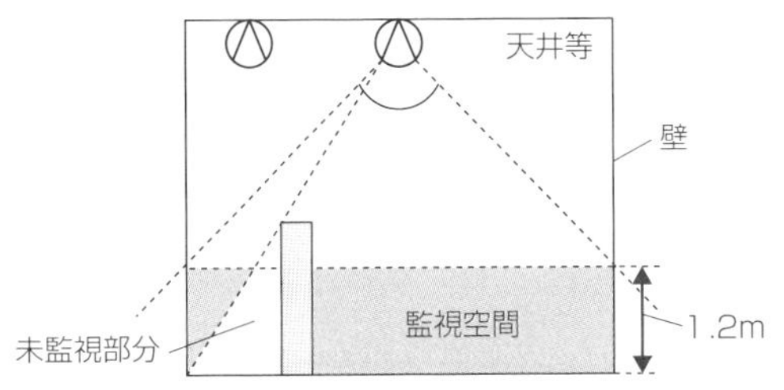

エ　感知器は、**日光を受けない位置**に設ける必要があります。ただし、感知障害が生じないように**遮光板等**を設けた場合は除きます。

②道路型の炎感知器

道路型以外の炎感知器の設置基準**ウ**と**エ**は、道路型にも共通のものです。そのほかに次のような基準があります。

ア　感知器は、**道路の側壁部**または**路端の上方**に設けます。

イ　感知器は、道路面（監視員通路が設けられている場合は当該通路面）からの高さが**1.0m以上1.5m以下**の部分に設けなければなりません（図３）。

ウ　道路の各部分から感知器までの距離（**監視距離**という）が**公称監視距離の範囲内**となるように設けます。

さらに「①道路型以外の炎感知器（屋内型・屋外型）」の設置基準**ウ**と**エ**は、道路型の炎感知器にも適用されます。

■図3

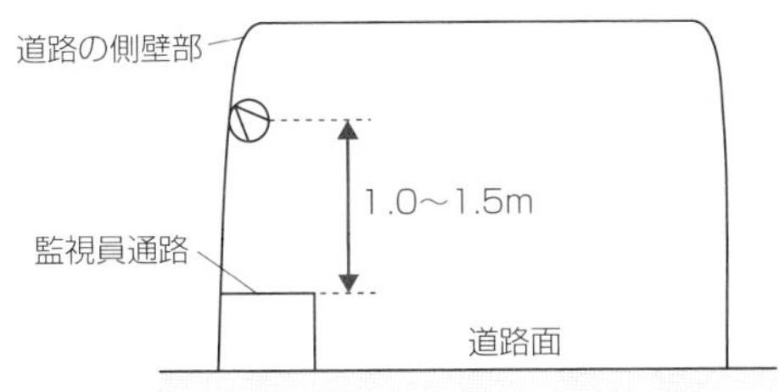

プラス1

取付け面から感知器の下端までの距離を0.3m（または0.6m）以内とする設置基準（▶P.201）は、炎感知器にはない。

用語

道路型の炎感知器
防火対象物の道路の用に供される部分に設けられる炎感知器のこと。

2 アナログ式感知器 ABC

アナログ式感知器
- 熱アナログ式 P.158
- イオン化アナログ式
- 光電アナログ式 P.163

アナログ式自動火災報知設備では、アナログ式の感知器や中継器からの火災情報信号を受信したときの**表示温度等**（表示する温度の値や煙の濃度の値）を、感度設定装置で事前に設定しておかなければなりません（P.186）。アナログ式感知器の設置基準は、この設定された表示温度等（**設定表示温度等**という）の範囲の区分に応じて、それぞれ下の表に掲げた種別の感知器の設置基準に従うこととされています。

■アナログ式感知器がその設置基準に従う感知器の種別

アナログ式感知器	対応する感知器の種別
熱アナログ式スポット型	定温式スポット型（特種）
イオン化アナログ式スポット型	光電式スポット型（1種・2種・3種）
光電アナログ式スポット型	
光電アナログ式分離型	光電式分離型（1種・2種）

熱アナログ式スポット型は、設定表示温度が次の範囲にある場合に**定温式スポット型（特種）**の基準に従います。

1）火災表示について

上限値：正常時における最高周囲温度＋50℃以下

下限値：正常時における最高周囲温度＋30℃以上

2）注意表示について

上限値：設定火災表示温度よりも10℃低い温度以下

下限値：正常時における最高周囲温度＋20℃以上

押えドコロ 炎感知器の設置基準

- **屋内型・屋外型の炎感知器**

  監視空間（床面から**高さ1.2m**）の各部分から感知器までの距離

  ⇒ **公称監視距離の範囲内**となるように設ける

- **道路型の炎感知器**

  道路面（または通路面）から高さ**1.0m以上1.5m以下**の部分に設ける

確認テスト

Key Point		できたら チェック ☑
炎感知器	□ 1	屋内型・屋外型の炎感知器は、天井等または壁に設けなければならない。
	□ 2	屋内型・屋外型の炎感知器は、その下端が取付け面の下方0.3m以内の位置になるように設けなければならない。
	□ 3	屋内型・屋外型の炎感知器は、監視空間の各部分から感知器までの距離が公称監視距離の範囲内となるように設けなければならない。
	□ 4	監視空間とは、壁によって区画された区域における床面からの高さ1.5mまでの空間をいう。
	□ 5	炎感知器は、障害物等によって有効に火災の発生を感知できないことがないように設置しなければならない。
	□ 6	道路型の炎感知器は、道路の側壁部または路端の上方に設けなければならない。
	□ 7	道路型の炎感知器は、道路に監視員通路が設けられている場合、当該通路面から高さ1.5m以上2m以下の部分に設ける必要がある。
	□ 8	日光を受ける位置に道路型の感知器を設ける場合、感知障害を生じないように遮光板等を設置する必要がある。
アナログ式感知器	□ 9	熱アナログ式スポット型感知器は、設定表示温度が一定の範囲にある場合、定温式スポット型感知器（特種）の設置基準に従う。
	□ 10	イオン化アナログ式スポット型感知器は、設定表示濃度に応じて、1種～3種のイオン化式スポット型感知器の設置基準に従う。

解答・解説

1.○　**2.**× これは熱感知器についての設置基準である。炎感知器にこのような基準はない。 **3.**○　**4.**× 1.5mではなく、1.2mである。 **5.**○ これは道路型の炎感知器にも共通の基準である。 **6.**○　**7.**× この場合は、通路面からの高さが1.0m以上1.5m以下の部分に設ける必要がある。 **8.**○ 日光を受けない位置に設けるという基準は、道路型の炎感知器にも共通のものである。 **9.**○　**10.**× イオン化式スポット型ではなく、光電式スポット型（1種～3種）の設置基準に従う。

✓ ここが狙われる！

炎感知器について、道路型とそれ以外に分けて出題されることが多い。道路型以外（屋内型・屋外型）では**監視空間**が重要である。また、道路型とそれ以外の感知器に共通する基準に注意しよう。**アナログ式感知器**は、対応する種別の感知器を覚えておこう。

Lesson 5

発信機・受信機・地区音響装置の設置基準

このレッスンでは「発信機」「受信機」「地区音響装置（非常ベル）」の設置基準について学習します。いずれも頻出かつ重要です。受信機と地区音響装置は、第３章（類別の法令）で学習した内容も併せて出題される可能性があります。

1 発信機の設置基準 ABC

発信機（▶P.166）の設置基準は、次の通りです。

①取付け位置

1) 各階ごとに、その階の各部分から発信機までの**歩行距離が50m以下**となるように設けること

2) 発信機は、床面から**高さ0.8m以上1.5m以下**の箇所に設けること

②表示灯

1) 発信機の**直近**の箇所に**表示灯**を設けること

2) 表示灯は**赤色**の灯火で、取付け面と**15度以上**の角度となる方向に沿って**10m**離れたところから点灯していることが容易に識別できるものであること

ただし、消火栓用の表示灯の直近に発信機を設けた場合

■表示灯

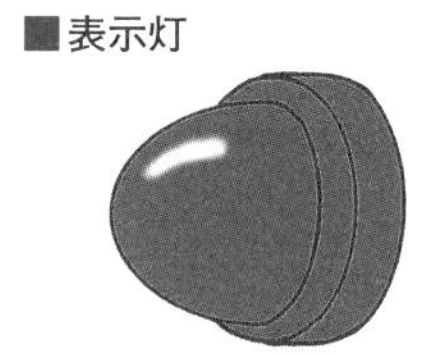

プラス1
発信機は、ホールの入口、階段付近または廊下等で多数の者の目にふれやすく、すみやかに操作できる場所に設ける。

この「表示灯」を受信機の部品である表示灯（火災灯や地区表示灯等）と混同しないこと。▶P.175

は、自動火災報知設備の表示灯を設けないことができます。

③P型発信機を接続する受信機の種類

P型発信機は、級によって接続できる受信機の種類（▶P.172）が定められています。

1）**P型1級発信機**

- P型（GP型）1級受信機
- R型（GR型）受信機

2）**P型2級発信機**

- P型（GP型）2級受信機

④発信機を設けなくてもよい受信機

- P型（GP型）2級受信機の1回線用
- P型（GP型）3級受信機

2 受信機の設置基準 ABC

受信機の設置基準のうち、重要なものをまとめておきましょう。

①取付け位置

1）受信機は、常時人がいる**防災センター等**（防災センターのほか、中央管理室、守衛室その他これに類する場所を含む）に設けること

2）受信機の**操作スイッチ**は、床面から**高さ0.8m**（いすに座って操作するものについては**0.6m**）**以上1.5m以下**の箇所に設けること

②受信機の設置台数の制限等

設置台数の制限および延べ面積に基づく設置の制限については、第3章で学習しました（▶P.135）。

③そのほかの重要な基準

1）受信機は、感知器・中継器・発信機の作動と連動して、当該感知器・中継器・発信機の作動した**警戒区域を表示**できるものであること

2）1つの防火対象物に2つ以上の受信機が設けられてい

重要ピックアップ

消火栓用の表示灯

屋内消火栓や屋外消火栓の設備も、赤色の表示灯を設けることとされている。

■屋内消火栓設備

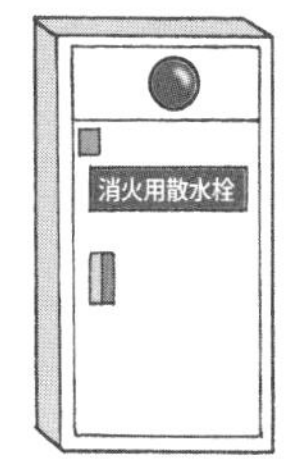

用語

防災センター

総合操作盤等の設備により、防火対象物の消防用設備等または特殊消防用設備等その他これらに類する防災のための設備を管理する場所。

中央管理室

高層建築物や床面積1000㎡超の地下街において常時建築物を管理する者が勤務している管理事務所その他の場所。

るときは、これらの受信機のある場所相互間で同時に**通話**することができる設備を設けること

3) 総合操作盤が設置されている場合を除き、受信機の付近に**警戒区域一覧図**を備えておくこと
4) アナログ式中継器およびアナログ式受信機の場合は、当該中継器および受信機の付近に**表示温度等設定一覧図**を備えておくこと

総合操作盤
消防用設備等または特殊消防用設備等の監視、操作等を行うために必要な機能を有する設備。

④主音響装置や副音響装置の音圧と音色

1) 主音響装置・副音響装置の音圧と音色は、ほかの警報音や騒音と明らかに区別して聞き取ることができること
2) 主音響装置の音圧の値（▶P.176）

⑤地区音響装置の再鳴動について

地区音響停止スイッチを設ける受信機は、次の基準に従います。

1) 地区音響停止スイッチが鳴動を**停止状態**にしている間に、受信機が火災信号、火災表示信号または火災情報信号（火災表示をする程度に達したもの）を受信したときは、当該スイッチが**一定時間以内**に自動的に地区音響装置を**鳴動させる状態**に移行すること
2) 受信機が**火災表示をしている間**に停止状態とした場合には、当該停止状態の間に受信機が火災信号、火災表示信号または火災情報信号（火災表示をする程度に達したもの）を受信したときは、（一定時間以内にではなく）**直ちに**自動的に鳴動させる状態に移行すること

２信号式受信機が２信号式の機能を有する警戒区域の回線から火災信号（感知器からのものに限る）を受信したとき、主音響装置または副音響装置によって火災の発生を自動的に表示します。

3 地区音響装置の設置基準 ABC

地区音響装置（非常ベル）の設置基準のうち、重要なものをまとめておきましょう。

■地区音響装置（非常ベル）

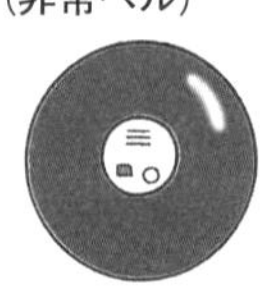

①取付け位置

各階ごとに、その階の各部分から１つの地区音響装置までの**水平距離**が**25m以下**となるように設けます。

■図１

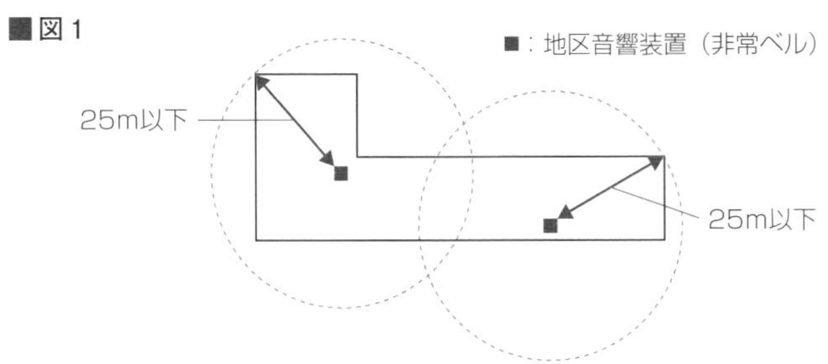

②地区音響装置の鳴動制限

地区音響装置の**鳴動制限**については、第３章で学習しました（▶P.135）。

③そのほかの重要な基準

1) １つの防火対象物に２つ以上の受信機が設けられているときは、地区音響装置はいずれの受信機からも鳴動させることができるものであること
2) 地区音響装置の**音圧**の値は、取り付けられた音響装置の中心から１m離れた位置で**90dB**（**音声**の場合は**92dB**）**以上**でなければならない（▶P.176）

④放送設備に連動する場合

音声警報音（警報用シグナルおよび警報用メッセージ）を発する**放送設備**が設置され、自動火災報知設備の作動と連動して当該区域に放送設備の音声警報音が自動的に放送される場合は、その有効範囲において自動火災報知設備の地区音響装置を設けないことができます。

重要ピックアップ
音声による警報
● 感知器作動警報
感知器が作動した旨を伝える警報で、音声は女声による
● 火災警報
火災が発生した旨を伝える警報で、音声は男声による

押えドコロ　発信機の設置基準

取付け位置
- 階の各部分から**歩行距離**で**50m以下**
- 床面から**高さ0.8m以上1.5m以下**の箇所

接続する受信機
- P型**１級**発信機 ⇒ P型（GP型）**１級**受信機、R型（GR型）受信機
- P型**２級**発信機 ⇒ P型（GP型）**２級**受信機

確認テスト

Key Point	できたら チェック ☑
発信機の設置基準	□ 1 発信機は、各階ごとに、その階の各部分から発信機までの歩行距離が50m以下となるように設ける。
	□ 2 発信機は、床面から高さ1.8m以上の箇所に設ける必要がある。
	□ 3 発信機の直近に赤色の灯火の表示灯を設ける。
	□ 4 R型（GR型）受信機は、P型2級発信機と接続することができる。
受信機の設置基準	□ 5 受信機の操作スイッチは、床面から高さ0.8m（いすに座って操作するものの場合は0.6m）以上1.5m以下の箇所に設ける。
	□ 6 受信機は、感知器、中継器または発信機の作動と連動して、当該感知器、中継器または発信機の作動した警戒区域を表示できるものでなければならない。
	□ 7 地区音響停止スイッチを設ける受信機は、火災表示をしている間に地区音響装置の鳴動を停止状態とした場合において、当該停止状態の間に受信機が火災信号を受信したときは、一定時間以内に自動的に鳴動させる状態に移行するものでなければならない。
地区音響装置の設置基準	□ 8 地区音響装置は、各階ごとに、その階の各部分から地区音響装置までの歩行距離が25m以下となるように設ける。
	□ 9 1つの防火対象物に2つ以上の受信機が設けられている場合には、地区音響装置は、いずれの受信機からも鳴動させることができるものでなければならない。
	□ 10 音声警報音を発する放送設備が設置され、自動火災報知設備の作動と連動して当該区域に放送設備の音声警報音が自動的に放送される場合であっても、自動火災報知設備の地区音響装置を省略することはできない。

解答・解説

1.○　**2.**× 発信機は床面から高さ0.8m以上1.5m以下の箇所に設ける。**3.**○　**4.**× R型（またはGR型）受信機は、P型1級発信機と接続する。 **5.**○ これは道路型の炎感知器にも共通の基準である。 **6.**○　**7.**× この場合は一定時間以内ではなく、直ちに自動的に鳴動させる状態に移行するものでなければならない。 **8.**× 地区音響装置までの歩行距離ではなく、水平距離が25m以下となるように設ける。 **9.**○　**10.**× この場合は、自動火災報知設備の地区音響装置を省略することができる。

✓ここが狙われる！

発信機の設置基準では**取付け位置、表示灯、P型発信機と接続する受信機の種類**が頻出である。**地区音響装置**については、第3章（類別の法令）で学習した事項を復習しておこう。

Lesson 6 電源および配線関係（1）

このレッスンでは「常用電源」「非常電源」についての基準と「感知器回路の配線」について学習します。非常電源は、第４章レッスン10の内容と併せて理解しましょう。感知器の信号回路の配線は、実技試験でも重要です。

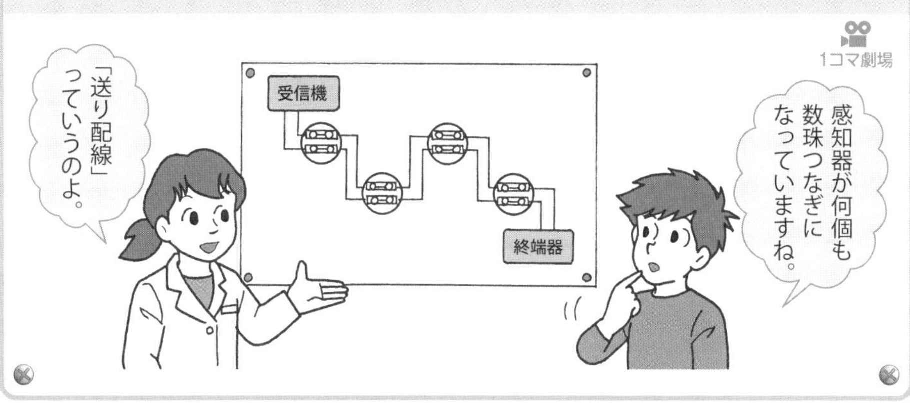

1 常用電源 ABC

電源には通常用いる常用電源のほかに、非常電源および予備電源があることを第４章で学習しました（▶P.194）。このうち、**常用電源**について次のような基準が定められています。

1) 電源は、蓄電池または**交流低圧屋内幹線**から**他の配線を分岐させず**にとること（図１）
2) 電源の開閉器には、自動火災報知設備用のものである旨を表示すること

常用電源としては交流電源と蓄電池設備があり、一般には交流電源が用いられています。

用語

交流低圧屋内幹線
交流電圧600V以下で屋内配線するための幹線（引込口から分岐回路に至るまでの配線）。

開閉器
▶P.195

■図１

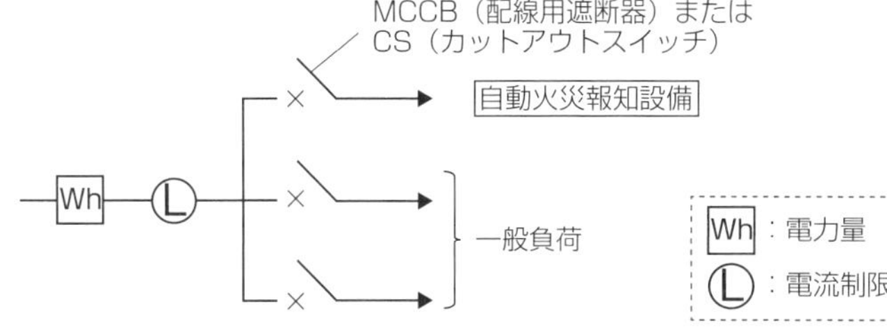

2 非常電源 ABC

①自動火災報知設備の非常電源

重要ピックアップ
非常電源
①蓄電池設備
②非常電源専用受電設備
③自家発電設備
④燃料電池設備
しかし、自動火災報知設備には③と④は用いられない。

非常電源とは、火災等により常用電源が停電しても、これに替えて電力を供給できるものをいい、自動火災報知設備の非常電源は、**蓄電池設備**または**非常電源専用受電設備**によるものとされています。

さらに、延べ面積**1000㎡以上**の**特定防火対象物**に設ける場合は**蓄電池設備**に限られており、それ以外の防火対象物に設ける場合にのみ、蓄電池設備または非常電源専用受電設備を用いることができます（▶P.194）。これらに関する重要な基準等をまとめておきましょう。

ア　蓄電池設備と非常電源専用受電設備に共通の基準

ほかの電気回路の開閉器や遮断器によって遮断されないものでなければなりません。

イ　非常電源専用受電設備について

非常電源専用受電設備とは、蓄電池設備等を使用せず、電力会社から受電する電源を非常電源とみなして運用する方式です（図２）。受電設備を非常電源専用受電設備の基準に適合させることによって、非常電源として使用します。

■図２

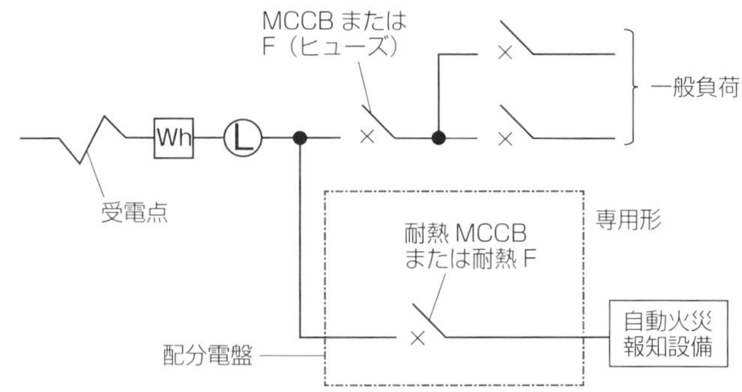

ウ　蓄電池設備の基準

自動火災報知設備の非常電源として用いる**蓄電池設備**は**直交変換装置を有しない**ものに限られています（▶P.194）。これは、常用電源が停電してから非常電源に切り替わる際、正常な電流を供給できるまでに若干時間を要するものがあるためです。

自動火災報知設備の非常電源として用いる蓄電池設備には、次のような基準が定められています。

1) 常用電源が停電したとき、**自動的に常用電源から非常電源に切り替えられる**ものであること
2) **容量**は、自動火災報知設備を有効に**10分間**作動することができる容量以上であること
3) 停電後、常用電源が復旧したときは、自動的に非常電源から常用電源に切り替えられるものであること
4) このほかの詳細な基準（▶P.195）

エ　非常電源の配線の基準

自動火災報知設備の非常電源の**配線**について、次のような基準が定められています。

1) **600V２種ビニル絶縁電線**（HIV）またはこれと同等以上の**耐熱性を有する電線**を使用すること
2) 開閉器、過電流保護器その他の配線機器は、耐熱効果のある方法で保護すること

オ　非常電源の省略

予備電源の容量が、当該自動火災報知設備に要求される非常電源の容量以上である場合は、**非常電源を省略**することができます。

②ガス漏れ火災警報設備の非常電源

ア　原則として、**直交変換装置を有しない蓄電池設備**によるものとし、その容量は、**２回線を10分間**有効に作動させ、同時に**その他の回線を10分間監視状態**にすることができる容量以上であることとされています。

用語

600V２種ビニル絶縁電線（HIV）
通常の600Vビニル絶縁電線（IV）より耐熱性のよい絶縁体で被覆された電線。

逆に、非常電源の容量が予備電源の容量以上であっても予備電源は省略できません。

イ　例外として、**2回線を1分間**有効に作動させ、同時に**その他の回線を1分間監視状態**にすることができる容量以上の容量を有する予備電源または直交変換装置を有しない蓄電池設備を設ける場合は、**直交変換装置を有する蓄電池設備**、**自家発電設備**または**燃料電池設備**によることができます。

3 感知器回路の配線 ABC

感知器と受信機とを結ぶ信号回路は**常時開路式**であり、通常は回路が閉じておらず、電流が流れないようになっています。このような回路において断線の有無を確認するために、容易に**導通試験**が行えるよう、配線について次のような基準が定められています。

ア　感知器の信号回路は、**送り配線**にすること

イ　回路の末端に**発信機**、**押しボタン**または**終端器**（終端抵抗）を設けること

この「押しボタン」は、**回路試験器**と呼ばれます。P型1級受信機（多回線用）やR型受信機などは**導通試験装置**によって断線の有無を確認できますが（▶P.180、184）、導通試験装置がない受信機では、発信機やこの回路試験器の押しボタンを押すことにより断線の有無を確認します。「**送り配線**」というのは、感知器等の機器を**数珠つなぎ**に配線していく方式のことです（図3）。

終端器（終端抵抗）を設けると、微弱な電流（試験電流）が常時流れることになりますが、受信機を作動させるほどの電流ではありません。

■図3

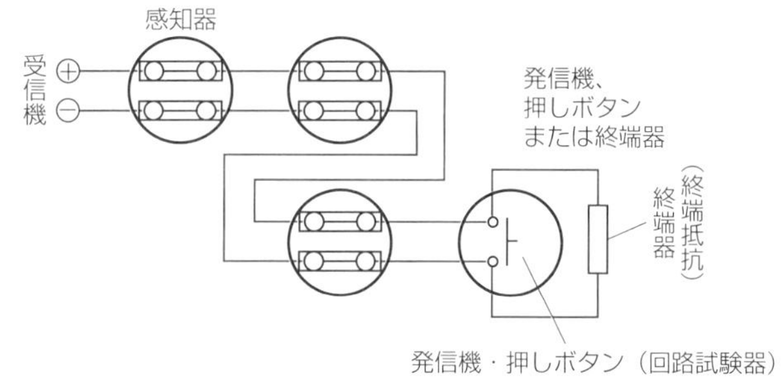

「送り配線」であれば、回路のどこか1箇所でも断線していれば、導通試験装置を有する受信機の場合、終端抵抗に電流が流れなくなることによって断線を確認できます。導通試験装置がない受信機の場合は、発信機や回路試験器の押しボタンを押しても電流が流れないことから、断線を確認することができます。

これに対して「送り配線」でない場合は、図4のように回路の×印の箇所で断線していても電流が流れてしまうので、×印の断線を確認することができません。

■図4

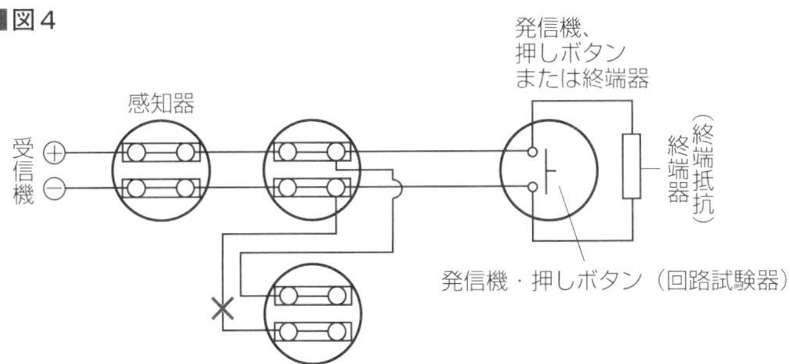

このように、回路の断線は電流が流れないことによって判断するので、断線していても電流が流れてしまうような配線の仕方をしてはいけません。ただし、配線が感知器や発信機からはずれた場合または配線に断線があった場合に**受信機が自動的に警報を発するもの**は、例外として、送り配線としたり押しボタン等を設けたりするなどの措置は不要とされます。

回路が途中で分岐するような配線は自動火災報知設備の信号回路として不適切だということですね。

重要ピックアップ

自動試験機能

自動試験機能とは、火災報知設備の機能が適正に維持されていることを自動的に確認する特別な機能（▶P.145）。

この機能を設けた受信機では、外部配線に異常が生じたとき、導通試験装置やR型の断線・短絡を検出する装置が、音響装置と表示灯を自動的に作動する。

第5章 構造・機能等（電気に関する部分）

押えドコロ　自動火災報知設備の非常電源

- **蓄電池設備の容量**
  ⇒ 自動火災報知設備を有効に**10分間**作動することができる容量以上
- **非常電源の配線に使用する電線**
  ⇒ **600V 2種ビニル絶縁電線**（これと同等以上の**耐熱性の電線**でも可）
- **非常電源の省略**
  〔予備電源の容量〕≧〔非常電源の容量〕⇒ 非常電源の省略可

確認テスト

Key Point	できたら チェック ☑
常用電源	□ 1 常用電源は、蓄電池または交流低圧屋内幹線から他の配線を分岐させずにとらなければならないとされている。
非常電源	□ 2 自動火災報知設備の非常電源には、蓄電池設備、非常電源専用受電設備または自家発電設備を用いるものとされている。
	□ 3 非常電源としての蓄電池設備は、常用電源が停電したとき、自動的に常用電源から切り替えられるものでなければならない。
	□ 4 自動火災報知設備の非常電源である蓄電池設備は、その容量が当該自動火災報知設備を有効に10分間作動することができる容量以上でなければならない。
	□ 5 自動火災報知設備の非常電源の配線には、600Vビニル絶縁電線(IV)またはこれと同等以上の電線を使用することとされている。
	□ 6 自動火災報知設備の非常電源の容量が、予備電源の容量以上である場合には、予備電源を省略することができる。
	□ 7 ガス漏れ火災警報設備の非常電源は、原則として直交変換装置を有しない蓄電池設備によるものとされ、その容量は、2回線を10分間有効に作動させ、同時にその他の回線を10分間監視状態にできる容量以上でなければならない。
感知器回路の配線	□ 8 感知器の信号回路は送り配線にするとともに、回路の末端に発信機、押しボタンまたは終端器を設けることが原則とされている。
	□ 9 P型1級受信機(多回線用)の場合は、送り配線にする必要がない。
	□ 10 配線に断線があった場合に自動的に警報を発する受信機であっても、感知器の信号回路は送り配線にする必要がある。

解答・解説

1.○ **2.**× 自家発電設備は、自動火災報知設備の非常電源に用いることができない。 **3.**○ **4.**○ **5.**× 600Vビニル絶縁電線(IV)ではなく、600V 2種ビニル絶縁電線(HIV)またはこれと同等以上の耐熱性を有する電線を使用することとされている。 **6.**× 予備電源の容量が非常電源の容量以上である場合、非常電源を省略できる。その逆は不可。 **7.**○ **8.**○ **9.**× P型1級受信機(多回線用)は導通試験装置を備えているが、送り配線にしなければ断線の有無を確認することはできない。 **10.**× このような受信機の場合は例外として、送り配線にするなどの措置は不要とされている。

✓ ここが狙われる!

非常電源については、第4章レッスン10で学習した内容と合わせて復習しておくこと。特に**非常電源の配線に使用する電線**の種類、**非常電源の省略**が重要である。自動火災報知設備とガス漏れ火災警報設備の非常電源の違いにも注意しよう。

電源および配線関係（2）

配線について「共通線の制限」「誘導障害の防止」「耐火配線と耐熱配線」のほか、電線の接続方法を学習します。どのような回路を耐火配線や耐熱配線とするのか、また、それぞれの場合に使用する電線の種類や工事方法を理解しましょう。

1 配線に関する基準 ABC

①共通線の制限

P型（GP型）受信機の感知器回路では、1つの警戒区域に2本の配線（＋と－）が必要です（図1）。ところが2本のうち1本は**共通線**とすることができるので、これによって配線の数を減らすことができます（図2）。

表示線
2本ずつの配線のうち、共通線でないほうを「表示線」と呼ぶ。

■図1

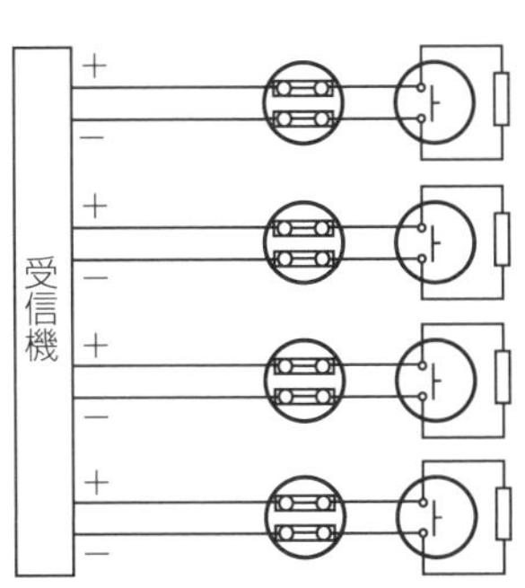

■図2

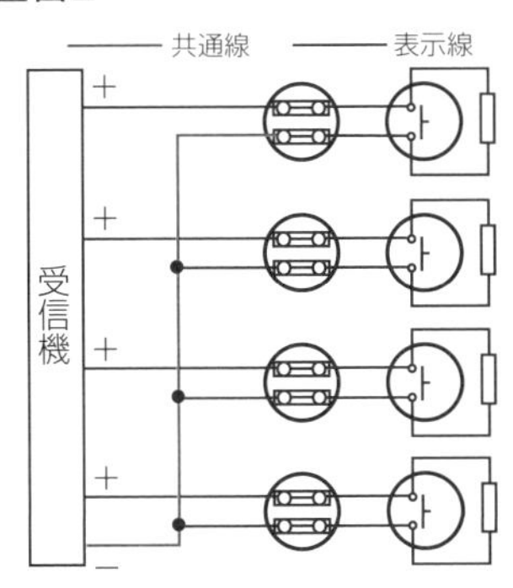

図2のようにすれば、受信機に戻る信号電流は1本の共通線を通ることになります。

たとえば警戒区域が20回路であれば、共通線は7+7+6＝20で３本必要となります。

用語

ダクト、線ぴ

多数の電線をまとめて収容する、断面が長方形の管。幅が５cmを超えるものをダクト、５cm以下のものを線ぴという。

（金属線ぴ）

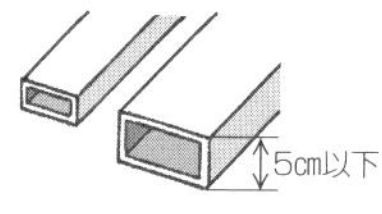

プルボックス

多数の金属管が集まる箱で、金属管内への電線の引き入れを容易にするため用いられる。

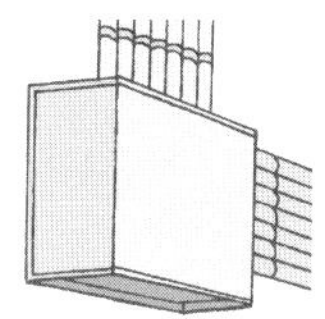

前ページ図２では、１本の共通線が４つの警戒区域について設けられていますが、規則ではＰ型（ＧＰ型）受信機の感知器回路の配線について共通線を設ける場合、**共通線１本につき７警戒区域以下**とされています。このため、７警戒区域を超える回路について共通線を設ける場合は、共通線が２本以上となります。

Ｒ型（ＧＲ型）の受信機の場合は、火災信号等を固有の信号として受信することから、もともと配線を１つにまとめることができるので（▶P.174）、このような制限はありません。

②誘導障害の防止

規則では、自動火災報知設備の配線に使用する電線とそれ以外の電線は、**同一の管やダクト**（絶縁効力のあるもので仕切った場合には、その仕切られた部分は別個のダクトとみなす）、**線ぴ**、**プルボックス**等の中には設けないこととしています。これは、自動火災報知設備の配線に使用する電線が、それ以外の電線に流れる電流の電磁誘導等による影響（**誘導障害**）を受けないようにするためです。

ただし、**60V以下**の弱電流回路に使用する電線については例外とします。

2 耐火配線と耐熱配線

配線は火や熱に対する保護能力が大きな順番に、**耐火配線**、**耐熱配線**、**一般配線**に分けることができます。

①耐火配線

ア　耐火配線とする回路

1）**非常電源から受信機までの回路**

2）**中継器の非常電源回路**

ただし 2）については、受信機または中継器が**予備電源**を内蔵している場合は、一般配線でよいとされています。

イ　耐火配線工事の方法（次のうちいずれか）

- 600 V 2種ビニル絶縁電線（HIV）またはこれと同等以上の**耐熱性を有する電線**を使用して、**金属管等**（合成樹脂管を含む）に電線を収め、これをさらに**耐火構造**の主要構造部に**埋設**する
- **MIケーブル**または基準に適合する**耐火用**の電線を使用して、そのまま**露出配線**とする（埋設の必要なし）

②耐熱配線

ア　耐熱配線とする回路

1) 受信機から**消防用設備等の操作回路**までの回路
2) 受信機から**地区音響装置**までの回路
3) **アナログ式感知器**から受信機までの回路（中継器を経由する場合も含む）
4) 受信機から発信機直近の**表示灯**までの回路

ただし 4）については、発信機をほかの消防用設備等の起動装置と兼用する場合（**消火栓連動**）に限り、それ以外の場合は一般配線でよいとされています。

イ　耐熱配線工事の方法（次のうちいずれか）

- 600 V 2種ビニル絶縁電線（HIV）またはこれと同等以上の**耐熱性を有する電線**を使用して、金属管等（合成樹脂管を含む）に電線を収める。**埋設する必要はない**
- **MIケーブル**または基準に適合する**耐火用**（**耐熱用**でもよい）の電線を使用する。**露出配線でよい**

■耐火配線・耐熱配線とする回路

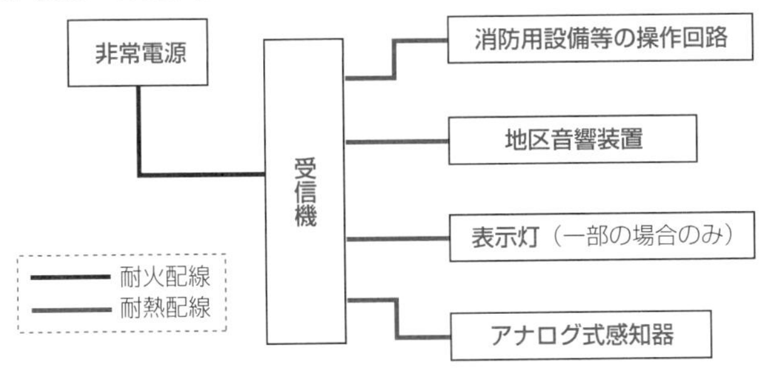

耐火配線または耐熱配線にする必要のある回路以外については、**一般配線**を行います。

重要ピックアップ

HIVと同等以上の耐熱性を有する電線のうち主なもの

- シリコンゴム絶縁電線
- ポリエチレン絶縁電線
- EPゴム絶縁電線
- アルミ被ケーブル
- 鉛被ケーブル
- CDケーブル
- クロロプレン外装ケーブル

▶P.268参照

用語

MIケーブル
無機絶縁ケーブルの略称。銅線と銅管の間に無機絶縁物を入れた耐火用ケーブルで、金属管等に収める必要がない。

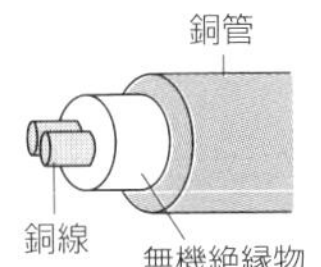

プラス1

地区音響装置はずっと鳴り続ける必要があるため、耐熱配線にする。

表示灯への配線は、発信機をほかの消防用設備等の起動装置と兼用する場合にだけ耐熱とする。

3 電線の接続

電線の接続は、次の点に注意して行います。

ア　電線の強さを**20%以上減少**させないようにします。

イ　接続部分において電線の**電気抵抗を増加**させないように接続します。

ウ　電線の接続にはスリーブなどの接続管その他の器具を使用するか、または電線相互を直接**ろう付け**（はんだ付け）して、通常の使用状態において断線のおそれがないようにします。

エ　電線の接続部分は、絶縁物のスリーブやコネクタ類を使用する場合を除き、心線が露出したままなので、接続電線の絶縁物と同等以上の絶縁効力のあるもので十分被覆します。一般には**ビニルテープ**を用います。

「電線の強さ」とは、引っ張り強さのことです。

重要ピックアップ

接続管その他の器具
ねじりスリーブ（S形等）や圧着スリーブ（リングスリーブ等）、コネクタ類（ワイヤコネクタ等）を使用する方法がよく用いられる。

■S形スリーブ

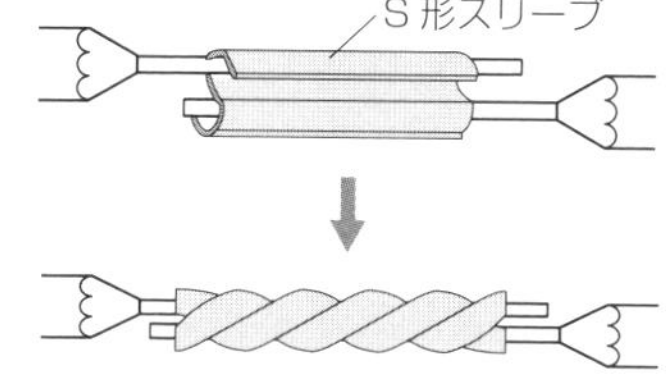

■ワイヤコネクタ（断面図）

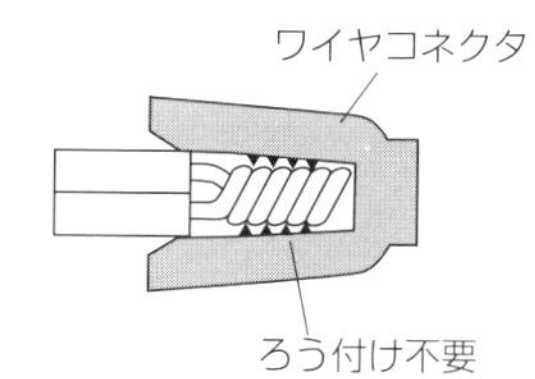

■ろう付けをする場合

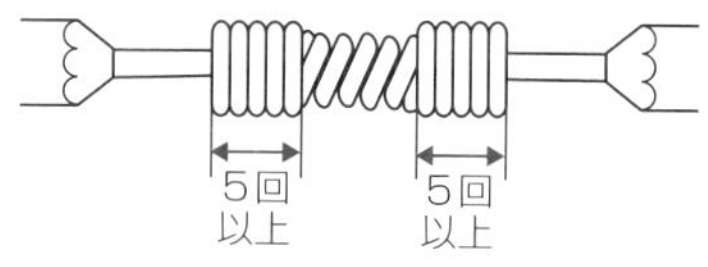

- 心線を互いに5回以上巻きつける
- はんだ付けのあと、ビニルテープ等で被覆する

押えドコロ　耐火配線と耐熱配線

- **非常電源**は**耐火配線**、**地区音響装置**は**耐熱配線**
- **HIV電線**（または同等以上の耐熱性電線）は必ず**金属管等に収める**
  耐火配線 ⇒ さらに**埋設**が必要、**耐熱配線** ⇒ 埋設不要
- **MIケーブル**は金属管等に収める必要がなく、**露出配線**でよい

確認テスト

Key Point	できたら チェック ☑
配線に関する基準	□ 1 Ｐ型またはＧＰ型受信機の感知器回路の配線に共通線を設ける場合は、共通線１本につき５警戒区域以下としなければならない。
	□ 2 原則として、自動火災報知設備の配線に使用する電線とそれ以外の電線を、同一の管やダクト等の中に設けてはならない。
	□ 3 電圧 100V 以下の回路に使用する電線であれば、自動火災報知設備の配線に使用する電線と同一の管やダクト等の中に設けてもよい。
耐火配線と耐熱配線	□ 4 予備電源を内蔵している中継器の非常電源回路については、IV 電線を使用して一般配線工事をすることができる。
	□ 5 耐火配線において HIV 電線を使用し、これを金属管等に収める場合は、埋設工事を行う必要がない。
	□ 6 非常電源から受信機までの非常電源回路において、MI ケーブルを使用すれば、露出配線工事をすることができる。
	□ 7 受信機から地区音響装置までの配線に HIV 電線を使用する場合は、これを金属管等に収めたうえ、埋設する必要がある。
	□ 8 受信機から発信機直近の表示灯までの回路は、通常は一般配線でよいが、発信機を他の消防用設備等の起動装置と兼用する場合に限り耐熱配線にする必要がある。
電線の接続	□ 9 電線を接続するときは、電線の強さを 20%以上減少させないようにしなければならない。
	□ 10 電線相互を直接接続する場合は、心線を互いに５回以上巻きつけ、その上をビニルテープで固定するだけでよい。

解答・解説

1.× 共通線１本につき７警戒区域以下である。 **2.**○ **3.**× 60V 以下の弱電流回路に使用する電線であれば、同一の管やダクト等の中に設けることができる。 **4.**○ 原則は耐火配線であるが、予備電源を内蔵している場合には一般配線でよいとされている。 **5.**× 耐火配線工事の場合は、HIV 電線を金属管等に収めたうえ、さらに埋設する必要がある。 **6.**○ 非常電源から受信機までは耐火配線であるが、MI ケーブルを使用する場合は露出配線工事でよい。 **7.**× 受信機から地区音響装置までは耐熱配線なので、HIV 電線を使用して金属管等に収めれば、埋設をする必要はない。 **8.**○ **9.**○ **10.**× 心線を互いに５回以上巻きつけ、はんだ付けをしたうえでテープを巻きつける。

✓ ここが狙われる！

耐火配線・耐熱配線についてよく出題されている。**600V ２種ビニル絶縁電線（HIV）**を使用する場合は必ず金属管等に収めたうえ、**耐火配線**の場合は**埋設**まで必要とする点が重要である（耐熱配線では埋設不要）。**MIケーブル**の場合は**露出配線**でよいことも押さえよう。

第5章 構造・機能等（電気に関する部分）

Lesson 8

回路抵抗・絶縁抵抗および接地工事

ここでは「回路抵抗」「絶縁抵抗」「接地工事」について学習します。回路抵抗と接地抵抗の値は大きすぎないほうがよく、逆に、絶縁抵抗の値は大きくなければならないことを理解しましょう。それぞれの抵抗の値を確実に覚えましょう。

1 回路抵抗と絶縁抵抗 ABC

①回路抵抗

規則では、P型およびGP型受信機の感知器回路の電路の抵抗（回路抵抗）について、**50Ω以下**となるように設けることとしています。

+プラス1
回路抵抗が大きすぎると必要な電流が得られず、火災発生時に信号を円滑に伝達することができなくなる。

②絶縁抵抗

絶縁物は電圧を加えても電気を通さない物質とされていますが、実際にはきわめて微小な電流が流れており、この電流を「漏れ電流」といいます。絶縁物に加えた電圧を、そのときに流れた漏れ電流で割ったものが**絶縁抵抗**です。漏れ電流が大きいと、感電や火災などの原因となるため、絶縁抵抗の値はできるだけ**大きく**する必要があります。

そこで、規則および規格省令によって、絶縁抵抗の値が次のように定められています。

ア　配線について

1）**電源回路と大地との間**および**電源回路の配線相互の間**の

絶縁抵抗は、直流250Vの絶縁抵抗計で計った場合に次の値でなければならない

電源回路の対地電圧	絶縁抵抗の値
150V以下	0.1MΩ以上
150Vを超え、300V以下	0.2MΩ以上
300Vを超えるもの（※）	0.4MΩ以上

※300Vを超えるものについては「電気設備技術基準」による

2) **感知器回路**および付属装置回路（ともに電源回路を除く）と**大地との間**ならびにそれぞれの回路の**配線相互の間**の絶縁抵抗は、１つの警戒区域ごとに直流250Vの絶縁抵抗計で計った値が**0.1MΩ以上**でなければならない

イ　発信機について

発信機の絶縁された端子の間、充電部と金属製外箱の間および充電部と押しボタンスイッチの頭部との間の絶縁抵抗は、直流500Vの絶縁抵抗計で測定した値が**20MΩ以上**でなければなりません。

ウ　感知器について

感知器の絶縁された端子の間および充電部と金属製外箱との間の絶縁抵抗は、直流500Vの絶縁抵抗計で測定した値が**50MΩ以上**（定温式感知線型は線間で１m当たり1000MΩ以上）でなければなりません。

エ　受信機について

充電部と非充電部の間の絶縁抵抗は、直流500Vの絶縁抵抗計で測定した値が**５MΩ以上**でなければなりません。

対地電圧
電線と大地との間の電圧の差をいう。これに対し、電線間の電圧の差は「線間電圧」という。

MΩ（メガオーム）
１MΩ＝100万Ω。0.1MΩは10万Ωである。このように、絶縁抵抗はきわめて大きな値をとる。

感知器回路の配線相互間の絶縁抵抗（アの 2)）と混同しないこと。

2 接地工事 ABC

電気設備を大地と電気的に接続することを**接地**（アース）といい、**接地工事**は、人間や家畜に対する**感電事故の防止**のほか、**漏電**による**火災**や**機器の損傷防止**などを目的として行われます。大地に接続する電線（**接地線**）は**太く**、**接地抵抗値**は**小さい**ほど、接地の効果が大きくなります。接

プラス1
接地をすれば、抵抗値の大きな人体よりも、接地線を通って電流が地球（大地）に流れ、感電の危険性が減少する。

B種接地工事は、ほかの3種類とは目的が異なるので省略します。

地工事にはA種からD種の4種類があり、それぞれ接地線の太さと接地抵抗値が次のように定められています。

	接地線の太さ	接地抵抗値
A種	2.6㎜以上	10Ω以下
C種	1.6㎜以上	10Ω以下（※）
D種	1.6㎜以上	**100Ω以下**（※）

※一定の装置を設けた場合は500Ω以下とすることができる

押えドコロ　回路抵抗と絶縁抵抗

- **P型・GP型受信器の回路抵抗 ⇒ 50Ω以下**
- **電源回路の配線相互間の絶縁抵抗 ⇒ 0.1MΩ以上**（対地電圧150V以下）

確認テスト

Key Point	できたら チェック ☑
回路抵抗と絶縁抵抗	□ 1　P型受信機の感知器回路の電路の抵抗は、100Ω以下となるように設けることとされている。
	□ 2　電源回路の対地電圧が150Vを超え300V以下の場合、電源回路の配線相互の間の絶縁抵抗値は、直流250Vの絶縁抵抗計で測定して、0.2MΩ以上でなければならない。
	□ 3　感知器回路（電源回路を除く）と大地との間の絶縁抵抗値は、1つの警戒区域ごとに直流250Vの絶縁抵抗計で測定して、50MΩ以上でなければならない。
	□ 4　感知器の充電部と金属製外箱との間の絶縁抵抗値は、直流500Vの絶縁抵抗計で測定して、50MΩ以上でなければならない。
接地工事	□ 5　接地工事は、電圧降下の防止と力率の改善を目的としている。
	□ 6　D種接地工事における接地抵抗値は、原則100Ω以下とされている。

解答・解説

1. × P型・GP型受信器の回路抵抗は50Ω以下とされている。 **2.** ○　**3.** × 50MΩではなく、0.1MΩ以上である。 **4.** ○　**5.** × 接地工事の目的は、人畜に対する感電事故の防止や、漏電による火災や機器の損傷防止などである。なお、接地には電圧降下を防いだり力率を改善したりする効果はない。 **6.** ○

ここが狙われる！

P型・GP型受信器の**回路抵抗**の値と、**配線についての絶縁抵抗**の値、発信機・感知器・受信機についての絶縁抵抗の値を覚えよう。接地については、**D種の接地抵抗値**が重要である。

試験および点検（1）

試験・点検のうち、よく出題されている「スポット型熱感知器の作動試験」および「差動式分布型感知器の試験」について学習します。空気管式の４種類の試験が特に重要です。各試験の結果から何がわかるのかに注目しましょう。

1コマ劇場

スポット型は、こうやって作動試験をするんですよ。

空気管式のような分布型の場合は、どうするんだろう？

1 スポット型熱感知器の作動試験 ABC

スポット型熱感知器の作動試験とは、**加熱試験器**を用いて感知器を加熱して、作動するまでの時間（**作動時間**）が所定時間内であるかどうかを確認する試験をいいます。長いアームの先に取り付けられた加熱試験器の本体を感知器にかぶせて、感知器を加熱します。各感知器の作動時間は、次の表に示す秒数以内とされています。

■主な熱感知器の種別ごとの作動時間（単位：秒）

	特種	1種	2種	3種
差動式スポット型	−	30	30	−
補償式スポット型	−	30	30	−
定温式スポット型（※）	40	60	120	−
熱アナログ式スポット型（※）	40	−	−	−

※公称作動温度または火災表示に係る設定表示温度と周囲温度との差が50℃を超える場合は、作動時間を２倍の値にできる

重要ピックアップ

加熱試験器

白金カイロ式や赤外線電球式などがある。

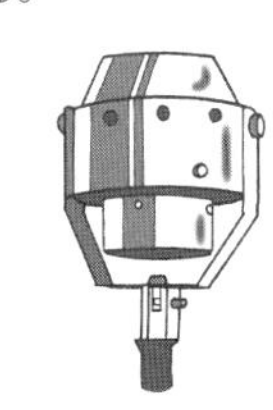

煙感知器の場合は加煙試験器を用います。スポット型は熱感知器も煙感知器も、作動試験だけ行います。

2 差動式分布型感知器の試験 ABC

分布型の感知器は広範囲の熱を感知する構造になっているため、スポット型とは異なり、感知器だけを加熱試験器で加熱して試験するということができません。このため、ほかの方法によって火災時と同様の状況を作り出します。

①空気管式の場合

空気管式の差動式分布型感知器（▶P.151）については、**火災作動試験、作動継続試験、流通試験、接点水高試験**の４つの試験を行います。

ア　火災作動試験（空気注入試験）

感知器の**作動空気圧**（火災時に空気管内で膨張する空気の圧力）に相当する空気を**テストポンプ**（空気注入試験器）により注入してから作動するまでの時間を測定する試験です。

■図１

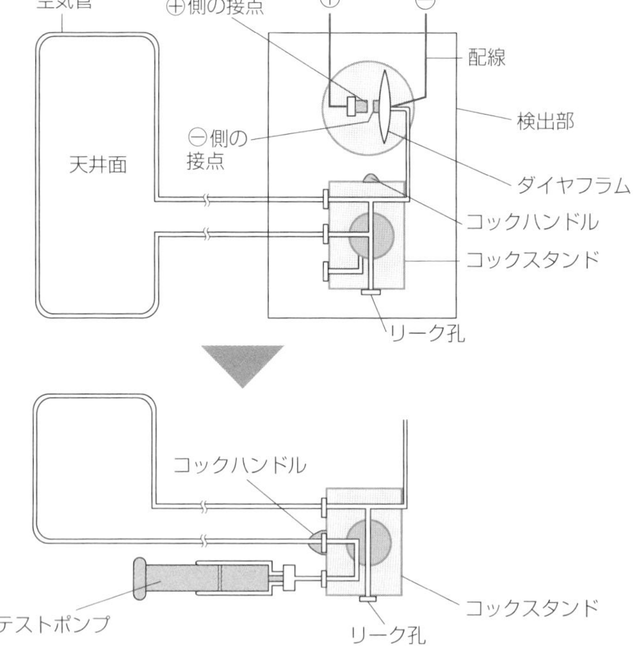

火災作動試験の手順は、次の通りです。

1）作動空気圧に相当する量の空気をテストポンプに注入する
2）1）のテストポンプを検出部の試験孔に接続し、コックハンドルを作動試験位置に合わせる（図1の下）
3）テストポンプの空気を試験孔から空気管、ダイヤフラムへと注入する
4）空気を注入してから接点が閉じるまでの時間を測定し、それが所定時間内であるかどうかを確認する

火災作動試験の結果、作動時間が所定の時間よりも長い場合は、空気管が詰まっていたり、外れていたり、ダイヤフラムに漏れがあることなどが考えられます。

空気が順調に流れなかったり漏れたりしている場合には、ダイヤフラムが適正に作動しません。

イ　作動継続試験

火災作動試験によって感知器が作動したときから**復旧する**（**接点が開く**）までの時間（**作動継続時間**）を測定する試験です。接点が開くのは、空気が**リーク孔**から少しずつ漏れていくからです。この場合、リーク孔が詰まっていると**リーク抵抗**（リーク孔から漏れる空気への抵抗）が増加して、作動継続時間が長くなります。

なお、リーク抵抗が規定値よりも大きいと、空気の漏れが少なすぎて空気の膨張速度が早くなり、接点が閉じるまでの時間（**作動時間**）が短くなります。逆にリーク抵抗が規定値よりも小さいと、空気の漏れが多すぎて作動時間が長くなります（作動しないこともある）。

用語
リーク孔
▶P.149

重要ピックアップ
リーク抵抗
ほこりやじんあい等が多く、結露の生じやすい設置場所ではリーク抵抗が増加しやすい。リーク抵抗が大きいと、周囲の温度上昇率が規定の値より小さくても作動し、誤報（非火災報）となるおそれがある。

ウ　流通試験

空気管だけに空気を注入して、**空気管の漏れや詰まり**等の有無のほか、流通時間が空気管の長さに対応しているかを確認する試験です。流通試験の手順は、次の通りです。

1）空気管の一端を検出部から外して**マノメーター**（U字型のガラス管に水を入れたもの）を接続する
2）空気の入ったテストポンプを試験孔に接続し、コックハンドルを流通試験位置に合わせる（次ページ図2）

3) テストポンプの空気を試験孔から空気管に注入し、マノメーターの水位を**約100㎜のところまで上昇**させて、水位を停止させる

この段階で、**水位が上昇しない**場合は、空気管が詰まっているか切断されていることが考えられます。また、上昇しても停止せず、**徐々に下降する**場合は、空気管に漏れがあるので、接続部分の緩みや穴の有無を確認します。

■図2

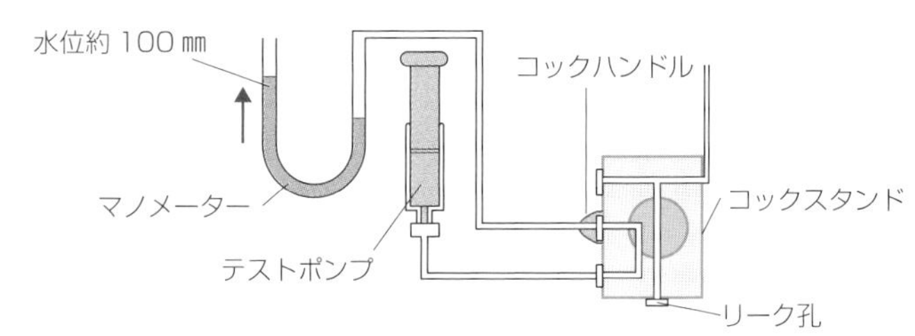

4) 水位を停止させた後、コックハンドルを操作して送気口を開き、空気管から空気を抜く。マノメーターの水位が**1/2まで下がる時間**（**流通時間**）を測定し、その時間の長さが空気管の長さに対応する範囲内かどうかを、下のグラフ（**空気管流通曲線**）によって確認する

■空気管流通曲線（空気管の内径 1.4 ㎜の場合）

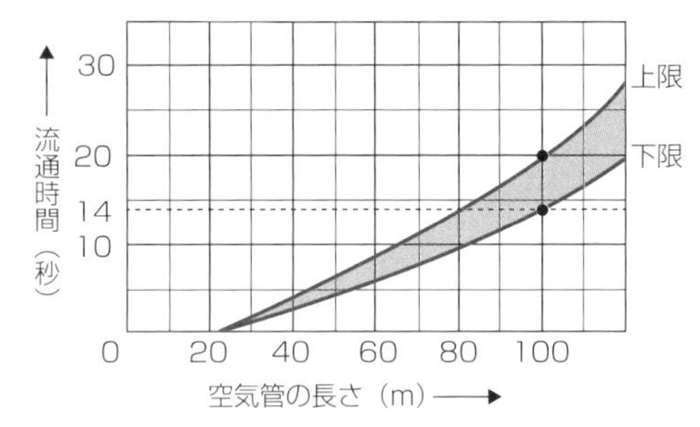

右のグラフから、内径1.4㎜の空気管の全長が100mならば、流通時間は14秒（下限）から20秒（上限）の範囲内にあればよいことがわかります。

エ　接点水高試験

検出部の⊕側と⊖側の接点の間隔（**接点間隔**）が適切かどうかを確認する試験です。テストポンプでダイヤフラムまで空気を注入して、接点が閉じるときの**マノメーター**の

水位の高さ（**接点水高値**）を測定します。接点間隔はこの接点水高値によって表わされるので、これが所定の範囲内かどうかを確認します。

1）**接点水高値が規定より高い**（＝**接点間隔が広い**）
　より大きな圧力をかけなければ接点が閉じないということであり、感度が鈍い。**遅報**の原因となる可能性がある

2）**接点水高値が規定より低い**（＝**接点間隔が狭い**）
　より小さな圧力で接点が閉じるということであり、感度が鋭敏すぎる。**非火災報**の原因となる可能性がある

②熱電対式の場合

　熱電対式の差動式分布型感知器（▶P.152）については、**火災作動試験**および**回路合成抵抗試験**を行います。

ア　火災作動試験

　検出部に**メーターリレー試験器**を接続し、検出部に電圧を加え、感知器が作動したときの電圧の値（**作動電圧値**）を測定して、その値が所定の範囲内かどうか確認します。

イ　回路合成抵抗試験

　同じく検出部にメーターリレー試験器を接続し、回路の合成抵抗を測定します。**回路合成抵抗値**が所定の値よりも大きいと、有効に作動しない場合があります。

重要ピックアップ
メーターリレー試験器
熱電対式の作動電圧値、回路合成抵抗値を測定する機器。

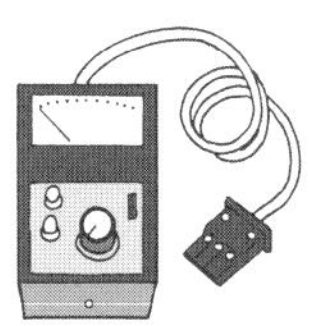
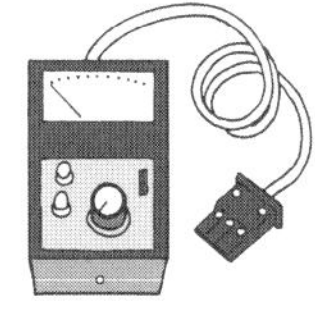

押えドコロ　**差動式分布型（空気管式）の試験**

試験	内容
火災作動試験	**テストポンプ**で空気を注入し、**作動時間**を測定 作動時間が長い ⇒ 空気管の詰まり・ダイヤフラムの漏れ
作動継続試験	**作動継続時間**を測定。作動継続時間が長い ⇒ **リーク抵抗**が大きい ⇒ 作動時間が短くなる ⇒ 非火災報のおそれ
流通試験	● **マノメーター**の水位を**約100㎜**まで上昇させる 上昇せず ⇒ 空気管の詰まり、上昇後徐々に下降 ⇒ 漏れ ● 水位が**1/2まで下がる時間**（**流通時間**）を測定。空気管の長さに対応しているかを空気管流通曲線で確認
接点水高試験	マノメーターの**接点水高値**を測定し、**接点間隔**を確認 接点水高値：高い ⇒ 遅報、低い ⇒ 非火災報のおそれ

確認テスト

Key Point	できたら チェック ☑
スポット型熱感知器の作動試験	□ 1 スポット型熱感知器の作動試験では、加熱試験器を用いて感知器を加熱し、作動するまでの時間を測定する。
	□ 2 差動式スポット型1種感知器を、加熱試験器を用いて加熱した場合の作動時間は、60秒以内とされている。
差動式分布型感知器の試験	□ 3 空気管式の差動式分布型感知器については、火災作動試験のほか、回路合成抵抗試験、流通試験および接点水高試験を行う。
	□ 4 空気管式の場合、火災作動試験は、作動空気圧に相当する量の空気を、テストポンプを用いて試験孔から注入することによって行う。
	□ 5 火災作動試験の結果、作動時間が所定の時間より長い場合は、空気管の詰まりやダイヤフラムの漏れなどが考えられる。
	□ 6 リーク孔が詰まっていると、リーク抵抗が増加し、作動継続時間が短くなる。
	□ 7 流通試験において、マノメーターの水位を約100㎜のところまで上昇させても、水位が徐々に下降する場合は、空気管が詰まっていることが考えられる。
	□ 8 マノメーターの水位を停止させた後、空気管から空気を抜き、水位が1/2まで下がる時間（流通時間）を測定し、空気管の長さに対応する範囲内かどうかを空気管流通曲線で確認する。
	□ 9 接点水高値が規定よりも低いということは、接点間隔が狭いことを意味し、非火災報の原因となる可能性がある。
	□ 10 熱電対式の差動式分布型感知器については、熱電対部を加熱することによって、火災作動試験を行う。

解答・解説

1.○ **2.**× 差動式スポット型は1種・2種とも30秒以内とされている。 **3.**× 回路合成抵抗試験ではなく、作動継続試験である。それ以外の3つは正しい。 **4.**○ **5.**○ このほかに、リーク抵抗が規定値より小さいときも作動時間が長くなる。 **6.**× リーク孔が詰まる（＝空気が逃げにくい）とリーク抵抗が増加し、作動継続時間は長くなる。 **7.**× この場合は空気管に漏れがあることが考えられる。空気管が詰まっている場合は水位が上昇しない。 **8.**○ なお、空気管が長いほど、一般に流通時間は長くなる。 **9.**○ **10.**× 熱電対式の火災作動試験は、検出部に電圧を加え、メーターリレー試験器を用いて作動電圧値を測定することによって行う。熱電対部を加熱するようなことはしない。

✓ ここが狙われる！

差動式分布型感知器の**空気管式**についての試験がよく出題される。特に、**リーク抵抗**の大小や**接点水高値**の高低が意味することを、しっかりと理解しておく必要がある。

Lesson 10 試験および点検（2）

受信機の機能試験である「火災表示試験」「同時作動試験」「回路導通試験」および「予備電源試験」について学習します。それぞれの試験において確認できる事項や操作するスイッチの名称、操作手順などを確実に理解しましょう。

1 火災表示試験と同時作動試験 ABC

①火災表示試験

火災表示試験とは、受信機の火災表示（火災灯、地区表示装置、主音響装置、地区音響装置）が正常に作動するかどうか確認する試験です。次のような操作手順で行います。

1) **消火栓連動停止スイッチ**を「停止」側にする（受信機と接続されている消火栓その他の設備・機器等を試験時に連動させないようにするため）
2) **火災表示試験スイッチ**を「火災（試験）」側にする（P.179の1））
3) **回線選択スイッチ**により、1つ目の回線（警戒区域）を選択する
4) 選択した回線について**火災灯**および**地区表示灯**が点灯しているか、**音響装置**が正しく鳴動しているか、また、回線選択スイッチの番号と地区表示灯の番号が一致しているかを確認する

プラス1
消火栓連動停止スイッチを「停止」側にしたとき、スイッチ注意灯（受信機の操作スイッチが本来の位置にないことを示す）が点滅します。

受信機の全体図はP.180にあります。

5) **火災復旧スイッチ**によって、火災表示を止める。また、これにより、復旧するまでは火災表示の状態が保持されること（**自己保持機能**）を確認する（▶P.179の 2)）
6) 回線選択スイッチにより、次の回線（警戒区域）を選択する。このあと 4）から 6）をくり返し、すべての回線について同様の点検を行う
7) 火災表示試験スイッチや消火栓連動停止スイッチを**定位**（スイッチが本来あるべき定位置）に戻す

■ 受信機の操作部の例

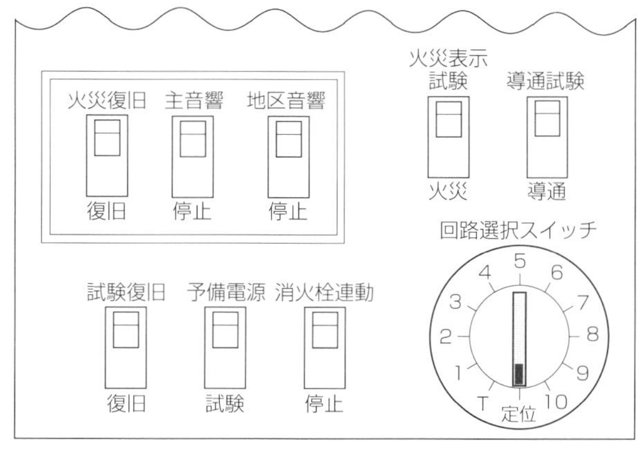

②同時作動試験

複数の回線（警戒区域）から火災信号を**同時受信**しても火災表示が正常に作動するかどうかを確認する試験です。その操作手順は、火災表示試験の場合とほぼ同様ですが、**回線選択スイッチ**によって、任意の**5回線**（5回線未満の受信機は全回線）を選択して**同時作動**させ、復旧するまで火災表示の状態が正常に保持されることを確認します。

■ 図 1

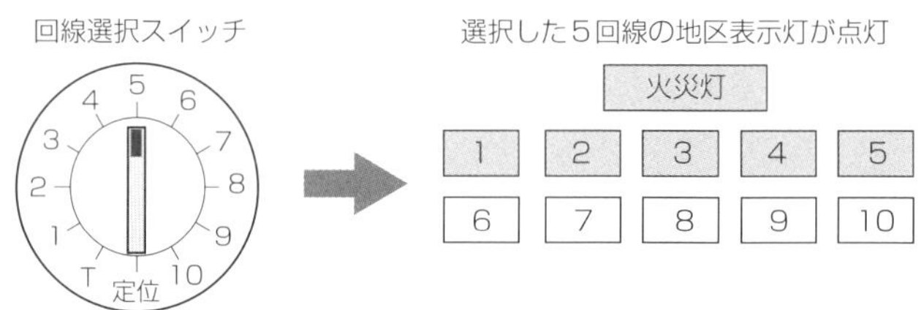

用語
火災復旧スイッチ
受信機が作動状態になったとき、これを元の状態に復旧させるためのスイッチ。非火災報を受信したときの復旧にも使用する。

重要ピックアップ
試験復旧スイッチ
試験復旧スイッチは感知器の作動試験の際に、受信機の保持機能の解除に使用する。これにより火災表示は数秒で止まり、感知器も自動的に復旧する。

プラス1
火災復旧スイッチや予備電源試験スイッチは、指を離すと自動的に定位に戻る「はね返りスイッチ」である。

予備電源使用時は、2回線を選択する。

2 回路導通試験と予備電源試験 ABC

①回路導通試験

感知器回路の断線の有無を確認する試験です。次のような操作手順で行います。

1) **導通試験スイッチ**を「導通」側にする
2) **回線選択スイッチ**によって回線（警戒区域）を選択し、選択した回線ごとに試験用計器の指示値（**電圧計**の目盛板上に表示される）が適正であるかどうかを確認する。機種によっては試験用計器ではなく、**導通表示灯**の点灯によって導通を確認するものもある
3) 点検が終わったら、導通試験スイッチを定位に戻す

なお、上記の回路導通試験を行うのは、**導通試験装置**を有する受信機のみです。導通試験装置がない受信機では、回路の末端に設けた発信機や回路試験器の押しボタンを押すことによって、**断線の有無**を確認します（▶P.227）。

②予備電源試験

主電源である常用電源のスイッチをOFFにしたとき、**自動的に予備電源に切り替わる**かどうか、また、常用電源を復旧したときに**自動的に主電源に切り替わる**かどうかを確認します。また、**予備電源試験スイッチ**を「試験」側にして、**電圧計**の指示値が規定値以上であるかどうかを確認します。

重要ピックアップ
回路選択スイッチの「T」の位置
回路選択スイッチに「T」という位置がある場合、これは回路導通試験において、導通の確認に用いる電圧計が正常に指示するかどうかテストするときに合わせる位置である。

電圧計ではなく、予備電源灯の点灯によって確認する機種もあります。

押えドコロ　火災表示試験の操作手順

1) **消火栓連動停止スイッチ**（鑑別等試験では省略されている場合もある）
2) **火災表示試験スイッチ**
3) **回線選択スイッチ**で1つ目の回線を選択
4) **火災灯**および**地区表示灯**の点灯、**音響装置**の鳴動などの確認
5) **火災復旧スイッチ**

同時作動試験の場合は、任意の5回線を選択して同時作動させる

確認テスト

Key Point		できたら チェック ☑
火災表示試験と同時作動試験	□ 1	火災表示試験では、火災灯や地区表示灯の点灯とともに、音響装置の鳴動が正常であるかどうかを確認することができる。
	□ 2	火災表示試験では、感知器の接点が異常であるかどうかを確認することができる。
	□ 3	火災表示試験では、火災表示が正常に作動するかどうかを確認するとともに、火災表示の自己保持機能が正常かどうかも確認する。
	□ 4	火災表示試験では、火災試験スイッチ、回線選択スイッチのほかに試験復旧スイッチを操作する。
	□ 5	同時作動試験とは、受信機が複数の回線から同時に火災信号を受信した場合に、火災表示が正常に作動するかを確認する試験をいう。
	□ 6	常用電源の使用時、同時作動試験では、回線選択スイッチにより、2回線ずつ同時作動させるようにする必要がある。
回路導通試験と予備電源試験	□ 7	回路導通試験では、回線に接続された感知器に異常がないかどうかを確認することができる。
	□ 8	導通試験装置を有する受信機で回路導通試験を行っても、終端器の接続端子に接触不良があれば、導通を確認することはできない。
	□ 9	導通試験装置を有しない2級の受信機の場合は、発信機の押しボタンスイッチを押すことによって断線の有無を確認できる。
	□ 10	予備電源試験では、主電源と予備電源が自動的に切り替わるかどうかを確認するのみであり、予備電源の電圧値までは確認しない。

解答・解説

1.○　2.× 火災表示試験では感知器を作動させるわけではないので、感知器の接点の異常まで確認することはできない。 3.○　4.× 試験復旧スイッチではなく、火災復旧スイッチである。なお、試験復旧スイッチは感知器の作動試験の際に使用する。 5.○　6.× 任意の5回線（5回線未満の受信機では全回線）を選択して同時作動させる（なお、常用電源使用時ではなく予備電源使用時の場合は、2回線〔1回線の受信機では1回線〕を選択する）。 7.× 回路導通試験は、感知器回路の断線の有無を確認する試験であり、感知器自体の異常は確認できない。 8.○ 終端器の接続端子に接触不良のある回線にはそもそも電流が流れないから、導通を確認することができない。 9.○　10.× 主電源と予備電源の自動切換えが正常であるかどうかを確認するとともに、予備電源が所定の電圧値を有しているかどうかも確認する。

✓ ここが狙われる！

受信機の**火災表示試験**、**同時作動試験**、**回路導通試験**、**予備電源試験**は、それぞれの操作の手順や確認できる事項などについて、鑑別等試験でよく出題されている。第4章で学習した**受信機の構造・機能**に関する規格と併せて理解しておく必要がある。

ガス漏れ火災警報設備の設置基準

このレッスンでは、ガス漏れ火災警報設備の警戒区域、検知器・受信機・警報装置の設置基準について学習します。特に、検知器の検知方式と設置基準が重要です。試験では第４章レッスン９で学習した内容と合わせて出題されることもあります。

1 ガス漏れ火災警報設備の警戒区域 ABC

ガス漏れ火災警報設備の**警戒区域**とは「ガス漏れの発生した区域を他の区域と区別して識別することができる最小単位の区域」をいいます。具体的には次の通りです。

ア　１つの警戒区域の面積は**600㎡以下**を原則とします。ただし、当該警戒区域内の**ガス漏れ表示灯**（▶P.192）を**通路の中央から容易に見通せる場合**は、**1000㎡以下**までを１つの警戒区域とすることができます。

イ　警戒区域は、防火対象物の**２つ以上の階にわたらない**ことが原則です。ただし、２つの階にわたっても**面積の合計が500㎡以下**の場合は、２つの階で１つの警戒区域とすることができます。

ウ　**貫通部**（防火対象物に燃料用ガスを供給する導管が、当該防火対象物の外壁を貫通する場所）に設ける検知器の警戒区域は、ほかの検知器の警戒区域と区別しなければなりません。

自動火災報知設備の警戒区域とほぼ同様です。
▶P.126

プラス1

貫通部は導管が破損する可能性があり、ガス漏れの危険性が大きい。

2 検知器の検知方式

ガス漏れを検知する方式には、**半導体式**、**接触燃焼式**、**気体熱伝導度式**の３種類があります。

①半導体式

加熱した半導体にガスが吸着すると、**半導体の電気抵抗が減少**し、電流が増大します。この**電気伝導度の上昇**からガス漏れを検知します。

■半導体式

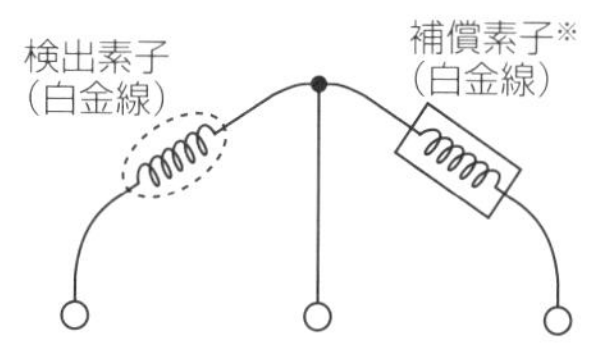

②接触燃焼式

コイル状に巻いた白金線（検出素子）の表面にガスが接触して**燃焼**（酸化反応）すると、**白金線の電気抵抗が増大**します。この変化からガス漏れを検知します。

■接触燃焼式

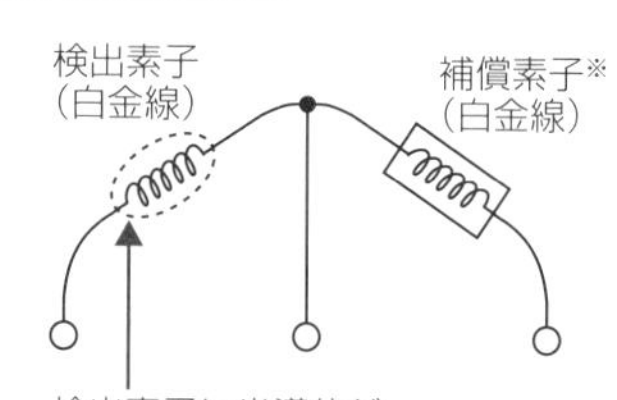

※補償素子は、ガスに接触しないよう密閉構造になっている

③気体熱伝導度式

コイル状に巻いた白金線（検出素子）に、酸化スズ等の**半導体**が塗られています。これにガスが触れると（ガスと空気の**熱伝導度の違い**から）白金線の温度が変化します。この変化からガス漏れを検知します。

■気体熱伝導度式

検出素子
（白金線）
補償素子※
（白金線）
検出素子に半導体が塗られている

※補償素子は、ガスに接触しないよう密閉構造になっている

ガスの燃焼によって白金線の温度が上昇する。金属は温度が上昇すると電気抵抗が増大する。

▶P.28

用語

補償素子
検出素子の比較対象の働きをする。

気体熱伝導度式においても、白金線の温度が変化することによって白金線の電気抵抗が変化します。

3 検知器の設置基準

検知器の設置基準は、検知対象ガスが**空気よりも軽いか重いか**によって、別々に定められています。**都市ガス**など

空気に対する比重が1未満のガス（**軽ガス**）は空気より軽いので上昇します。**LPガス（プロパンガス）**など比重が1を超えるガス（**重ガス**）は空気より重いので低所に滞留します。

①軽ガス（比重が1未満）の場合

ア　天井面等からの距離

軽ガスは天井付近に滞留するため、検知器の**下端**が**天井面等の下方0.3m以内**の位置になるように設けます。

イ　燃焼器または貫通部からの距離

燃焼器または貫通部から**水平距離で８m以内**となるように設けます。

■貫通部からの距離

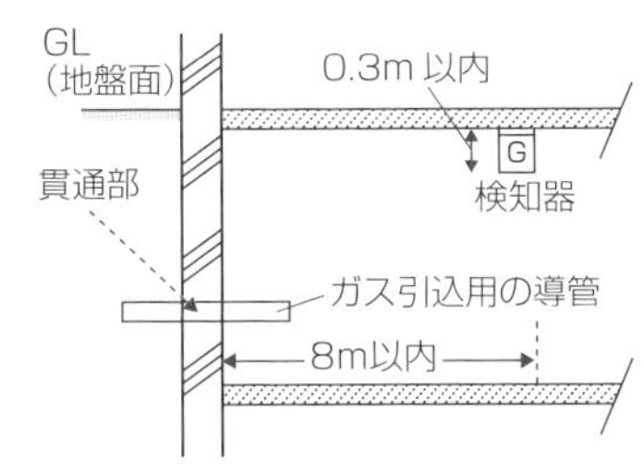

ウ　天井面等の付近に吸気口がある場合

燃焼器または貫通部から**最も近い吸気口付近**に設けます。

エ　0.6m以上のはり等がある場合

天井面等が**0.6m以上**突出したはり等によって区画されている場合は、当該はり等よりも燃焼器側または貫通部側に設けなければなりません。

■真上から見た図

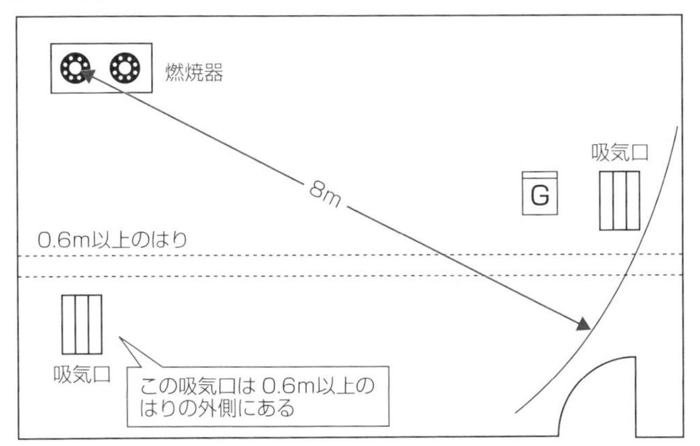

用語

天井面等
天井の室内に面する部分（または天井がない場合には上階の床の下面）をいう。

燃焼器
ガスコンロ等のガス燃焼機器のこと。

重要ピックアップ
検知器の図記号

②重ガス（比重が1を超える）の場合

ア　床面からの距離

重ガスは床面付近に滞留するため、検知器の**上端が床面の上方0.3m以内**の位置になるように設けます。

イ　燃焼器または貫通部からの距離

燃焼器または貫通部から**水平距離で4m以内**となるように設けます。

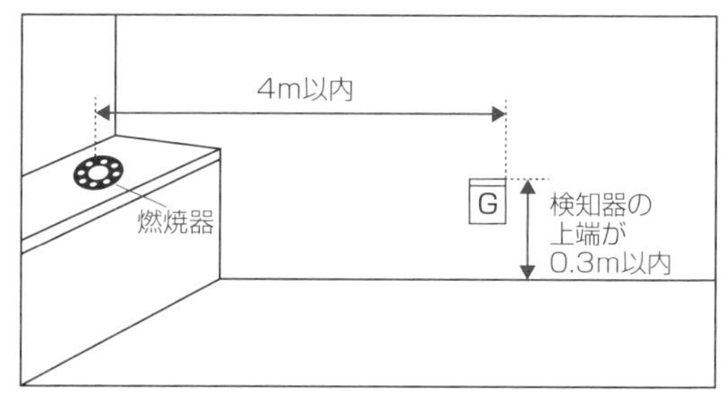

プラス1

軽ガスの8m以内に対し、重ガスは4m以内とされている。これは重ガスのほうが拡散しにくく、燃焼器等の近くでないと検知しないからである。

ゴロ合わせ

【検知器の設置基準】
軽い（軽ガス）
カミさん（天井面等の下方0．3m以内に下端）
重病で（重ガス）
下山（床面の上方0．3m以内に上端）

③検知器を設置してはならない場所

検知器は、天井面等または壁面の、点検に便利な場所にガスの性状に応じて設けなければならず、次のような場所には**設置してはならない**とされています。

1）出入口の付近で外部の気流がひんぱんに流通する場所
2）換気口の**空気の吹出し口から1.5m以内**の場所
3）燃焼器の廃ガスに触れやすい場所
4）その他ガス漏れの発生を有効に検知できない場所

4　受信機の設置基準　ABC

受信機（▶P.190）の設置基準は、次の通りです。

1）**防災センター等**に設けること
2）受信機の**操作スイッチ**は、床面から**高さ0.8m**（いすに座って操作するものについては**0.6m**）**以上1.5m以下**の箇所に設けること
3）検知器または中継器の作動と連動して検知器の作動した**警戒区域を表示**できるものであること

自動火災報知設備の場合とほぼ同様です。
▶P.219〜220

4) 1つの防火対象物に2つ以上の受信機が設けられているときは、これらの受信機のある場所相互間で同時に通話することができる設備を設けること
5) 主音響装置の音圧と音色は、ほかの警報音や騒音と明らかに区別して聞き取ることができること

5 警報装置の設置基準 ABC

警報装置（▶P.192）の主な設置基準は、次の通りです。

①音声警報装置の設置基準

1) 1つの防火対象物に2つ以上の受信機が設けられているときは、これらの受信機があるいずれの場所からも作動させることができること
2) **スピーカー**は、各階ごとに、その階の各部分から1つのスピーカーまで**水平距離25m以下**となるように設けること
3) 非常警報設備としての**放送設備**を設置した場合は、当該放送設備の有効範囲内の部分については、音声警報装置を設けないことができる

②ガス漏れ表示灯の設置基準

1) 検知器を設ける部屋が通路に面している場合には、当**該通路に面する部分の出入口付近**に設けること
2) **前方3m離れた地点**で点灯していることを明確に識別できるように設けること

③検知区域警報装置の設置基準

検知区域警報装置の音圧について、装置から1m離れた位置で**70dB以上**と定められています。

ガス漏れ表示灯や検知区域警報装置を設置しなくてもよい場合については、第4章で学習したね。▶P.192

押えドコロ 検知器の設置基準

	取付け位置	燃焼器等からの距離
軽ガス	天井面等の下方0.3m以内に下端	水平距離8m以内
重ガス	床面の上方0.3m以内に上端	水平距離4m以内

確認テスト

Key Point	できたら チェック ☑
ガス漏れ火災警報設備の警戒区域	□ 1 貫通部に設ける検知器の警戒区域は、それ以外の検知器の警戒区域と区別しなければならない。
検知器の検知方式	□ 2 検知器がガス漏れを検知する方式には、半導体式、熱電対式および気体熱伝導度式の３種類がある。
	□ 3 半導体式では、加熱した半導体にガスが吸着すると半導体の抵抗が減少し、電気伝導度が上昇するという性質を応用している。
	□ 4 気体熱伝導度式では、白金線の表面でガスが燃焼すると、白金線の電気抵抗が増大するという性質を応用している。
検知器の設置基準	□ 5 検知対象ガスの比重が１未満の場合は、検知器の上端が床面の上方0.3m以内の位置になるように設ける必要がある。
	□ 6 検知対象ガスの比重が１未満の場合、天井面等の付近に吸気口があるときは、燃焼器または貫通部から最も近い吸気口付近に設ける。
	□ 7 検知対象ガスの比重が１を超える場合は、燃焼器または貫通部から水平距離で８ｍ以内となるように設ける。
	□ 8 検知対象ガスの比重が１を超える場合、天井面等が0.6m以上突出したはり等によって区画されているときは、当該はり等よりも燃焼器側または貫通部側に検知器を設ける必要がある。
	□ 9 換気口の空気の吹出し口から1.5m以内の場所には、検知器を設けてはならない。
警報装置の設置基準	□ 10 警報装置のスピーカーは、各階ごとに、その階の各部分から１つのスピーカーまでの水平距離が25m以下となるように設ける。
	□ 11 ガス漏れ表示灯は、前方10m離れた地点で点灯していることが明確に識別できるように設けなければならない。

解答・解説

１.○　２.×　熱電対式ではなく、接触燃焼式である。ほかの２つは正しい。　３.○　４.×　これは接触燃焼式の検知原理である。気体熱伝導度式では、ガスと空気の熱伝導度の違いを応用している。　５.×　これは比重が１を超える重ガスの場合である。　６.○　７.×　これは比重が１未満の軽ガスの場合である。重ガスの場合は４ｍ以内に設ける必要がある。　８.×　これは比重が１未満の軽ガスの場合である。重ガスの場合、天井面等のはり等は関係がない。　９.○　10.○　11.×　10mではなく、３ｍである。

✓ここが狙われる！

検知器についての出題が多い。３種類の**検知方式**の名称と、それぞれの検知原理を押さえておこう。検知器の設置基準は、**軽ガス・重ガス**の性状を踏まえて理解することが大切である。警報装置は**音声警報装置、ガス漏れ表示灯、検知区域警報装置**のいずれもよく出題される。

使える!　まとめ資料

◇学 科 編◇

資料の内容

1 ● 電気に関する基礎的知識 ……………… P.254

2 ● 消防関係法令 ……………… P.258

3 ● 構造・機能等 ……………… P.261

資料の利用方法

○テキスト学習を進める際の横断的な知識整理ができます。

○試験直前期の暗記対策にもご活用いただけます。

1. 電気に関する基礎的知識

●合成抵抗の求め方（▶P.13～16）

● 直列回路

$R = R_1 + R_2 + R_3$

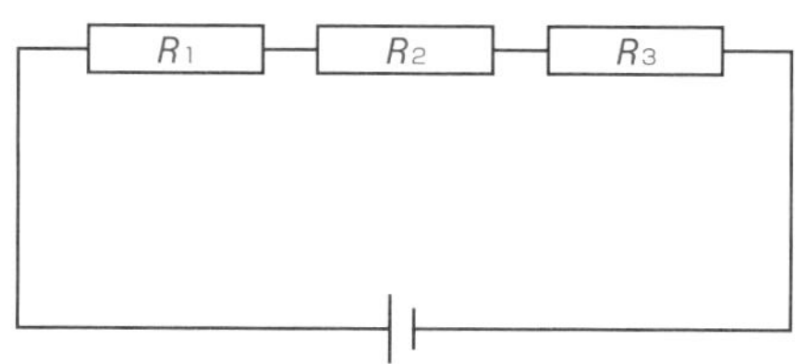

● 並列回路

$$R = \frac{1}{\frac{1}{R_1} + \frac{1}{R_2} + \frac{1}{R_3}}$$

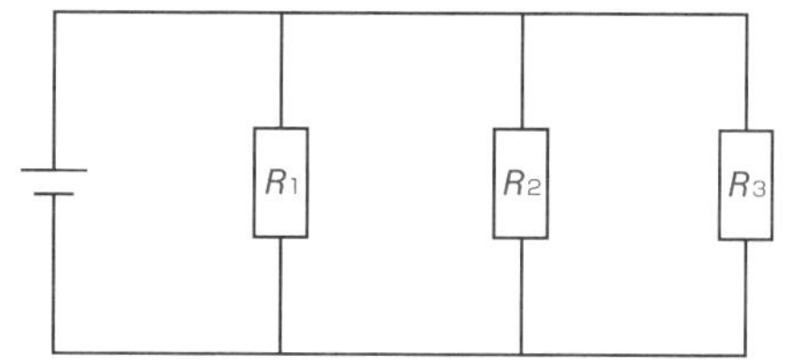

●ブリッジの平衡条件（▶P.21）

$R_1R_4 = R_3R_2$

このときブリッジ部分に電流は流れていない（検流計Ⓖの値は0）。

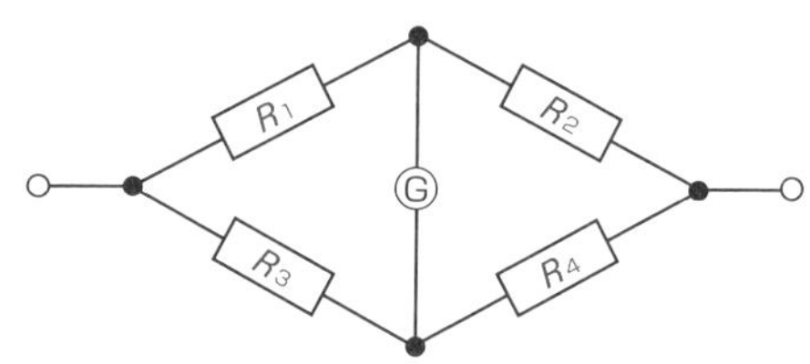

●合成静電容量の求め方（▶P.25～26）

● 直列回路

$$C = \frac{1}{\frac{1}{C_1} + \frac{1}{C_2} + \frac{1}{C_3}}$$ 〔F〕

● 並列回路

$C = C_1 + C_2 + C_3$ 〔F〕

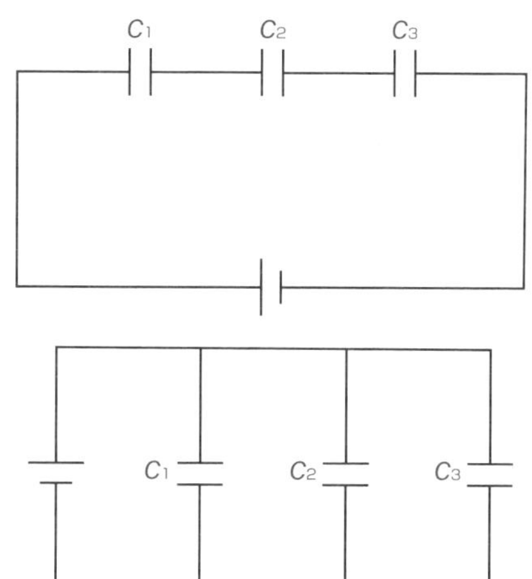

●実効値・最大値・平均値の関係（▶P.38～39）

$$実効値 = \frac{最大値}{\sqrt{2}}$$

$$最大値 = \sqrt{2} \times 実効値$$

$$平均値 = \frac{2}{\pi} \times 最大値$$

● *R-L-C*回路のインピーダンスの求め方（▶P.43～44）

$$Z = \sqrt{R^2 + (X_L - X_C)^2}$$

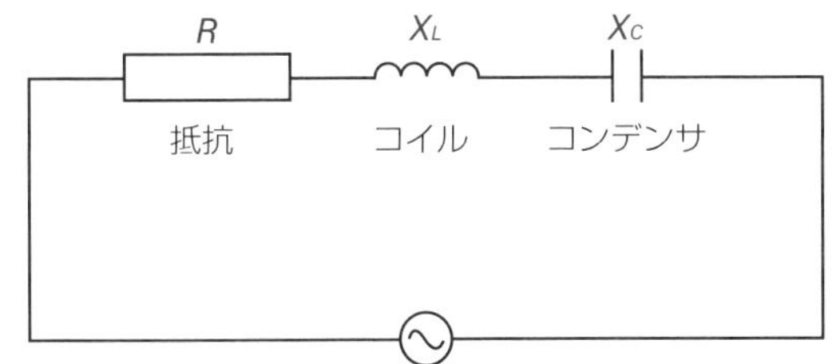

●力率の求め方（▶P.46）

$$\underset{（力率）}{\cos\theta} = \frac{R\ （抵抗）}{Z\ （インピーダンス）}$$

●有効電力の求め方（▶P.46）

$$\underset{（有効電力）}{P} = \underset{（皮相電力）}{VI}\ \cos\theta$$

●電気に関する法則その他 （▶P.13〜15、25、32、34、35、150）

オームの法則	電流の大きさは、負荷に加えた電圧に比例し、抵抗に反比例する $$電流\ I = \frac{電圧\ V}{抵抗\ R}$$
キルヒホッフの第１法則	電気回路の任意の分岐点について、流れ込む電流の総和は、流れ出る電流の総和に等しい
キルヒホッフの第２法則	任意の閉回路において、起電力の和は電圧降下の和に等しい
ゼーベック効果	異なる２種類の金属を接合して熱電対とし、その接合部を熱すると熱起電力が生じる
クーロンの法則	２つの電荷の間に働く力の大きさは、その電荷（電気量）の積に比例し、電荷間の距離の２乗に反比例する
ジュールの法則	抵抗 R に電流 I を t 秒間流したとき発生するジュール熱 H $H = I^2 R t$
フレミングの左手の法則 電動機の原理（電気→力）	**磁界内に電流を流すことにより電磁力を生じる場合** 電流・磁界・力（電磁力）の向きを、それぞれ左手の中指・人差し指・親指の向きによって示す 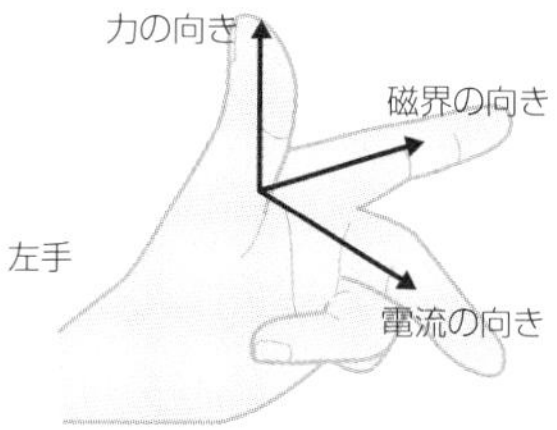 力の向き 磁界の向き 左手 電流の向き
フレミングの右手の法則 発電機の原理（力→電気）	**磁界内で導線に力を加えることにより電気を生じる場合** 電流・磁界・力の向きを、それぞれ右手の中指・人差し指・親指の向きによって示す 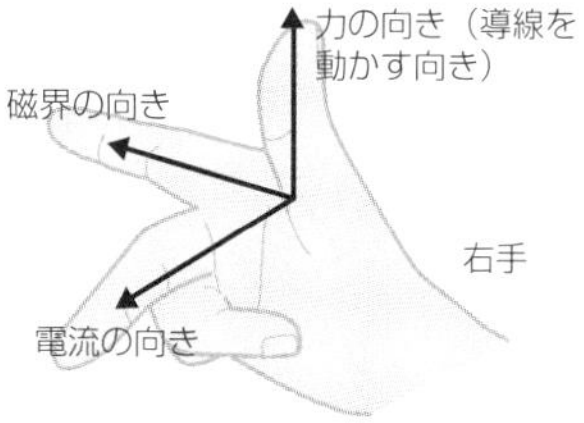 力の向き（導線を動かす向き） 磁界の向き 右手 電流の向き

●主な物質（導体）の抵抗率（温度20℃の場合）（▶P.28、＋α）

物質（導体）	抵抗率〔Ω·m〕	物質（導体）	抵抗率〔Ω·m〕
銀	1.59×10^{-8}	亜鉛	6.08×10^{-8}
銅	1.68×10^{-8}	ニッケル	6.99×10^{-8}
金	2.21×10^{-8}	鉄	10.0×10^{-8}
アルミニウム	2.65×10^{-8}	白金	10.4×10^{-8}
モリブデン	5.00×10^{-8}	すず	10.9×10^{-8}
タングステン	5.48×10^{-8}	鉛	20.8×10^{-8}

●目盛りの種類（▶P.55、＋α）

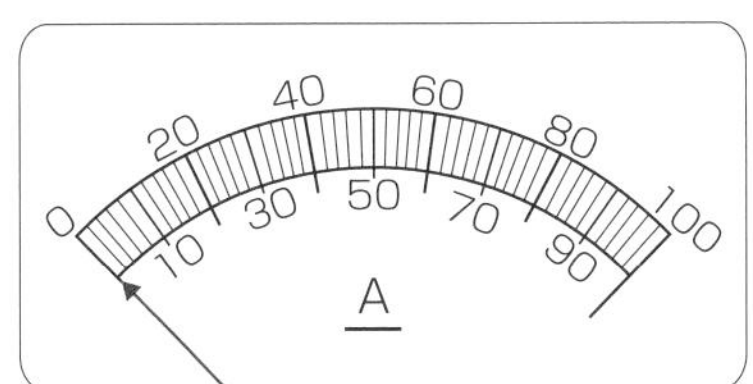

平等目盛り（均等目盛り）

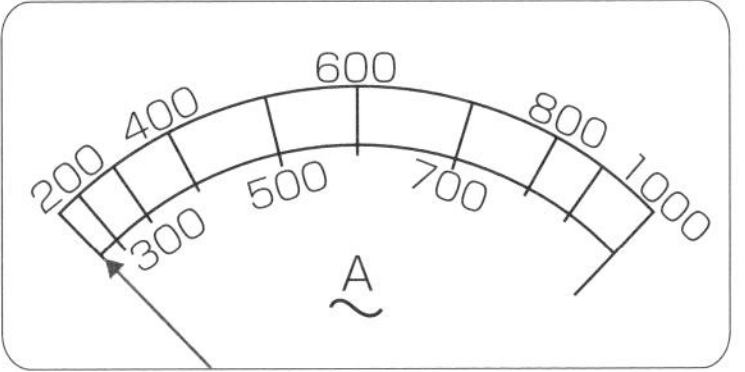

不均等目盛り

種　類	特　徴	有効測定範囲	適用計器
平等目盛り	0から最大目盛りまですべて等間隔	目盛りの全部	可動コイル形、電流力形計
不均等目盛り	0近辺は目盛りが密で、数値が大きくなると粗くなる	定格値からその25%まで	可動鉄片形

2. 消防関係法令

●自動火災報知設備の設置対象（▶P.70～71、117～119、122～123、＋α）

防火対象物（令別表第一〔ただし、(18)～(20)を除く〕）＊ピンク色は「特定防火対象物」、白地は「非特定防火対象物」			延べ面積（㎡以上）	地階または無窓階	地階、無窓階、3階以上10階以下の階	11階以上の階	地階または2階以上の階で駐車場があるもの	通信機器室	道路の用に供する部分	指定可燃物	特定1階段等防火対象物
(1)	イ	劇場、映画館、演芸場、観覧場	300		床面積300㎡以上のものは階ごとに	11階以上の階は階ごとに	駐車場の用に供する部分の床面積200㎡以上	床面積500㎡以上	道路部分の床面積が屋上部分600㎡以上、それ以外の部分400㎡以上	「危険物の規制に関する政令」別表第4で定める数量の500倍以上を貯蔵または取り扱うもの	特定用途部分（令別表第一(1)～(4)、(5)のイ、(6)、(9)のイのために使用する部分）のある階だけでなく、建物の全体（全階）に
	ロ	公会堂、集会場									
(2)	イ	キャバレー、カフェー、ナイトクラブ等		床面積100㎡以上							
	ロ	遊技場、ダンスホール									
	ハ	性風俗営業店舗等									
	ニ	カラオケボックス等	すべて								
(3)	イ	待合、料理店等	300	床面積100㎡以上							
	ロ	飲食店									
(4)	－	百貨店、マーケット、物品販売店舗、展示場									
(5)	イ	旅館、ホテル、宿泊所等	すべて								
	ロ	寄宿舎、下宿、共同住宅	500								
(6)	イ	病院、診療所、助産所	すべて 300（＊a）								
	ロ	自力避難困難者入所福祉施設等	すべて								
	ハ	老人福祉施設、児童養護施設、保育所等	すべて 300（＊b）								
	ニ	幼稚園、特別支援学校	300								
(7)	－	小・中・高等学校、大学、各種学校等	500								
(8)	－	図書館、博物館、美術館等									
(9)	イ	蒸気浴場、熱気浴場等	200								
	ロ	イ以外の公衆浴場	500								
(10)	－	車両の停車場、船舶・航空機の発着場									
(11)	－	神社、寺院、教会等	1000								
(12)	イ	工場、作業場	500								
	ロ	映画スタジオ、テレビスタジオ									
(13)	イ	自動車車庫、駐車場									
	ロ	航空機の格納庫	すべて								
(14)	－	倉庫	500								
(15)	－	前各項に該当しない事業場	1000								
(16)	イ	特定防火対象物が存する複合用途防火対象物	300	（＊e）							
	ロ	イ以外の複合用途防火対象物									
(16の2)	－	地下街	300（＊c）								
(16の3)	－	準地下街	500（＊d）								
(17)	－	重要文化財等の建造物	すべて								

●自動火災報知設備の警戒区域（▶P.126～127）

	警戒区域の定義	
	火災の発生した区域を他の区域と区別して識別することができる最小単位の区域	
	原　則	**主な例外**
①	1つの警戒区域の面積は**600㎡以下**とする	● 主要な出入口から内部を見通せる場合は、**1000㎡以下**でもよい
②	1辺の長さは**50m以下**とする	● 光電式分離型感知器を設置する際には、**100m以下**でもよい
③	**2つ以上の階にわたらない**こと	● 2つの階にわたっても面積の合計が**500㎡以下**のとき ● **たて穴区画**＋煙感知器

●ガス漏れ火災警報設備の設置対象（▶P.139）

防火対象物	規　模
● 地下街 ● 特定防火対象物の地階	延べ面積**1000㎡以上**
● 準地下街	延べ面積**1000㎡以上**で、 特定用途部分の床面積の合計が**500㎡以上**
● 特定用途部分を有する複合用途防火対象物の地階（地階の床面積の合計）	地階の床面積の合計が**1000㎡以上**で、 特定用途部分の床面積の合計が**500㎡以上**

前ページ「●自動火災報知設備の設置対象」＊a～＊e について

＊a：(6)のイ（病院、診療所、助産所）
- 入院・入所させる施設を有するものは、「すべて」に設置
- 入院・入所させる施設を有しないものは、「延べ面積300㎡以上」で設置

＊b：(6)のハ（老人福祉施設、児童養護施設、保育所等）
- 入居・宿泊させる施設を有するものは、「すべて」に設置
- 入居・宿泊させる施設を有しないものは、「延べ面積300㎡以上」で設置

＊c：延べ面積300㎡未満でも、令別表第一(2)の二、(5)のイ、(6)のイ①～③、ロ、ハ（利用者を入居・宿泊させるものに限る）の用途に用いられる部分にだけは設置

＊d：延べ面積500㎡以上で、かつ特定防火対象物が存する部分の床面積の合計が300㎡以上のもの

＊e：令別表第一(2)または(3)の用途が存する部分の床面積の合計が100㎡以上のもの

●取付け面の高さと感知器の種類・種別 (P.134)

取付け面の高さ	設置可能な感知器の種類・種別	
20m以上	炎感知器のみ	
20m未満	煙	光電式スポット型(1種) イオン化式スポット型(1種)
15m未満	煙	光電式スポット型(2種) イオン化式スポット型(2種)
	熱	差動式分布型
8m未満	熱	差動式スポット型 補償式スポット型 定温式スポット型(特種・1種)
4m未満	煙	光電式スポット型(3種) イオン化式スポット型(3種)
	熱	定温式スポット型(2種)

「煙」…煙感知器、「熱」…熱感知器

●面積に基づく受信機の設置制限 (P.135)

P型(またはGP型)2級受信機・1回線	延べ面積350㎡以下
P型(またはGP型)3級受信機	延べ面積150㎡以下

●地区音響装置を区分鳴動させる階 (P.136)

🔥…出火階、●…出火階と同時に鳴動させる階

	ア	イ	ウ			
3階	●	―	―	―	―
2階	🔥	●	―	―	―
1階	―	🔥	●	―	―
地下1階	―	●	🔥	●	●
地下2階	―	●	●	🔥	●
地下3階	―	●	●	●	🔥

3. 構造・機能等

●発信機の種類（▶P.166）

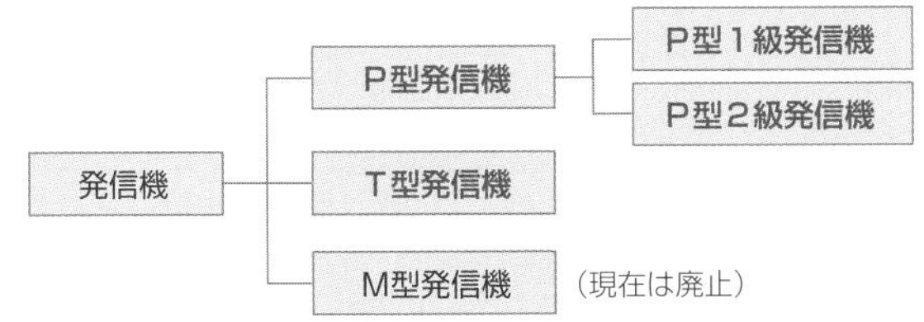

●受信機の種類（▶P.172）

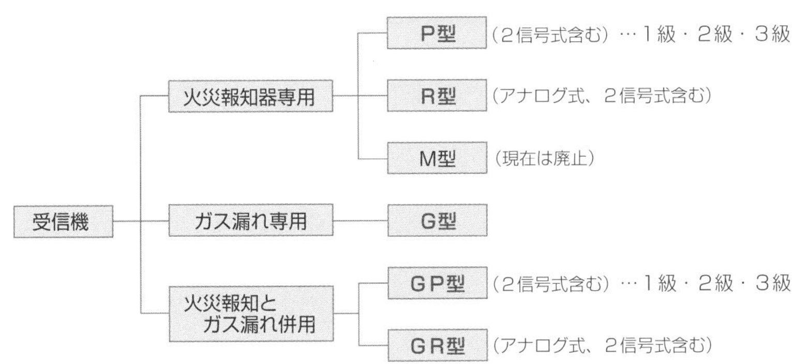

●P型受信機とR型受信機の違い（▶P.173～174）

P型受信機	火災信号もしくは火災表示信号を**共通の信号**としてまたは設備作動信号を共通もしくは固有の信号として受信し、火災の発生を防火対象物の関係者に報知するもの どの回線から発信されたかわかるよう、回線ごとに専用の**地区表示灯**を設ける必要がある
R型受信機	火災信号、火災表示信号もしくは火災情報信号を**固有の信号**としてまたは設備作動信号を共通もしくは固有の信号として受信し、火災の発生を防火対象物の関係者に報知するもの 回線ごとに信号が異なり、火災発生場所が判断できるので、**中継器**を介して**配線を1つに**まとめる

●感知器の種類ごとの定義（作動原理）（▶P.146、＋α）

感知器の種類		定義（作動原理）	
熱	差動式スポット型	**周囲の温度の上昇率**が一定の率以上になったときに火災信号を発信するもので	**一局所の熱効果**
	差動式分布型		**広範囲の熱効果の累積**
	定温式感知線型	**一局所**の周囲の温度が**一定の温度以上**になったときに火災信号を発信するもので	**外観が電線状**のもの
	定温式スポット型		**外観が電線状以外**のもの
	熱アナログ式スポット型	**一局所**の周囲の温度が**一定の範囲内の温度**になったときに当該温度に対応する**火災情報信号**を発信するもので	**外観が電線状以外**のもの
煙	イオン化式スポット型	周囲の空気が**一定の濃度以上の煙**を含むに至ったときに火災信号を発信するもので	**一局所の煙**による**イオン電流の変化**
	光電式スポット型		**一局所の煙**による**光電素子の受光量の変化**
	光電式分離型		**広範囲の煙の累積**による**光電素子の受光量の変化**
	イオン化アナログ式スポット型	周囲の空気が**一定の範囲内の濃度の煙**を含むに至ったときに当該濃度に対応する**火災情報信号**を発信するもので	**一局所の煙**による**イオン電流の変化**
	光電アナログ式スポット型		**一局所の煙**による**光電素子の受光量の変化**
	光電アナログ式分離型		**広範囲の煙の累積**による**光電素子の受光量の変化**
炎	紫外線式スポット型	炎から放射される紫外線または赤外線の**変化が一定の量以上**になったときに火災信号を発信するもので	**一局所の紫外線**による受光素子の**受光量の変化**
	赤外線式スポット型		**一局所の赤外線**による受光素子の**受光量の変化**
	紫外線赤外線併用式スポット型		**一局所の紫外線および赤外線**による受光素子の**受光量の変化**
熱だけの複合	熱複合式スポット型	複合式 異なる検出対象、作動原理などを併せもつもので	**差動式スポット型**の性能および**定温式スポット型**の性能を併せもつもの
	補償式スポット型 （熱複合式スポット型のうち**1種類の火災信号**のみ**を発信する**もの）		
煙だけの複合	煙複合式スポット型		**イオン化式スポット型**の性能および**光電式スポット型**の性能を併せもつもの
熱と煙の複合	熱煙複合式スポット型		差動式スポット型または定温式スポット型の性能と、イオン化式スポット型または光電式スポット型の性能を併せもつもの
炎だけの複合	炎複合式スポット型		紫外線式スポット型の性能および赤外線式スポット型の性能を併せもつもの

●定温式感知器の公称作動温度（▶P.154）

公称作動温度の範囲 … 60℃から150℃まで
- 60℃以上80℃以下のもの ⇒ 5℃刻みとする
- 80℃を超えるもの ⇒ 10℃刻みとする

＊定温式スポット型・定温式感知線型のほか、熱複合式スポット型、補償式スポット型にも準用する（ただし、補償式スポット型の場合は「公称定温点」という）

●各感知器に共通の設置基準（▶P.201～202）

取付け位置	取付け面から感知器の下端まで	熱感知器	取付け面の下方0.3m以内
		煙感知器	取付け面の下方0.6m以内
	空気吹出し口から1.5m以上離れた位置（差動式分布型、光電式分離型のもの、炎感知器を除く）		
傾斜角の最大値	・差動式分布型感知器の検出部	5度	
	・スポット型の感知器（炎感知器を除く）	45度	
	・光電式分離型感知器 ・光電アナログ式分離型感知器 ・炎感知器	90度	

●煙感知器（光電式分離型を除く）の設置基準（▶P.209～210）

取付け位置	天井が低い居室または狭い居室	入口付近
	天井付近に吸気口がある居室	吸気口付近
	壁・はりからの距離	0.6m以上離れた位置
廊下・通路に設ける場合（※）	1種・2種	歩行距離30mにつき1個以上
	3種	歩行距離20mにつき1個以上
	※特定防火対象物と一部の非特定防火対象物（共同住宅、工場、映画スタジオ、事務所等）に設置義務あり 小・中・高等学校、大学、図書館等には設置義務なし	

●光電式分離型の煙感知器の設置基準 (▶P.211～212)

取付け位置	●受光面が日光を受けないように設ける ●**光軸**が**並行する壁から0.6m以上離れた位置**になるように設ける ●**送光部**と**受光部**は、**背部の壁から１m以内**の位置に設ける ●壁によって区画された区域ごとに、当該区域の各部分から**１つの光軸までの水平距離**が**７m以下**となるように設ける
光軸	●**光軸の高さ** … **天井等の高さの80%以上** ●**光軸の長さ** … 当該感知器の**公称監視距離の範囲内**

●炎感知器（道路型）の設置基準 (▶P.214～215)

道路型の基準	●**道路の側壁部**または**路端の上方**に設ける ●道路面（監視員通路が設けられている場合は当該通路面）から高さ**1.0m以上1.5m以下**の部分に設ける
道路型以外のものと共通の基準	●**障害物等**による感知障害がないように設ける ●**日光を受けない位置**に設ける（感知障害が生じないように**遮光板等**を設けた場合は除く）

●自動火災報知設備の受信機の比較 (▶P.179～182、184)

○：必要　－：不要

	P型１級		P型２級		P型３級	R型
	多回線	１回線	多回線	１回線		
回線数	無制限	１回線	５回線以下	１回線	１回線	無制限
火災表示試験装置	○	○	○	○	○	○
火災表示の保持装置	○	○	○	○	－	○
予備電源装置	○	○	○	－	－	○
地区表示装置（※１）	○	－	○	－	－	○
火災灯	○	－	－	－	－	○
電話連絡装置	○	－	－	－	－	○
導通試験装置	○	－	－	－	－	○（※２）
主音響装置	○	○	○	○	○	○
主音響装置の音圧	85dB	85dB	85dB	85dB	70dB	85dB
地区音響装置	○	○	○	－	－	○

※１：P型受信機の場合は、回線ごとに専用の地区表示灯
※２：R型受信機は断線や短絡を検出する試験機能が必要

●中継器・受信機の「所要時間」のまとめ (▶P.169、180、185～186、191)

中継器（※）	受信開始から発信開始まで	**５秒以内**
Ｐ型受信機	受信開始から火災表示まで	
Ｒ型受信機	受信開始から火災表示まで	
アナログ式のＲ型受信機	受信開始から注意表示まで	
	受信開始から火災表示まで	
ガス漏れ火災警報設備の受信機	受信開始からガス漏れ表示まで	**60秒以内**

※ガス漏れ火災警報設備の中継器は、ガス漏れ信号の受信開始からガス漏れ表示までの所要時間が５秒以内の受信機に接続するものに限り、60秒以内とすることができる

●ガス漏れ火災警報設備の検知器の設置基準 (▶P.249～250)

● 軽ガス（比重が１未満）の場合

天井面等からの距離	検知器の**下端**が**天井面等の下方0.3m以内**の位置になるように設ける
燃焼器または貫通部からの距離	燃焼器・貫通部から**水平距離８m以内**となるように設ける
天井面等の付近に吸気口がある場合	燃焼器・貫通部から**最も近い吸気口の付近**に設ける
0.6m以上のはり等がある場合	当該はり等よりも燃焼器側・貫通部側に設ける

● 重ガス（比重が１を超える）の場合

床面からの距離	検知器の**上端**が**床面の上方0.3m以内**の位置になるように設ける
燃焼器または貫通部からの距離	燃焼器・貫通部から**水平距離４m以内**となるように設ける

●検知器を設置してはならない場所 (▶P.250)

- 出入口の付近で外部の気流がひんぱんに流通する場所
- 換気口の**空気の吹出し口から1.5m以内**の場所
- 燃焼器の廃ガスに触れやすい場所
- その他ガス漏れの発生を有効に検知できない場所

●検知器の検知方式 (▶P.248)

方　式	概　要
半導体式	半導体にガスが吸着するときに、**半導体の電気抵抗が減少**し、**電気伝導度が上昇**することを利用する （図：ヒーター／半導体／電極） 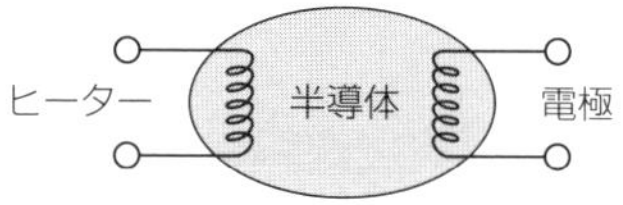
接触燃焼式	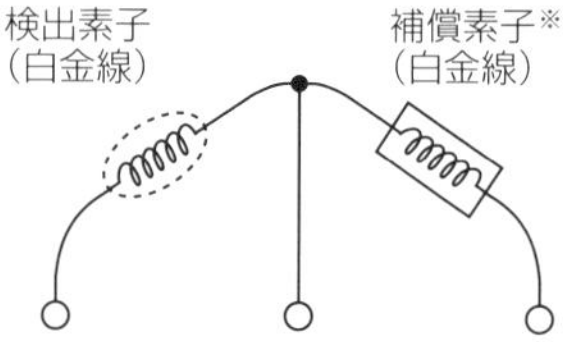 白金線（検出素子）の表面にガスが接触して**燃焼**するときに、**白金線の電気抵抗が増大**することを利用する （図：検出素子（白金線）／補償素子※（白金線）） ※補償素子は、ガスに接触しないよう密閉構造になっている
気体熱伝導度式	ガスと空気の**熱伝導度の違い**により、半導体が塗られた白金線の温度が変化することを利用する （図：検出素子（白金線）／補償素子※（白金線）） 検出素子には、半導体が塗られている 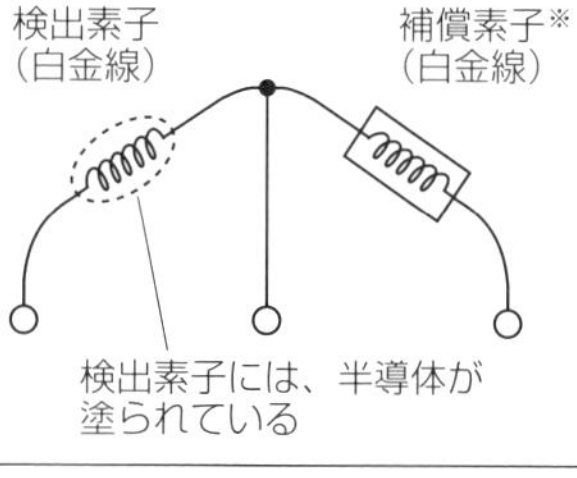

●差動式分布型感知器（空気管式）の試験 (▶P.238～241)

試　験	概　要
火災作動試験	**テストポンプ**を用いて作動空気圧に相当する空気を注入し、作動するまでの時間（**作動時間**）を測定する
作動継続試験	感知器が作動したときから復旧する（接点が開く）までの時間（**作動継続時間**）を測定する
流通試験	●空気管だけに空気を注入し、**空気管の漏れや詰まり**等の有無を確認する ●**流通時間**を測定し、空気管の長さに対応する範囲内かどうかを確認する
接点水高試験	テストポンプでダイヤフラムまで空気を注入して接点が閉じるときのマノメーターの水位の高さ（**接点水高値**）を測定し、**接点間隔**が適切かどうかを確認する

●リーク抵抗と作動時間・作動継続時間の関係 (▶P.239)

リーク抵抗	空気の漏れ	作動時間	作動継続時間
大きい	少ない	短い	長い
小さい	多い	長い	短い

●受信機の機能試験 (▶P.243～245)

試　験	概　要
火災表示試験	**受信機の火災表示**（火災灯、地区表示装置、主音響装置、地区音響装置）が正常に作動することと、**自己保持機能**を確認する
同時作動試験	複数の回線（警戒区域）から火災信号を**同時受信**しても火災表示が正常に作動するかどうかを確認する
回路導通試験	感知器回路の**断線の有無**を確認する
予備電源試験	常用電源と予備電源とが自動的に切り替わるかどうか、予備電源が正常であるかどうかを確認する

●耐火配線・耐熱配線の工事方法（▶P.230～231、＋α）

	電線の種類	工事方法
耐火配線	●**600ボルト2種ビニル絶縁電線（ＨＩＶ）** ●ハイパロン絶縁電線 ●四ふっ化エチレン絶縁電線 ●シリコンゴム絶縁電線 ●ポリエチレン絶縁電線 ●架橋ポリエチレン絶縁電線 ●ＥＰゴム絶縁電線 ●アルミ被ケーブル ●鋼帯がい装ケーブル ●ＣＤケーブル ●鉛被ケーブル ●クロロプレン外装ケーブル ●架橋ポリエチレン絶縁ビニルシースケーブル ●架橋ポリエチレン絶縁ポリエチレンシースケーブル ●ポリエチレン絶縁ポロエチレンシースケーブル ●ポリエチレン絶縁ビニルシースケーブル ●ＥＰゴム絶縁クロロプレンシースケーブル ●バスダクト	**金属管**、**2種金属製可とう電線管**または**合成樹脂管**に電線（ケーブル等を含む）を収め、**耐火構造**で造った**壁**、**床**等に**埋設**する
	耐火電線 ＭＩ（無機絶縁）**ケーブル**	ＭＩケーブルまたは基準に適合する耐火電線を使用し、そのまま**露出配線**とする（埋設の必要もなし）
耐熱配線	●**600ボルト2種ビニル絶縁電線（ＨＩＶ）** ●ハイパロン絶縁電線 ●四ふっ化エチレン絶縁電線 ●シリコンゴム絶縁電線 ●ポリエチレン絶縁電線 ●架橋ポリエチレン絶縁電線 ●ＥＰゴム絶縁電線 ●アルミ被ケーブル ●鋼帯がい装ケーブル ●ＣＤケーブル ●鉛被ケーブル ●クロロプレン外装ケーブル ●架橋ポリエチレン絶縁ビニルシースケーブル ●架橋ポリエチレン絶縁ポリエチレンシースケーブル ●ポリエチレン絶縁ポロエチレンシースケーブル ●ポリエチレン絶縁ビニルシースケーブル ●ＥＰゴム絶縁クロロプレンシースケーブル ●バスダクト	**金属管**工事、**可とう電線管**工事、**金属ダクト**工事または**ケーブル**工事（不燃性のダクトに敷設するものに限る）により敷設する。**埋設の必要はない**
	耐熱電線 **耐火電線** ＭＩ（無機絶縁）**ケーブル** **耐熱光ファイバーケーブル**	ＭＩケーブルまたは基準に適合する耐火電線（耐熱電線でもよい）を使用し、そのまま**露出配線**とする（埋設の必要もなし）

※グレーの部分の電線の種類は、耐火も耐熱も同じ

使える!　まとめ資料

◇実技 鑑別等編◇

資料の内容

1●機器の写真資料集……P.270

2●整理問題……P.287

資料の利用方法

○テキスト学習を進める際の横断的な知識整理ができます。

○試験直前期の対策にもご活用いただけます。

1. 機器の写真資料集

感知器等

定温式スポット型感知器		記号	
種別	外観等	備考	
バイメタル式	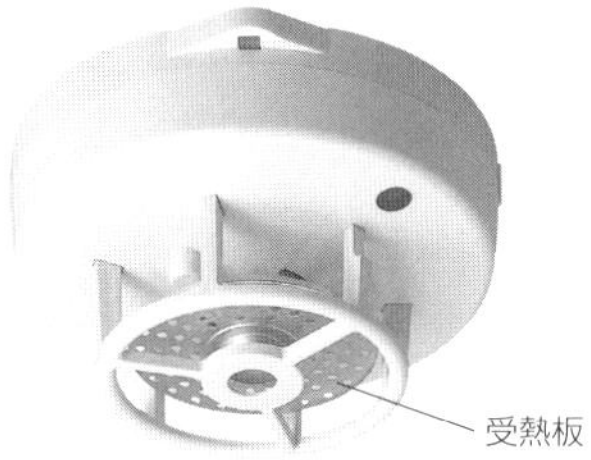 受熱板	・**一定の温度に達する**と火災信号を発する ・**局所的**な熱効果によって作動する ・**給湯室**などに用いられる ・厨房や給湯室では**防水型**( )を使う	
半導体式		・中央の突起が**温度検知素子**(サーミスタなどを利用) ・差動式と定温式は内部回路が異なるだけなので、外観では区別がつかず、メーカーごとにシール等で識別している	
防爆型		・可燃性のガスなどのある場所に設置 ・金属の膨張係数の違いを利用したもの	
一般型		・金属の膨張係数の違いを利用したもので、防爆仕様にはなっていないもの	

差動式スポット型感知器		記号	
種別	外観等	備考	
空気膨張型		● **一定以上の温度上昇率**で火災信号を発する感知器 ● **局所的**な熱効果によって作動する ● **空気の膨張**を利用している ● 無窓階、階段、廊下などを除く、居室等に用いられる	
半導体式	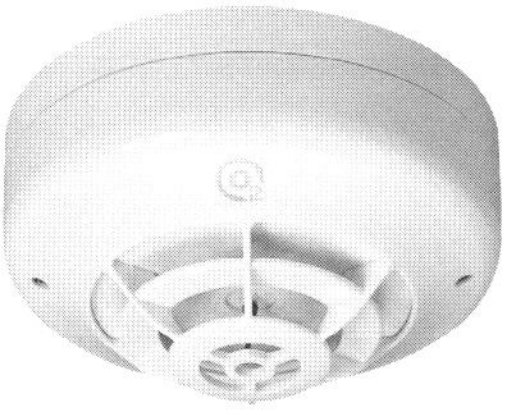	● 中央の突起が**温度検知素子**（サーミスタなどを利用） ● 差動式と定温式は内部回路が異なるだけなので、外観では区別がつかず、メーカーごとにシール等で識別している	

差動式分布型感知器（空気管式）		記号	
種別	外観等	備考	
検出部	  コックスタンド	● **広範囲**の熱効果の累積によって作動する ● **空気の膨張**を利用している ● 左の右は検出部のふたを開けた写真。下の写真は**空気管**の接続部  コックスタンド	

差動式分布型感知器（熱電対式）		記号
種別	外観等	備考
検出部		・**広範囲**の熱効果の累積によって作動する ・熱電対の**熱起電力**を利用している ・検出部にはメーターリレーを使用する

スポット型煙感知器		記号 S
種別	外観等	備考
イオン化式		・**放射性物質**を使用し**イオン電流**の変化によって作動する ・外部イオン室と内部イオン室があるので、構造上高さが必要 ・放射線マーク（☢）を添付
光電式		・**光の散乱**を利用したもの ・現在ほとんどの煙感知器はこのタイプのものになっている
光電アナログ式		・外観上は光電式煙感知器と変わらない ・火災信号を送出するのではなく、**煙の濃度**レベルを送出する

光電式分離型煙感知器	記号	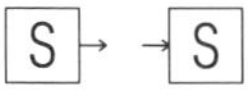 S→ →S
外観等	備考	
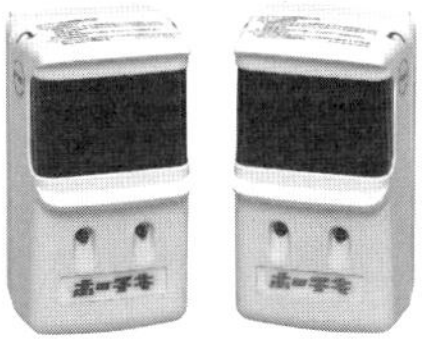 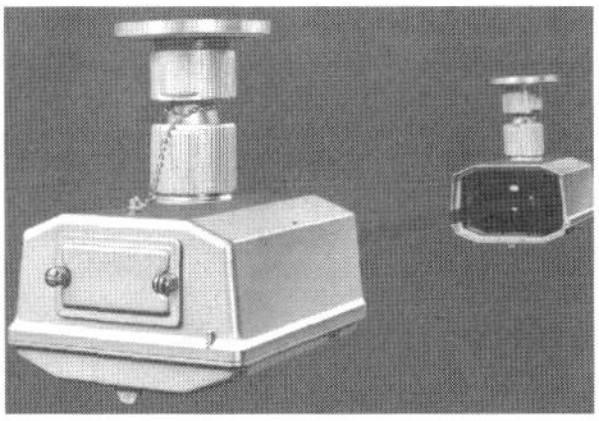	● **送光部**と**受光部**により構成され、公称監視距離は**5mから100m**まで ● いろいろな形状のものがある ● **広い建物**で使われる	

炎感知器		記号	△○
種別	外観等	備考	
紫外線式	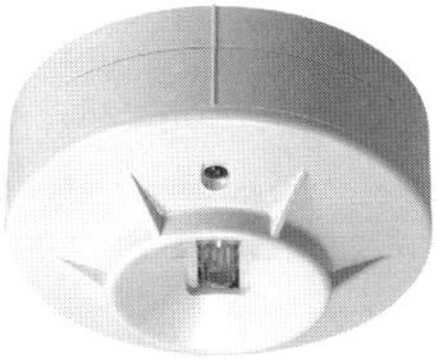	● 一定時間内の**紫外線量**が規定値に達すると火災信号を発する	
赤外線式		● 一定時間内の**赤外線量**が規定値に達すると火災信号を発する	

中 継 器	記号	
外観等	備考	
 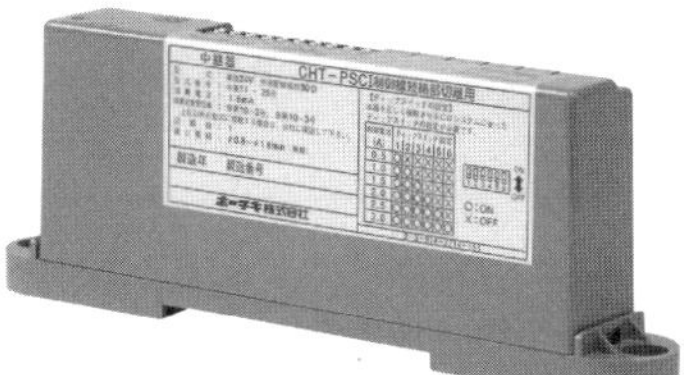	● 感知器等からの火災信号や火災情報信号を受信機に中継・発信する ● その他の設備にも中継・発信する	

受信機

受　信　機	記号	

P型1級	P型2級
共通 ● 主音響装置85dB以上 **多回線（回線数制限なし）** ● **すべての機能**を備えている **1回線** ● 地区表示灯、火災灯、電話連絡装置、導通試験装置なし	**共通** ● 主音響装置85dB以上 **多回線（5回線以下）** ● 火災灯、電話連絡装置、導通試験装置なし **1回線** ● 火災表示試験装置、火災表示の保持装置、主音響装置のみ。延べ面積350㎡以下のみ対応
P型3級	**R型**
1回線のみ ● 主音響装置70dB以上 ● 火災表示試験装置、主音響装置のみあり ● 延べ面積150㎡以下のみ対応	● 主音響装置85dB以上 ● **回線数制限なし** ● 装置はP型1級多回線用と同じ ● アナログ式もあり

■ P型受信機が備える装置等

●：必要　－：不要

	1級		2級		3級	R
	多回線	1回線	多回線	1回線	1回線	
1）火災表示試験装置	●	●	●	●	●	●
2）火災表示の保持装置	●	●	●	●	－	●
3）予備電源装置	●	●	●	－	－	●
4）地区表示灯	●	－	●	－	－	●
5）火災灯	●	－	－	－	－	●
6）電話連絡装置	●	－	－	－	－	●
7）導通試験装置	●	－	－	－	－	●
8）主音響装置	●	●	●	●	●	●
9）地区音響装置	●	●	●	－	－	●

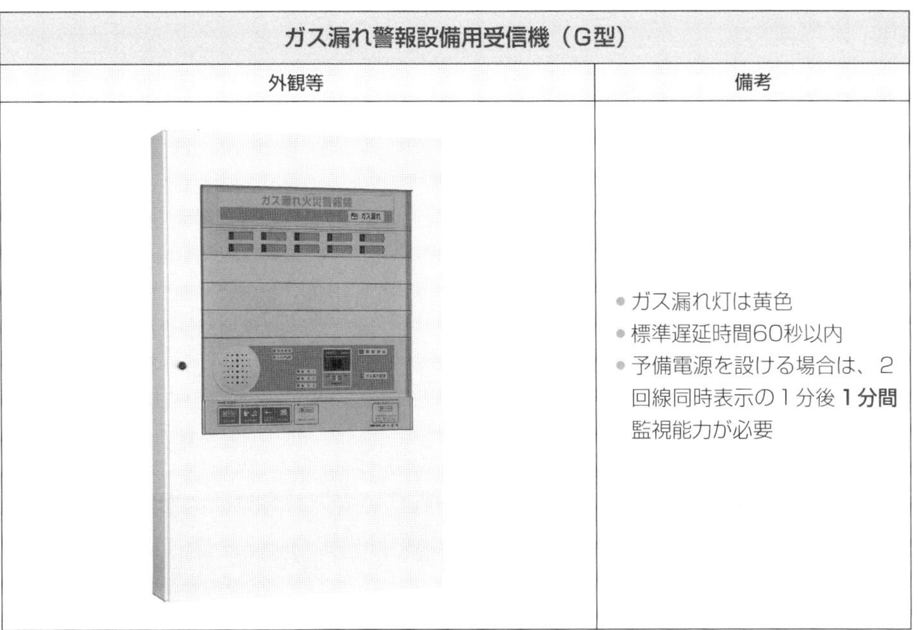

ガス漏れ警報設備用受信機（G型）	
外観等	備考
	● ガス漏れ灯は黄色 ● 標準遅延時間60秒以内 ● 予備電源を設ける場合は、2回線同時表示の1分後**1分間**監視能力が必要

複合盤（GP型・GR型）	
外観等	備考
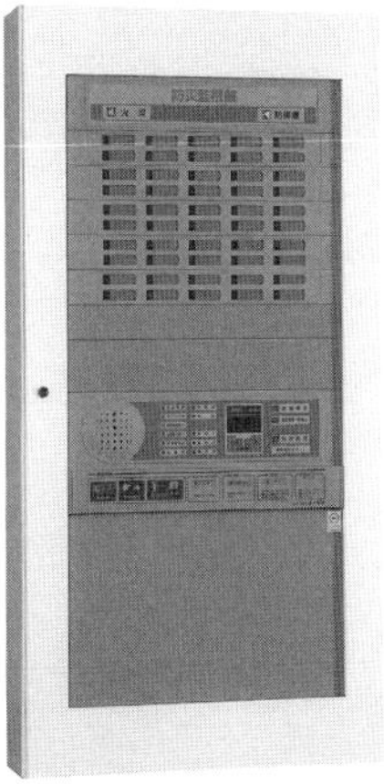 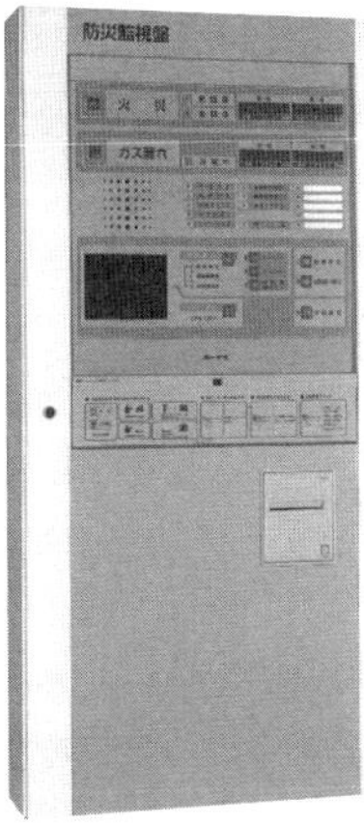 GP型　　GR型	● 自動火災報知設備の受信機とガス漏れ警報設備の受信機の併用タイプ

発信機等

発　信　機		記号	Ⓟ
種別	外観等	備考	
P型1級		**1、2級共通** ・外箱は**赤色** ・**保護板**は透明の**有機ガラス** **1級のみ** ・**電話ジャック**と**確認灯**が付いている（いずれも隠れている）	
P型2級		**1、2級共通** ・外箱は**赤色** ・**保護板**は透明の**有機ガラス** **2級のみ** ・電話ジャック、確認灯なし	

表　示　灯	記号	◐
外観等	備考	
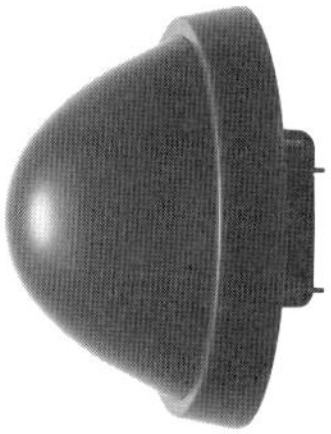	・**赤色**の灯火 ・取付け面と15度以上の角度で10m離れた位置から確認できなければいけない	

地区音響装置（ベル）	記号	Ⓑ
外観等	備考	
	・音圧は軸上１mで**90dB以上** ・階の各部から１の地区音響装置までの**水平距離が25m以下**	

機器収容箱	記号	□　Ⓟ◐Ⓑ
外観等	**備考**	
大型　小型 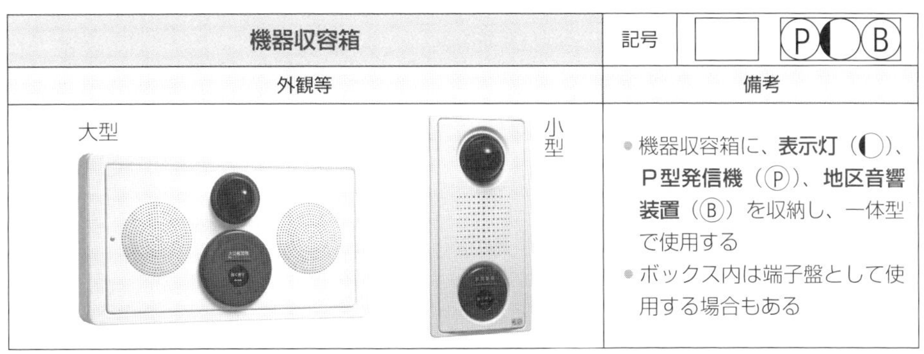	● 機器収容箱に、**表示灯**（◐）、**P型発信機**（Ⓟ）、**地区音響装置**（Ⓑ）を収納し、一体型で使用する ● ボックス内は端子盤として使用する場合もある	

ガス漏れ警報設備関連

ガス漏れ警報設備用　ガス漏れ検知器		
外観等		**備考**
都市ガス用		● **空気より軽い**ガス用で、検知器の下端が天井面から30cm以内、燃焼器から8m以内に設置する
LPガス用		● **空気より重い**ガス用で、検知器の上端が床面から30cm以内、燃焼器から4m以内に設置する

ガス漏れ警報設備用　表示灯	
外観等	**備考**
	● ガス漏れ検知器の作動した場所を知らせるため、**廊下等**に設置する

ガス漏れ警報設備用　中継器	
外観等	備考
	・ガス漏れ検知器と受信機の間に設ける ・複数の検知器を１つの回線に接続するような場合に使用する

ガス漏れ警報設備用　加ガス試験器	
外観等	備考
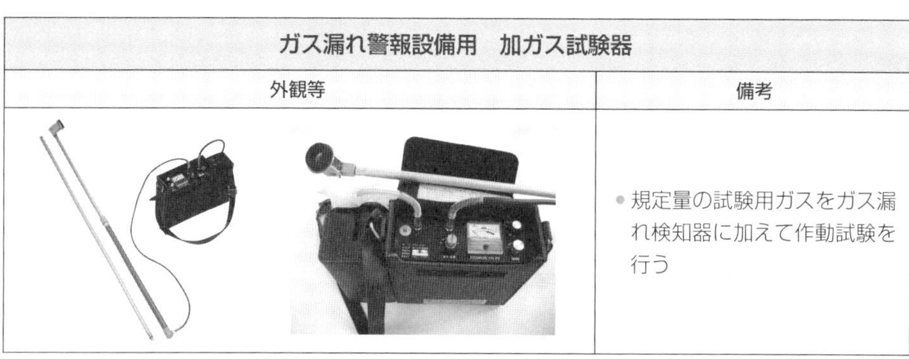	・規定量の試験用ガスをガス漏れ検知器に加えて作動試験を行う

試験器

加熱試験器	
外観等	備考
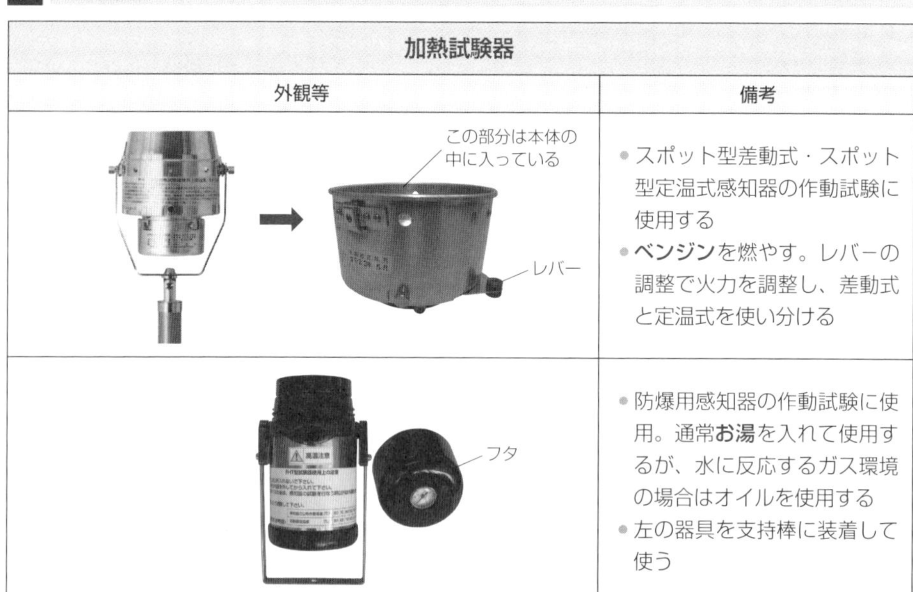	・スポット型差動式・スポット型定温式感知器の作動試験に使用する ・**ベンジン**を燃やす。レバーの調整で火力を調整し、差動式と定温式を使い分ける
	・防爆用感知器の作動試験に使用。通常**お湯**を入れて使用するが、水に反応するガス環境の場合はオイルを使用する ・左の器具を支持棒に装着して使う

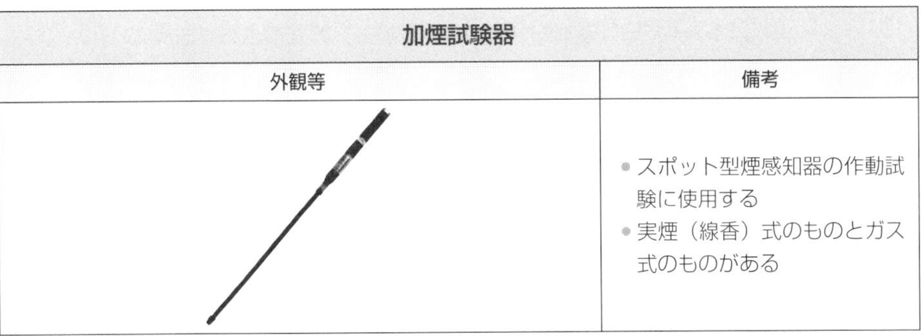

加煙試験器	
外観等	備考
	● スポット型煙感知器の作動試験に使用する ● 実煙（線香）式のものとガス式のものがある

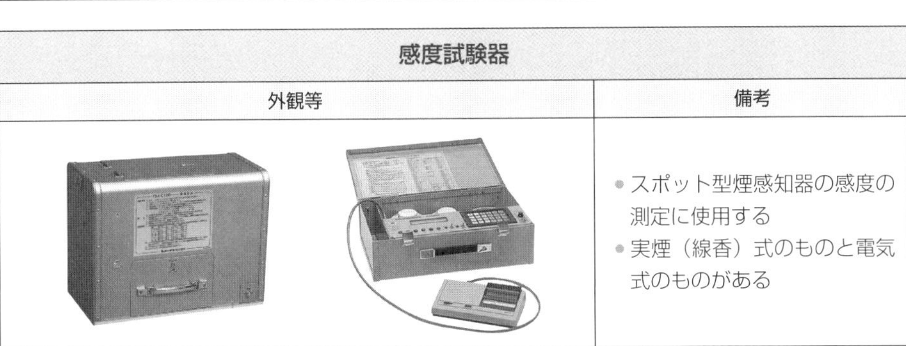

感度試験器	
外観等	備考
	● スポット型煙感知器の感度の測定に使用する ● 実煙（線香）式のものと電気式のものがある

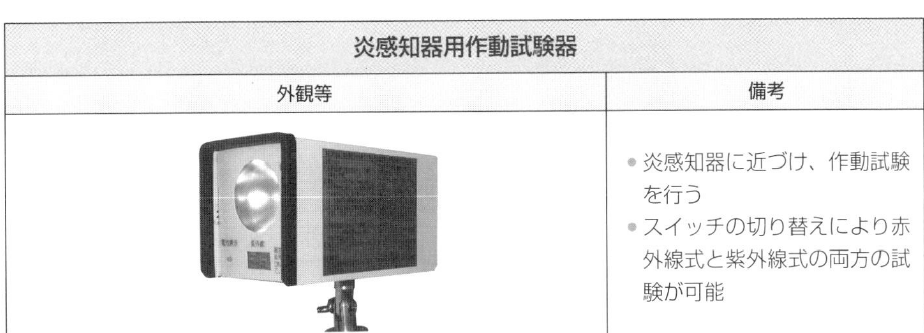

炎感知器用作動試験器	
外観等	備考
	● 炎感知器に近づけ、作動試験を行う ● スイッチの切り替えにより赤外線式と紫外線式の両方の試験が可能

メーターリレー試験器（差動式分布型〔熱電対式〕感知器の試験器具）	
外観等	備考
	● 作動試験と回路抵抗試験に使用する

マノメーター他（差動式分布型〔空気管式〕感知器の試験器具）	
外観等	備考
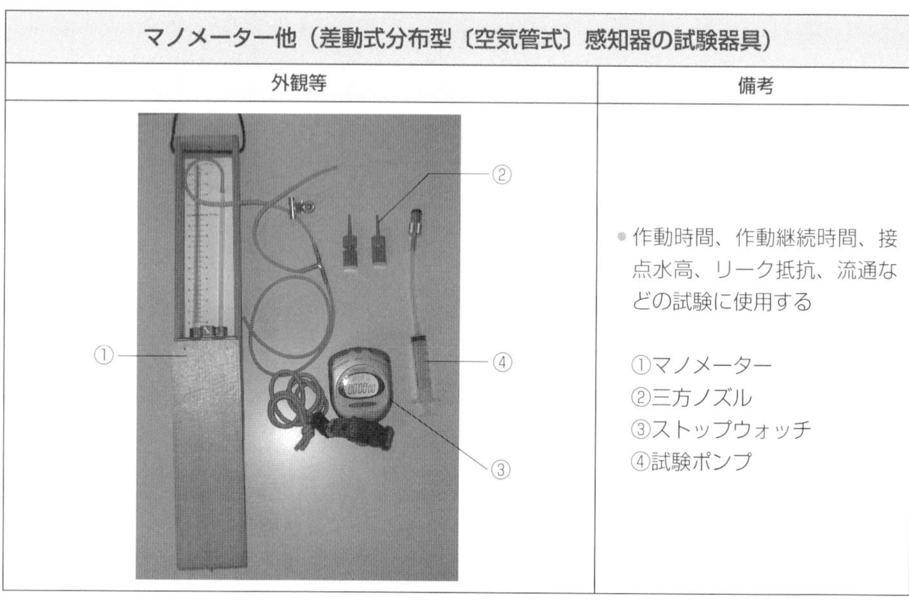	●作動時間、作動継続時間、接点水高、リーク抵抗、流通などの試験に使用する ①マノメーター ②三方ノズル ③ストップウォッチ ④試験ポンプ

減光フィルター（光電式分離型感知器の試験器具）	
外観等	備考
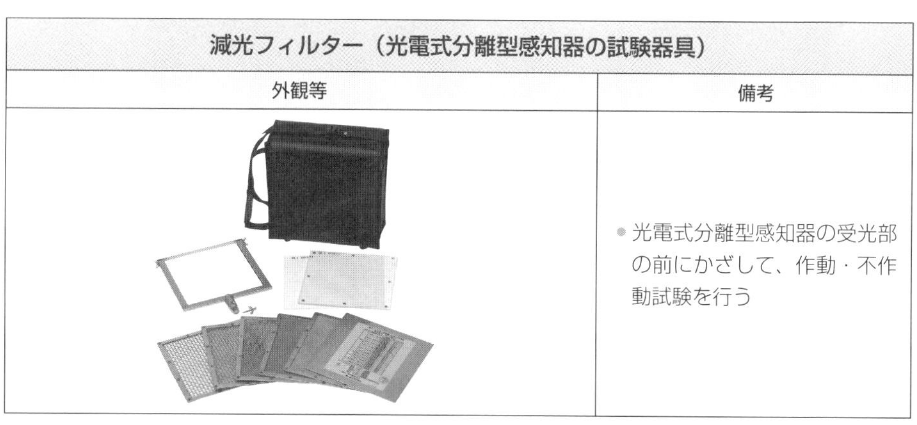	●光電式分離型感知器の受光部の前にかざして、作動・不作動試験を行う

外部試験器（共同住宅等の遠隔試験用試験器）	
外観等	備考
	●共同住宅等の戸外から、この試験器を接続して、機能試験を行う ●システムによりいろいろな試験器がある

計器等

メガー（絶縁抵抗計）	
外観等	備考
	● 電源配線や感知器配線の絶縁抵抗値を計測

アーステスタ（接地抵抗計）	
外観等	備考
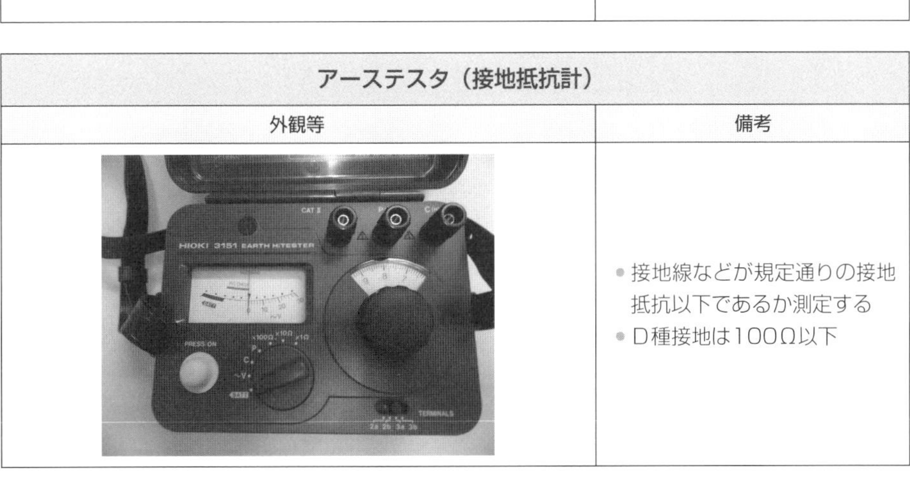	● 接地線などが規定通りの接地抵抗以下であるか測定する ● D種接地は100Ω以下

検　電　器	
外観等	備考
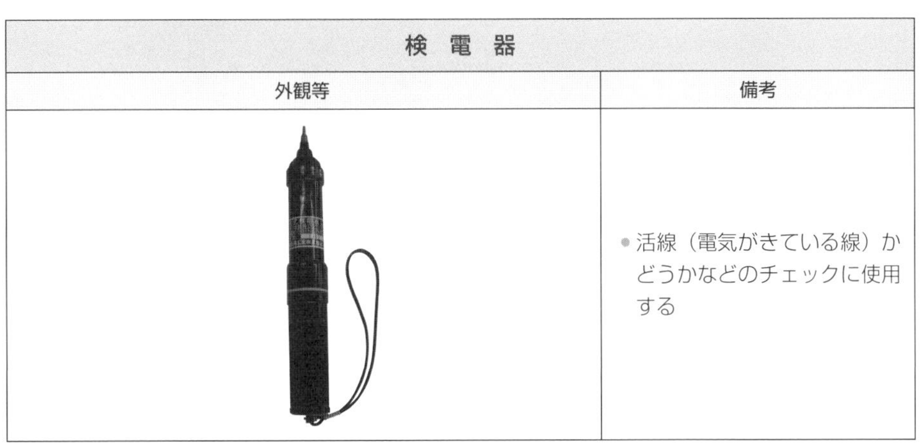	● 活線（電気がきている線）かどうかなどのチェックに使用する

テスタ（回路計）		
種別	外観等	備考
アナログ		●外線の断線チェック、各部の電圧や電流、抵抗値の測定に使用する
デジタル	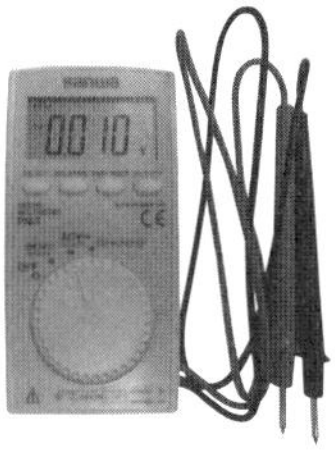	●機器内部の詳細な電圧のチェックなど電圧や電流、抵抗値の測定に使用する

普通騒音計	
外観等	備考
防風スクリーン （マイクにかぶせて、風の音を拾いにくくする）  	●音響装置から軸上1mの距離の音圧（90dBや92dB）、任意の位置の警報音圧の測定に使用する ●Aモードで測定する

送受話器	
外観等	備考
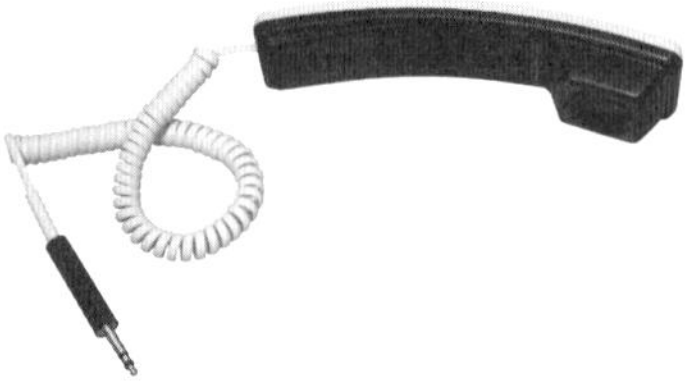	●P型1級受信機、R型に1セット付属している ●通常受信機内などに置いてある ●受信機が火災警報を発した際に、この送受話器を持って発信機のところへ行き、発信機の電話ジャックにプラグを差し込んで受信機側へ状況を伝える

工具等

感知器脱着器	
外観等	備考
	● 感知器を着脱するためのもの ● 支持棒に装着して使う

パイプカッター	
外観等	備考
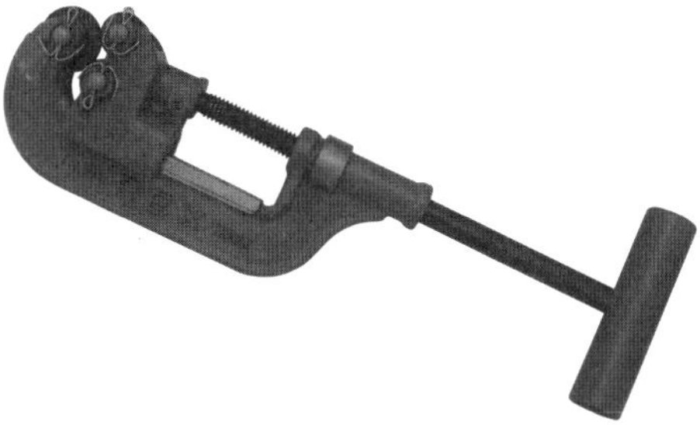	● 電線を通す金属配管の切断に使用する

ワイヤーカッター	
外観等	備考
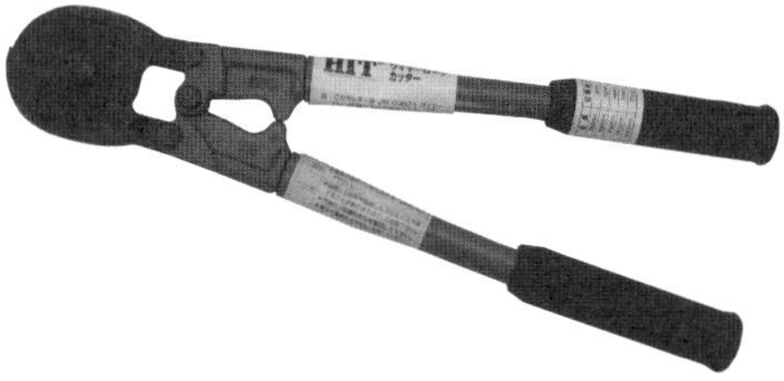	● ケーブルの切断などに使用する

ペ ン チ	
外観等	備考
	●電線を切ったり、芯線を曲げたりするときに使用する ●ナットを締めたりもする

ラジオペンチ	
外観等	備考
	●電線の細かな曲げや細い線のねじりなどに使用する

ニッパー	
外観等	備考
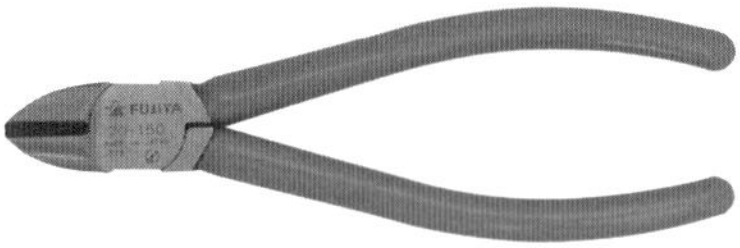	●電線の切断、電線の被覆をはがすときなどに使用する

ワイヤーストリッパー	
外観等	備考
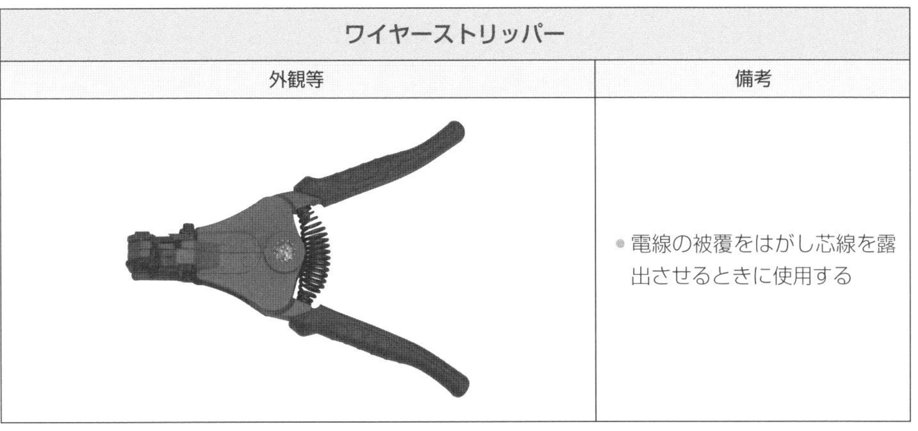	● 電線の被覆をはがし芯線を露出させるときに使用する

リ ー マ	
外観等	備考
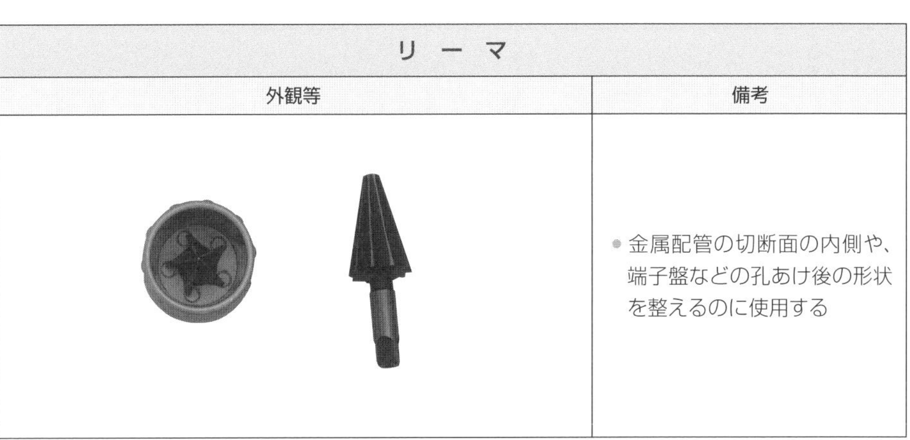	● 金属配管の切断面の内側や、端子盤などの孔あけ後の形状を整えるのに使用する

圧着ペンチ	
外観等	備考
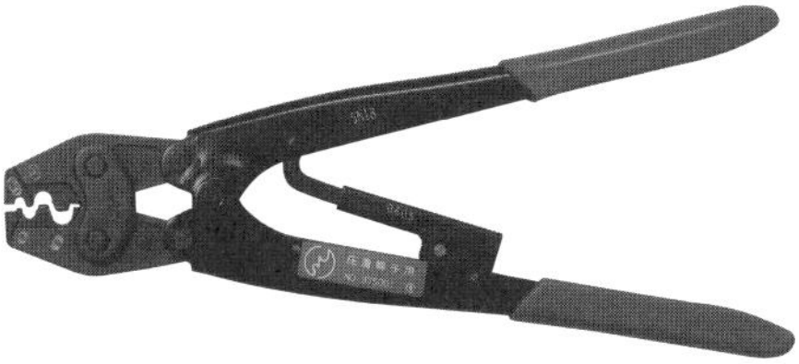	● スリーブを使って電線を接続するときに使用する

カップリング	
外観等	備考
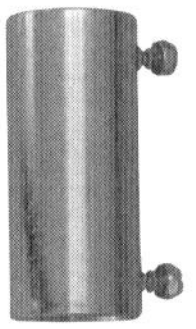 	・金属配管どうしを接続するときに使用する

サ　ド　ル	
外観等	備考
 	・金属配管やケーブルを壁面などに固定するときに使用する

端　子　台	
外観等	備考
 	・各階の端子盤内で配線を分岐するときなどに使用する

2. 整理問題

解答は290ページを参照

1 感知器

●各種感知器等の構造と特徴を理解する

次の文章の（　　）内に適切な言葉を書き入れなさい。

- スポット型煙感知器については、光電式と（　①　）などがある。光電式は煙の粒子によって光が乱反射される現象を利用したもので、（　①　）のものは放射性物質を利用しイオン電流の変化によって作動する。
- 差動式感知器は、空気室、ダイヤフラム、（　②　）、接点から構成され、一定の（　③　）以上で火災信号を発する感知器である。
- 高天井では、熱や煙が拡散してしまうため、熱感知器や煙感知器は、（　④　）m以上には設置できない。（　④　）m以上には、（　⑤　）感知器を使用する。

解答欄	①	②
	③	④　　　m
	⑤	

2 受信機

●P型受信機の種類と違いを理解する

(1)　以下にP型１級多回線受信機にあるものを示してある。その中で、P型２級多回線受信機にもあるものには（　　）内に○を、ないものには×を記入しなさい。

①火災灯　（　　）　②地区表示灯　（　　）
③電話連絡装置（　　）　④導通試験装置（　　）

(2)　以下にP型２級受信機にあるものを示してある。その中で、P型３級受信機にもあるものには（　　）内に○を、ないものには×を記入しなさい。

①火災表示の保持装置（　　）　②火災表示試験装置（　　）

(3)　次の文章の（　　）内に入る数値を書きなさい。

「P型２級１回線受信機の警戒面積は、（　①　）㎡以下で、P型３級受信機の警戒面積は（　②　）㎡以下としなければならない。」

解答欄	①　　　㎡	②　　　㎡

●P型1級多回線受信機の試験方法を理解する

(4) 次の文章は回路導通試験について説明したものである。(　　) 内に適切な言葉を書き入れなさい。

- 誤操作により警報音の鳴動を防止するため、主音響停止スイッチ、(①) を操作し、音響停止の位置にする。また。各種連動停止スイッチ等も連動停止の位置にする。
- 回路選択スイッチを (②) の位置にし、導通試験スイッチを操作し、導通試験装置が正常であることを確認する。
- 回路選択スイッチを1に合わせ、導通試験スイッチを操作し、1回線目の (③) を確認する。
- 以降、(④) を切り替えて、感知器の接続されている回線をすべて試験する。

解答欄	①	②
	③	④

(5) 次の文章の (　　) 内に適切な言葉を書き入れなさい。

- 5回線同時作動試験は、(①) を停止側にせず、回路選択スイッチと火災試験スイッチを操作して、5回線分火災表示させ、機能が正常であることを確認する試験である。
- 絶縁抵抗試験は、(②) Vの絶縁抵抗計により、電源配線および感知器回路等の配線について大地間絶縁を測定する試験で、最低 (③) MΩ以上とされている。

解答欄	①	② V
	③ MΩ以上	

3 試験機・器具等

●どのような試験のときにどのように使うのか、消防用設備等の法定定期点検との関係も理解する

次の文章の (　　) 内に適切な言葉を書き入れなさい。

- 消防用設備等の機器点検は、(①) に1回である。
- 光電式分離型感知器の試験は、(②) を受光部の前にかざして、送光部から受光部に到達する光量を減らして行う。

- 差動式分布型感知器（空気管式）の試験には、火災作動試験、作動継続時間試験、流通試験、接点水高試験があるが、これらの試験の中でマノメーターを使う試験は（　③　）と（　④　）である。

解答欄	①	②
	③	④

4 工具

●工具の名称と使い方を理解する

次の文章の（　　）内に適切な言葉を書き入れなさい。

- （　①　）は、ドリルで孔をあけた後、その孔を広げたり、面取りを行うときに使用する。
- 細い電線ならペンチやニッパーでも切断できるが、太いケーブルの切断には（　②　）を使う。

解答欄	①	②

5 その他

●次のような問題が問われることもあるので注意する

設備図面で使われる次の記号の名称を書き入れなさい。

① 　②  　③ 

④ B　⑤  　⑥ 

解答欄	①	②
	③	④
	⑤	⑥

解答

1 感知器

① イオン化式　② リーク孔　③ 温度上昇率　④ 20　⑤ 炎

2 受信機

(1) ① ×　② ○　③ ×　④ ×

(2) ① ×　② ○

(3) ① 350　② 150

(4) ① 地区音響停止スイッチ　② T　③ 断線の有無　④ 回路選択スイッチ

(5) ① 試験復旧スイッチ　② 250　③ 0.1

3 試験機・器具等

① 6か月　② 減光フィルター

③ 流通試験　④ 接点水高試験

※③、④は順不同

4 工具

① リーマ　② ワイヤーカッター

5 その他

① 受信機　② 表示灯　③ 発信機

④ 地区音響装置（ベル）　⑤ スポット型煙感知器

⑥ 差動式スポット型感知器

◇ 製図試験対策 実践編 ◇

内　容

1 ● はじめに……P.292

2 ● 具体的な検討事項のまとめ……P.294

3 ● 平面図の作成実習……P.302

4 ● 作成実習の解答例……P.305

5 ● 系統図の作成実習……P.315

6 ● 整理問題……P.321

利用方法

○テキスト学習を進める際の横断的な知識整理ができます。

○試験直前期の対策にご活用ください。

1. はじめに

自動火災報知設備の製図は、建築設備図面の施工図に該当するもので、電気設備工事を行う人がそれぞれ機器の配置場所まで、どのような電線を何本配線したらよいかを表した図面です。どのような結線（配線と機器の接続）を行うかについて細かく表した図面ではありませんので、理解しておいてください。

●配線のポイント

① 二重天井の天井裏は、自由に配線を引くことができますが、この場合は、単線をたくさん引くのではなく、ケーブルをはわせます。

② 天井ボードの張っていないコンクリートがむき出しになった天井は配管を埋め、中に電線（単線をまとめて）を通します。

③ 階段やエレベーター昇降路、吹き抜け部分などには天井がありませんので、この中を横切って配線を運ぶことはできません。

④ 階をまたがる配線を行う場合はコンクリートの中を貫通して電線を通しますので、原則としては配管が必要ですが非効率なため、ＥＰＳと呼ばれる電気用パイプシャフトを設け、一括してケーブル配線する方法が一般的です。

自動火災報知設備の製図に必要な記号

名　称	記号	適　用
差動式スポット型感知器		必要に応じ、種別を傍記する
補償式スポット型感知器		必要に応じ、種別を傍記する
定温式スポット型感知器		⑴必要に応じ、種別は傍記する ⑵防水のものは、　とする ⑶耐酸のものは、　とする ⑷耐アルカリのものは、　とする ⑸防爆のものは、EXを傍記する
煙感知器	S	⑴必要に応じ、種別は傍記する ⑵点検ボックス付きの場合は、S　とする ⑶埋込みのものは、S　とする
炎感知器		

名　称	記号	適　用
感知線		必要に応じ、種別は傍記する
空気管		
熱電対		
熱半導体		
差動式分布型感知器の検出部		必要に応じ、種別を傍記する
P型発信機	P	
回路試験器		
火災警報ベル（地区音響装置）	B	
受信機		ほかの設備の機能をもつ場合は、必要に応じ、該当設備の図記号を傍記する
副受信機(表示機)		
表示灯		
中継器		
終端抵抗器	Ω	例：Ω　PΩ　Ω
機器収容箱		
送り配線		感知器回路の共通線、表示線の2線であることを示す
送り配線（複式）		送り配線の感知器回路の往路と復路を示す
立ち上がり		上の階の配線に接続
引き下げ		下の階の配線に接続
警戒区域境界線		配線の図記号より太くする
警戒区域番号	No.	(1)○の中に警戒区域番号を入れる (2)必要に応じ ⊖ とし、上部に必要事項、下部に警戒区域番号を入れる 例：階段 5　シャフト 5

2. 具体的な検討事項のまとめ

これから、学科対策で学習した内容の復習を中心に、製図の検討事項を確認していきます。

①感知器等の端末機器の配置

感知器の設置に関して、原則として、建物の全部分の警戒が必要と認識してください。

基本となる感知器は、**差動式スポット型感知器**です。

ア　感知器の設置を除外できる部分があるかの確認

下記の場所については、感知器の設置が免除されていますので、最初にチェックします。

- 主要構造部を耐火構造とした建築物の天井裏の部分
- 上階の床と天井間の高さが0.5m未満の天井裏
- 不燃材料で造られ、出火源となる物のない**トイレ**、**浴室**およびこれらに類するもの
- 開口部に特定防火設備、または同等以上のものを設けた**金庫室**
- 押し入れの一部の部分（構造により指定あり）
- 耐火、準耐火建築物の天井裏や小屋裏で不燃材料の壁、天井、壁で造られているもの

感知器の設置を免除される場所として、トイレ、浴室は覚えておきましょう。
スプリンクラー設備などの消火設備を設置しても、特定防火対象物では、感知器の設置は免除されません。また、金庫室に類似した貸金庫も、免除されません。

イ　種類や配置が指定されている場所への感知器の配置

熱感知器や煙感知器は、天井高が**20m**を超えると熱や煙が拡散してしまい、有効に感知できなくなります。この部分については**炎感知器**を設置することになります。

また天井高が20m未満の部分については下記の通りです。

1）階段

地下１階までの建物は、**最上階**の階段上部に**煙感知器**を１個配置し、その感知器から下階に向けて**15m以内**ごとの階の階段に配置します。

地下２階以上の建物では、**最上階**の階段上部と**地下１階**の階段上部に**煙感知器**を配置し、それぞれその感知器から下階に向けて**15m以内ごと**の階の階段に配置します。

2) **エレベーター昇降路（ELV）**
昇降路最上部に**煙感知器**を配置します。ただし、上部にエレベーター機械室があり、煙の流通が十分になされる開口部がある場合は昇降路内に感知器の設置は不要です。

3) **パイプダクトなどのたて穴区画部分**（階ごとに区画されたものは部屋と同じ）
最上部に**煙感知器**を配置します。

4) **廊下**
10m以上の廊下には**煙感知器**の設置が必要です。配置については、**廊下の端から15m以内**に１個、**感知器間の間隔は30m以内ごと**に配置します。

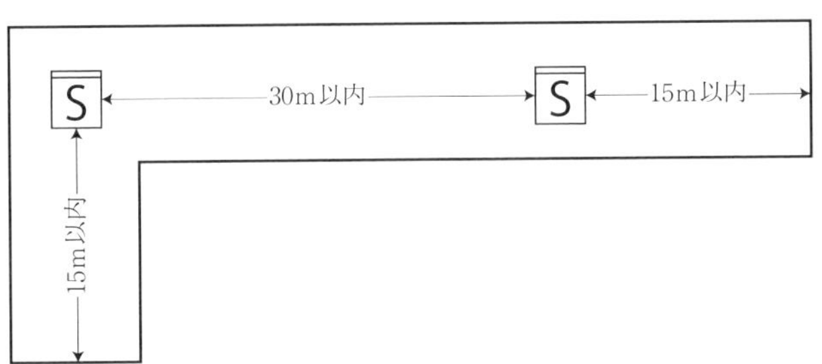

5) **無窓階**
煙感知器の設置が必要です。無窓階は、一般的に**地下階**と**11階以上**の部分が該当しますが、該当しない場合や、無窓階がそのほかの階にもある場合がありますから注意してください。

ウ　居室内等の感知器の配置

- **給湯室**など高温となり、水を使う場所…**定温式感知器**の**防水型**
- **ボイラー室**…**定温式感知器**（煙感知器は油煙で誤作動の可能性）

など、周囲の環境に適合した感知器を選定し配置します。

感知器の設置個数については**警戒する場所の面積**を計算し、設置する**感知器の感知面積**で除し、**小数点以下を切り上げ**た数が最低設置個数となります。

さらに、設置する感知器の警戒面積以下であっても、熱感知器については40㎝以上、煙感知器については60㎝以上のはりがある場合は、はりの両側でそれそれ別々に感知器の設置が必要となるので、設置個数はさらに増えます。

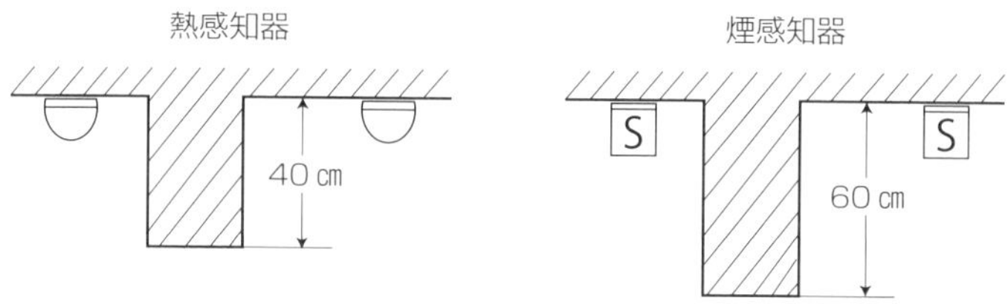

エ　**発信機の配置**

発信機の基準としては、**各階ごとに歩行距離50m以内**となる場所に設ける必要があり、通常廊下等の共用部に設置します。

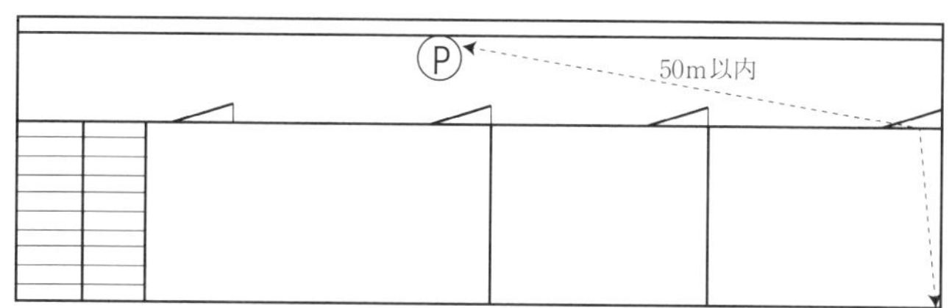

オ　**表示灯の配置**

表示灯の役割は発信機の位置を示すことで、**発信機の１m以内**に設けます。

カ　**地区音響装置の配置**

各階ごとに階の各部分が、いずれかの地区音響装置から**水平距離25m以内**になるよう、配置しなければなりません。

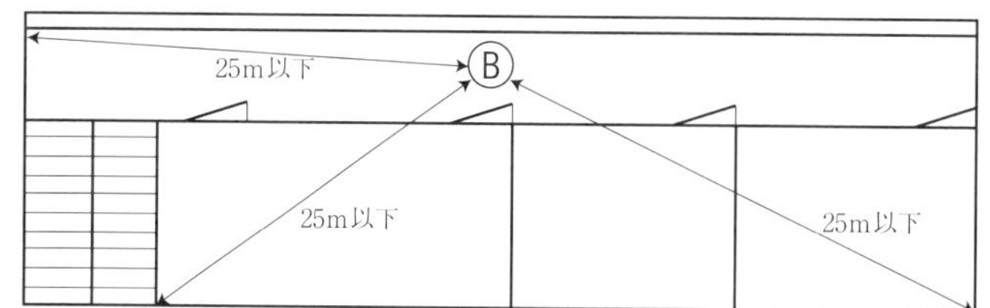

②警戒区域の設定

感知器の配置が終わったら次に行うのが警戒区域の設定です。

ア　**たて穴区画（階段、エレベーター昇降路、パイプダクト等）の設定**

階段については**垂直距離45m以内ごと**に１警戒区域として設定します。また、階段だけでなく、たて穴区画用の感知器が水平距離50m以内にある場合は、同一警戒区域に設定できます。

イ　**たて穴区画以外の部分**

階ごとで、**600㎡以下**（見通しのきく同一階の場合は1000㎡以下）となるように設定します。ただし、**１辺50m以下**と定められています。

③端末機器の配線

ア　**たて穴区画の感知器配線**

使用する電線は**600Ｖビニル絶縁電線**（**IV**）で、**送り配線**が必要です。**Ｐ型１級発信機**の設備では、末端の感知器には**終端抵抗**（**Ω**）を必ず設置します。

階段の感知器が最上階と下階の２カ所以上に設置される場合、最上階を末端としても、また逆に下階を末端としてもかまいません。

イ　**たて穴区画以外の感知器・発信機の配線**

感知器に使用する電線は、こちらもIVで、送り配線が必要です。Ｐ型１級受信機の設備では、末端の感知器または発信機には終端抵抗（Ω）を必ず設置します。

発信機も感知器と同様に送り配線にします。

なお、**Ｐ型２級発信機**の設備では、断線検出機能がありませんので、**発信機か押しボタン**（回路試験器）を最終端に設置します。

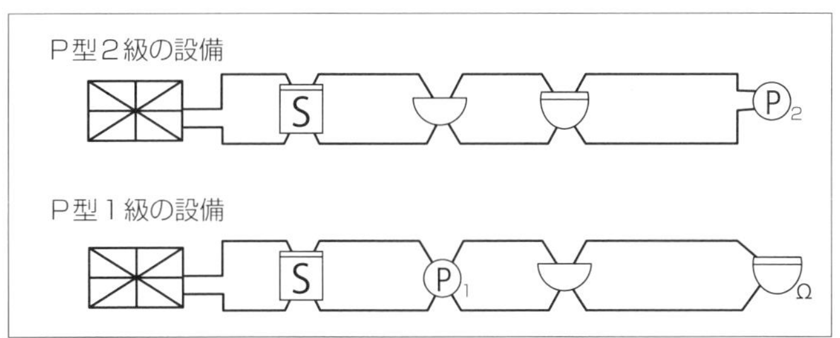

Ｐ型２級蓄積式受信機のシステムでは、発信機を押されたときに蓄積機能を解除するため、応答線を配線するようになっていますが、試験ではＰ型２級発信機から受信機への応答線は不要となっていますから、注意してください。

ウ　**表示灯線**（**PL**）**の配線**

IVで配線します。**同一階に表示灯が複数個**ある場合は、すべて**並列接続**し、送り配線の必要はありません。

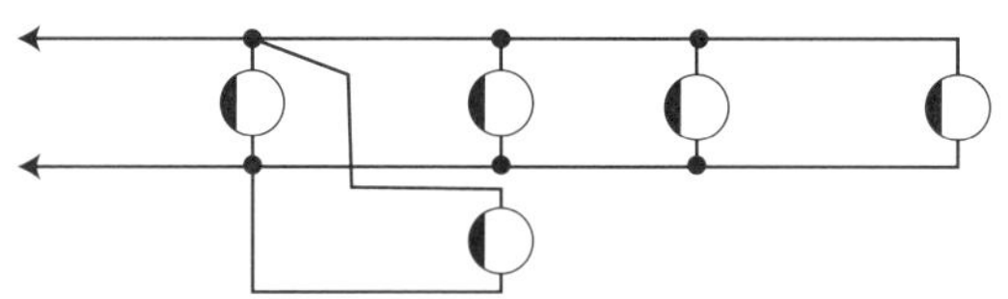

エ　発信機の応答線（A）、電話線（T）の配線

IVで配線します。同一階に発信機が複数個ある場合は、すべて並列接続し、送り配線の必要はありません。

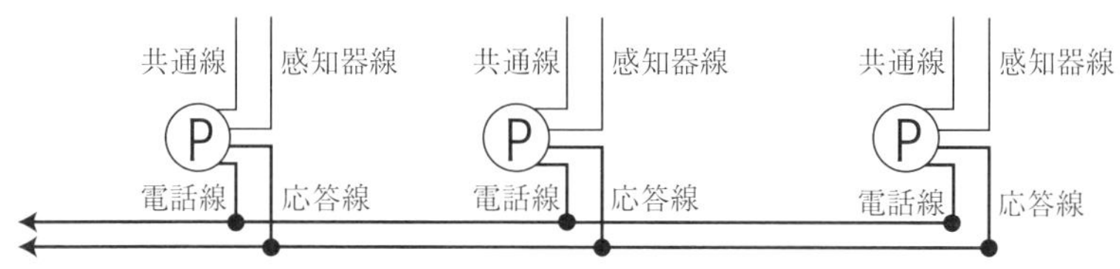

オ　地区音響装置（B）の配線

600Ｖ２種ビニル絶縁電線・耐熱電線（HIV）で配線します。同一階に地区音響装置が複数個ある場合は、すべて並列接続し、送り配線の必要はありません。

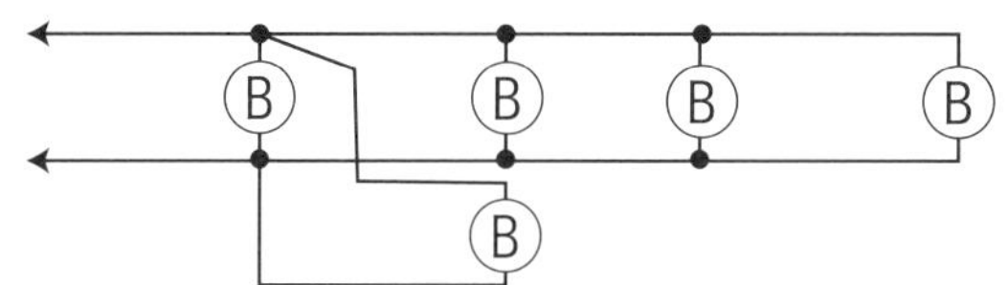

④幹線の配線

幹線とは、受信機から各警戒区域の機器収容箱に出入りする電線のことです。

ア　感知器回線の幹線（C、L）の配線

IVで配線します。**最大７警戒区域**まで１本の共通線（C）で配線できます。**感知器回線**（L）は各警戒区域から**単独に配線**します。

イ　表示灯線（PL）の幹線の配線

IVで配線します。各階すべて**並列接続**します。並列なので、幹線の配線は２本です。

ウ　電話線（T）、応答線（A）の幹線の配線（Ｐ型１級受信機の場合）

IVで配線します。電話線、応答線ともにそれぞれ、各階すべて並列接続します。Ｐ型２級受信機の場合は、電話線（T）、応答線（A）は不要です。

エ　地区音響装置の幹線（BC、B）の配線

HIVで配線します。**5階建て以下でかつ延べ面積が3000㎡以下**の場合は、**一斉鳴動**ですから、1つの回線にすべての地区音響装置を並列でつなげばよいので、全階2本（BC〔ベル共通線〕とB）で済みます。**区分鳴動**の場合は、全階1本は共通（BC）、もう1本（B）は階ごとに単独配線なので、階数が増えれば配線の数も増えます。

⑤分布型感知器・炎感知器の設計

スポット型以外に、製図試験に出題されやすい感知器について復習をしておきましょう。

ア　光電式分離型感知器

光電式分離型の感知器送光部と受光部の2台の機器で構成され、ほかの感知器に比べて比較的簡単な施工で広範囲の警戒が可能なことから体育館やホール等の大空間のエリアに適します。

1）送光部・受光部間の距離

5m以上100mまでとなります。

2）送光部・受光部の設置位置

未警戒部分を生じないよう、送光部、受光部ともに背面は**壁面から1m以内**に設置、光軸上の側部は**壁面から0.6m以上7m以内**に設置し、設置する高さについては、**天井高の80%以上**の位置とされています。

3）複数台設置する場合

間隔は14m以内として、相互の干渉を防ぐため互いに送光部と受光部を**逆向き**に設置します。

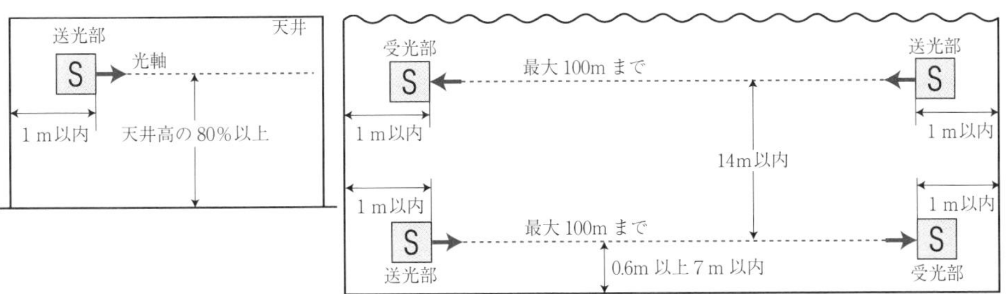

4) **建築物への固定**

光軸が数度ずれるだけで、不具合を発生しますので、送光部・受光部ともに堅固な建築物への固定が必要です。

イ　**差動式分布型（空気管式）感知器**

感熱部に細い銅管を用いており目立たないので、美観を重視される旅館などに設置されています。また感熱部が電磁誘導の影響を受けないので、工場、電気室や変電室などにも設置されています。

1) **検出部**

電磁誘導等の影響のない感知区域外の点検上支障のない場所に設置します。取付け角度は垂直面に対して**５度以内**となっています。

2) **空気管（感熱部）**

空気管の露出部分は**20m以上100m以下**で、取付け面の下部0.3m以内、壁面より1.5m以内に取り付けなければなりません。

3) **空気管の張り方**

空気管の相互の間隔は、**耐火構造では一辺の長さが９m以下**、耐火構造以外は６m以下とその原則が定められています。

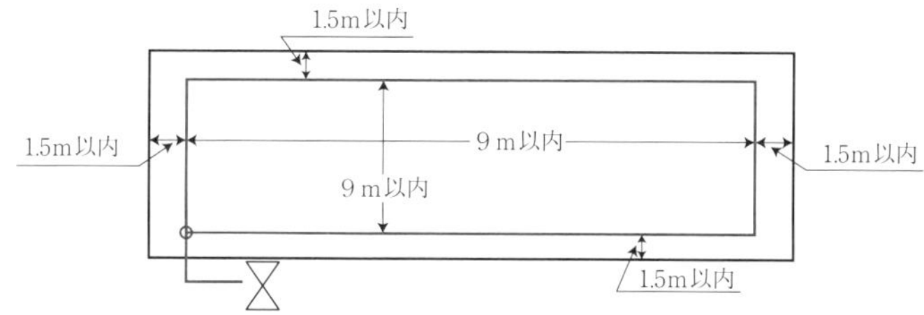

一辺省略、二辺省略といった変形も認められています。下記は耐火構造の場合の記載です。

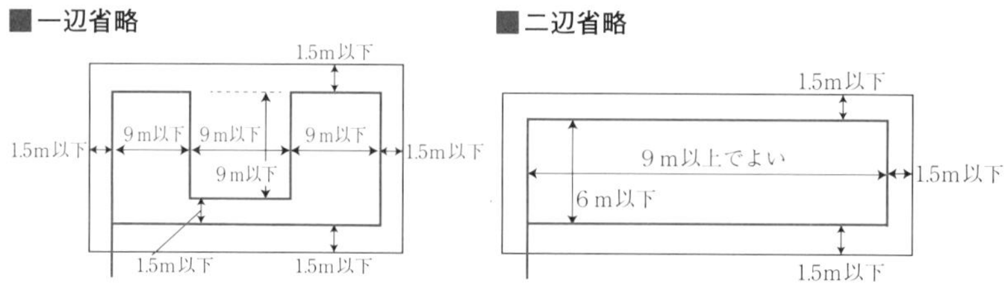

ウ　炎感知器

天井高が**20mを超える**部分や外気流、換気気流の多い**駐車場**、建物内の**車路**等に設置されています。

1）炎感知器の種類

紫外線式・赤外線式などのほかに、屋外型・道路型・屋内型の区別があります。**紫外線式**は、感知速度が速い半面、非火災報の確率が高い、汚れに弱いなどの特徴があり、**汚れにくく感知速度が優先される場所**に使用します。一方、**赤外線式**は、反応速度が遅いものの**汚れに強く非火災報の確率も低い**ことから広く使われています。

2）炎感知器が有効に監視できる空間

壁によって区画された区域ごとに下記の床面からの**高さが1.2m以上**の部分になります。

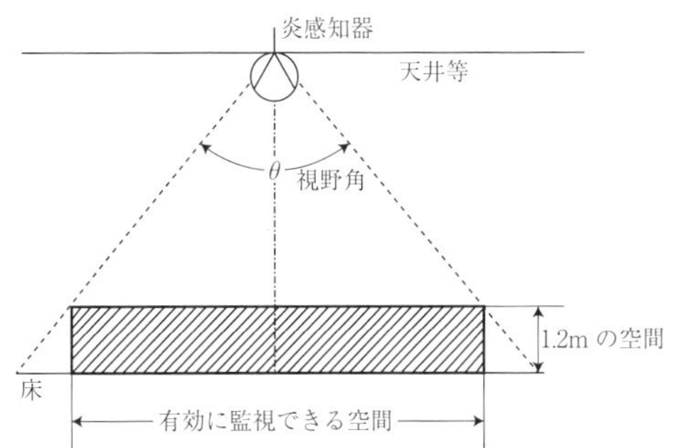

3）炎感知器の設計

公称監視距離（監視距離および視野角）の範囲内に**未警戒部分が生じない**よう、取付け位置を決めます。やむを得ず未警戒部分が生じる場合は、複数台設置し、未警戒部分が生じないように配置します。

3. 平面図の作成実習

では、下記の課題内容で、実際に平面図を作成しましょう。

(1) 防火対象物の概要

①耐火構造、ＲＣ造り（鉄筋構造）
地上４階建、床面積264㎡、延べ床面積1,056㎡
天井高2.7m

②用途
複合用途防火対象物（16項イ）

(2) 設計の範囲・条件

①各階にスポット型の感知器により過剰設備にならないよう、平面図、系統図を作成する。使用する感知器は、スポット型煙感知器（２種)、差動式スポット型感知器（２種)、定温式スポット型感知器（１種)。

②４階の飲食店舗（テナントＩ）の店舗部分は、差動式分布型感知器（空気管式２種）により設計すること。

③幹線の配線は各階の機器収容箱で行うこと。

④下記の凡例に従い、機器収容箱に発信機、表示灯、地区音響装置を収納した形で設計すること。受信機はＰ型１級多回線とし、発信機はほかの消防用設備等の起動装置と兼用しない。

凡例

名称	記号	名称	記号
スポット型煙感知器（2種）	S（四角囲み）	差動式分布型感知器の検出部 (空気管式２種)	⧗
差動式スポット型感知器（2種）	◡（半円）	空気管	─□
定温式スポット型感知器（１種） 防水型	◡（縦線入り半円）	受信機	⊠
発信機（１級）	Ⓟ	機器収容箱	□
地区音響装置	Ⓑ	立ち上がり（上の階の配線に接続）	○↗
表示灯	◐	引き下げ（下の階の配線に接続）	↙○

(3) 図面

1階

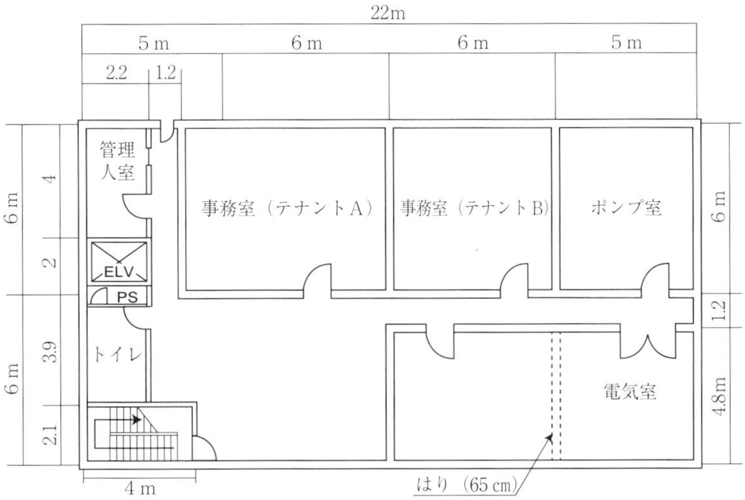
22m
5 m
6 m
6 m
5 m
2.2
1.2
管理人室
事務室（テナントA）
事務室（テナントB）
ポンプ室
ELV
PS
トイレ
電気室
6 m
4
2
6 m
3.9
2.1
6 m
1.2
4.8m
4 m
はり（65 cm）

2階

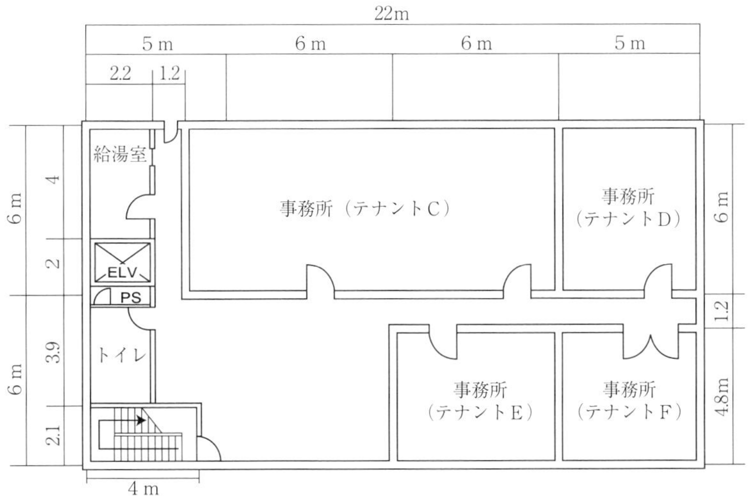
22m
5 m
6 m
6 m
5 m
2.2
1.2
給湯室
事務所（テナントC）
事務所（テナントD）
ELV
PS
トイレ
事務所（テナントE）
事務所（テナントF）
6 m
4
2
6 m
3.9
2.1
6 m
1.2
4.8m
4 m

3階

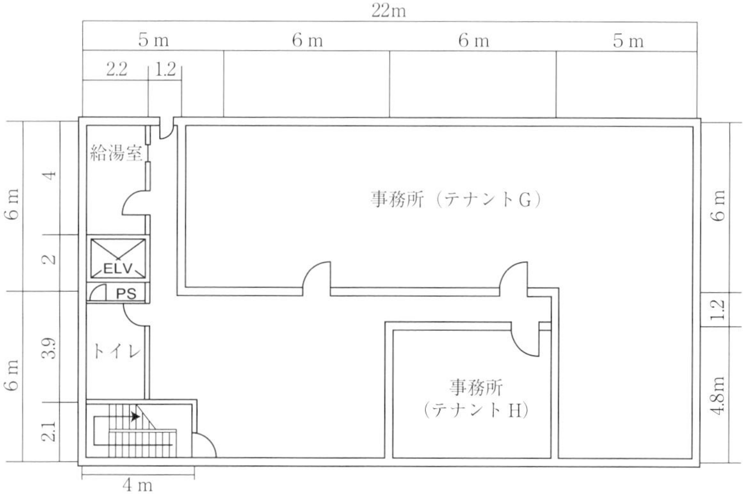
22m
5 m
6 m
6 m
5 m
2.2
1.2
給湯室
ELV
PS
トイレ
事務所（テナントG）
事務所
（テナントH）
6 m
4
2
6 m
3.9
2.1
6 m
1.2
4.8m
4 m

4階

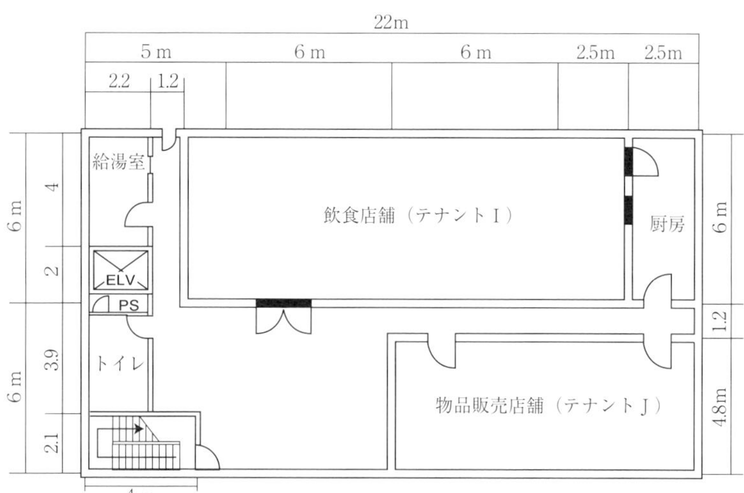
22m
5 m
6 m
6 m
2.5m
2.5m
2.2
1.2
給湯室
ELV
PS
トイレ
飲食店舗（テナントⅠ）
厨房
物品販売店舗（テナントJ）
6 m
4
2
6 m
3.9
2.1
6 m
1.2
4.8m
4 m

4．作成実習の解答例

①感知器の位置

感知器は、天井面に取り付けられます。天井には、実際には照明器具や空調の吹き出し口などいろいろな機器が付きますが、消防設備の施工図はおおむねの位置を示すものなので、バランスよく配置することを考えます。

ア　感知器の設置を除外できる部分をチェックする

下図の赤い部分は**トイレ**ですので、すべての階で**除外**できます。

もし、温水便座等が付いていても単体で２キロワットまでなら大丈夫です。

PS（パイプシャフト）も水系だけの配管スペースですので、すべての階で感知器の設置除外対象となります。

１階

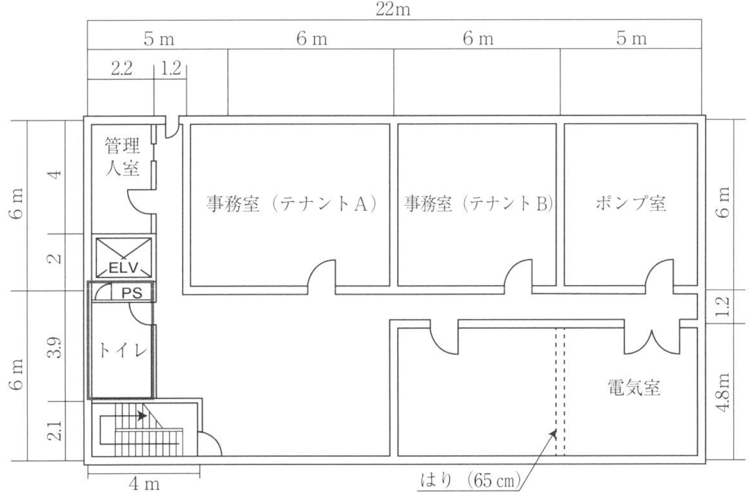

イ　たて穴区画の感知器

たて穴区画については、最上階に１個煙感知器を設置します。

エレベーター（ELV）は、ゴンドラ最上部またはELV機械室に１個です。

４階

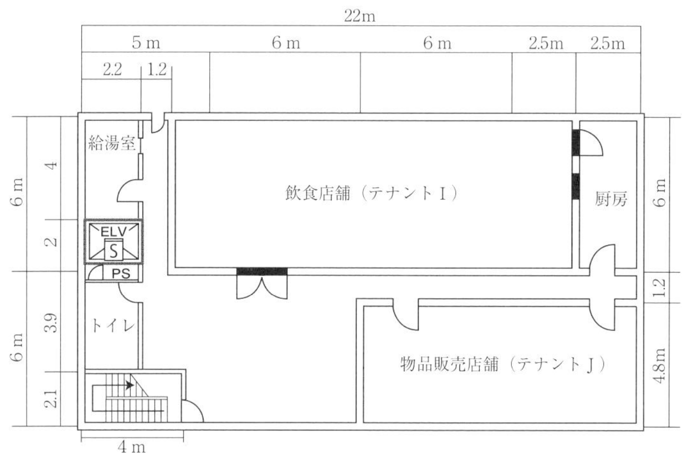

階段については、垂直距離15m以内ごとに煙感知器を１個、45mごとに１警戒区域ですから、最上階の４階に設置します。

４階

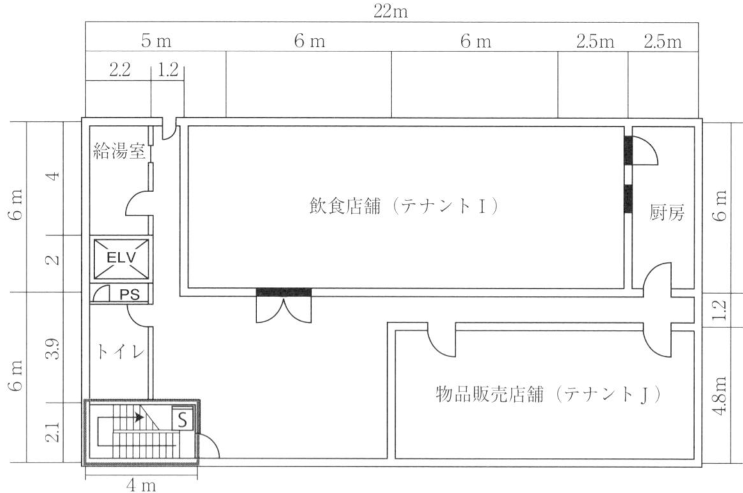

ウ　廊下

廊下については、煙感知器で、**廊下の端から15m以内に１個、煙感知器の間隔は歩行距離30m以内ごと**です。課題の建物は縦12m、横22mですから、下のように、各階とも１個配置します。

１階

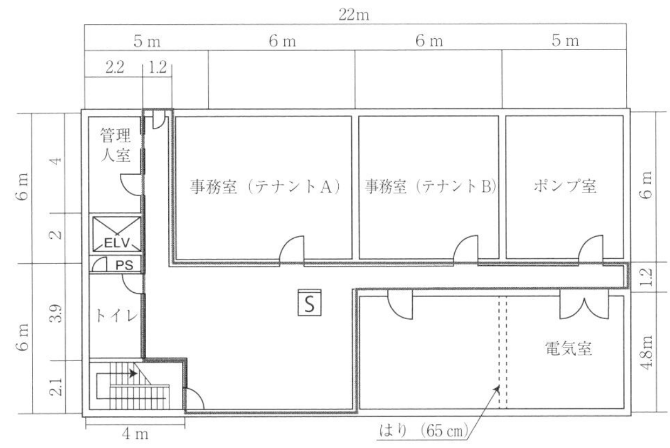

エ　４階の飲食店舗（テナントＩ）の店舗部分

「設計の範囲・条件」の②でこの部屋については、差動式分布型感知器（空気管式２種）で設計するよう指示されています。

空気管の露出長さは最低20m以上100mまで、また壁面から1.5m以内、空気管の間隔は９m以内とされています。以下のように、２辺省略（２辺の間隔が６m以内であれば、もう２辺間の間隔は９mを超えてもよい）で配置すれば、１検出器で設計できます。

４階

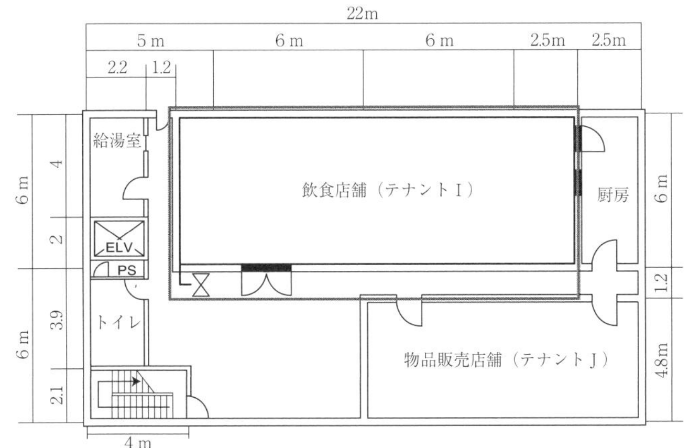

オ　上記以外の居室などの部分

最初にそれぞれの部屋の面積を計算しておきます。

1階	管理人室	4.0×2.2＝8.8㎡
	事務室（テナントA）	6.0×7.6＝45.6㎡
	事務室（テナントB）	6.0×6.0＝36㎡
	ポンプ室	6.0×5.0＝30㎡
	電気室	4.8×11.0＝52.8㎡
2階	給湯室	4.0×2.2＝8.8㎡
	事務所（テナントC）	6.0×13.6＝81.6㎡
	事務所（テナントD）	6.0×5.0＝30㎡
	事務所（テナントE）	4.8×6.0＝28.8㎡
	事務所（テナントF）	4.8×5.0＝24㎡
3階	給湯室	4.0×2.2＝8.8㎡
	事務所（テナントG）	(6.0×18.6)＋(6.0×5.0)＝141.6㎡
	事務所（テナントH）	4.8×6.0＝28.8㎡
4階	給湯室	4.0×2.2＝8.8㎡
	厨房	6.0×2.5＝15㎡
	飲食店舗（テナントＩ）	空気管で設計のため面積不要
	物品販売店舗（テナントＪ）	4.8×11.0＝52.8㎡

次に耐火構造で天井高が4ｍ未満の場合の感知器の感知面積を確認します。

記号	品　名	種別	感知面積
	差動式スポット型感知器	2種	70㎡
	定温式スポット型感知器（防水型）	1種	60㎡
S	スポット型煙感知器	2種	150㎡
	差動式分布型感知器の検出部（空気管式）	2種	−

続いて、各階のそれぞれの部屋に適した感知器を検討します。基本は、**差動式スポット型感知器**です。

1階

- 電気室……スポット型煙感知器（煙の発生にいち早く反応できる）
- ポンプ室……定温式スポット型感知器（防水型）（水を使うので）

に設定します。そのほかは差動式スポット型感知器で大丈夫です。

次に、それぞれの居室の面積を、選択した感知器の感知面積で割り、小数点以下を切り上げた数値が最低限必要な設置個数となります。

- 管理人室……8.8㎡で、差動式スポット型感知器の感知面積は70㎡なので
  8.8÷70＝0.125…

必要な感知器の数は１個となります。このように、
居室の面積が感知面積以下の場合…１個
居室の面積が感知面積より広いが２倍以下の場合…２個
居室の面積が感知面積の２倍以上３倍以下の場合…３個
となります。そのほかの部屋も同様に計算すると、

- 事務室（テナントA）……１個
- 事務室（テナントB）……１個
- ポンプ室…１個
- 電気室……本来は煙感知器が１個でよいのですが、**60㎝以上のはりがある**ため、２個の設置が必要です。

こうして感知器の必要個数の割り出しが済んだら、その数量を居室内にバランスよく配置します。

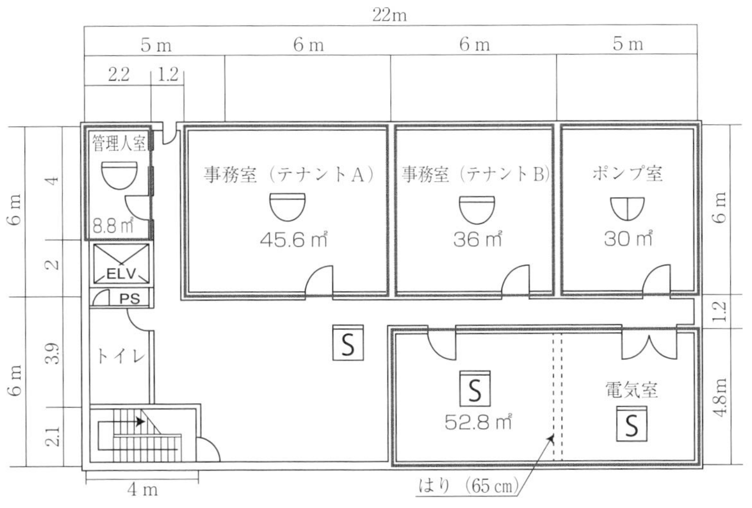

2階

- 給湯室……定温式スポット型感知器の防水型１個
- 事務所（テナントC）……81.6m²あるため、差動式スポット型感知器２個
- その他の部屋……差動式スポット型感知器各１個

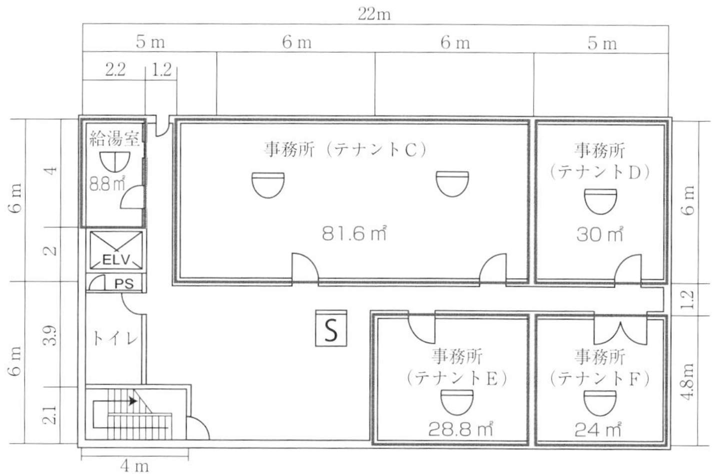

3階

- 給湯室……定温式スポット型感知器の防水型１個
- 事務所（テナントG）……141.6㎡あるため、差動式スポット型感知器３個
- 事務所（テナントH）……差動式スポット型感知器１個

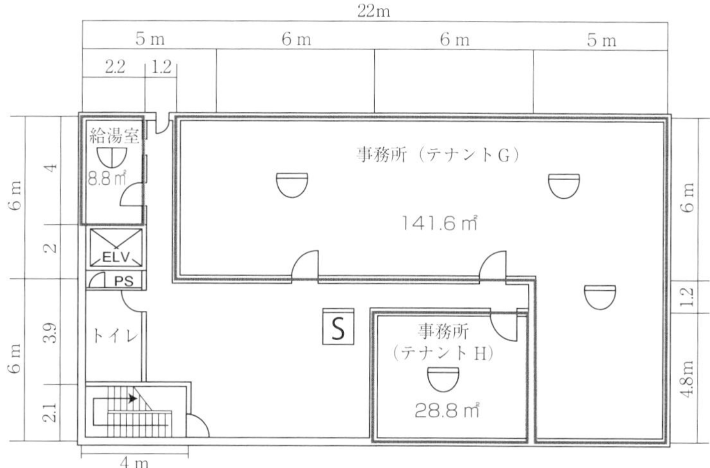

4階

- 給湯室、厨房……定温式スポット型感知器の防水型各1個
- 物品販売店舗（テナントＪ）……差動式スポット型感知器1個
- 飲食店舗（テナントＩ）……差動式分布型感知器（空気管式）の検出部

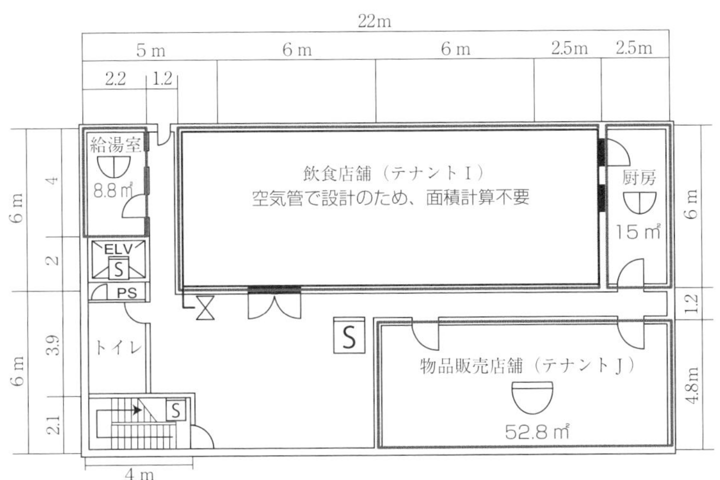

②発信機、表示灯、地区音響装置の位置

発信機は**歩行距離50m以内**、**地区音響装置**は**水平距離25m以内**なので、両方の条件に適合する場所を探して設定します。課題の建物は縦12m、横22mですから、基本的にどこに配置しても大丈夫ですが、そうした場合は、中央近くに配置します。

また、今回はさらに**機器収容箱**の位置で上下階との配線を行いますので、**すべての階で同じ位置**であることが望まれます。

1階

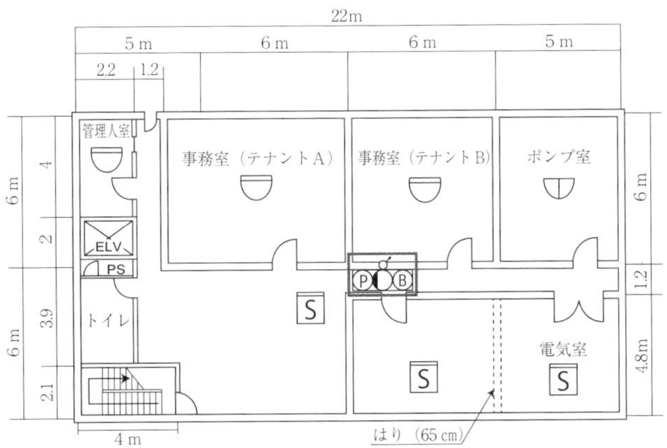

③警戒区域の設定、配線上の注意点

警戒区域を設定するうえでの注意事項は、「**600㎡以下**、ただし見通しのきく場合は1000㎡以下」という点です。

建物の縦（12m）×建物の横（22m）＝264㎡＜600㎡

ですので、階全体を１警戒区域とします。

また、上下階の合計が500㎡以下の場合は、上下階で１警戒区域にできますが、今回はそれには該当しません。

④各階の製図の配線例

それでは、各階の製図に配線を入れてみましょう。

図面にベターはあってもベストはありません。以下は書き方の一例です。

ア　1階

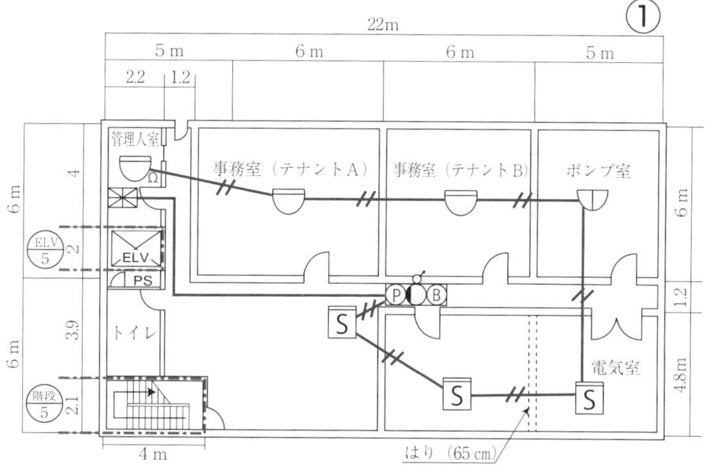

課題通りに、**機器収容箱から出発**し、廊下の煙感知器→電気室の２つの煙感知器→ポンプ室の定温式感知器→事務室Bの差動式感知器→事務室Aの差動式感知器→管理人室の差動式感知器と進み、最後の管理人室の差動式感知器には、**終端抵抗（Ω）を設置**します。

―//― は、送り配線の感知器回路の**共通線と表示線の２線**であることを示します。

①～⑤は、警戒区域番号です。ELVと階段は**水平距離50m以内**なので、１つの警戒区域です。

イ　2階

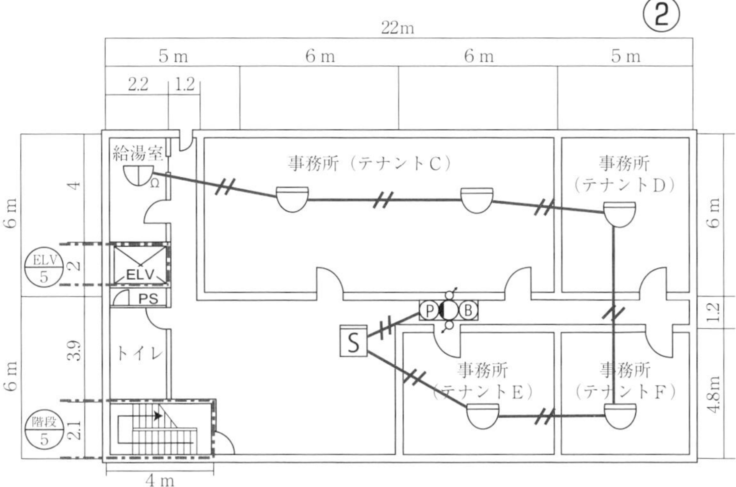

機器収容箱→廊下の煙感知器→事務所E→F→D→C（2個）の差動式感知器→給湯室の定温式感知器と進み、終端抵抗（Ω）を設置します。

ウ　3階

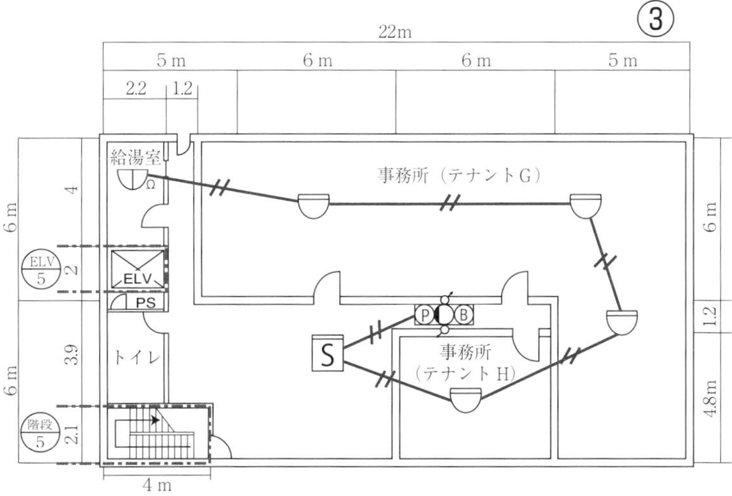

機器収容箱→廊下の煙感知器→事務所H→G（3個）の差動式感知器→給湯室の定温式感知器と進み、終端抵抗（Ω）を設置します。

エ　4階

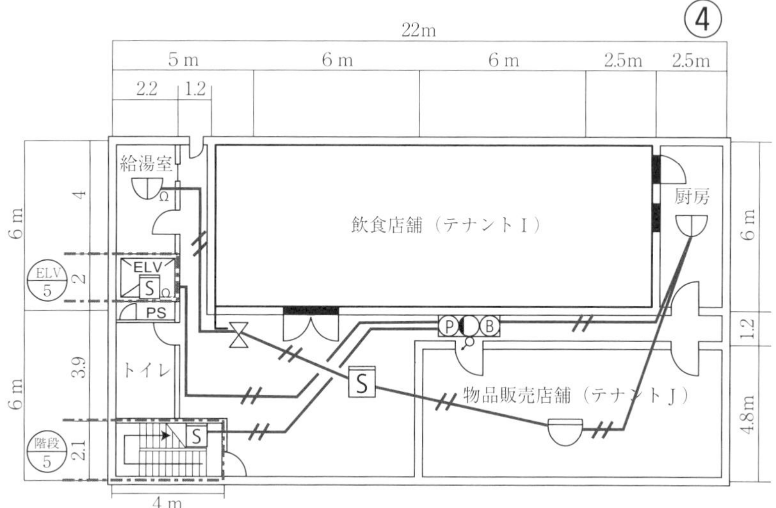

機器収容箱から3本の線が出ています。

- 機器収容箱→エレベーター機械室の煙感知器。終端抵抗（Ω）を設置しています。終端抵抗を設置しない場合は、⫽⫽（送り配線の感知器回路の往路と復路を示す）になります。
- 機器収容箱→階段の煙感知器。終端抵抗（Ω）を設置していません。
- 機器収容箱→厨房の定温式感知器→物品販売店舗Jの差動式感知器→廊下の煙感知器→飲食店舗Iの差動式分布型感知器（空気管方式）の検出部→給湯室と進み、終端抵抗（Ω）を設置します。

4階も3階以下と同じようなルートで配線してもよいのですが、今回はみやすくするため、空気管の中を避けて配線をしています。

飲食店舗Iは、課題通りに、差動式分布型感知器（空気管方式）になっています。

5. 系統図の作成実習

系統図とは、各階ごとの機器の種類や幹線の数などを書き込んだ図です。

①はじめに

系統図の作成の前に、よくある質問から始めましょう。

質問 「発信機の配線を感知器と同じ回路に接続するのに、どうやって発信機と識別しているのですか？」

回答 下記はイメージ図ですが、発信機の押しボタンスイッチに2回路のものを使用しているので、識別できます。

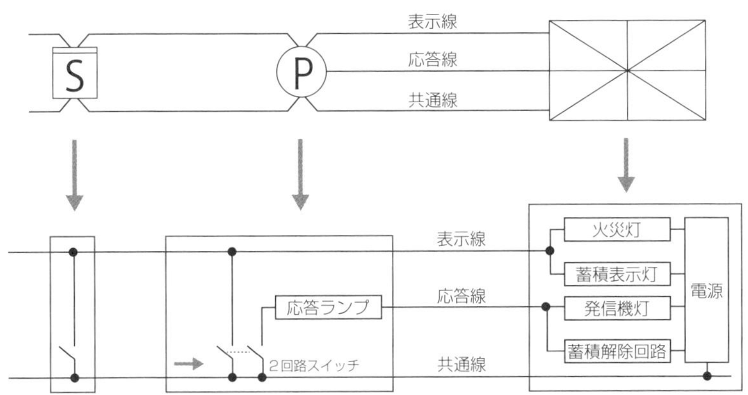

質問 「電話線は1本しかないのになぜ通話できるのですか？」

回答 下記はイメージ図ですが、電話の原理を示したものです。
電話線1本ではなく、もう1本は共通線を使用しています。

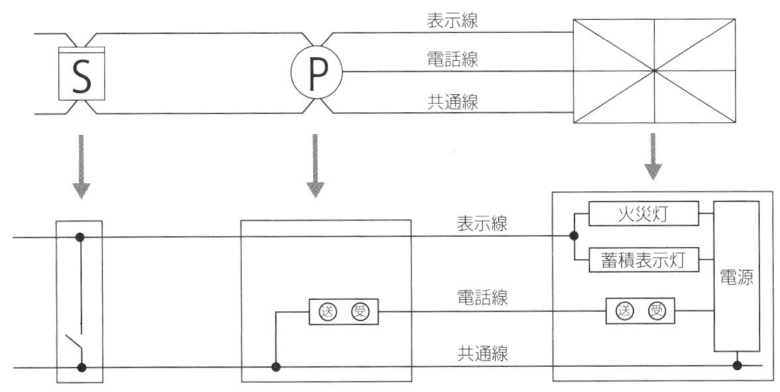

②基本形の学習

課題の各階の基本形は図の通りですので、これをそれぞれに分解してみます。

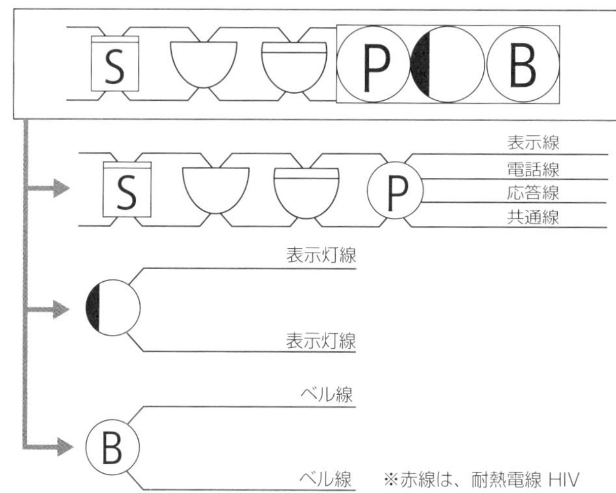

上の場合、幹線（各警戒区域の機器収納箱に出入りする電線）の数は、IVが6本、HIVが2本（ベル線）です。

ア　表示灯線の幹線（PL）の接続

単に表示灯を点灯するだけの回路ですので、電灯の配線と同じように＋と－を受信機まで配線します。各階2本です。

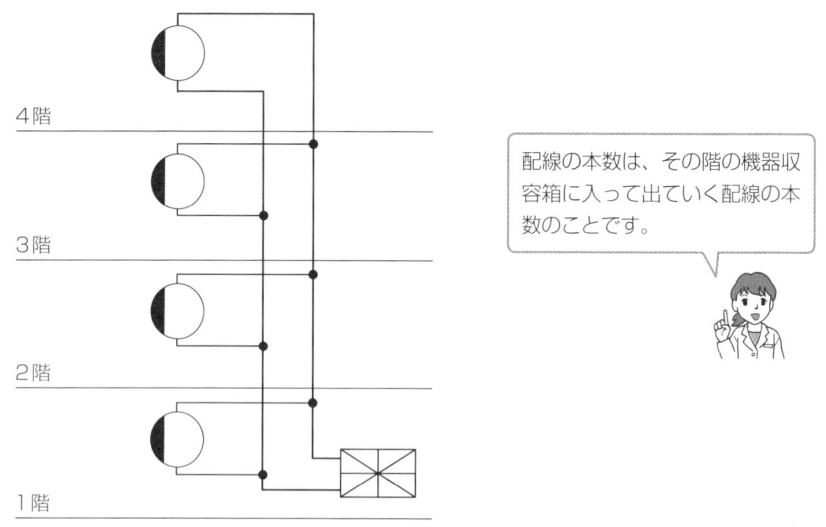

イ　電話線（T）、応答線（A）の幹線の接続

電話線も応答線も同様にすべて並列接続になります。両方で２本になります。

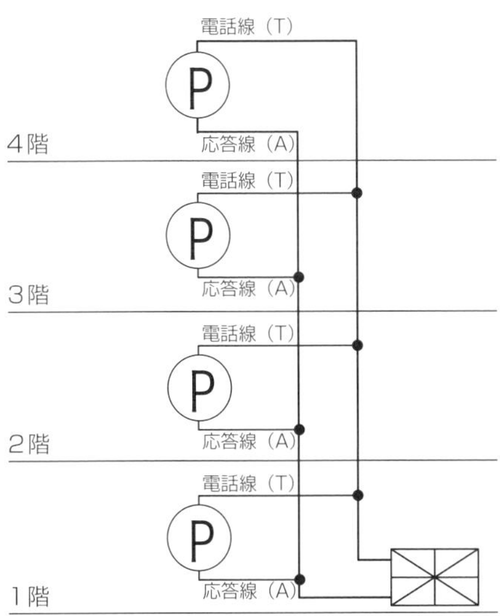

ウ　ベル（地区音響装置）線の幹線（BC、B）

課題の建物は５階建て以下でかつ3000㎡以下なので、**一斉鳴動**です。ですから、１つの回線にすべての地区音響装置を並列でつなげばよいので、全階２本（BC〔ベル共通線〕とB）で済みます。

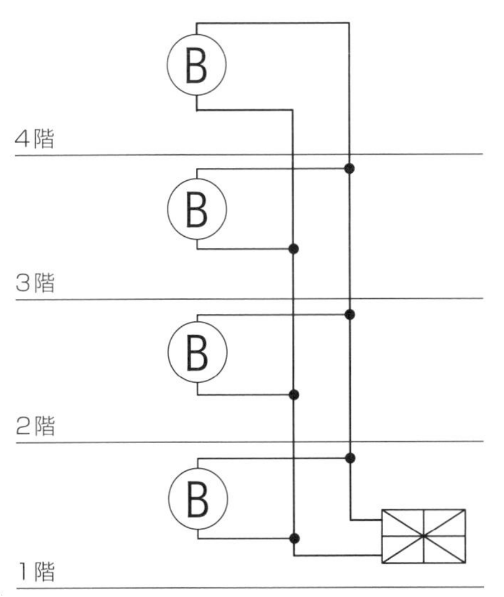

PLの２本、T、Aの２本、BC、Bの２本、それに、感知器の共通線（C）の１本を足した合計７本は、すべての階に通じています。

エ　感知器回線の幹線（C、L）

7警戒区域ごとに1本の共通線（C）です。今回は5警戒区域なのでCは1本です。Lは、警戒区域の数だけ必要な表示線です。

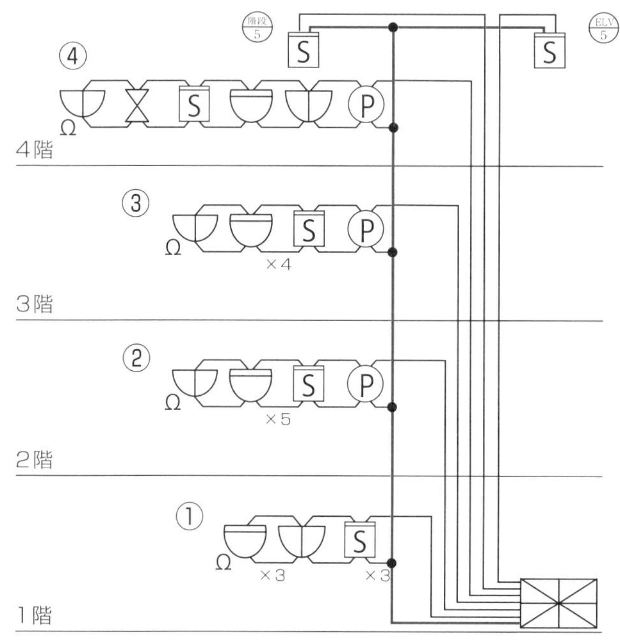

いちばん左側の赤い線がC（共通線）です。その右側のLの数は、受信機に近い階ほど多くなっています。4階→3階が3本、3階→2階が4本、2階→1階が5本、1階→受信機が6本です。

③系統図の作成

今回の課題の建物で必要な配線は、

- 感知器（C）……回線数を7で割った数（小数点切り上げ）。
  今回は5÷7＝0.714…で1本。Cは共通線。
  感知器（L）……回線分必要。Lは表示線。
- 表示灯線（PL）……2本
- 電話線（T）、応答線（A）……各1本で2本
  今回は、課題で、**受信機はP型1級**と指定されていますから、**電話線**（T）、**応答線**（A）が必要です。
- ベル（地区音響装置）線（BC〔ベル共通線〕、B）……2本
  ベル線だけがHIVです。今回は、課題で**発信機はほかの消防用設備等の起動装置と兼用**（**消火栓連動**）**しない**とされていますから、表示灯線（PL）は、HIVにする必要はありません。

受信機は通常１階に配置され、受信機から遠い最上階は、配線の数がいちばん少なくなるので、系統図の作成は最上階から始めます。

前記の内容に従って配線の本数を合計していきます。

４階から３階へつながる部分

IV………表示灯線（PL）２本
電話線（T）、応答線（A）、各１本で２本
感知器（C）１本
感知器（L）１本
階段の感知器（L）１本
エレベーターの感知器（L）１本　　合計８本

HIV……ベル（地区音響装置）線（BC、B）２本（これは、**全階共通**）

３階から２階へつながる部分

IV………４階→３階の８本に、３階の感知器（L）１本を加えて、合計９本

２階から１階へつながる部分

IV………３階→２階の９本に、２階の感知器（L）１本を加えて、合計10本

１階配線から受信機へつながる部分

IV………２階→１階の10本に１階の感知器（L）１本を加えて、合計11本

これを表にすると、次のようになります。

階	電線	BC	B	PL	T	A	C	L	合計
4階→3階	IV			2	1	1	1	3	8
	HIV	1	1						2
3階→2階	IV			2	1	1	1	4	9
	HIV	1	1						2
2階→1階	IV			2	1	1	1	5	10
	HIV	1	1						2
1階→受信機	IV			2	1	1	1	6	11
	HIV	1	1						2

※Ｐ型２級の場合はＴ、Ａが不要。区分鳴動の場合はＢが警戒区域分だけ増える。発信機兼用（消火栓連動）の場合はPLもHIVにする。Ｃは警戒区域数が８以上だと増える。

こうして、各階ごとの配線の本数を記入すれば、次ページのような系統図が完成します。「1.2」は、線の太さを表します。

系統図の完成図

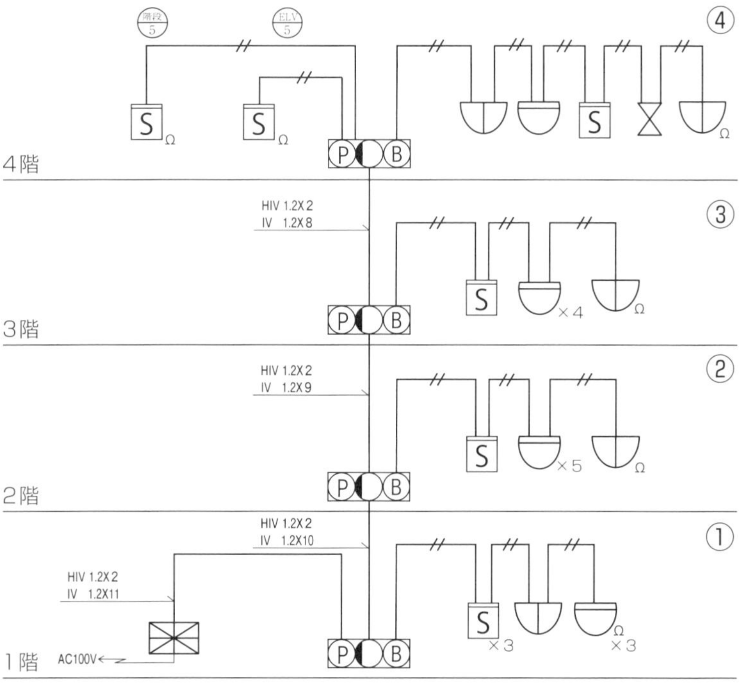

平面図の完成図

平面図にも、下のように配線の本数を記入すれば、平面図が完成します。

1階

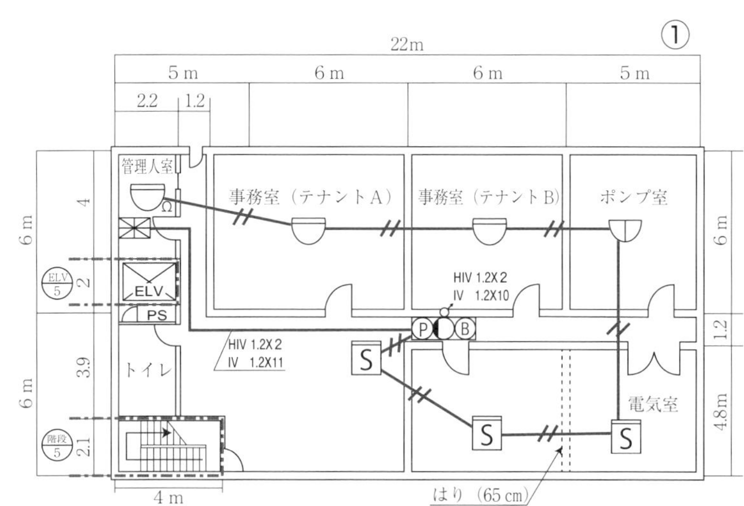

6. 整理問題

解答は326ページを参照

1 平面図作成の基礎

●各感知器について理解する

(1) 下の表の空欄に入る感知面積を書きなさい。建物の構造は耐火構造とする。

取付け面の高さ	差動式スポット型（2種）	定温式スポット型（1種）	煙感知器（1種・2種）
4m以上8m未満	（ ① ）㎡	（ ② ）㎡	（ ③ ）㎡
4m未満	（ ④ ）㎡	（ ⑤ ）㎡	（ ⑥ ）㎡

解答欄	① ㎡	② ㎡	③ ㎡
	④ ㎡	⑤ ㎡	⑥ ㎡

(2) 下記の設計で、正しいものには○を、誤っているものには×を書き入れなさい。取付け面の高さは考えなくてよい。

①11階の倉庫に差動式スポット型感知器2種を設置 （　　）
②5階の給湯室に定温式スポット型感知器防水型1種を設置 （　　）
③地階の電気室に煙感知器2種を設置 （　　）
④3階の事務室に差動式スポット型感知器2種を設置 （　　）
⑤地階のボイラー室に定温式スポット型感知器2種を設置 （　　）

(3) 下記の設計で、正しいものには○を、誤っているものには×を書き入れなさい。建物の構造は耐火構造とし、取付け面の高さは4.2mとし、無窓階ではないものとする。

①120㎡の事務室に、差動式スポット型2種を2個設置 （　　）
②50㎡の事務室に、差動式スポット型1種を2個設置 （　　）
③50㎡のボイラー室に、差動式スポット型2種を2個設置 （　　）
④40㎡のコンピュータのサーバー室に、定温式スポット型1種を1個設置 （　　）
⑤中央に45㎝突き出したはりがある16m×10mの会議室に差動式スポット型1種を4個設置 （　　）

(4) 耐火構造の建物において、空気管の取付け位置は壁面から、（ ① ）m以内でなければならない。また、空気管相互の間隔は、（ ② ）m以内でなければならない。

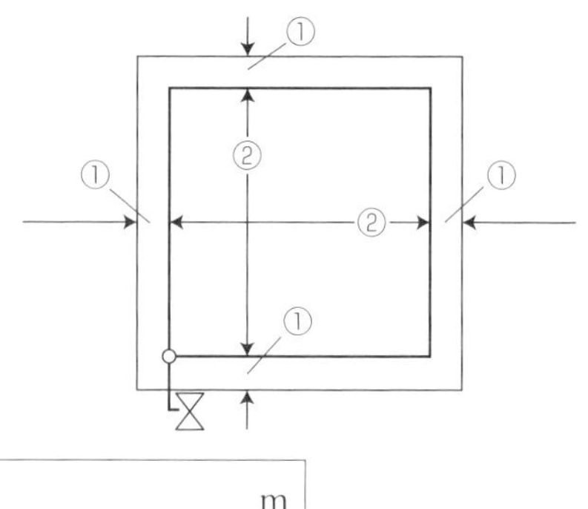

解答欄	① m	② m

(5) 耐火構造の感知区域に空気管を設置する平面図である。差動式分布型検出器の位置は記してあるので、室内の空気管の設計をしなさい。

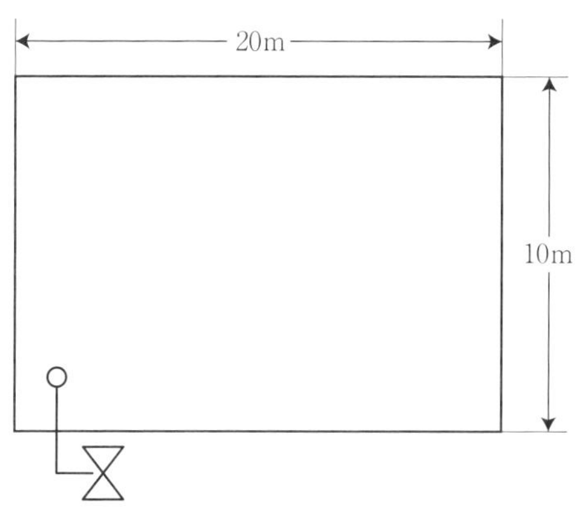

(6) 光電式分離型感知器は、天井高の（ ① ）％以上の高さに設置しなければならない。光電式分離型感知器の公称監視距離は（ ② ）mから、最大100mまでである。光電式分離型感知器の設置は、機器前面の光軸から背面の壁面までの距離が（ ③ ）m以内に設けなければならない。光電式分離型感知器の側面は、壁面の反射による影響を避けるため、光軸上から壁面まで（ ④ ）m以上離し、また未警戒とならないよう、7m以下にしなければならない。2セット設置する場合、相互の干渉をさけるため送受光部を交互にし、双方の光軸間の距離が（ ⑤ ）m以下になるよう、設置しなければならない。

解答欄	① ％	② m	③ m
	④ m	⑤ m	

⑺　階段に感知器を設置した例である。過剰設置も誤りとして、正しいものには○を、誤っているものには×を書き入れなさい。

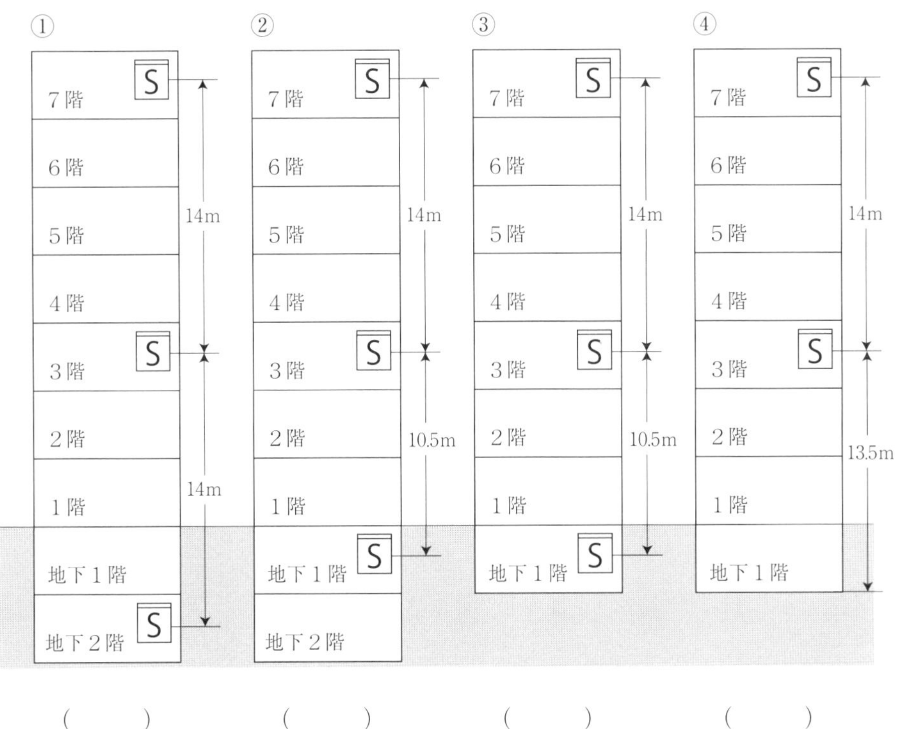

（　　）　（　　）　（　　）　（　　）

2 系統図作成の基礎

●配線本数について理解する

⑴　下記の文章で、正しいものには○を、誤っているものには×を書き入れなさい。

①表示灯（PL）線は必ずIVにする。（　　）
②警戒区域が9だと、共通線（C）は2本になる。（　　）
③区分鳴動の場合は、ベル線（B）が階ごとに増える。（　　）
④受信機がP型1級の場合は、電話線（T）と応答線（A）が必要になる。（　　）
⑤たて穴区画の煙感知器は最上部分のものだけを幹線数に数える。（　　）

⑵　下の図は、P型１級受信機の系統図である。回線数は５で、４階が最上階である。ただし、一斉鳴動方式で、消火栓連動はないものとする。

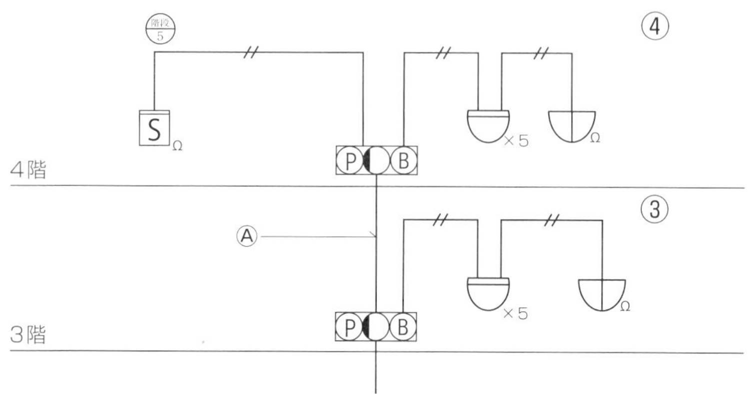

Ⓐは、３階と４階の間の幹線である。この配線数について、下表を埋めなさい。

解答欄	①	②

図のⒶの部分の配線数を下表から計算し、HIV電線の合計数と、IV電線の合計数を書き入れなさい。

解答欄	③IV電線本数	④HIV電線本数

階	電線	BC	B	PL	T	A	C	L	合計
Ⓐ	IV			（①）	1	1	1	（②）	（③）
	HIV	1	1						（④）

(3) 下の図はＰ型１級受信機の設備系統図である。回線数は６で、４階が最上階である。ただし、一斉鳴動方式で、消火栓連動があるものとする。Ⓐ～Ⓓの幹線本数に関して次の問いに答えなさい。

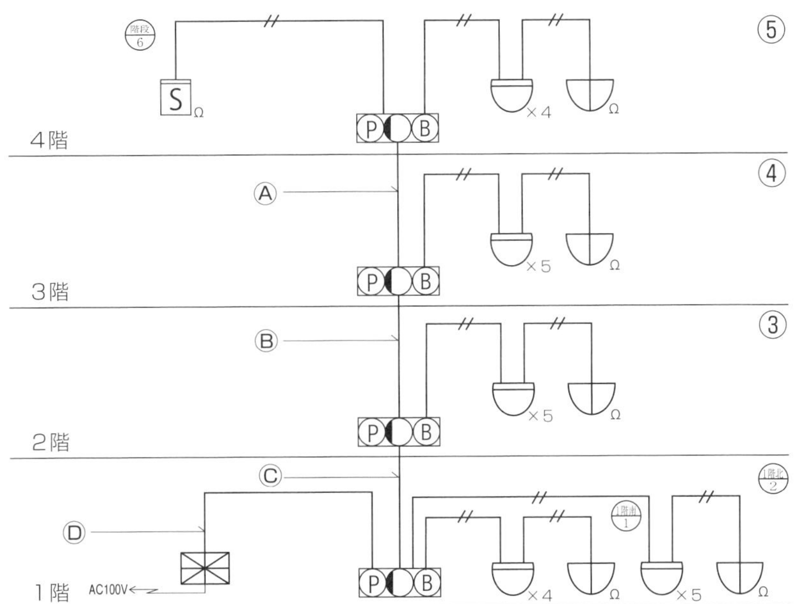

上の図の幹線の本数をすべて表に書き入れなさい。

階	電線	BC	B	PL	T	A	C	L	合計
Ⓐ	IV								
	HIV								
Ⓑ	IV								
	HIV								
Ⓒ	IV								
	HIV								
Ⓓ	IV								
	HIV								

解答

1 平面図作成の基礎

⑴　下の表が耐火構造のときの感知面積です（▶P.200、201）。

取付け面の高さ	差動式スポット型（２種）	定温式スポット型（１種）	煙感知器（１種・２種）
４m以上８m未満	① 35㎡	② 30㎡	③ 75㎡
４m未満	④ 70㎡	⑤ 60㎡	⑥ 150㎡

まず、「**４m未満**」をしっかり覚えましょう。耐火構造の場合は「４m以上８m未満（煙感知器については、４m以上20m未満）」がその**半分の数値**になります。

⑵　①　×　　②　○　　③　○　　④　○　　⑤　○　▶P.200、201

①の**11階以上の階**には**煙感知器の設置**が必要です。そのほか、**廊下、通路、たて穴区画、地階、無窓階**には、煙感知器の設置が必要です。

⑶　①　×　　②　○　　③　×　　④　×　　⑤　○　▶P.200、201

①差動式スポット型の感知面積は35㎡なので120÷35＝3.428…となり、４個必要です。

③の**ボイラー室**には**定温式感知器**を設置します。個数は正しいです。

④の**コンピュータのサーバー室**には**煙感知器**を設置します。個数は正しいです。

⑤40cm（煙感知器は60cm）以上突き出したはりがある場合は、感知区域が別になり、どちらも80㎡以上になるので、80÷45＝1.777…となり、２個ずつ必要です。

⑷　①　1.5m　　②　９m　▶P.205

空気管の壁からの取付け位置はよく問われるので覚えておきましょう。

⑸　正解は下図の通りとなります（▶P.205、206）。

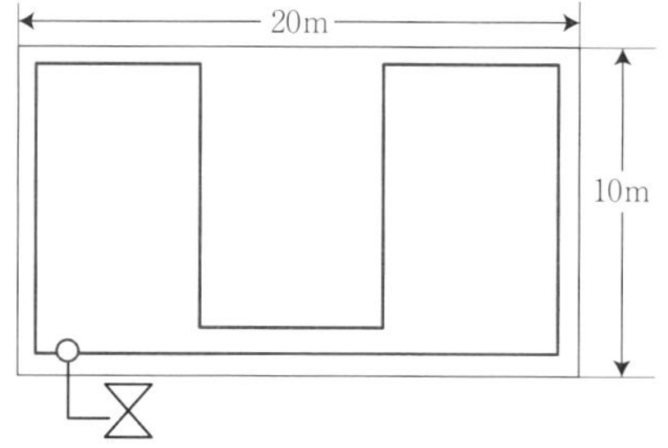

理由としては、短辺が10mなので、二辺省略（６m以下）は使えず、また長辺が20mあるので、基本形（12m以下）も使えません。

一辺省略で設計し、空気管長が100m以下になることを確認します。

〈設計例〉長辺18m×２＋短辺８m×２＋７m×２＝36m＋16m＋14m＝66m＜100m

(6) ①80　②5　③1　④0.6　⑤14 ▶P.162、211、212

(7) ①×　②○　③×　④○ ▶P.210、211

①は地上階と地下階を分離していないので誤りです。

③は地階設置が不要なのに設置し、過剰設置で誤りです。

階段については、感知器は**垂直距離15m以内ごとに１個**設け、45m以内ごとに警戒区域を分けることとなっています。**地階が２以上の場合は地下階と地上階は、別警戒区域**にしなければならないとされており、この点をつく問題が多数出題されています。

2 系統図作成の基礎

(1) ①×　②○　③○　④○　⑤○ ▶P.231、318、319

①消火栓連動がある場合は、表示（PL）線もHIVにする必要があります。

②回線数を７で割った数（小数点切り上げ）となり、共通線は２本になります。

(2) ①～④は、下の表が正解です（▶P.231、318、319）。

階	電線	BC	B	PL	T	A	C	L	合計
Ⓐ	IV			① 2	1	1	1	② 2	③ 7
	HIV	1	1						④ 2

今回の建物で必要な配線は、

- 感知器（C）……回線数を７で割った数（小数点切り上げ)。今回は１本。Cは共通線。

  感知器（L）……回線分

これは、配線は上階から降りてくると考え、上階からの本数を数えます。受信機がある階では、受信機への本数を数えます。

- 表示灯線（PL）……２本（＋と－が各１本）
- 電話線（T)、応答線（A)……各１本で２本

今回は、課題で、受信機は**P型１級**と指定されているので、**電話線（T)、応答線（A)**が必要です。なお、警戒区域が５つ以下で、「P型２級」と指定されている場合は不要です。

- ベル（地区音響装置）線（BC、B)……HIV各１本

ベル線だけがHIVです。今回は、課題で「**消火栓連動はない**」（**発信機はほかの消防用設備等の起動装置と兼用しない**）とされているので、表示灯線（PL）は、HIVにする必要はありません。

また、「**一斉鳴動方式**」ということなので、ベル（地区音響装置）線（BC、B）各１本で済みます（これは、**全階共通**)。

前記の内容に従って配線の本数を合計していきます。

Ⓐ

IV……表示灯線（PL）２本

電話線（T）、応答線（A）、各１本

感知器（C）１本

４階が最上階なので、４階の感知器（L）がそのまま降りてきます。

感知器（L）１本

階段の感知器（L）１本

合計７本

HIV…ベル（地区音響装置）線（BC、B）各１本

- **配線本数に関するまとめ**

①**P型２級**の場合は電話線（**T**）、応答線（**A**）が**不要**。
②**区分鳴動**（地上５階建て以上で延べ面積3000㎡を超える）の場合はベル線（**B**）が**階数ごとに増える**。
③「**消火栓連動**がある」（発信機兼用）の場合は表示灯線（**PL**）も**HIV**にする。
④**警戒区域数**が**８以上**だと感知器（**C**）が**増える**。
⑤たて穴区画の**途中階の煙感知器**は、幹線の**本数に影響しない**。最上部分にある煙感知器のみを数える。

⑶　次ページの表が正解です（▶P.231、318、319）。

今回の建物で必要な配線は、

- 感知器（C）……回線数を７で割った数（小数点切り上げ）。今回は１本
  感知器（L）……回線分
- 表示灯線（PL）……HIV ２本

今回は、課題で「**消火栓連動がある**」とされていますから、表示灯線（PL）もHIVにする必要があります。

- 電話線（T）、応答線（A）……各１本

今回も、課題で、受信機は**P型１級**と指定されていますから、**電話線**（T）、**応答線**（A）が必要です。

- ベル（地区音響装置）線（BC、B）……HIV各１本

「**一斉鳴動方式**」ということなので、ベル（地区音響装置）線（BC、B）２本で済みます（これは、**全階共通**）。

以上の内容に従って配線の本数を合計していきます。

階	電線	BC	B	PL	T	A	C	L	合計
Ⓐ	IV				1	1	1	2	5
	HIV	1	1	2					4
Ⓑ	IV				1	1	1	3	6
	HIV	1	1	2					4
Ⓒ	IV				1	1	1	4	7
	HIV	1	1	2					4
Ⓓ	HIV				1	1	1	6	9
	HIV	1	1	2					4

Ⓐ

IV……電話線（T)、応答線（A)、各１本

感知器（C）１本

４階が最上階なので、４階の感知器（L）がそのまま降りてきます。

感知器（L）１本と階段の感知器（L）１本

全部で５本

HIV…ベル（地区音響装置）線（BC、B）各１本、表示灯線（PL）２本。

全部で４本（これらは、**全階共通**)

Ⓑ

IV……Ⓐ（４階→３階）の５本に、３階の感知器（L）１本を加えて、６本

Ⓒ

IV……Ⓑ（３階→２階）の６本に、２階の感知器（L）１本を加えて、７本

Ⓓ

IV……Ⓒ（２階→１階）の７本に１階の感知器（L）が１階北と１階南の各１本を加えて、９本

となります。

予想模擬試験

第１回 ………………………………………………………………… P.332
第２回 ………………………………………………………………… P.350
解答カード …………………………………………………………… P.369

■予想模擬試験の活用方法

この試験は、本試験前の学習理解度の確認用に活用してください。本試験での合格基準（各科目40％以上で、全体が60％以上かつ実技試験で60％以上の正解率）を目標に取り組みましょう。

■解答の記入の仕方

①解答の記入には、本試験と同様にＨＢかＢの鉛筆を使用してください。なお、本試験では電卓、定規などは使用できません。

②解答カードは、本試験と同様のマークシート方式です。学科試験の解答欄の正解と思う番号数字の横の枠に縦線を濃く引いてください。その際、鉛筆が枠からはみ出さないよう気をつけてください。実技試験は問題用紙の解答欄に直接書き込みます。

③消しゴムはよく消えるものを使用し、本試験で解答が無効にならないよう注意してください。

■試験時間（本試験の試験時間と同じです）

甲種：3時間15分　　乙種：1時間45分

予想模擬試験〈第1回〉

■消防関係法令（共通）甲種：問題１～８、乙種：問題１～６

問題１　消防法令上、消防用設備等を設置したとき、その旨を消防長または消防署長に届け出ることとされている者として、正しいものは次のうちどれか。

(1)　消防用設備等の設置工事を行った消防設備士

(2)　製造所等の危険物保安監督者

(3)　消防用設備等を設置した防火対象物の関係者

(4)　防火対象物の管理権原者が選任した防火管理者

問題２　消防用設備等の定期点検および報告について、消防法令上、正しいものは次のうちどれか。

(1)　すべての特定防火対象物の関係者は、当該特定防火対象物の消防用設備等について消防設備士または消防設備点検資格者に点検させ、その結果を報告しなければならない。

(2)　特定防火対象物以外の防火対象物であっても、延べ面積1000㎡以上のもので、消防長または消防署長が指定したものについては、消防設備士または消防設備点検資格者に点検させ、その結果を報告しなければならない。

(3)　消防設備士は、特定防火対象物にあっては１年に１回、それ以外の防火対象物にあっては３年に１回、消防長または消防署長に点検結果を報告する義務がある。

(4)　防火対象物の関係者は、消防用設備等の定期点検の結果について、消防長または消防署長から報告を求められた場合にのみ報告すればよい。

問題３　消防設備士免状について、消防法令上、正しいものは次のうちどれか。

(1)　免状の交付を受けた都道府県以外の地域で業務を行うこととなった場合は、当該業務地を管轄する都道府県知事に免状の書換えを申請する必要がある。

(2)　免状の記載事項に変更が生じたことによって書換えをする場合は、必ず当該免状の交付をした都道府県知事に申請しなければならない。

(3)　免状の返納を命じられた日から１年を経過しない者は、新たに試験に合格しても免状の交付を受けられないことがある。

(4)　交付された免状を亡失、滅失、汚損、または破損したときは、遅滞なく、免状の再交付を申請しなければならない。

問題4　消防法令上の用語の説明として、誤っているものは次のうちどれか。

(1)「防火対象物」とは、山林または舟車、船きょもしくはふ頭に繋留された船舶、建築物その他の工作物もしくはこれらに属する物をいう。

(2)「複合用途防火対象物」とは、防火対象物のうち、政令で定める2つ以上の用途に供されるものをいう。

(3)「消防の用に供する設備」には、消火設備、警報設備、避難設備が含まれる。

(4)「消火設備」には、消火器、屋内消火栓設備、スプリンクラー設備、連結送水管などが含まれる。

問題5　消防設備士が行う工事または整備について、消防法令上、誤っているものは次のうちどれか。

(1)　甲種第3類消防設備士は、消火器の整備を行うことができる。

(2)　甲種第4類消防設備士は、自動火災報知設備の工事を行うことができる。

(3)　乙種第1類消防設備士は、屋内消火栓設備の整備を行うことができる。

(4)　乙種第3類消防設備士は、粉末消火設備の工事を行うことができない。

問題6　既存の防火対象物と、消防用設備等の技術上の基準の改正との関係について、消防法令上、誤っているものは次のうちどれか。

(1)　基準改正後に行った増改築に係る防火対象物の床面積の合計が、従前の延べ面積の2分の1以上となる場合は、改正後の基準を適用しなければならない。

(2)　基準改正後に行った増改築に係る防火対象物の床面積の合計が、700㎡以上となる場合は、改正後の基準を適用しなければならない。

(3)　映画館の自動火災報知設備については、改正後の基準を適用しなければならない。

(4)　小学校の屋内消火栓設備については、原則として改正前の基準を適用する。

㊙問題7　消防用設備等を設置する防火対象物に関する記述として、消防法令上、誤っているものは次のうちどれか。

(1)　建築物である防火対象物については、特段の規定がない限り、1棟の建築物ごとに消防用設備等を設置する。

(2)　複合用途防火対象物については、スプリンクラー設備その他の特定の設備を設ける場合を除き、同じ用途に使用されている部分は1つの防火対象物とみなす。

(3)　地下街は、複数の用途に使用されていても全体として1つの防火対象物である。

(4)　1棟の防火対象物の一部分が耐火構造の床または壁で区画されており、開口部に防火シャッターが設けられているときは、その部分を別個の独立した防火対象物とみなす。

㊙問題８　検定対象機械器具等の検定について、消防法令上、誤っているものは次のうちどれか。

(1)　検定対象機械器具等は、型式承認を受けただけでは設置等の工事に使用することはできないが、販売または販売目的での陳列をすることはできる。

(2)　型式適合検定とは、個々の検定対象機械器具等の形状等が、型式承認を受けた検定対象機械器具等の型式に係る形状等に適合しているかどうかを検定するものである。日本消防検定協会等が行い、合格したものには合格の表示が付される。

(3)　型式承認が失効した場合には、同時に型式適合検定の効力も失われる。

(4)　検定対象機械器具等には、消火器、火災報知設備の感知器、受信機、閉鎖型スプリンクラーヘッド、金属製避難はしご、緩降機などが含まれる。

■ 消防関係法令（類別）甲種：問題９～15、乙種：問題９～12

問題９　消防法令上、自動火災報知設備を設置しなければならない防火対象物として、正しいものは次のうちどれか。

(1)　延べ面積250㎡の遊技場

(2)　延べ面積450㎡の美術館

(3)　延べ面積280㎡のカラオケボックス

(4)　延べ面積950㎡の寺院

問題10　消防法令上、スプリンクラー設備（総務省令で定める閉鎖型スプリンクラーヘッドを備えているもの）を設置し、その有効範囲内の部分であっても、自動火災報知設備の設置を省略することができない防火対象物は、次のうちどれか。

(1)　旅館

(2)　映画スタジオ

(3)　図書館

(4)　倉庫

問題11　消防法令上、感知器の種別に応じて設置することができる取付け面の高さについて、誤っているものは次のうちどれか。

(1)　炎感知器を20mの高さに設置

(2)　光電式スポット型感知器（２種）を16mの高さに設置

(3)　差動式分布型感知器（２種）を10mの高さに設置

(4)　定温式スポット型感知器（１種）を６mの高さに設置

問題12　消防法令上、ガス漏れ火災警報設備の設置対象として、誤っているものは次のうちどれか。

(1)　延べ面積が1000㎡以上の地下街
(2)　ホテルの地階で、床面積の合計が1000㎡のもの
(3)　複合用途防火対象物の地階で、床面積の合計が1000㎡あり、そのうち飲食店の床面積の合計が500㎡のもの
(4)　地階にある駐車場で、床面積が200㎡のもの

㊙問題13　自動火災報知設備の警戒区域に関する記述として、消防法令上、誤っているものは次のうちどれか。

(1)　警戒区域とは、火災の発生した区域を他の区域と区別して識別することができる最小単位の区域をいう。
(2)　警戒区域は、原則として２つ以上の階にわたってはならないが、面積の合計が600㎡以下の場合は、２つの階で１つの警戒区域とすることができる。
(3)　光電式分離型感知器を設置する場合は、警戒区域の１辺の長さを100m以下とすることができる。
(4)　階段、エレベーター昇降路その他のたて穴区画に煙感知器を設ける場合は、そのたて穴区画を１つの警戒区域とすることができる。

㊙問題14　消防法令上、感知器を設けなくてもよいとされている場所として、正しいものは次のうちどれか。

(1)　主要構造部を耐火構造とした建築物の天井裏の部分
(2)　主要構造部が耐火構造以外であって、天井と上階の床との距離が0.6mの天井裏
(3)　感知器の取付け面の高さが18m以上の場所
(4)　ホテルや病院などのリネンシュートの部分

㊙問題15　消防法令上、防火対象物の出火階と、地区音響装置を区分鳴動させる部分との組合せとして、正しいものは次のうちどれか。ただし、出火した防火対象物は、地上階が５階、地階が２階で、延べ面積3000㎡を超える建物とする。

	出火階	区分鳴動させる部分
(1)	３階	３階、４階、５階
(2)	２階	１階、２階、３階
(3)	１階	１階、２階、地下１階
(4)	地下１階	１階、地下１階、地下２階

■電気に関する基礎的知識　甲種：問題16～25、乙種：問題16～20

問題16　４Ω、８Ω、８Ωの３つの抵抗を直列接続したときの合成抵抗の値は、同じ３つの抵抗を並列接続したときの合成抵抗の値の何倍か。

(1)　2倍
(2)　4倍
(3)　10倍
(4)　20倍

問題17　下図のＡＣ間に20Vの電圧を加えた場合、２Ωの抵抗に流れる電流の値として、正しいものは次のうちどれか。

(1)　0.75A
(2)　1A
(3)　1.3A
(4)　2A

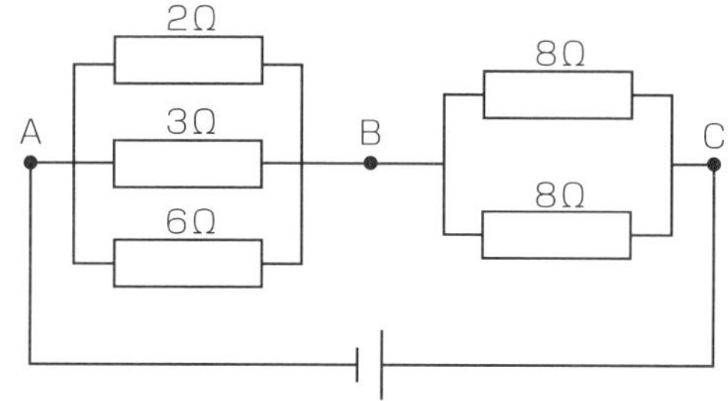

問題18　導線の抵抗値および抵抗率に関する記述として、誤っているものは次のうちどれか。

(1)　導線の抵抗値は、導線の長さに比例し、導線の断面積に反比例する。
(2)　抵抗率は一般にρで表され、その単位は〔Ω・㎡〕である。
(3)　抵抗率は、金属固有のものではない。
(4)　導線の抵抗率が大きいと、電気抵抗も大きくなる。

問題19　コンデンサに関する記述として、誤っているものは次のうちどれか。

(1)　コンデンサは、電気を蓄えたり放出したりする電子部品である。
(2)　コンデンサが蓄えることのできる電気量を、静電容量（単位はファラド）という。
(3)　静電容量がそれぞれC_1、C_2である２個のコンデンサを並列接続した場合、その合成静電容量Cは、$C = C_1 + C_2$となる。
(4)　静電容量がそれぞれC_1、C_2である２個のコンデンサを直列接続した場合、その合成静電容量Cは、$C = \dfrac{C_1 + C_2}{C_1 C_2}$となる。

問題20　正弦波交流の電圧の実効値が200Vである場合の最大値として、正しいものは次のうちどれか。

(1)　128V
(2)　143V
(3)　280V
(4)　314V

㊙**問題21**　下図の交流回路におけるインピーダンスと力率の組合せとして、正しいものは次のうちどれか。

	インピーダンス	力率
(1)	3.5Ω	0.5
(2)	5Ω	0.6
(3)	3.5Ω	0.7
(4)	5Ω	0.8

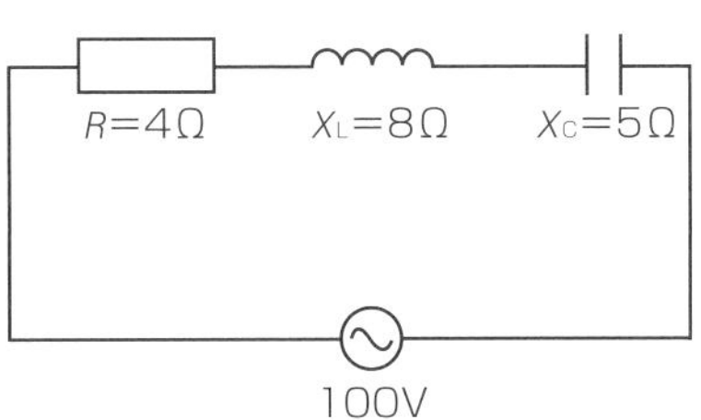

㊙**問題22**　下図のようなコイルと検流計の回路に磁石を作用させたときの反応として、誤っているものは次のうちどれか。

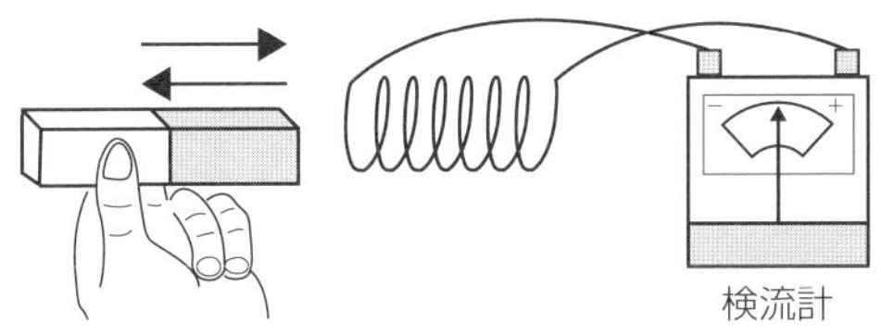

(1)　磁石とコイルが近づく瞬間と遠ざかる瞬間に、検流計の指針が振れる。
(2)　磁石をコイル内に入れたままにすると、検流計の指針の振れが最大となる。
(3)　磁石またはコイルの動かす速度を速くすると、検流計の指針が大きく振れる。
(4)　磁石とコイルが近づくときと遠ざかるときでは、検流計の指針は逆向きに振れる。

㊙問題23　指示電気計器の種類を表す名称とその記号の組合せとして、誤っているものは次のうちどれか。

(1)　静電形

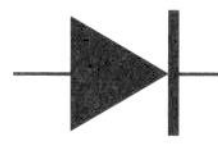

(2)　電流力計形

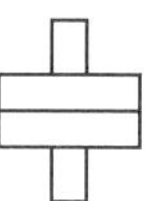

(3)　可動コイル形

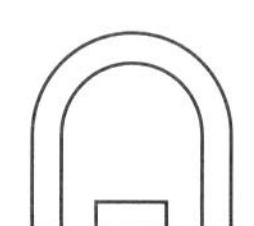

(4)　誘導形

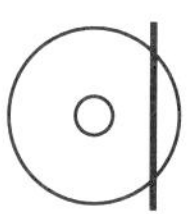

㊙問題24　１次巻線が200回巻、２次巻線が1000回巻の変圧器において、２次端子に600Vの電圧を取り出す場合、１次端子に加える電圧として、正しいものは次のうちどれか。ただし、この変圧器は理想変圧器とする。

(1)　120V
(2)　300V
(3)　1200V
(4)　3000V

㊙問題25　蓄電池に関する記述として、誤っているものは次のうちどれか。

(1)　鉛蓄電池の電解液は希硫酸であり、＋極に二酸化鉛、－極に鉛を使用している。
(2)　蓄電池の容量を消費しても、直流電源により電池の起電力と逆方向に電流を流すと消費された電気エネルギーを充電することができ、くり返し使用できる。
(3)　充電することによってくり返し使用できる電池を、一次電池という。
(4)　蓄電池の容量は、アンペア時〔Ah〕で表す。

■構造・機能等（電気）甲種：問題26〜37、乙種：問題26〜34

問題26　感知器の設置基準に関する記述として、誤っているものは次のうちどれか。

(1)　感知器は、規則で定めるところにより、天井または壁の屋内に面する部分および天井裏の部分（天井がない場合は、屋根または壁の屋内に面する部分）に、有効に火災の発生を感知できるように設ける。

(2)　差動式分布型および光電式分離型のもの並びに炎感知器を除き、換気口等の空気吹出し口から1.5m以上離れた位置に設ける。

(3)　定温式の性能を有する感知器は、正常時における最高周囲温度が、公称作動温度（補償式スポット型の場合は公称定温点）より20℃以上低い場所に設ける。

(4)　煙感知器（光電式分離型を除く）は、感知器の下端が取付け面の下方0.3m以内の位置になるように設ける。

問題27　光電式分離型感知器の設置基準として、誤っているものは次のうちどれか。

(1)　壁で区画された区域ごとに、当該区域の各部分から１つの光軸までの水平距離が7.0m以下となるように設ける。

(2)　感知器の光軸の高さが、天井等の高さの70％以上となるように設ける。

(3)　感知器の光軸が、並行する壁から0.6m以上離れた位置となるように設ける。

(4)　感知器の送光部および受光部が、その背部の壁から１m以内の位置に設ける。

問題28　自動火災報知設備の発信機の設置基準についての次の文中の（　　　）内に当てはまる語句の組合せとして、正しいものはどれか。

「各階ごとに、その階の各部分から発信機までの歩行距離が（　A　）m以下となるように、また、床面から高さ（　B　）m以上（　C　）m以下の箇所に設けること。」

	A	B	C
(1)	50	0.8	1.5
(2)	25	0.8	1.8
(3)	50	0.6	1.5
(4)	25	0.6	1.8

問題29　自動火災報知設備の地区音響装置の設置基準として、誤っているものは次のうちどれか。

⑴　各階ごとに、その階の各部分から１つの地区音響装置まで水平距離で25m以下となるように設ける。

⑵　地区音響装置の音圧の値は、取り付けられた音響装置の中心から１m離れた位置で70dB以上とする。

⑶　音声による警報の場合、火災警報に係る音声は男性の声によるものとする。

⑷　１つの防火対象物に２つ以上の受信機が設けられているときは、地区音響装置はいずれの受信機からも鳴動させることができるものとする。

問題30　非常電源と予備電源に関する記述として、誤っているものは次のうちどれか。

⑴　非常電源とは、通常用いる常用電源が停電の時に用いる電源をいい、予備電源とは、非常電源が故障した場合などに用いる電源をいう。

⑵　延べ面積が1000m²以上の特定防火対象物に設ける自動火災報知設備の非常電源は、蓄電池設備に限られている。

⑶　非常電源として用いる蓄電池設備の容量は、自動火災報知設備を有効に60分間作動できる容量以上でなければならない。

⑷　予備電源の容量が、当該自動火災報知設備に要求される非常電源の容量以上である場合は、非常電源を省略することができる。

問題31　自動火災報知設備（アナログ式を除く）において耐熱配線としなければならない回路として、正しいものは次のうちどれか。

⑴　常用電源から受信機までの回路

⑵　非常電源から受信機までの回路

⑶　感知器から受信機までの回路

⑷　受信機から地区音響装置までの回路

問題32　自動火災報知設備の受信機について、火災灯や地区表示灯の点灯、音響装置の鳴動、自己保持機能の確認等を行う試験として、正しいものは次のうちどれか。

⑴　火災作動試験

⑵　回路導通試験

⑶　火災表示試験

⑷　同時作動試験

問題33　差動式分布型感知器（空気管式）の流通試験および接点水高試験についての記述として、誤っているものは次のうちどれか。

(1)　流通試験では、テストポンプの空気を試験孔から空気管に注入し、マノメーターの水位を60㎜のところまで上昇させて、水位を停止させる。

(2)　マノメーターの水位が上昇しても停止せず、徐々に下降する場合は、接続部分の緩みや穴の有無を確認する。

(3)　接点水高試験では、テストポンプでダイヤフラムまで空気を注入し、接点が閉じるときのマノメーターの水位の高さ（接点水高値）を測定する。

(4)　接点水高値が規定より高い場合は、遅報の原因となる可能性がある。

問題34　ガス漏れ火災警報設備の検知器の検知方式として、正しいものは次のうちどれか。

(1)　異なる２種類の金属を接合した熱電対によって生じる熱起電力を利用する。

(2)　外気と流通できる外部イオン室のイオン電流の変化を利用する。

(3)　ガスの吸着によって半導体の電気抵抗が減少することを利用する。

(4)　一局所の紫外線による受光素子の受光量の変化を利用する。

㊙問題35　耐熱配線工事において露出配線ができる電線として、正しいものは次のうちどれか。

(1)　600Ｖ２種ビニル絶縁電線（HIV）

(2)　MIケーブル

(3)　シリコンゴム絶縁電線

(4)　クロロプレン外装ケーブル

㊙問題36　差動式分布型感知器（空気管式）についての記述として、誤っているものは次のうちどれか。

(1)　空気管内の空気が暖められて膨張し、ダイヤフラムを押し上げることによって、接点を閉じる構造になっている。

(2)　空気管が露出している部分は、感知区域ごとに20m以上としなければならない。

(3)　空気管の取付け工事において、止め金具（ステップル）の間隔は35㎝以内とし、空気管の屈曲部からは５㎝以内を止める。

(4)　空気管の屈曲部の半径は、５㎝以上とする。

㊙問題37　下表は、工場Ａ～Ｄにおいて、直流250Vの絶縁抵抗計を用いて電源回路の対地電圧ごとに絶縁抵抗を測定した結果である。このうち、絶縁不良があると考えられる工場はどれか。

	対地電圧100V	対地電圧200V	対地電圧400V
(1)　工場A	0.2MΩ	0.2MΩ	0.3MΩ
(2)　工場B	0.1MΩ	0.3MΩ	0.5MΩ
(3)　工場C	0.3MΩ	0.2MΩ	0.4MΩ
(4)　工場D	0.2MΩ	0.4MΩ	0.4MΩ

■ 構造・機能等（規格）甲種：問題38～45、乙種：問題38～43

問題38　差動式スポット型感知器の説明として、規格省令上、正しいものは次のうちどれか。

(1)　周囲の温度の上昇率が一定の率以上になったときに火災信号を発信するもので、一局所の熱効果により作動するものをいう。

(2)　一局所の周囲の温度が一定の温度以上になったときに火災信号を発信するもので、外観が電線状以外のものをいう。

(3)　周囲の温度の上昇率が一定の率以上になったときに火災信号を発信するもので、広範囲の熱効果の累積により作動するものをいう。

(4)　一局所の周囲の温度が一定の範囲内の温度になったときに当該温度に対応する火災情報信号を発信するもので、外観が電線状以外のものをいう。

問題39　P型１級発信機とP型２級発信機に共通する構造および機能について、規格省令上、誤っているものは次のうちどれか。

(1)　押しボタンスイッチは、その前方に保護板を設け、その保護板を破壊または押し外すことによって、容易に押すことができること。

(2)　押しボタンスイッチを押した後、当該スイッチが自動的に元の位置に戻らない構造の発信機の場合は、元の位置に戻す操作を忘れないための措置を講じること。

(3)　保護板には、透明の有機ガラスを用いること。

(4)　発信機の外箱の色は、50％以上を赤色仕上げとすること。

問題40　規格省令上、次のように定義されている受信機として正しいものはどれか。

「火災信号もしくは火災表示信号を共通の信号としてまたは設備作動信号を共通もしくは固有の信号として受信し、火災の発生を防火対象物の関係者に報知するもの」

(1)　Ｒ型受信機
(2)　Ｐ型受信機
(3)　Ｍ型受信機
(4)　Ｇ型受信機

問題41　自動火災報知設備およびガス漏れ火災警報設備の受信機に共通する構造および機能について、規格省令上、誤っているものは次のうちどれか。

(1)　水滴が浸入しにくいこと。
(2)　主電源を監視する装置を受信機の前面に設けること。
(3)　音響装置の鳴動を停止するスイッチの操作は、注意灯の点滅に影響しないこと。
(4)　復旧スイッチは、専用のものとすること。

問題42　受信機の火災表示およびガス漏れ表示について、規格省令上、誤っているものは次のうちどれか。

(1)　Ｐ型１級受信機のうち回線数２以上のものが火災信号を受信したときは、赤色の火災灯を自動的に表示する。
(2)　Ｐ型１級受信機のうち回線数が１のものは、火災灯を備える必要がない。
(3)　Ｐ型３級受信機は、火災表示がなされたとき、手動で復旧しない限り、表示された状態を保持する機能をもつ装置を備えなければならない。
(4)　Ｇ型受信機がガス漏れ信号を受信したときは、黄色のガス漏れ灯を自動的に表示する。

問題43　ガス漏れ火災警報設備の受信機の規格として、規格省令上、誤っているものは次のうちどれか。

(1)　ガス漏れ信号の受信開始からガス漏れ表示までの所要時間は、５秒以内とする。
(2)　ガス漏れ信号を２回線から同時に受信したときであっても、ガス漏れ表示ができるものとする。
(3)　ガス漏れ表示の作動を容易に確認できる装置による試験機能を有するものでなければならない。
(4)　ＧＰ型とＧＲ型の地区表示装置は、火災の発生した警戒区域とガス漏れの発生した警戒区域とを明確に識別できるように表示する必要がある。

㊙問題44　定温式感知器の公称作動温度に関する次の文中の（　　）内に当てはまる数値の組合せとして、規格省令上、正しいものはどれか。

「定温式感知器の公称作動温度は、60℃以上（　A　）℃以下とし、60℃以上80℃以下のものは（　B　）℃刻み、80℃を超えるものは（　C　）℃刻みとする。」

	A	B	C
(1)	165	1	5
(2)	150	1	5
(3)	165	5	10
(4)	150	5	10

㊙問題45　非常電源として用いる蓄電池設備の構造および性能として、消防庁告示上、誤っているものは次のうちどれか。

(1)　蓄電池設備は、自動的に充電するものであること。

(2)　蓄電池設備には、過充電防止機能および過放電防止機能を設けること。

(3)　蓄電池設備には、当該設備の出力電圧または出力電流を監視できる電圧計または電流計を設けること。

(4)　蓄電池設備は、0℃から40℃までの範囲の周囲温度において機能に異常を生じないものであること。

■ 実技（鑑別等） 甲種・乙種：問題1～5

問題1　次の表はP型受信機の比較を示したものである。①～⑤の欄に、答えを書き入れなさい。

	P型1級	P型2級	P型3級
回線数の制限	制限なし	①	1回線のみ
主音響装置の音圧（以上）	85dB	85dB	②
火災表示の保持装置	あり	あり	③
導通試験装置	あり	④	なし
予備電源装置	あり	⑤	なし

解答欄

①		②		③	
④		⑤			

問題2　次の写真の感知器について、答えなさい。

1

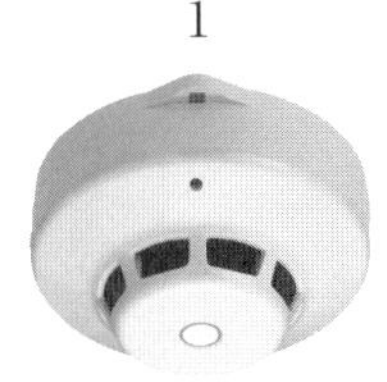

2

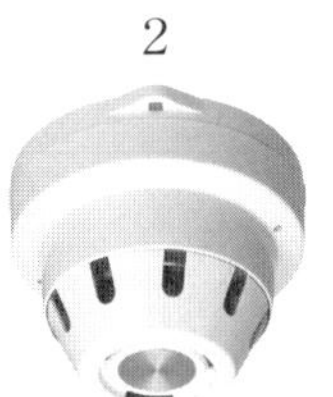

3

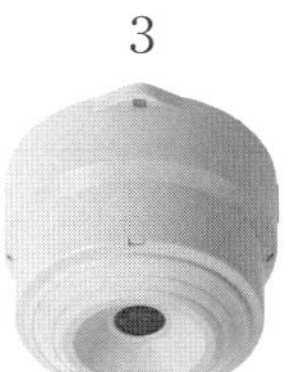

(1)　天井高20mを超える場所でも使用可能な感知器の写真の番号と、名称を書きなさい。

(2)　放射性物質を使用する感知器の写真の番号と、名称を書きなさい。

(3)　光による散乱現象を利用した感知器の写真の番号と、名称を書きなさい。

解答欄

	写真の番号	感知器の名称
(1)		
(2)		
(3)		

問題３　次の写真の発信機について、答えなさい。

P型１級発信機

P型２級発信機

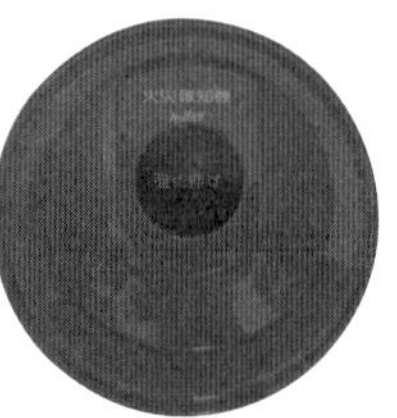

⑴　P型１級発信機だけが備えている装置の名称を書きなさい。

⑵　⑴で答えた２つの装置の役割をそれぞれ書きなさい。

解答欄

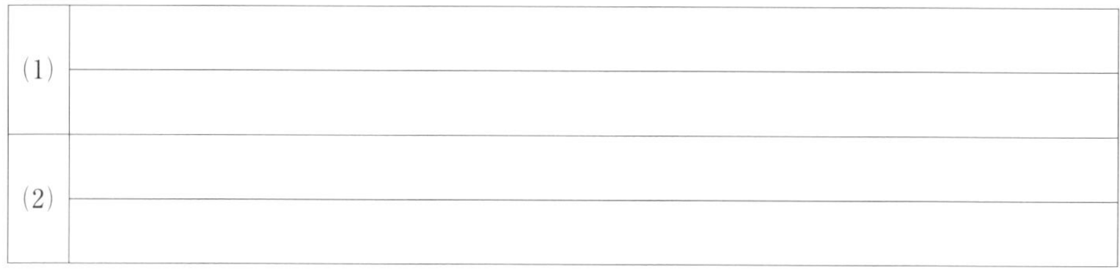

⑴	
⑵	

問題４　次の自動火災報知設備の配線系統図について、答えなさい。

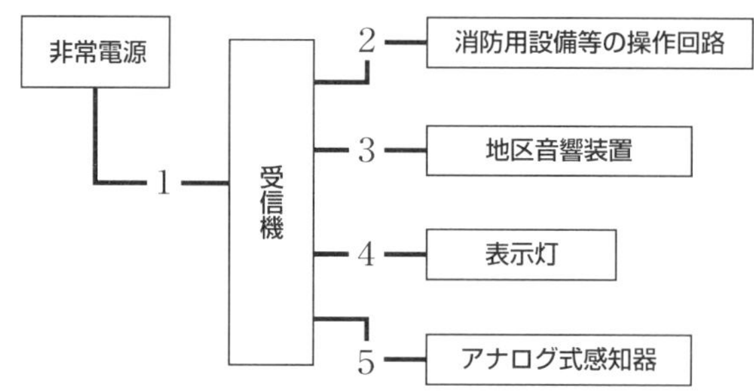

図の１～５の配線のうち、耐火配線にする配線と、耐熱配線にする配線の番号を書きなさい。ただし、発信機はほかの消防用設備等の起動装置と兼用する。

解答欄

耐火配線にする配線	
耐熱配線にする配線	

問題５　次の写真のうち、電線の被覆をはがす工具の番号と名称を書きなさい。

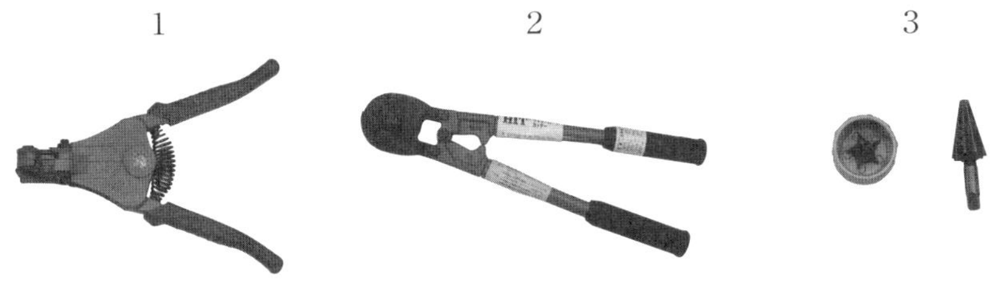

解答欄

番号		名称	

■実技（製図） 甲種：問題１～２

問題１　図は、３階建の２階部分を記した図面である。下記の条件に基づき、凡例に示す記号を用いて、平面図を作成せよ。

〈凡例〉

記　号	名　称	備　考
□	機器収容箱	表示灯、発信機、地区音響装置を収容
（差動式記号）	差動式スポット型感知器	２種
（定温式記号）	定温式スポット型感知器	１種防水型
S	煙感知器	２種
Ω	終端抵抗器	
（立ち上がり・引き下げ記号）	配線立ち上がり、引き下げ	
-//-	配線	２本
-////-	同上	４本
-・-・-	警戒区域境界線	
(No.)	警戒区域番号	

〈条件〉

①主要構造部は耐火構造であり、無窓階ではない。天井高は４m未満である。

②立ち上がり、引き下げの配線本数等の記入は省略してよい。

③階段室は、別の階で警戒している。

④感知器の設置数は、必要最小個数とする。

⑤煙感知器は、法令基準によって設けなければならない場所以外には設置しない。

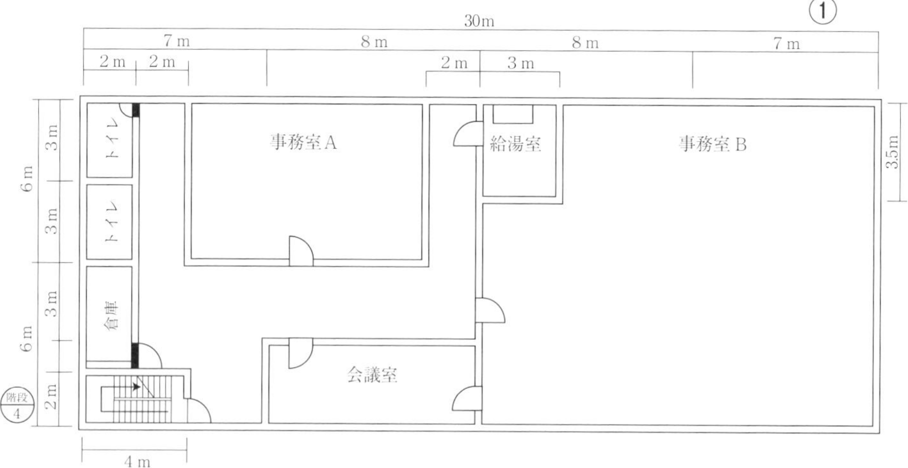

問題２　図は、耐火構造の建物の差動式分布型感知器の空気管の設計図である。正しい設計図の番号と、その理由を書きなさい。

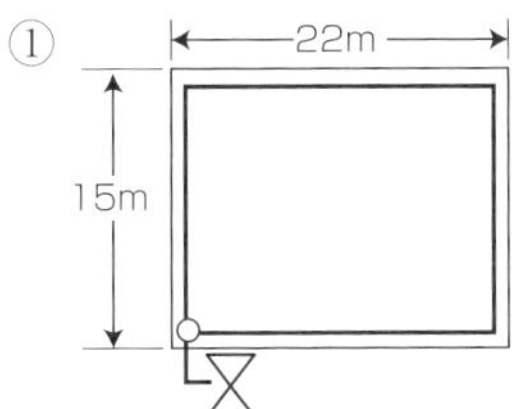

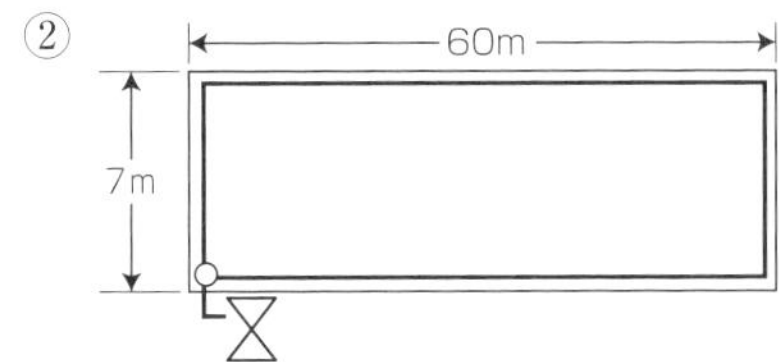

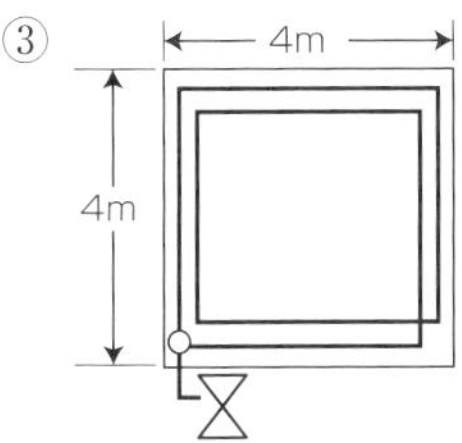

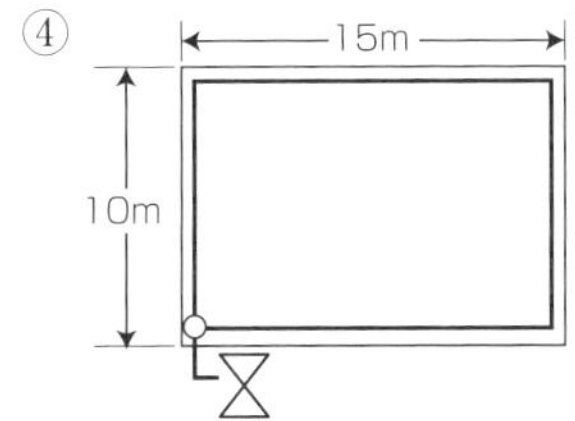

解答欄

(1)　正しい設計図の番号	
(2)　正しい理由	

予想模擬試験〈第2回〉

■ 消防関係法令（共通） 甲種：問題1～8、乙種：問題1～6

問題1　消防法令上、特定防火対象物に該当しないものの組合せとして、正しいものは次のうちどれか。

(1)　幼稚園、公会堂、診療所

(2)　共同住宅、図書館、大学

(3)　劇場、映画館、物品販売店舗

(4)　旅館、ホテル、蒸気浴場

問題2　消防設備士の義務について、消防法令上、誤っているものは次のうちどれか。

(1)　消防設備士はその業務を誠実に行うとともに、工事整備対象設備等の質の向上に努めなければならない。

(2)　消防設備士は、その業務に従事するときは、整備や点検を行う場合であっても、消防設備士免状を携帯していなければならない。

(3)　消防設備士は、免状の交付を受けた日以後における最初の4月1日から5年以内に、都道府県知事が行う講習を受講することとされている。

(4)　甲種消防設備士は、工事に着工する日の10日前までに、消防長または消防署長に必要事項を届け出ることとされている。

問題3　既存防火対象物の用途変更と消防用設備等の技術上の基準の関係について、消防法令上、正しいものは次のうちどれか。

(1)　倉庫を工場に変えるなど、防火対象物の用途を変更したことにより消防用設備等の技術上の基準に適合しなくなった場合でも、原則として用途変更前の基準を適用する。

(2)　変更後の用途が特定防火対象物に該当する場合には、消火器や自動火災報知設備など特定の消防用設備等に限り、変更後の用途に係る基準を適用する。

(3)　用途変更前に設置していた消防用設備等が基準に違反していたとしても、変更後の用途が非特定防火対象物である場合は、変更前の用途に係る基準を適用する。

(4)　消防用設備等が簡易消火用具や避難器具である場合は、常に変更前の用途に係る基準を適用する。

問題4　消防法令上、消防用設備等の定期点検を、消防設備士または総務大臣が認める資格を有する者（消防設備点検資格者）にさせなければならない防火対象物は、次のうちどれか。ただし、消防長または消防署長の指定はないものとする。

(1)　延べ面積900㎡の事務所
(2)　延べ面積800㎡のマーケット
(3)　延べ面積1500㎡の工場
(4)　延べ面積1000㎡の宿泊所

問題5　消防用設備等の設置または維持について、消防法令上、誤っているものは次のうちどれか。

(1)　防火対象物について、必要とされる消防用設備等を、政令で定める技術上の基準に従って設置し、維持する義務を負うのは、当該防火対象物の関係者である。
(2)　消防長または消防署長は、消防用設備等が基準に従って設置または維持されていないと認めるときは、当該防火対象物の関係者で権原を有するものに対し、基準に従って設置または維持するため必要な措置をとるよう命じることができる。
(3)　消防用設備等の設置維持命令に対して違反があった場合は、当該消防用設備等の工事または整備に当たった消防設備士に罰則の適用がある。
(4)　消防長または消防署長は、消防用設備等が基準に従って設置されていないと認める場合でも、消防設備士に対して当該工事の手直しを命じることはできない。

問題6　消防設備士でなくても行える消防用設備等の工事または整備として、消防法令上、誤っているものは次のうちどれか。

(1)　屋内消火栓設備の表示灯の交換
(2)　スプリンクラー設備の水源に水を補給するための給水管の交換
(3)　屋内消火栓設備のホース格納箱の補修
(4)　屋外消火栓設備の水漏れの原因となった屋外消火栓開閉弁の交換

㊙問題7　防火対象物の管理等の状況について火災予防上必要があると認める場合に、当該防火対象物の改修その他の必要な措置を命じることができる者と、その命令を受ける者の組合せとして、消防法令上、正しいものは次のうちどれか。

(1)　消防長または消防署長 ……………… 権原を有する関係者
(2)　都道府県知事 ……………………… 統括防火管理者
(3)　消防長、消防署長その他の消防吏員 …… 防火管理者
(4)　市町村長 …………………………… 消防設備士

㊙問題８　防火管理者の業務として、消防法令上、誤っているものは次のうちどれか。

(1)　火気の使用または取扱いに関する監督

(2)　統括防火管理者の選任および解任

(3)　防火対象物についての消防計画の作成

(4)　消防計画に基づく消火、通報および避難の訓練の実施

■消防関係法令（類別）甲種：問題９～15、乙種：問題９～12

問題９　自動火災報知設備の設置義務について、消防法令上、誤っているものは次のうちどれか。

(1)　防火対象物の11階以上の階には、階ごとに自動火災報知設備を設置しなければならない。

(2)　飲食店の存する地階または無窓階で、床面積100㎡以上のものは、その階ごとに自動火災報知設備を設置しなければならない。

(3)　特定１階段等防火対象物は、特定用途部分の存する階に自動火災報知設備を設置するものとされている。

(4)　防火対象物の地階または２階以上の階で、駐車場の用に供する部分の床面積が200㎡以上のものは、その階に自動火災報知設備を設置するものとされている。

問題10　自動火災報知設備の警戒区域に関する次の文中の（　　）内に当てはまる数値の組合せとして、消防法令上、正しいものはどれか。

「光電式分離型感知器を設置する場合を除き、一の警戒区域の面積は、（　A　）㎡以下とし、その一辺の長さは、（　B　）m以下とすること。ただし、当該防火対象物の主要な出入口からその内部を見通すことができる場合には、その面積を（　C　）㎡以下とすることができる。」

	A	B	C
(1)	600	50	1000
(2)	1000	100	1500
(3)	600	100	1000
(4)	1000	50	1500

問題11　消防法令上、煙感知器の設置義務についての記述として、誤っているものは次のうちどれか。

(1)　エレベーター昇降路には、防火対象物の用途に関係なく、煙感知器を設置しなければならない。

(2)　特定防火対象物以外の防火対象物の階段には、煙感知器を設置しなくてもよい。

(3)　共同住宅の廊下には、煙感知器を設置しなければならない。

(4)　小、中、高等学校の廊下および通路には、煙感知器を設置しなくてもよい。

問題12　消防法令上、消防機関へ通報する火災報知設備（火災通報装置）の設置義務についての記述として、誤っているものは次のうちどれか。

(1)　延べ面積500㎡以上の映画館であっても、消防機関から歩行距離で500m以内の場所にあるときは、火災通報装置を設けなくてもよい。

(2)　消防機関から歩行距離で500m以内の場所にある老人福祉施設は、火災通報装置を設けなくてもよい。

(3)　延べ面積500㎡以上の映画館であっても、消防機関へ常時通報できる電話を設置したときは、火災通報装置を設けなくてもよい。

(4)　消防機関へ常時通報できる電話を設置した老人福祉施設は、火災通報装置を設けなくてもよい。

㊙問題13　1つの防火対象物について、P型1級受信機の1回線のものを設置する場合の最大設置台数として、消防法令上、正しいものは次のうちどれか。

(1)　1台　(2)　2台　(3)　3台　(4)　4台

㊙問題14　下図のような建物における自動火災報知設備の設置義務について、消防法令上、正しいものは次のうちどれか。ただし、無窓階はないものとする。

階	用途	面積
3階	共同住宅	100㎡
2階	共同住宅	100㎡
1階	飲食店	100㎡
地階	駐車場	100㎡

(1)　すべての階に設置義務がある。

(2)　1階の飲食店にのみ設置義務がある。

(3)　地階の駐車場にのみ設置義務がある。

(4)　地階の駐車場と3階の共同住宅にのみ設置義務がある。

㊙問題15　危険物施設における警報設備の設置義務に関する次の文中の（　　　）内に当てはまる語句の組合せとして、消防法令上、正しいものはどれか。

「危険物施設のうち、指定数量の（　A　）以上の危険物を貯蔵または取り扱うものには、（　B　）を除き、施設の状況に応じて自動火災報知設備その他の警報設備の設置が義務づけられている。」

	A	B
(1)	10倍	一般取扱所
(2)	5倍	一般取扱所
(3)	10倍	移動タンク貯蔵所
(4)	5倍	移動タンク貯蔵所

■電気に関する基礎的知識　甲種：問題16～25、乙種：問題16～20

問題16　下図の回路における合成抵抗の値として、正しいものは次のうちどれか。

(1)　0Ω
(2)　5Ω
(3)　6Ω
(4)　25Ω

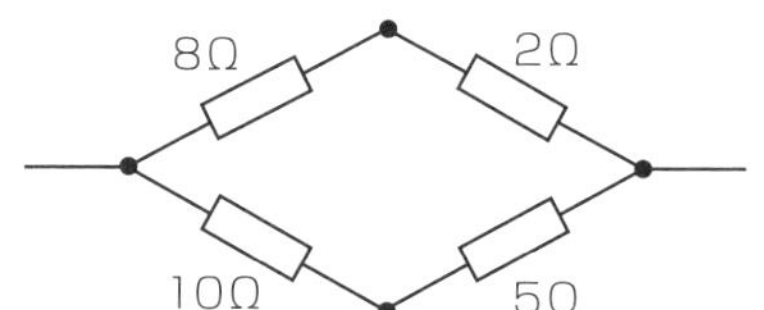

問題17　金属の抵抗率に関する記述として、誤っているものは次のうちどれか。

(1)　金の抵抗率は、銀や銅の抵抗率よりも小さい。
(2)　アルミニウムの抵抗率よりも、金の抵抗率のほうが小さい。
(3)　導電率は、抵抗率の逆数である。
(4)　金属は一般に、温度が上昇すると抵抗率が高くなる。

問題18　下図のようなコンデンサ回路において、合成静電容量として正しいものは、次のうちどれか。

(1)　0.07μF
(2)　15μF
(3)　30.15μF
(4)　36.7μF

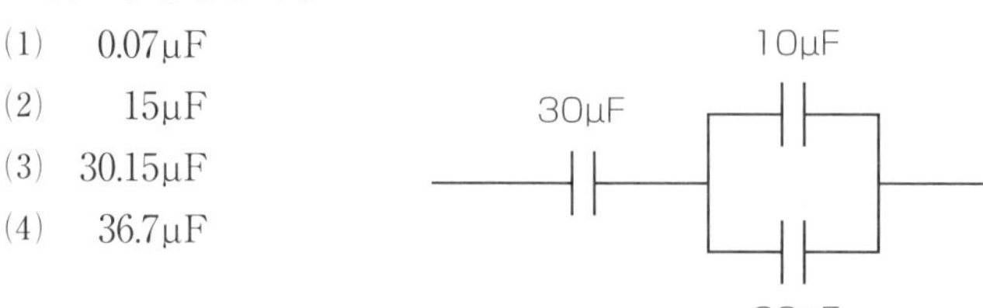

問題19　下図の回路における抵抗R_1の消費電力として、正しいものは次のうちどれか。このとき、電流計に流れている電流は10Aとする。

(1)　400W
(2)　600W
(3)　800W
(4)　1000W

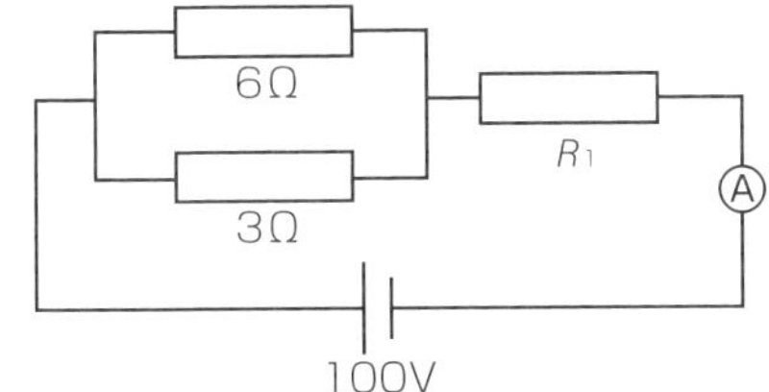

問題20　下図の交流回路のインピーダンスとして、正しいものは次のうちどれか。

(1)　30Ω
(2)　50Ω
(3)　70Ω
(4)　90Ω

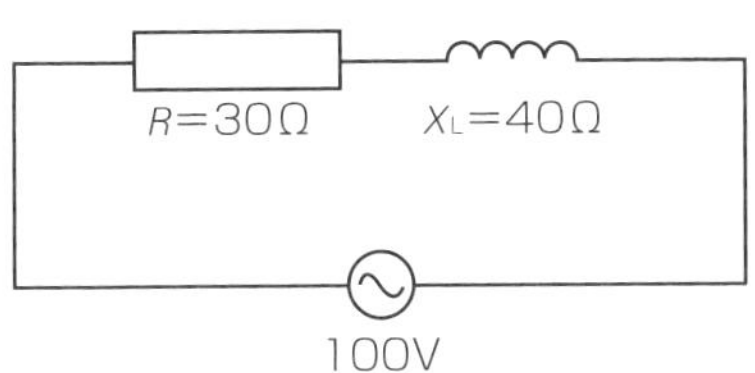

㊙問題21　正弦波交流に関する記述として、誤っているものは次のうちどれか。

(1)　正弦波交流の電流の実効値は、最大値の$1/\sqrt{2}$倍である。
(2)　正弦波交流の電圧の平均値は、最大値の$\pi/2$倍である。
(3)　インダクタンスだけの回路で正弦波交流の電圧を加えると、電流の位相が電圧の位相よりも$\pi/2$〔rad〕だけ遅れる。
(4)　静電容量だけの回路で正弦波交流の電圧を加えると、電流の位相が電圧の位相よりも$\pi/2$〔rad〕だけ進む。

㊙問題22　電流計と電圧計の測定範囲の拡大に関する次の文中の（　　）内に当てはまる語句の組合せとして、正しいものはどれか。

「電流計の測定範囲を拡大するときは、(　A　) と呼ばれる抵抗を電流計と（　B　）に接続すればよい。また、電圧計の測定範囲を拡大するときは、(　C　) と呼ばれる抵抗を電圧計と（　D　）に接続すればよい。」

	A	B	C	D
(1)	倍率器	直列	分流器	並列
(2)	分流器	直列	倍率器	並列
(3)	倍率器	並列	分流器	直列
(4)	分流器	並列	倍率器	直列

(甲)問題23　下図の回路において、検流計の指針が０を示すときの抵抗値P、Q、R、Sの関係式として、正しいものは次のうちどれか。

(1)　$PR = QS$

(2)　$PQ = SR$

(3)　$P + Q = S + R$

(4)　$P + R = Q + S$

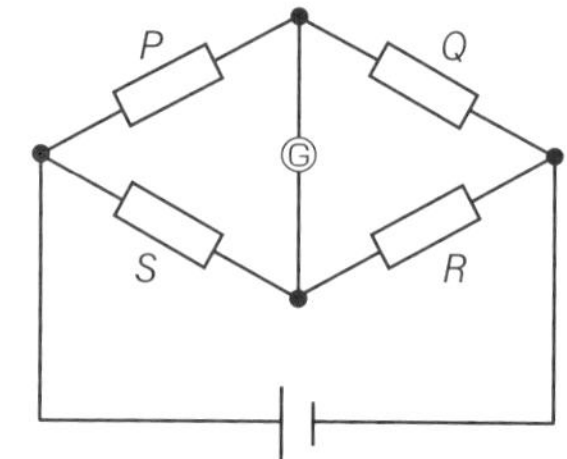

(甲)問題24　交流回路でのみ使用するものとされている指示電気計器の種類として、誤っているものは次のうちどれか。

(1)　整流形

(2)　誘導形

(3)　可動鉄片形

(4)　熱電形

(甲)問題25　理想変圧器の１次コイルに20A、２次コイルに１Aの電流が流れている場合、２次コイルの巻き数が1000とすると、１次コイルの巻き数として、正しいものは次のうちどれか。

(1)　50

(2)　200

(3)　5000

(4)　20000

■構造・機能等（電気）甲種：問題26〜37、乙種：問題26〜34

問題26　感知器とその取付け場所の傾斜角度の最大値との組合せとして、正しいものは次のうちどれか。

(1)　差動式分布型感知器の検出部 ………… 45度
(2)　定温式スポット型感知器 ………… 45度
(3)　光電式分離型感知器 ………… 5度
(4)　熱アナログ式スポット型感知器 ………… 90度

問題27　煙感知器（光電式分離型を除く）の設置基準として、誤っているものは次のうちどれか。

(1)　壁またははりから0.6m以上離れた位置に設ける。
(2)　天井付近に吸気口のある居室の場合は、その吸気口付近に設ける。
(3)　廊下や通路においては、３種の感知器は歩行距離30mにつき１個以上設ける。
(4)　水蒸気が多量に滞留する場所や著しく高温となる場所などには、設置できない。

問題28　自動火災報知設備の発信機の設置について、正しいものは次のうちどれか。

(1)　発信機は人目につくといたずらされやすいので、なるべく人目につかない場所に設置した。
(2)　すぐ近くに誘導灯があるので、発信機の表示灯を設けなかった。
(3)　消火栓用の表示灯が直近にあるので、発信機の表示灯を設けなかった。
(4)　Ｒ型受信機を設置したので、Ｐ型２級発信機を接続した。

問題29　自動火災報知設備の受信機の設置基準として、誤っているものは次のうちどれか。

(1)　受信機は、常時人がいる防災センター等に設置する。
(2)　いすに座って操作する受信機の操作スイッチは、床面から高さ0.6m以上1.5m以下の箇所に設ける。
(3)　Ｐ型３級受信機は、延べ面積が350㎡以下の防火対象物に設置するものとされている。
(4)　１つの防火対象物に２つ以上の受信機が設けられているときは、これらの受信機のある場所相互間で同時に通話できる設備を設ける。

問題30　自動火災報知設備の配線について、誤っているものは次のうちどれか。

(1)　感知器の信号回路を送り配線にする必要があるのは、スポット型の感知器の場合に限られる。

(2)　P型受信機の感知器回路の配線において共通線を設ける場合には、共通線1本につき7警戒区域以下としなければならない。

(3)　60V以下の電流回路に使用する電線であれば、自動火災報知設備の配線に使用する電線と同一の管やプルボックス等の中に設けることができる。

(4)　P型受信機の感知器回路の電路の抵抗（回路抵抗）は、50Ω以下としなければならない。

問題31　非常電源から受信機までの回路における配線工事の方法として、正しいものは次のうちどれか。

(1)　アルミ被ケーブルを使用して、露出配線とした。

(2)　600V2種ビニル絶縁電線（HIV）を使用して、金属管内に収めた。

(3)　ポリエチレン絶縁電線を使用して、地中に埋設した。

(4)　600V2種ビニル絶縁電線（HIV）を使用して合成樹脂管に収め、これを耐火構造の壁の中に埋設した。

問題32　差動式分布型感知器（空気管式）において、リーク抵抗が規定値より小さい場合に考えられることとして、正しいものは次のうちどれか。

(1)　遅報の原因となる。

(2)　作動継続時間が長くなる。

(3)　非火災報の原因となる。

(4)　接点水高値が高くなる。

問題33　空気に対する比重が1未満のガスを検知対象とするガス漏れ火災警報設備の検知器の設置基準として、誤っているものは次のうちどれか。

(1)　検知器の下端が天井面等の下方0.3m以内の位置になるように設ける。

(2)　燃焼器または貫通部から水平距離で8m以内となるように設ける。

(3)　天井面等が0.6m以上突出したはり等によって区画されている場合は、当該はり等よりも燃焼器側または貫通部側に設ける。

(4)　換気口がある場合は、その空気の吹出し口から1.5m以内の場所に設ける。

問題34　自動火災報知設備における非火災報の原因として、誤っているものは次のうちどれか。

(1)　受信機の故障
(2)　終端器の断線
(3)　設置環境に適していない感知器の設置
(4)　感知器の短絡

㊙問題35　防火対象物の道路の用に供される部分に設けられる炎感知器の設置基準として、誤っているものは次のうちどれか。

(1)　道路の側壁部または路端の上方に設置する。
(2)　感知障害が生じないように遮光板等を設けた場合を除いて、日光を受けない位置に設置する。
(3)　道路面（監視員通路が設けられている場合は当該通路面）からの高さが1.0m以上1.5m以下の部分に設置する。
(4)　じんあい、微粉、水蒸気が多量に滞留する場所には、設置してはならない。

㊙問題36　D種の接地工事における接地線の太さと接地抵抗値の組合せとして、正しいものは次のうちどれか。

	接地線の太さ	接地抵抗値
(1)	1.6㎜以上	100Ω以下
(2)	1.6㎜以上	10Ω以下
(3)	2.6㎜以上	10Ω以下
(4)	2.6㎜以上	100Ω以下

㊙問題37　配線工事における電線の接続について、誤っているものは次のうちどれか。

(1)　電線の強さを20%以上減少させないようにする。
(2)　圧着スリーブやワイヤコネクタ等の器具を使用する場合であっても、電線相互は必ずろう付けする。
(3)　接続部分において電気抵抗を増加させないようにする。
(4)　心線が露出した電線の接続部分は、接続電線の絶縁物と同等以上の絶縁効力のあるもので十分被覆する。

■ 構造・機能等（規格） 甲種：問題38～45、乙種：問題38～43

問題38　差動式分布型感知器（空気管式）の構造および機能について、規格省令上、誤っているものは次のうちどれか。

(1)　リーク抵抗および接点水高を容易に試験できるものでなければならない。

(2)　空気管は、継ぎ目のない１本の長さが20m以上で、内径および肉厚が均一でなければならない。

(3)　空気管の肉厚は、0.3㎜以上とされている。

(4)　空気管の外径は、1.9㎜以上とされている。

問題39　熱感知器および煙感知器の説明として、規格省令上、正しいものは次のうちどれか。

(1)　定温式スポット型……………一局所の周囲の温度が一定の温度以上になったときに火災信号を発信するもので、外観が電線状のもの

(2)　光電式分離型…………………周囲の空気が一定の濃度以上の煙を含むに至ったときに火災信号を発信するもので、広範囲の煙の累積による光電素子の受光量の変化により作動するもの

(3)　熱アナログ式スポット型……差動式スポット型の性能と定温式スポット型の性能を併せもつもので、一の火災信号を発信するもの

(4)　イオン化式スポット型………周囲の空気が一定の範囲内の濃度の煙を含むに至ったときに当該濃度に対応する火災情報信号を発信するもので、一局所の煙によるイオン電流の変化を利用するもの

問題40　自動火災報知設備またはガス漏れ火災警報設備に使用する中継器について、規格省令上、誤っているものは次のうちどれか。

(1)　受信開始から発信開始までの所要時間は、原則として30秒以内とされている。

(2)　地区音響装置を鳴動させる中継器は、受信機で操作しない限り鳴動を継続させるものでなければならない。

(3)　検知器、受信機または他の中継器から電力を供給されない方式の中継器は、ガス漏れ火災警報設備に使用する中継器を除き、主電源のほかに予備電源を設ける必要がある。

(4)　検知器、受信機または他の中継器から電力を供給される方式の中継器が外部負荷に電力を供給する場合、当該電力を供給する回路に保護装置を設ける必要がある。

問題41　自動火災報知設備の受信機に設ける予備電源について、規格省令上、誤っているものは次のうちどれか。

(1)　予備電源は、密閉型蓄電池でなければならない。

(2)　主電源が停止したときは主電源から予備電源に、また、主電源が復旧したときは予備電源から主電源に、自動的に切り替える装置を設けなければならない。

(3)　P型とR型の受信機の予備電源は、監視状態を60分間継続した後、1回線分の火災表示の作動と、接続されているすべての地区音響装置を同時に鳴動させることができる消費電流を20分間継続して流せる容量以上でなければならない。

(4)　P型2級1回線およびP型3級の受信機には、予備電源を設けなくてもよい。

問題42　受信機に設ける表示灯または音響装置の構造および機能について、規格省令上、正しいものは次のうちどれか。

(1)　表示灯の電球は、2個以上直列に接続しなければならない。

(2)　表示灯は、周囲の明るさが300ルックスの状態で、前方1m離れた地点で点灯していることを明確に識別できればよい。

(3)　音響装置は、定格電圧で連続8時間鳴動した場合でも、構造および機能に異常を生じないものでなければならない。

(4)　定格電圧における主音響装置の音圧は、無響室で当該装置の中心から1m離れた地点で測定して、90dB以上でなければならない。

問題43　自動火災報知設備の受信機について、規格省令上、誤っているものは次のうちどれか。

(1)　P型2級受信機の回線数は、5回線以下とされている。

(2)　P型1級受信機多回線用は、火災信号等の受信開始から火災表示（地区音響装置の鳴動を除く）までの所要時間が2秒以内とされている。

(3)　P型1級、2級およびR型の受信機は、火災信号または火災表示信号を2回線から同時に受信しても、火災表示ができるものでなければならない。

(4)　電話連絡装置は、T型発信機を接続している受信機において2回線以上から同時にかかってきた場合、通話すべき発信機を任意に選択でき、かつ、遮断された回線のT型発信機にも話中音が流れるものでなければならない。

㊙問題44　アナログ式受信機が火災情報信号のうち注意表示をする程度に達したものを受信したときに自動的に行う動作として、規格省令上、誤っているものは次のうちどれか。

(1)　地区音響装置の鳴動

(2)　注意灯の点灯

(3)　地区表示装置の点灯

(4)　注意音響装置の鳴動

㊙問題45　ガス漏れ火災警報設備の検知器の性能として、消防庁告示上、誤っているものは次のうちどれか。

(1)　信号を発する濃度のガスに接したときは、60秒以内に信号（警報機能を有するものは信号および警報）を発すること。

(2)　信号を発する濃度のガスに断続的にさらされても、機能に異常を生じないこと。

(3)　爆発下限界の４分の１以上の濃度のガスにさらされているときは、継続して作動すること。

(4)　ガス濃度が爆発下限界の100分の１以下のときには作動しないこと。

■ 実技（鑑別等） 甲種・乙種：問題１～５

問題１　次の写真について答えなさい。

A

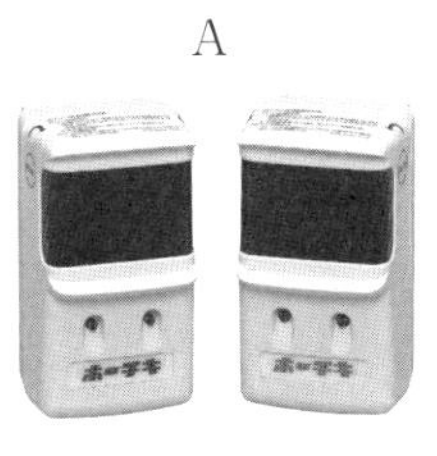

B

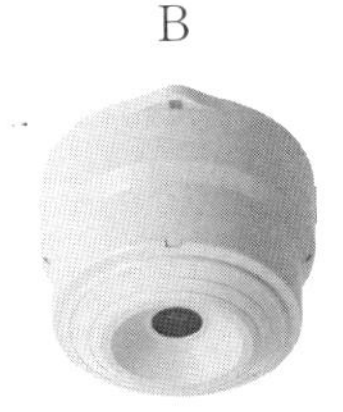

C

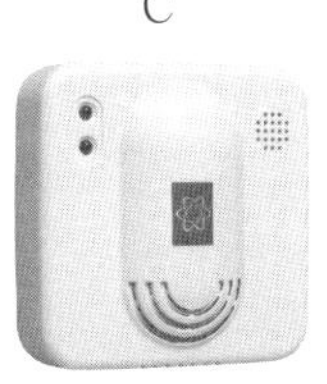

(1)　次の文章は、A、B、Cの感知器について説明した文章である。（　　）内に当てはまるA～Cの記号を書きなさい。

（　イ　）は、ガス漏れを検知する検知器である。
（　ロ　）は、炎から放射される赤外線に反応する感知器である。
（　ハ　）は、広い建物で使われる感知器である。

1　　2　　3

(2)　次の文章は、１、２、３の試験器具について説明した文章である。（　　）内に当てはまる１～３の番号を書きなさい。

（　イ　）は、Aの試験器である。
（　ロ　）は、Bの試験器である。
（　ハ　）は、Cの試験器である。

解答欄

(1)	(イ)		(2)	(イ)	
	(ロ)			(ロ)	
	(ハ)			(ハ)	

問題２　次のＰ型１級多回線受信機の図について答えなさい。

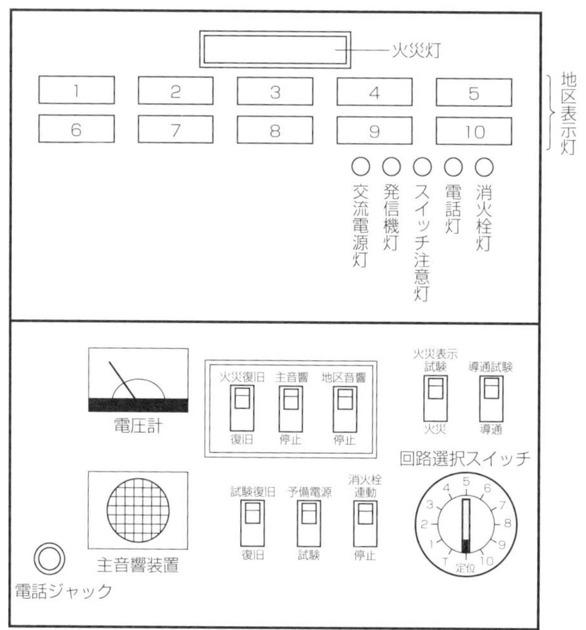

(1)　自動火災報知設備の４つの警報とは何か。警報の名称を４つ書きなさい。

(2)　回路選択スイッチにＴの位置があるが、これは何の試験のときに使うか、試験の名称を書きなさい。

(3)　(2)の試験の目的を書きなさい。

解答欄

(1)				
(2)				
(3)				

問題３　次の写真について答えなさい。

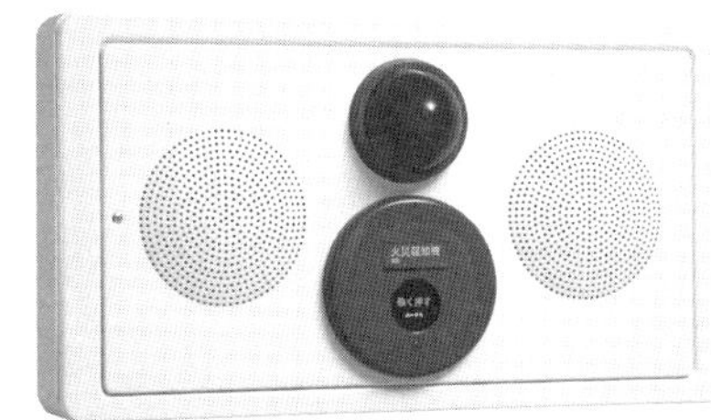

(1)　この装置の名称を書きなさい。
(2)　この装置に備わっているものを３つ書きなさい。
(3)　この装置の記号を書きなさい。

解答欄

(1)			
(2)			
(3)			

問題４　次の図について答えなさい。

1

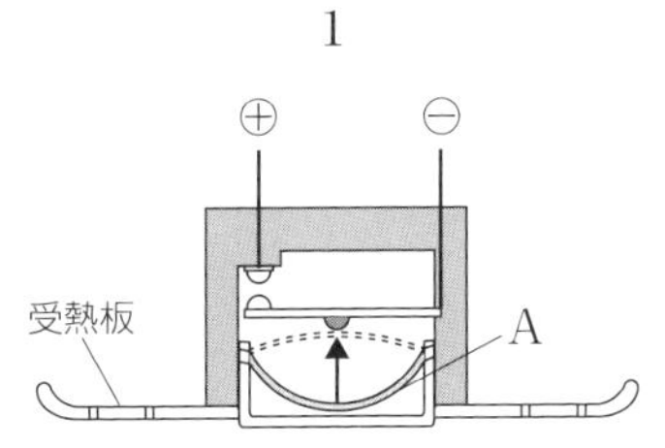

2

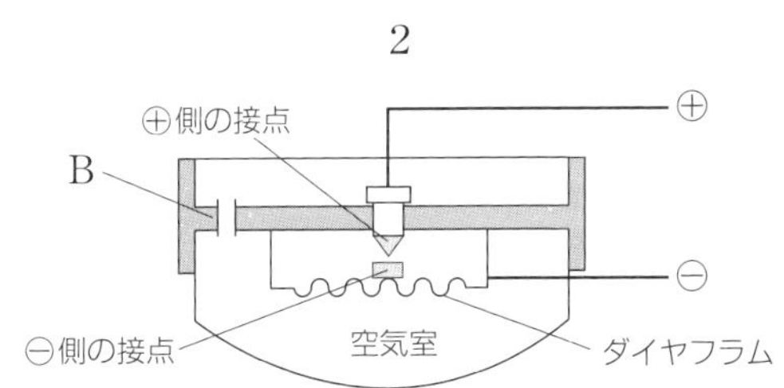

(1)　これらの装置の名称を書きなさい。
(2)　ＡとＢの部分の名称を書きなさい。

解答欄

(1)	1		2	
(2)	A		B	

問題5　次の写真について答えなさい。

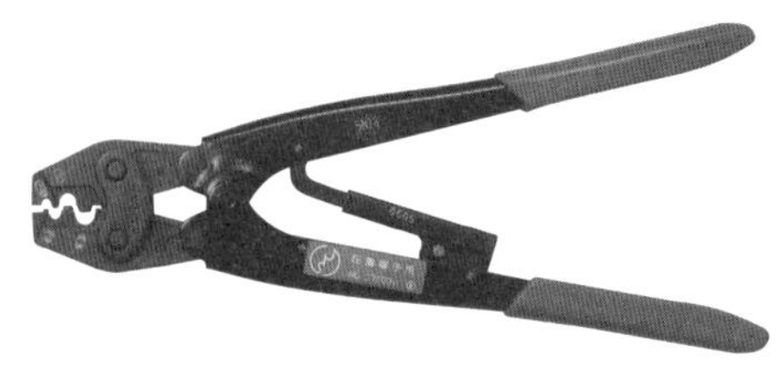

(1)　この工具の名称を書きなさい。

(2)　この工具の使用目的を書きなさい。

解答欄

(1)	
(2)	

■実技（製図）　甲種：問題1～2

問題1　図は、耐火構造、天井高12mの工場の平面図である。最低限必要な台数で光電分離型感知器を配置し、平面図に書き込みなさい。
なお、この感知器の公称監視距離は最大50mである。

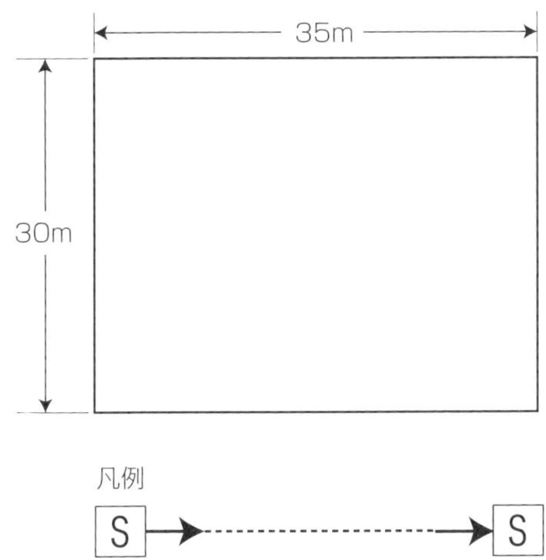

問題２　図は、Ｐ型１級受信機の系統図である。下記の問いに答えなさい。ただし、区分鳴動方式で、消火栓連動があるものとする。

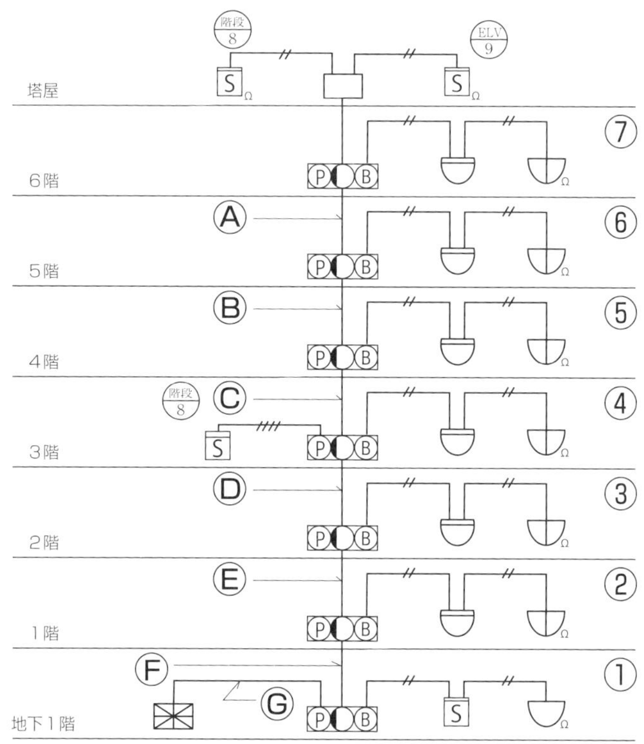

凡例

煙感知器（２種）	S	差動分布型検出部（２種）	
差動式スポット型感知器（２種）		空気管	
定温式スポット型感知器（１種）防水型		受信機	
発信機（１級）	Ⓟ	機器収容箱	
地区音響装置	Ⓑ	立ち上がり（上の階の配線に接続）	
表示灯		引き下げ（下の階の配線に接続）	

上の図のⒶ～ⒼのＩＶ、ＨＩＶの本数を解答欄に書き入れなさい。

解答欄

	Ⓐ	Ⓑ	Ⓒ	Ⓓ	Ⓔ	Ⓕ	Ⓖ
IV							
HIV							

キリトリセン

予想模擬試験〈第１回〉

※実物見本で解答記入の練習をしましょう。

解答カード

受験地	
氏名	

設 甲乙四

受験番号						
		−				
T	1		1	1	1	1
U	2		2	2	2	2
V	3		3	3	3	3
W	4		4	4	4	4
	5		5	5	5	5
	6		6	6	6	6
	7		7	7	7	7
	8		8	8	8	8
	9		9	9	9	9
	0		0	0	0	0

消防関係法令	問1	問2	問3	問4	問5	問6	問7	問8	問9	問10	問11	問12	問13	問14	問15
	1	1	1	1	1	1	1	1	1	1	1	1	1	1	1
	2	2	2	2	2	2	2	2	2	2	2	2	2	2	2
	3	3	3	3	3	3	3	3	3	3	3	3	3	3	3
	4	4	4	4	4	4	4	4	4	4	4	4	4	4	4
	共通法令								類別法令						

基礎的知識	問16	問17	問18	問19	問20	問21	問22	問23	問24	問25
	1	1	1	1	1	1	1	1	1	1
	2	2	2	2	2	2	2	2	2	2
	3	3	3	3	3	3	3	3	3	3
	4	4	4	4	4	4	4	4	4	4
	機械及び電気									

構造・機能等	問26	問27	問28	問29	問30	問31	問32	問33	問34	問35	問36	問37	問38	問39	問40	問41	問42	問43	問44	問45
	1	1	1	1	1	1	1	1	1	1	1	1	1	1	1	1	1	1	1	1
	2	2	2	2	2	2	2	2	2	2	2	2	2	2	2	2	2	2	2	2
	3	3	3	3	3	3	3	3	3	3	3	3	3	3	3	3	3	3	3	3
	4	4	4	4	4	4	4	4	4	4	4	4	4	4	4	4	4	4	4	4
	機械及び電気												規格							

キリトリセン

予想模擬試験〈第２回〉

※実物見本で解答記入の練習をしましょう。

解答カード

受験地
氏　名

(設) 甲乙四

受　験　番　号						
		－				
T	1		1	1	1	1
U	2		2	2	2	2
V	3		3	3	3	3
W	4		4	4	4	4
	5		5	5	5	5
	6		6	6	6	6
	7		7	7	7	7
	8		8	8	8	8
	9		9	9	9	9
	0		0	0	0	0

消防関係法令	問1	問2	問3	問4	問5	問6	問7	問8	問9	問10	問11	問12	問13	問14	問15
	1	1	1	1	1	1	1	1	1	1	1	1	1	1	1
	2	2	2	2	2	2	2	2	2	2	2	2	2	2	2
	3	3	3	3	3	3	3	3	3	3	3	3	3	3	3
	4	4	4	4	4	4	4	4	4	4	4	4	4	4	4
	共通法令								類別法令						

基礎的知識	問16	問17	問18	問19	問20	問21	問22	問23	問24	問25
	1	1	1	1	1	1	1	1	1	1
	2	2	2	2	2	2	2	2	2	2
	3	3	3	3	3	3	3	3	3	3
	4	4	4	4	4	4	4	4	4	4
	機械及び電気									

構造・機能等	問26	問27	問28	問29	問30	問31	問32	問33	問34	問35	問36	問37	問38	問39	問40	問41	問42	問43	問44	問45
	1	1	1	1	1	1	1	1	1	1	1	1	1	1	1	1	1	1	1	1
	2	2	2	2	2	2	2	2	2	2	2	2	2	2	2	2	2	2	2	2
	3	3	3	3	3	3	3	3	3	3	3	3	3	3	3	3	3	3	3	3
	4	4	4	4	4	4	4	4	4	4	4	4	4	4	4	4	4	4	4	4
	機械及び電気												規格							

さくいん

数字・A〜Z

1次コイル……59
1棟1設置単位……90
2次コイル……59
2重巻き……205
2乗目盛り……55
2信号式受信機……173
600V 2種ビニル絶縁電線……225, 227, 231, 233
GP型……172, 190, 271
GP型1級受信機……191
GP型2級受信機……191
GP型3級受信機……191
GP型受信機……135, 173, 234, 236
GR型……172, 190, 271
GR型受信機……173, 191
G型……172, 190
G型受信機……173
HIV……225, 231, 233
MIケーブル……231, 232, 233
M型火災報知設備……140
M型受信機……172
M型発信機……166
P型……172, 174, 176
P型1級受信機……178, 179, 180, 270
P型1級多回線用……183
P型1級発信機……166, 167, 179, 219
P型2級・3級受信機……181, 270
P型2級発信機……166, 219
P型受信機……135, 173, 178, 182, 234, 236, 270
P型発信機……166, 219, 222
R-C回路……45
R-L-C回路……43, 47
R-L回路……44
R型……172, 174, 176
R型受信機……173, 184, 186, 187, 270
S形スリーブ……232
T型発信機……168, 179

あ

アーステスタ……57, 281
圧着ペンチ……285
アナログ式……54
アナログ式感知器……216, 217, 231
アナログ式受信機……173, 185, 186, 187
アメリシウム……160
アルカリ蓄電池……196
アンペア……12
アンペア時……63
アンペアの右ねじの法則……33

い

イオン化アナログ式……146
イオン化アナログ式スポット型感知器……163
イオン化式……146, 162
イオン化式スポット型……136, 160, 164, 165
イオン電流……160, 164
位相……39
位相のずれ……45
一次電池……63
一斉鳴動……135
一般配線……230, 231
一辺省略……206
インダクタンス……40
インピーダンス……44, 47

え

エネルギーの変換……30
エネルギー保存の法則……30
エレベーター昇降路……132

お

オームの法則……13, 17, 39
屋外型……216
送り配線……226
押しボタン……226
乙種消防設備士免状……106
乙種防火対象物……78

音響……192
音響警報装置……252
音響装置……175, 176, 177, 243, 245
音声……192
音声警報装置……192
温接点……150
温度検知素子……150
温度と電気抵抗……28

か

回線数……179, 181, 186
回線選択スイッチ……243, 244, 245
開閉器……195, 223, 224
回路計……57, 282
回路合成抵抗試験……241
回路合成抵抗値……241
回路試験器……226
回路抵抗……234, 236
回路導通試験……246
加煙試験器……237, 279
化学電池……62
拡声装置……113
確認灯……167, 170
火災警報……221
火災作動試験……238, 241
火災表示試験スイッチ……243, 245
火災情報信号……145, 158, 168, 173, 185
火災信号……144, 145, 168, 180, 186
火災通報装置……140
火災灯……179, 181, 182, 185, 243, 245
火災表示……180, 182, 185, 187, 243
火災表示試験……243, 246
火災表示試験装置……179, 182
火災表示信号……168
火災表示の保持装置……179
火災表示までの所要時間……183, 186
火災復旧スイッチ……244, 245
火災報知設備……142
過充電防止機能……195
ガス漏れ火災警報設備……87, 138, 142, 188, 271
ガス漏れ検知器……277
ガス漏れ信号……168, 173
ガス漏れ灯……190
ガス漏れ表示……190
ガス漏れ表示灯……192, 247, 252, 277
ガス漏れ表示試験装置……190
型式承認……100
型式承認の失効……102
型式適合検定……100, 103
カップリング……286
過電流遮断器……195
可動コイル形……55, 57, 58
可動鉄片形……55, 57, 58
加熱試験器……237, 278
可燃性ガス……139
壁の屋内に面する部分……201
可変抵抗器……22
簡易消火用具……87, 97
関係のある者……74
緩降機……101
監視空間……214, 216, 217
監視状態……226
感知器……126, 129, 131, 134, 144, 199, 200, 201, 203, 213, 235
感知器回路……235
感知器作動警報……221
感知区域……198, 199, 203
感知線型……156
感知面積……199, 203
貫通部……247
乾電池……62
感度種別……146, 147
感度設定装置……186
管理者……67

き

規格省令……101, 145
機器収容箱……277
機器点検……97
危険物……67, 110
危険物施設……122, 124, 125
危険物と指定数量……114
危険物取扱者……111, 114
危険物保安監督者……112
既存防火対象物……92
気体熱伝導度式……248

吸気口付近……209, 212
共通線……229, 230
共通の信号……173, 174, 176
共同防火管理……80
許可等の申請……110
キルヒホッフ……14, 15, 256
均等充電……195

く

空気管……151, 153, 205, 206, 207, 208, 239, 241
空気管式……205, 208, 242
空気管流通曲線……240
空気吹出し口……202
クーロンの法則……25
区分鳴動……136

け

警戒区域……126, 131, 219, 230, 247, 250
警戒区域一覧図……220
軽ガス……249, 252
計器の正確さの階級……54
傾斜……55
傾斜角……202, 203
傾斜路……128, 132, 201, 210
軽微な整備……104
警報区域……198
警報設備……87, 88, 113, 124
警報設備と避難設備……114
警報装置……188
警報遅延型……190
警報濃度……189, 193
警報方式……193
煙感知器……128, 129, 130, 132, 136, 137, 146, 147, 200, 201, 202, 212, 237, 274
煙複合式……146, 162
煙複合式スポット型感知器……162
減液警報装置……195, 196
権原……73
減光式……161, 162
検査済証……96
検出部……152
検知器……188, 189, 193, 252
検知器の標準遅延時間……191
検知区域……192
検知区域警報装置……192, 252
建築主事……76
建築物……66
建築物その他の工作物……66, 68
検知方式……252
検定対象機械器具等……100, 101, 103
検流計……21

こ

コイル……40, 41, 42, 43
コイル巻き……205
コイルを接続した交流回路……42
合格の表示……102, 103
光源……161
光軸……211, 212
工事整備対象設備等……106
工事着手の届出……109
工事中の建築物その他の工作物……84
講習の受講期間……109
甲種消防設備士……108
甲種消防設備士免状……106
甲種防火対象物……78
公称監視距離……162, 164, 165, 212, 214, 215, 216
公称感知温度範囲……158, 159
公称感知濃度範囲……163, 165
公称作動温度……154, 159, 204
公称定温度……204
公称定温点……157
合成静電容量……25
合成抵抗……14, 15, 17, 23
高層建築物……68, 80, 84, 129
光電アナログ式……146, 163
光電アナログ式スポット型感知器……163
光電アナログ式分離型感知器……163, 202
光電式……146, 162
光電式スポット型……134, 136, 161, 164, 165
光電式分離型……127, 162, 164, 165, 202, 211, 212, 275
光電素子……161
交流……58
交流回路……37, 40, 45
交流回路の性質……42

交流低圧屋内幹線……223
交流と電磁誘導……60
誤差と補正……58
コネクタ……232
固有の信号……173, 174, 176
コンデンサ……24, 41, 43
コンデンサ回路……29
コンデンサを接続した交流回路……42

さ

サーミスタ……150
最少露出長……205, 208
作動空気圧……238
作動継続時間……239, 241
作動継続試験……238, 239
作動時間……237, 239, 241
差動式……133, 146, 148, 157, 158
差動式スポット型……149, 152, 200, 237, 273
差動式分布型……136, 151, 152, 202, 207, 273, 274
作動電圧値……241
サドル……286
散乱光式……161

し

磁界……32
紫外線……164
紫外線式……146
紫外線式スポット型感知器……164
紫外線赤外線併用式……146
紫外線赤外線併用式スポット型感知器……164
自家発電設備……226
試験機能……186
試験復旧スイッチ……244
自己保持機能……244
指示電気計器……54, 175
指示電気計器の記号……58
磁束……33
市町村長……72, 73, 74, 75, 76, 96, 98, 108
市町村長等……112, 114
市町村の条例……88
実効値……38, 42, 44
自動火災報知設備……87, 113, 116, 122
自動火災報知設備の設置義務……120, 124
自動試験機能……227
視野角……164
遮光板……215
遮断器……224
シャフト……128
重ガス……249, 252
終端器……180, 185, 186, 226
周波数……38
ジュール熱……31, 36
ジュールの法則……32, 35
主音響装置……135, 176, 180, 182, 185, 190, 220
受光部……162, 211
受信機……135, 137, 144, 145, 177, 188, 221, 235, 243, 246
受信機の標準遅延時間……191
出力電圧……195
出力電流……195
出力電力……61
主電源……170, 175
準地下街……118, 138, 141
消火活動上必要な施設……67, 87, 88, 89
消化準備……73
消火設備……87, 88, 168
消火栓連動停止スイッチ……243, 245
消火栓用の表示灯……219
常時開路式……226
消費電力……46
証票……74
消防機関に報知ができる電話……113
消防機関へ常時通報できる電話……141
消防計画……79, 80
消防署……72
消防職員……74
消防署長……74, 75, 76, 80, 96, 97, 98, 99, 112
消防設備士……98
消防設備士でなければ行えないもの……109
消防設備士の業務独占……104, 109
消防設備士の責務……109
消防設備士の免状……109
消防設備点検資格者……98
消防対象物……74
消防団……72
消防団員……73, 74

消防長…73, 74, 75, 76, 80, 96, 97, 98, 99, 108, 112
消防同意……75, 76
消防の用に供する設備……67, 87, 88, 89, 105
消防法施行令別表第一……86
消防本部……72
消防用機械器具等……100
消防用水……67, 87, 88, 89
消防用設備……79, 86, 96
消防用設備等……104, 231
消防吏員……73, 75
常用電源……194, 223, 225
ショート……185
所有者……67
自力避難困難者入所福祉施設……78
磁力……32
申請・届出手続き……114

す

スイッチ注意灯……243
ステップル……207
スピーカー……251
スプリンクラー設備等……101
スポット型……133, 148, 202
スリーブ……232

せ

正弦波交流……37, 41
静電形……55, 57
静電気……24
静電容量……24, 41
整備……104, 106
生物電池……62
整流形……55, 57
政令で定める技術上の基準……86
ゼーベック効果……150
赤外線式……146, 164
赤外線式スポット型感知器……164
絶縁体……27, 29
絶縁抵抗……57, 234, 236
絶縁抵抗計……57, 281
接触燃焼式……248
接地……235
設置義務……104
接地工事……235
設置個数……199
接地線……235, 236
接地端子……169, 175
接地抵抗……57
接地抵抗計……281
接地抵抗値……235, 236
設置等技術基準……86
設定表示温度等……216
接点間隔……240, 241
接点水高……151
接点水高値……241, 242
接点水高試験……238, 240
設備等設置維持計画……96
線間電圧……235
線ぴ……230
占有者……67

そ

総合操作盤……220
総合点検……97
送光部……162, 211
操作スイッチ……219, 250
送受話器……168, 282
即時警報型……190
測定値……56
測定範囲の拡大……49, 52, 53
素子……150

た

耐火構造……91, 130, 200, 231
耐火配線……230, 231, 232, 233
対地電圧……235
帯電……24
耐熱性の電線……227
耐熱性を有する電線……231
耐熱配線……230, 231, 232, 233
ダイヤフラム……149
第４類危険物の指定数量……114
ダクト……230
立入検査……74
たて穴区画……126, 128, 130
端子台……286

断線……186, 187
短絡……185, 186, 187

ち

地階……91, 119, 120, 124, 125, 133, 138, 139, 211
地下街……80, 84, 91, 118, 138, 141
地区音響装置……135, 144, 176, 180, 186, 220, 221, 222, 231, 232, 276
地区音響停止スイッチ……220
蓄積音声情報……140
蓄積型……146
蓄積機能……169
蓄積式受信機……175, 176
蓄積式の中継器……169
蓄電池……62, 63, 64
蓄電池設備……194, 195, 196, 224, 225, 226, 227
地区表示装置……179, 185, 186, 190
地区表示灯……174, 179, 181, 243, 245
遅報……241
注意音響装置……185
注意灯……185
注意表示……185, 187
注意表示試験装置……186
注意表示までの所要時間……186
中央管理室……219
中継器……168, 170, 171, 185, 186, 188, 189, 275
直並列接続……18, 20, 23
直流……58
直流回路……12, 45
直列……13, 25, 26, 49
直列接続……13, 16, 17, 25, 26, 28, 43, 51
直列接続の回路……14
直列の合成静電容量……25
直交交換装置……194, 225, 226

つ

通路……201, 210

て

定温式……133, 146, 154, 157, 158, 204
定温式感知線型……154, 156, 158
定温式スポット型……154, 155, 158, 159, 200, 216, 237, 272
抵抗……13, 39, 43, 49, 51
抵抗のみの回路……45, 46
抵抗率……28
抵抗を測定する計器……58
停止状態……220
デジタル式……54
テスタ……57, 282
テストポンプ……238, 241
鉄心……59
鉄損……61
電圧……12, 14, 15, 17
電圧計……48, 52, 175, 195, 245
電圧の比……60, 63
電解液……62, 63
電気エネルギー……30
電気抵抗……13, 232, 248
電気伝導度……248
電気と磁界……36
電源回路……234, 236
点検を必要としない防火対象物……98
電磁石……33, 60
電子の移動……62
電磁誘導……35, 36, 60, 64
天井裏の部分……201
天井が低い居室……209
電磁力……34, 35
電線……156
電線の接続……232
電動機（モーター）……34
電流……12, 14, 15, 17, 37, 39, 40, 41, 44
電流計……48, 52, 195
電流計と電圧計の接続……53
電流の比……60, 63
電流力計形……55, 57
電力……30, 36
電力と力率……47
電力と電力量……36
電力量……31, 36
電力量計……55
電力量とジュール熱……36
電力量と電気料金……31

電話ジャック……167, 170
電話連絡装置……179, 181, 182

と

統括防火管理者……80, 81
同時作動……244
同時作動試験……245, 246
同時受信……244
導線の抵抗値……28
同相……39
銅損……61
導体……27, 29
導通試験……180, 226
導通試験スイッチ……245
導通試験装置……180, 181, 182, 191, 226, 245
導通表示灯……245
導電率……28
道路型の炎感知器……215, 216
特殊消防用設備等……96, 104, 105
特定１階段等防火対象物……82, 98, 122, 124, 125, 210
特定行政庁……76
特定防火対象物……68, 69, 78, 80, 82, 84, 91, 93, 94, 98, 118, 120, 124, 132, 194, 224
特定用途部分……138, 139, 141
都市ガス……188
都道府県知事……107, 108
届出……110, 112
止め金具……207
トリクル充電……195
取付け位置……203, 209, 218, 219, 220, 221, 222
取付け工事……208
取付け面……130, 132, 134, 137, 198, 199, 200, 201, 202

な

内部抵抗……49, 51
鉛蓄電池……62, 64, 196

に

二酸化鉛……62, 63
二次電池……63
ニッパー……284
二辺省略……206
日本消防検定協会等……100, 101, 102

ね

熱アナログ式……146, 158
熱アナログ式スポット型……158, 216, 237
熱起電力……55, 150, 152
熱感知器……129, 136, 146, 147, 201, 202
熱煙複合式……146
熱煙複合式スポット型感知器……133
熱電形……55, 57
熱電対……55, 150, 152
熱電対式……200, 205, 207
熱電対部……200, 207
熱伝導度……248
熱半導体式……207
熱半導体素子……152
熱複合式……146, 157, 158, 204
熱複合式スポット型感知器……157
熱膨張……155
燃焼……248
燃焼器……249, 250
燃料電池設備……226
燃料用ガス……139, 188

の

延べ面積……92, 116, 118, 121, 138, 141

は

配管……108
配線……169
配線用遮断器……195
パイプカッター……283
パイプダクト……128, 132
バイメタル……155
倍率器……49, 51, 52, 53
爆発上限界……189
爆発下限界……189, 192
爆発範囲……189
発信機……144, 166, 170, 171, 218, 222, 226, 235, 276
発信機灯……179
罰則……75, 102, 107, 108

発電機……35
はり……249
反限時警報型……190
半導体……27, 29, 248
半導体素子……161

ひ

非火災報……241, 244
非常警報器具……87, 97
非常警報設備……87
非常電源……194, 196, 224, 225, 227, 228, 230, 232
非常電源専用受電設備……194, 224
非常電源の省略……225, 228
非常ベル装置……113
皮相電力……46
非蓄積型……146
非特定防火対象物……78, 99, 118, 120
避難階……82, 122
避難器具……87
避難訓練……80
避難設備……87, 88, 113
ビニルテープ……232
火元責任者……79
百分率誤差……56, 57
百分率補正……56, 57
表示温度等……186, 216
表示温度等設定一覧図……220
表示線……229
表示灯……176, 177, 218, 222, 231, 276
表示までの所要時間……187
標準遅延時間……192, 193

ふ

ファラド……24
負荷……39, 53
附加条例……88
負荷損……61
吹出し口……250
副音響装置……220
複合式……157
複合用途防火対象物……68, 84, 120, 139, 141
復旧スイッチ……175
物理電池……62
浮動充電……195
不導体……27
ブリッジ回路……21, 23
ブリッジの平衡条件……21
プルボックス……230
フレミングの左手の法則……34, 36
フレミングの右手の法則……35
分布型……133, 148
分流器……49, 52, 53

へ

閉鎖型スプリンクラーヘッド……123, 130
並列……15, 25, 26
並列接続……15, 16, 17, 25, 26, 28, 49
並列の合成静電容量……26
ヘルツ……38
変圧器……59, 64
変圧比……60
ペンチ……284
ヘンリー……40

ほ

ホイートストンブリッジ……22
防炎規制……83
防火……66, 69
防火安全性能……88
防火管理者……78, 79, 81
防火対象物……75, 78, 79, 81, 86, 91, 96, 97, 98
防火対象物定期点検報告制度……82
防火対象物点検資格者……82
防火対象物品……85
防災センター……219, 250
防災防火対象物……84, 85
放送設備……221, 251
法不遡及の原則……92
補償式スポット型……157, 159, 200, 204, 237
炎感知器……129, 134, 136, 164, 202, 217, 275
炎複合式……146
炎複合式スポット型感知器……164
ボルト……12

ま

マイクロファラド……24

マノメーター……239, 241, 280

む

無窓階……69, 119, 120, 133

め

鳴動……135
鳴動制限……136, 137, 221
命令権者……77
メーターリレー試験器……241, 279
メガー……57
メガオーム……235
免状の記載事項……107

ゆ

有効電力……46
誘電起電力……35, 36, 60
誘導形……55, 57
誘導障害……230
誘導性リアクタンス……40
誘導灯……113
床面積……119, 124, 138, 139

よ

用途変更前の規定……94
容量性リアクタンス……41
予備電源……170, 175, 177, 194, 196, 225, 230
予備電源試験スイッチ……245
予備電源装置……179
予備電源灯……245
予備電力……170

ら

ラジアン……38
ラジオペンチ……284

り

リアクタンス……43
リーク孔……149, 153, 239
リーク抵抗……151, 239, 241, 242
リーマ……285
力率……46, 47
リネンシュート……128, 132

流通時間……240, 241
流通試験……238, 239

れ

冷接点……150
令別表第一……78, 81
連動停止スイッチ……243, 245

ろ

廊下……201, 210
ろう付け……232
露出配線……231, 232, 233

わ

ワイヤカッター……283
ワイヤコネクタ……232
ワイヤストリッパー……285
ワット……30, 46
和分の積……16

さくいん

ユーキャンの 消防設備士第４類 速習テキスト＆予想模試 第３版

2014年12月29日　初　版　第１刷発行
2018年１月26日　第２版　第１刷発行
2023年８月17日　第３版　第１刷発行

編　者　ユーキャン消防設備士試験研究会
発行者　品川泰一
発行所　株式会社 ユーキャン 学び出版
〒 151-0053
東京都渋谷区代々木 1-11-1
Tel 03-3378-1400

編　集　株式会社 東京コア

発売元　株式会社 自由国民社
〒 171-0033
東京都豊島区高田 3-10-11
Tel 03-6233-0781（営業部）

印刷・製本　株式会社トーオン

※落丁・乱丁その他不良の品がありましたらお取り替えいたします。お買い求めの書店か自由国民社営業部（Tel 03-6233-0781）へお申し出ください。

 ISBN978-4-426-61515-4

予想模擬試験

解答／解説

予想模擬試験〈第1回〉解答一覧

筆記試験

消防関係法令（共通）	
問題1	(3)
問題2	(2)
問題3	(3)
問題4	(4)
問題5	(1)
問題6	(2)
㊙甲 問題7	(4)
㊙甲 問題8	(1)

消防関係法令（類別）	
問題9	(3)
問題10	(1)
問題11	(2)
問題12	(4)
㊙甲 問題13	(2)
㊙甲 問題14	(1)
㊙甲 問題15	(4)

基礎的知識（電気）	
問題16	(3)
問題17	(4)
問題18	(2)
問題19	(4)
問題20	(3)
㊙甲 問題21	(4)
㊙甲 問題22	(2)
㊙甲 問題23	(1)
㊙甲 問題24	(1)
㊙甲 問題25	(3)

構造・機能等（電気）	
問題26	(4)
問題27	(2)
問題28	(1)
問題29	(2)
問題30	(3)
問題31	(4)
問題32	(3)
問題33	(1)
問題34	(3)
㊙甲 問題35	(2)
㊙甲 問題36	(4)
㊙甲 問題37	(1)

構造・機能等（規格）	
問題38	(1)
問題39	(4)
問題40	(2)
問題41	(3)
問題42	(3)
問題43	(1)
㊙甲 問題44	(4)
㊙甲 問題45	(2)

挑戦した日付		筆記試験					実技試験		合計
		消防関係法令		基礎的知識	構造・機能等		鑑別等	製図	
		共通	類別	電気	電気	規格			
1回目	甲	/8	/7	/10	/12	/8	/5	/2	/52
／	乙	/6	/4	/5	/9	/6	/5	–	/35
2回目	甲	/8	/7	/10	/12	/8	/5	/2	/52
／	乙	/6	/4	/5	/9	/6	/5	–	/35

予想模擬試験〈第1回〉解答・解説

※問題を解くために参考となるページを「▶」の後に記してあります。

■ 消防関係法令（共通） 甲種：問題1～8、乙種：問題1～6

問題1　解答　⑶　▶P.96

消防用設備等を設置したときは、防火対象物の**関係者**（所有者・管理者・占有者）が、その旨を消防長または消防署長に届け出て、検査を受けなければなりません。

問題2　解答　⑵　▶P.97～98

⑴特定防火対象物であっても、消防設備士または消防設備点検資格者に点検させなければならないのは、**延べ面積1000㎡以上**のものに限られています。

⑶点検結果の報告は消防設備士ではなく、**防火対象物の関係者**の義務です。

⑷定期点検の結果は、必ず消防長または消防署長に報告しなければならず、報告を求められた場合にのみ報告すればよいというのは誤りです。

問題3　解答　⑶　▶P.107

⑴消防設備士免状の効力は**全国どこでも有効**です。交付を受けた都道府県以外の地域で業務を行うことになったとしても免状の書換えを行う必要はありません。

⑵免状の書換えは、**免状を交付**した都道府県知事だけでなく、**居住地**または**勤務地**を管轄する都道府県知事に申請することもできます。なお、免状の書換えについては、遅滞なく申請することが義務づけられています。

⑷免状を亡失、滅失、汚損、破損したときは、その免状の交付または書換えをした都道府県知事に**再交付**の申請ができますが、これは**義務ではありません**。

問題4　解答　⑷　▶P.66、68、87

⑴～⑶はすべて正しい記述です。

⑷**連結送水管**は「消火設備」ではなく、「**消火活動上必要な施設**」に含まれます。そのほかの3つはすべて「消火設備」です。

問題5　解答　⑴　▶P.106

⑴**消火器の整備**を行うことができるのは、**乙種第6類**消防設備士です。甲種第3類消防設備士が行えるのは、不活性ガス消火設備、ハロゲン化物消火設備、粉末消火設備等の工事および整備です。

⑵⑶は正しい記述です。

⑷**乙種**の消防設備士が行えるのは**整備**（点検を含む）のみで、工事を行うことはできません。

問題6　解答　(2)　▶P.92～93

(1)正しい記述です。

(2)基準改正後に行った**増改築**に係る防火対象物の**床面積の合計**が、**1000㎡以上**となる場合に改正後の規定を適用することとされています。

(3)映画館は**特定防火対象物**であり、既存防火対象物が特定防火対象物である場合には、常に改正後の規定を適用します。したがって、正しい記述です。

(4)小学校は特定防火対象物ではなく、また**屋内消火栓設備**は、常に改正後の規定を適用しなければならない消防用設備等に含まれていません。したがって、ほかの要件に該当しない限り、原則として改正前の基準が適用されます。

㊙**問題7　解答**　(4)　▶P.90～91

(1)～(3)は正しい記述です。

(4)１棟の防火対象物の一部分が別個の独立した防火対象物としてみなされるのは、**開口部のない耐火構造の床または壁で区画されているとき**です。たとえ開口部に防火シャッターが設けられていても、開口部が存在する以上、独立した防火対象物とは認められません。

㊙**問題8　解答**　(1)　▶P.101～102

(1)個々の検定対象機械器具等の形状等が、**型式適合検定に合格**し、その**合格の表示**が付されたものでなければ、設置等の工事での使用はもちろん、販売や販売の目的での陳列もできません。

(2)～(4)は正しい記述です。

■ 消防関係法令（類別）　甲種：問題９～15、乙種：問題９～12

問題9　解答　(3)　▶P.117

(1)遊技場などの**特定防火対象物**は、原則として**延べ面積300㎡以上**の場合に自動火災報知設備を設置します。

(2)美術館などの**非特定防火対象物**は、原則として**延べ面積500㎡以上**の場合に自動火災報知設備を設置します。

(3)**カラオケボックス等**（令別表第一(2)のニ）は特定防火対象物ですが、延べ面積とは関係なく、**すべてに**自動火災報知設備を設置することとされています。

(4)**神社、寺院、教会等**（令別表第一(11)）は非特定防火対象物ですが、延べ面積が**1000㎡以上**の場合に自動火災報知設備を設置することとされています。

問題10　解答　(1)　▶P.117、123～124

旅館は、**特定防火対象物**です。特定防火対象物は、**閉鎖型スプリンクラーヘッドを備えたスプリンクラー設備**などを設置し、その有効範囲内の部分であっても、自動火災報知設備の設置を**省略できません**。(2)～(4)はいずれも**非特定防火対象物**です。

問題11　解答　(2)　▶P.134

(1)**炎感知器**は、**20m以上**の高さでも設置することができます。

(2)**光電式スポット型感知器（2種）**を設置できる取付け面の高さは、**15m未満**です。

(3)**差動式分布型感知器**は種別に関係なく、**15m未満**であれば設置できます。

(4)**定温式スポット型感知器（1種）**は、**8m未満**であれば設置できます。

問題12　解答　(4)　▶P.117、138～139

(1)**地下街**で**延べ面積1000㎡以上**のものは、ガス漏れ火災警報設備の設置対象です。

(2)ホテルは**特定防火対象物**です。特定防火対象物の**地階**で**床面積の合計が1000㎡以上**のものはガス漏れ火災警報設備の設置対象です。

(3)飲食店は**特定防火対象物**です。**複合用途防火対象物の地階**のうち、床面積の合計が**1000㎡以上**あり、かつ、特定防火対象物の床面積の合計が**500㎡以上**のものは設置対象となります。

(4)防火対象物の**地階**または**2階以上の階**で、駐車場部分の床面積が**200㎡以上**のものは、自動火災報知設備の設置対象とされています。

㊙**問題13　解答**　(2)　▶P.126～128

(1)(3)(4)は正しい記述です。

(2)2つの階の**面積の合計が500㎡以下**でかつ、1辺の長さが**50m以下**であれば、その2つの階で1つの警戒区域とすることができます。

㊙**問題14　解答**　(1)　▶P.128、130

(1)主要構造部を**耐火構造**とした場合、その建築物の**天井裏**の部分は感知器の設置を除外できます。

(2)天井と上階の床との距離が**0.5m未満**の**天井裏**であれば、主要構造部が耐火構造でなくても感知器の設置を除外できます。

(3)感知器（炎感知器を除く）の**取付け面の高さが20m以上**の場所であれば、感知器の設置を除外できます。

(4)**エレベーター昇降路**、**リネンシュート**、**パイプダクト等**には、防火対象物の用途に関係なく、**煙感知器**の設置義務があります。

㊙**問題15　解答**　(4)　▶P.136

(1)出火階が**2階以上の階**の場合は、**出火階**および**その直上階**のみを区分鳴動させます。したがって、3階が出火階の場合は、3階と4階のみです。

(2)(1)と同様に考えて、2階が出火階の場合は、2階と3階のみです。

(3)出火階が**1階**の場合は**出火階**、**その直上階**および**地階全部**を区分鳴動させなければなりません。したがって、本問では1階、2階、地下1階、地下2階です。

(4)出火階が**地階**の場合は**出火階**、**その直上階**、**その他の地階**を区分鳴動させます。本問では1階、地下1階、地下2階となります。

■電気に関する基礎的知識　甲種：問題16～25、乙種：問題16～20

問題16　解答　(3)

▶P.13～14

直列接続したときの合成抵抗の値＝４＋８＋８＝20Ω

並列接続したときの合成抵抗の値は、各抵抗の**抵抗の逆数の和の逆数**です。

$\frac{1}{4}+\frac{1}{8}+\frac{1}{8}=\frac{4}{8}=\frac{1}{2}$　この逆数なので、２Ω

∴20Ω÷２Ω＝10なので、10倍であることがわかります。

問題17　解答　(4)

▶P.15～16

ＡＢ間（並列接続）の合成抵抗の値を求めると、

$\frac{1}{2}+\frac{1}{3}+\frac{1}{6}=\frac{6}{6}=1$　この逆数なので、１Ω

ＢＣ間（並列接続）の合成抵抗の値を求めると、

$\frac{1}{8}+\frac{1}{8}=\frac{1}{4}$　この逆数なので、４Ω

ＡＢ間とＢＣ間とは直列接続なので、

ＡＣ間（＝回路全体）の合成抵抗の値は、１Ω＋４Ω＝５Ω

ＡＣ間に20Ｖを加えた場合に回路に流れる電流I_{AC}を求めると、

ＡＣ間のオームの法則より、電流I_{AC}＝20Ｖ÷５Ω＝４Ａ

次に、ＡＢ間だけにかかる電圧V_{AB}を求めると、

ＡＢ間のオームの法則より、電圧V_{AB}＝４Ａ×１Ω＝４Ｖ

２Ωの抵抗にもこの４Ｖがかかるので、流れる電流Iは、

２Ωの抵抗についてのオームの法則より、

∴電流I＝４Ｖ÷２Ω＝２Ａ

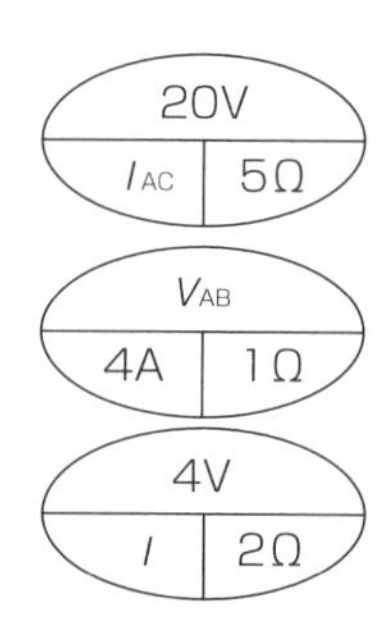

問題18　解答　(2)

▶P.27～28

(1)(4)は正しい記述です。

(2)**抵抗率**ρ（ロー）の単位は、〔**Ω・m**〕です。

(3)正しい記述です。抵抗率は金属固有のものではなく、さまざまな物質の電気に対する抵抗を表します。

問題19　解答　(4)

▶P.24～26

(1)～(3)は、すべて正しい記述です。

(4)２個のコンデンサを**直列接続**した場合の**合成静電容量**は、それぞれの静電容量の「**和分の積**（$C=C_1C_2/C_1+C_2$)」で求めることができますが、設問の式は「積分の和」です。

問題20　解答　(3)　▶P.38

正弦波交流の電圧の最大値と実効値の関係は、次の式で表されます。

最大値$=\sqrt{2}\times$**実効値**（$\sqrt{2}\fallingdotseq 1.4$）

∴最大値$=1.4\times 200=280$V

㊙**問題21　解答**　(4)　▶P.44〜46

交流回路の**インピーダンス*Z***は、抵抗***R***、誘導性リアクタンスX_L、容量性リアクタンスX_Cより、次の式によって求められます。

$Z=\sqrt{R^2+(X_L-X_C)^2}$　∴$Z=\sqrt{4^2+(8-5)^2}=\sqrt{25}=5\Omega$

また、**力率**（皮相電力のうち有効電力〔＝消費電力〕となる割合）は、インピーダンス***Z***と抵抗***R***の比に等しいことから、次の式によって求めることができます。

力率$=\dfrac{R}{Z}$　∴力率$=\dfrac{4\Omega}{5\Omega}=0.8$

㊙**問題22　解答**　(2)　▶P.35

(1)コイルと磁石とが**近づく瞬間**と**遠ざかる瞬間**にだけ、**電磁誘導**による**誘導起電力**によって電流が流れます。

(2)磁石をコイル内に入れたまま、あるいは遠ざけたままにしておくと、電流は流れなくなります。

(3)**誘導起電力**の大きさは、磁石またはコイルを**動かす速度**に比例します。

(4)電流の向きは、コイルと磁石が近づくときと遠ざかるときでは**逆向き**になります。

㊙**問題23　解答**　(1)　▶P.55

(1)この記号は「**整流形**」を表します。

(2)〜(4)はすべて正しい組合せです。

㊙**問題24　解答**　(1)　▶P.60

理想変圧器（損失を０とする理想的な変圧器）の場合、１次側と２次側のコイルの**巻き数の比**と**電圧の比**は等しくなります。したがって、１次端子に加える電圧をV_1とすると、次の式が成り立ちます。

$200:1000=V_1:600$

比の式では、(内項の積) ＝ (外項の積) が成り立つので、

$1000V_1=600\times 200$　これを解いて、∴$V_1=120$V

㊙**問題25　解答**　(3)　▶P.62〜63

(1)(2)(4)は正しい記述です。

(3)**一次電池**とは、乾電池のように充電できない使いきりの電池のことをいいます。蓄電池のように充電によってくり返し使用できる電池は、**二次電池**といいます。

■構造・機能等（電気）甲種：問題26～37、乙種：問題26～34

問題26　解答　(4)
▶P.201～202、204

(1)～(3)はすべて正しい記述です。

(4)**煙感知器**（光電式分離型を除く）は、感知器の下端が取付け面の下方**0.6m以内**の位置になるように設けます。0.3m以内というのは、熱感知器の場合です。

問題27　解答　(2)
▶P.211～212

(2)光電式分離型感知器の**光軸の高さ**は、**天井等**の高さの**80%以上**となるように設けなければなりません。

(1)(3)(4)は正しい記述です。

問題28　解答　(1)
▶P.218

自動火災報知設備の発信機の取付け位置について、各階ごとに、その階の各部分から発信機までの歩行距離が**50m以下**となるように、また、床面から高さ**0.8m以上1.5m以下**の箇所に設けることが定められています。

問題29　解答　(2)
▶P.221

(1)地区音響装置はその階の各部分から**水平距離で25m以下**となるように設けます。発信機が歩行距離で50m以下とされていることと混同しないようにしましょう。

(2)地区音響装置の音圧の値は、取り付けられた音響装置の中心から１m離れた位置で**90dB（音声の場合は92dB）以上**でなければなりません。なお、70dB以上とされているのは、ガス漏れ火災警報設備の検知区域警報装置の音圧です。

(3)音声による警報のうち、**火災警報**（火災が発生した旨を伝える警報）は**男声**によるものとされています。これに対して、感知器作動警報（感知器が作動した旨を伝える警報）は女声によるものとされています。

(4)正しい記述です。

問題30　解答　(3)
▶P.224～225

(1)(2)は正しい記述です。

(3)非常電源として用いる**蓄電池設備の容量**は、自動火災報知設備を有効に**10分間**作動できる容量以上であることとされています。

(4)正しい記述です。なお、非常電源の容量が予備電源の容量以上であっても予備電源を省略することはできないことに注意しましょう。

問題31　解答　(4)　▶P.230〜231

(1)常用電源から受信機までの回路は、一般配線でよいとされています。

(2)**非常電源から受信機**までの回路は、**耐火配線**としなければなりません。

(3)**アナログ式感知器**から受信機までの回路は**耐熱配線**としなければなりませんが、そのほかの感知器の場合は一般配線でよいとされています。

(4)受信機から**地区音響装置**までの回路は、**耐熱配線**としなければなりません。

問題32　解答　(3)　▶P.238、243〜245

(1)**火災作動試験**は、**感知器**について、その作動時間を確認する試験です。

(2)**回路導通試験**は、感知器回路の断線の有無を確認する試験です。

(4)**同時作動試験**は、受信機が複数の回線（警戒区域）から火災信号を同時受信しても火災表示が正常に作動するかどうかを確認する試験です。

問題33　解答　(1)　▶P.239〜241

(1)**流通試験**では、テストポンプの空気を試験孔から空気管に注入し、マノメーターの水位を**約100㎜のところまで上昇**させて、水位を停止させます。

(2)水位が上昇しても停止せず、徐々に下降する場合は、**空気管に漏れ**があるので、接続部分の緩みや穴の有無を確認します。これに対し、水位が上昇しない場合は、空気管が詰まっているか切断されていることが考えられます。

(3)正しい記述です。

(4)**接点水高値**が**高い**ということは、検出部の⊕側と⊖側の接点の間隔（**接点間隔**）が**広い**ということなので、より大きな圧力をかけないと接点が閉じない（感度が鈍い）ことから、**遅報**の原因となる可能性があります。逆に、接点水高値が低い場合は、**非火災報**の原因となる可能性があります。

問題34　解答　(3)　▶P.150、160、164、248

(1)自動火災報知設備の差動式の熱感知器のうち、熱電対による起電力を利用したものの作動原理です。

(2)自動火災報知設備のイオン化式の煙感知器の作動原理です。

(3)**ガス漏れ火災警報設備**の検知器の**半導体式**の検知方式です。

(4)自動火災報知設備の炎感知器のうち、紫外線式スポット型の作動原理です。

㊙**問題35　解答**　(2)　▶P.231

MIケーブルは銅線と銅管の間に無機絶縁物を入れた耐火用ケーブルで、金属管等に収める必要がありません（＝**露出配線**ができる)。これに対し、600V２種ビニル絶縁電線（HIV)、シリコンゴム絶縁電線、クロロプレン外装ケーブルはいずれも耐熱性を有する電線ですが、耐熱配線工事においても埋設の必要はないものの、**金属管等**（合成樹脂管を含む）に収めなければならず、露出配線はできません。

㊙問題36　解答　(4)　▶P.149、151、205、207

(1)(3)は正しい記述です。

(2)**空気管**が露出している部分は、感知区域ごとに**20m以上**としなければなりません（**最小露出長**）。なお、１つの検出部に接続する空気管の全長は100m以下とされていることに注意しましょう。

(4)空気管の**屈曲部の半径**（曲率半径）は、**５mm以上**とされています。

㊙問題37　解答　(1)　▶P.235～236

絶縁抵抗の値は、直流250Vの絶縁抵抗計で測定した場合、電源回路の対地電圧が**150V以下**のときは**0.1MΩ**以上、**150Vを超え、300V以下**のときは**0.2MΩ**以上、**300Vを超える**ときは**0.4MΩ**以上でなければなりません。本問の工場Ａ～Ｄでは、電源回路の対地電圧100V（＝**150V以下**）の回路はすべて**0.1MΩ**以上であり、200V（＝**150Vを超え、300V以下**）の回路はすべて**0.2MΩ**以上となっていますが、400V（＝**300Vを超える**）の回路については工場Ａのみが**0.4MΩ**以上ではありません。したがって、工場Ａでは絶縁不良があると考えられます。

■ 構造・機能等（規格） 甲種：問題38～45、乙種：問題38～43

問題38　解答　(1)　▶P.149、151、155、158

(1)**差動式スポット型感知器**の定義です。

(2)**定温式スポット型感知器**の定義です。

(3)**差動式分布型感知器**の定義です。

(4)**熱アナログ式スポット型感知器**の定義です。

問題39　解答　(4)　▶P.167、168

(1)～(3)はすべてＰ型１級・２級発信機に共通する構造・機能です。

(4)発信機の**外箱の色**は、Ｐ型１級・２級発信機ともに、**赤色であること**とされています。全体を赤色とするのであって、50％以上などとする規定はありません。

問題40　解答　(2)　▶P.172～173

火災信号や火災表示信号を**共通の信号**として受信するという点で、**Ｐ型受信機**であることがわかります。**Ｒ型受信機**ならば、これらを**固有の信号**として受信します。

問題41　解答　(3)　▶P.174〜175

(1)(2)(4)はすべて、自動火災報知設備およびガス漏れ火災警報設備の受信機に共通する構造・機能です。

(3)**音響装置の鳴動を停止するスイッチ**は、「停止」側に倒すと自動的には定位置に戻らないタイプのスイッチです。このような**定位置に自動的に戻らないスイッチ**が定位置にないときは、音響装置または**点滅する注意灯**が作動することとされています。したがって、音響装置の鳴動を停止するスイッチの操作が注意灯の点滅に影響しないというのは、誤りです。

問題42　解答　(3)　▶P.179、181〜182、190

(1)P型1級受信機で回線数2以上のもの（＝**多回線用**）が火災信号を受信したときは、**赤色の火災灯**を自動的に点灯して火災の発生を表示します。

(2)P型受信機のうち1回線用のものは、**火災灯を備える必要がありません**。

(3)P型受信機のうち**3級**の受信機だけは、**火災表示の保持装置**（手動で復旧しない限り、表示された状態を保持する機能をもつ装置）**を備える必要がありません**。

(4)火災灯は赤色ですが、ガス漏れ灯は黄色に点灯します。

問題43　解答　(1)　▶P.190〜191

(1)ガス漏れ信号の受信開始から**ガス漏れ表示までの所要時間**は、**60秒以内**とされています。なお、自動火災報知設備の受信機の場合は、火災信号等の受信開始から火災表示まで**5秒以内**とされています（地区音響装置の鳴動を除く）。

(2)〜(4)はすべて正しい記述です。

㊙**問題44　解答　(4)**　▶P.154

定温式感知器の公称作動温度は、60℃以上**150℃**以下とし、60℃以上80℃以下のものは**5℃**刻み、80℃を超えるものは**10℃**刻みとするよう定められています。なお、熱アナログ式スポット型感知器の公称感知温度範囲の上限値は60℃以上165℃以下（値は1℃刻み）とされています。

㊙**問題45　解答　(2)**　▶P.195

(1)(3)(4)は正しい記述です。

(2)蓄電池設備には、**過充電防止機能**を設けることとされていますが、過放電防止機能を設けることとはされていません。

■実技（鑑別等） 甲種・乙種：問題１～５

問題１　正解

P.179、181、182

①	５回線まで	②	70dB	③	なし
④	なし	⑤	多回線のみあり		

P型受信機についての設問の表の内容は、しっかり覚えておきましょう。

問題２　正解

P.134、160～161、272～273

	写真の番号	感知器の名称
(1)	3	炎感知器
(2)	2	イオン化式スポット型煙感知器
(3)	1	光電式スポット型煙感知器

光電式スポット型感知器は光の散乱を利用したもので、現在ほとんどの煙感知器はこのタイプのものになっています。

問題３　正解

P.167、276

(1)	確認灯（ランプ）
	電話ジャック
(2)	確認灯は、受信機に火災信号が受信されたことを確認できる装置
	電話ジャックは、受信機と電話連絡ができる装置

P型発信機の１級と２級の違いは重要ポイントです。しっかり覚えておきましょう。

問題４　正解

P.231

耐火配線にする配線	1
耐熱配線にする配線	2、3、4、5

４の表示灯への配線は、**発信機をほかの消防用設備等の起動装置と兼用**する場合にだけ耐熱配線にします。

問題５　正解

P.285

番号	1	名称	ワイヤーストリッパー

２はワイヤーカッターでケーブルの切断などに使います。３はリーマで金属配管の切断面の内側や、端子盤などの孔あけ後の形状を整えるのに使います。

■ 実技（製図） 甲種：問題1～2

問題1 解答例

▶P.302～314

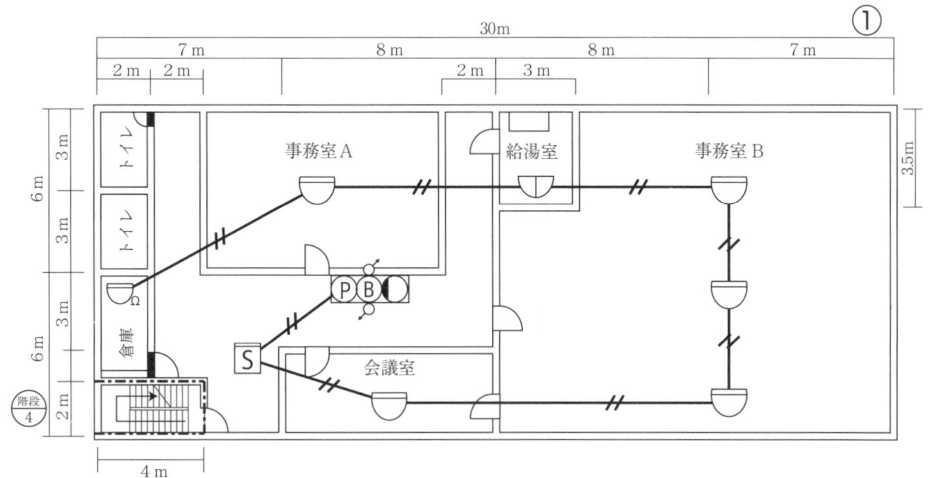

①警戒区域を設定する

床面積は、12m×30m＝360㎡。１辺の長さが50m以下かつ面積が600㎡以下なので、１警戒区域で警戒できます。

②各室の感知器の種別と設置個数

地階や無窓階、それに11階以上の場合は、廊下やたて穴区画（階段、エレベーター等）以外に、各室にも煙感知器を設置する必要がありますが、この問題ではその必要はありません。

基本的に、差動式スポット型感知器（２種）を配置します。凡例があれば、それに従います。

給湯室には定温式スポット型感知器（１種防水型）を配置します。

耐火構造で、天井高は４m以下なので、各感知器の感知面積は以下のようになります。

差動式スポット型（２種）	定温式スポット型（１種）	煙感知器
70㎡	60㎡	150㎡

この数値は必ず覚えておきましょう。また、天井高が４m以上（４mを含む）の場合は、感知面積が半分になることも、併せて覚えておきましょう。

各室の面積は次の通りです。

- 事務室A…６m×９m＝54㎡　感知面積（70㎡）以下なので、差動式スポット型１個
- 事務室B…12m×15m－3.5m×３m＝169.5㎡　169.5㎡÷70㎡＝2.42…３以下なので、差動式スポット型３個
- 会議室……３m×８m＝24㎡　感知面積（70㎡）以下なので、差動式スポット型１個
- 倉庫………４m×２m＝８㎡　感知面積（70㎡）以下なので、差動式スポット型１個
- 給湯室……3.5m×３m＝10.5㎡　感知面積（60㎡）以下なので、定温式スポット型１個

③廊下の感知器の種別と設置個数

廊下の感知器は煙感知器です。廊下の歩行距離は、30mを超えないので、設置個数は１個です。

④配線の順番

今回は、機器収容箱→廊下→会議室→事務室Ｂ→給湯室→事務室Ａ→倉庫という順番に送り配線をして、倉庫の感知器に終端抵抗器を設置しています。

問題２　解答

▶P.205、300

⑴　正しい設計図の番号	③
⑵　正しい理由	**１辺の長さが９m以下であり、壁面に沿って、二重巻に配線すれば、空気管の露出の長さが４m×４×２＝32mとなり、全長は20mを超えて100m以下になる**

そのほかの設計図については以下の通りです。

①壁からの最大距離1.5m×２を引いても、向かい合う空気管の間隔が両方とも９mを超えてしまいます。

②２辺省略で、壁からの距離を0.5mを超える距離にすれば、１辺の長さが９m以下となりますが、空気管長が100mを超えてしまいます。

④壁からの最大距離1.5m×２を引いても、向かい合う空気管の間隔が片方（15mのほう）は12mとなり、９mを超えてしまいます。

予想模擬試験〈第2回〉解答一覧

筆記試験					
消防関係法令（共通）		基礎的知識（電気）		問題31	(4)
問題1	(2)	問題16	(3)	問題32	(1)
問題2	(3)	問題17	(1)	問題33	(4)
問題3	(1)	問題18	(2)	問題34	(2)
問題4	(4)	問題19	(3)	甲 問題35	(4)
問題5	(3)	問題20	(2)	甲 問題36	(1)
問題6	(4)	甲 問題21	(2)	甲 問題37	(2)
甲 問題7	(1)	甲 問題22	(4)	構造・機能等（規格）	
甲 問題8	(2)	甲 問題23	(1)	問題38	(4)
消防関係法令（類別）		甲 問題24	(4)	問題39	(2)
問題9	(3)	甲 問題25	(1)	問題40	(1)
問題10	(1)	構造・機能等（電気）		問題41	(3)
問題11	(2)	問題26	(2)	問題42	(3)
問題12	(4)	問題27	(3)	問題43	(2)
甲 問題13	(2)	問題28	(3)	甲 問題44	(1)
甲 問題14	(1)	問題29	(3)	甲 問題45	(4)
甲 問題15	(3)	問題30	(1)		

挑戦した日付		筆記試験					実技試験		合計
		消防関係法令		基礎的知識	構造・機能等		鑑別等	製図	
		共通	類別	電気	電気	規格			
1回目	甲	/8	/7	/10	/12	/8	/5	/2	/52
／	乙	/6	/4	/5	/9	/6	/5	－	/35
2回目	甲	/8	/7	/10	/12	/8	/5	/2	/52
／	乙	/6	/4	/5	/9	/6	/5	－	/35

予想模擬試験〈第2回〉解答・解説

※問題を解くために参考となるページを「▶」の後に記してあります。

■ 消防関係法令（共通） 甲種：問題1～8、乙種：問題1～6

問題1　解答 (2)　▶P.70～71

(1)(3)(4)は、すべて特定防火対象物の組合せです。

(2)共同住宅、図書館、大学は、いずれも**非特定防火対象物**です。

問題2　解答 (3)　▶P.108

(1)(2)(4)は、すべて正しい記述です。

(3)免状の交付を受けた日以後における最初の４月１日から**２年以内**に、講習を受ける必要があります。その後は、講習を受けた日以後における最初の**４月１日から５年以内**に受講することをくり返します。

問題3　解答 (1)　▶P.94

(1)変更後の用途である工場は、非特定防火対象物なので、用途変更前の基準を適用します。

(2)変更後の用途が**特定防火対象物**に該当する場合は、消火器や自動火災報知設備など特定の消防用設備等であるか否かにかかわらず、常に**変更後の用途に係る基準**を適用します。

(3)用途変更前から**基準に違反していた場合**は、変更後の用途が特定防火対象物であるか否かにかかわらず、**変更後の用途に係る基準**を適用します。

(4)簡易消火用具や避難器具も、消火器や自動火災報知設備などと同様、常に**変更後の用途に係る基準**を適用しなければならない特定の消防用設備等に含まれています。

問題4　解答 (4)　▶P.98

(1)事務所（令別表第一(15)）は**非特定防火対象物**であり、述べ面積が**1000㎡以上ではない**ので、消防設備士や消防設備点検資格者ではなく、**関係者**が定期点検を行います。

(2)マーケットは**特定防火対象物**ですが、述べ面積**1000㎡以上ではない**ので、**関係者**が定期点検を行います。

(3)述べ面積は1000㎡以上ですが、工場は**非特定防火対象物**なので、**消防長または消防署長の指定**がないものについては**関係者**が定期点検を行います。

(4)宿泊所は**特定防火対象物**であり、述べ面積**1000㎡以上**なので、消防設備士または消防設備点検資格者に定期点検をさせなければなりません。

問題5　解答　(3)　▶P.86、98

(1)消防用設備等の**設置・維持義務**は、当該防火対象物の**関係者**が負います。

(2)消防用設備等の**設置維持命令**を発するのは**消防長**または**消防署長**であり、命令を受けるのは、当該**防火対象物の関係者で権原を有するもの**です。

(3)設置維持命令違反に対する**罰則**は、命令に違反した**防火対象物の関係者**に適用されるのであり、消防設備士ではありません。

(4)設置維持命令は当該**防火対象物の関係者**に命じられるものであり、消防設備士に直接命じることはできません。

問題6　解答　(4)　▶P.104〜105

(1)(3)屋内消火栓設備の表示灯の交換、ホース格納箱の補修は、**消防設備士でなくても行える「軽微な整備」**に含まれています。

(2)スプリンクラー設備は、**電源・水源・配管**の設置工事または整備について、消防設備士でなくても行うことができるとされています。水源に水を補給するための給水管の交換もこれに該当します。

(4)屋外消火栓設備は、**電源・水源・配管**の設置工事または整備については、消防設備士でなくても行えるとされています。しかし屋外消火栓開閉弁の交換はこれに該当せず、**消防設備士でなくても行える「軽微な整備」にも含まれていません。**

㊙**問題7　解答**　(1)　▶P.75

防火対象物の位置、構造、設備または管理の状況について、**消防長**または**消防署長**は、火災の予防上必要があると認める場合に、**権原を有する関係者**に対して当該防火対象物の改修、移転、除去、工事の中止その他の必要な措置を命じることができます（「**防火対象物に対する措置命令**」という）。

㊙**問題8　解答**　(2)　▶P.79〜80

(1)(3)(4)は、すべて防火管理者の業務です。

(2)**統括防火管理者**の選任・解任は、高層建築物など管理権原を有する者が複数存在する一定の防火対象物において、**管理権原を有する者の協議**によって行われます。

■ 消防関係法令（類別） 甲種：問題９～15、乙種：問題９～12

問題９　解答　(3)　▶P.119、122～123

(1)防火対象物の**11階以上の階**には、建物の延べ面積や各階の床面積と関係なく、**階ごと**に自動火災報知設備を設置しなければなりません。

(2)キャバレー、遊技場等（令別表第一(2)のイ～ハ）、**飲食店**等（同(3)）の存する**地階**または**無窓階**で、**床面積100㎡以上**のものについては、その**階ごと**に自動火災報知設備を設置しなければなりません。

(3)**特定１階段等防火対象物**は、特定用途部分の存する階だけでなく、**建物の全体**（全階）に設置義務が生じます。

(4)防火対象物の**地階**または**２階以上の階**で、**駐車場部分の床面積が200㎡以上**のものは、**その階**に自動火災報知設備を設置しなければならないとされています。

問題10　解答　(1)　▶P.126～127

自動火災報知設備の警戒区域は、面積を**600**㎡以下とし、一辺の長さを**50**m以下とするのが原則です。ただし、当該防火対象物の主要な出入口からその内部を見通すことができる場合には、面積を**1000**㎡以下とすることができます。

問題11　解答　(2)　▶P.132～133

(1)**エレベーター昇降路**、**リネンシュート**、**パイプダクト等**には、防火対象物の用途に関係なく、煙感知器の設置義務があります。

(2)**階段および傾斜路**には、防火対象物の用途に関係なく、煙感知器の設置義務があります。

(3)共同住宅（令別表第一(5)のロ）は**非特定防火対象物**ですが、特定防火対象物および一部の非特定防火対象物の**廊下および通路**には煙感知器の設置義務があり、共同住宅もこれに含まれています。

(4)小、中、高等学校（令別表第一(7)）には、煙感知器の設置義務がありません。

問題12　解答　(4)　▶P.141

(1)(3)映画館（令別表第一(1)のイ）で**延べ面積500㎡以上**のものには、原則として火災通報装置の設置義務がありますが、**消防機関から歩行距離500m以内**の場所にあるときや、**消防機関へ常時通報できる電話**を設置したときなどには、例外として設置を省略することが認められています。

(2)(4)**老人福祉施設**のうち、自力避難困難者が入所するもの（令別表第一(6)のロ）は面積と関係なく、また、自力避難困難者とまではいえないものが利用するもの（同(6)のハ）については延べ面積500㎡以上の場合に火災通報装置の設置義務があります。ただし、どちらも**消防機関から歩行距離500m以内**の場所にあるときは設置を省略できます。しかし、**消防機関へ常時通報できる電話**を設置したとしても、火災通報装置の設置は省略してはならないとされています。したがって、(4)が誤りです。

㊙問題13　解答　(2)　▶P.135

P型（GP型）1級受信機で1回線のもの、P型（GP型）2級受信機およびP型（GP型）3級受信機は、1つの防火対象物について**2台以下**しか設置できません。なお、3台以上設置できるのはP型（GP型）1級受信機で2回線以上のもののみです。

㊙問題14　解答　(1)　▶P.117～120

(1)この建物は、特定防火対象物である飲食店（令別表第一(3)のロ）があるので、**特定防火対象物が存する複合用途防火対象物**（同(16)のイ）に当たり、しかも、**延べ面積が300㎡以上**です（100㎡×4）。したがって、特定防火対象物が存する部分だけでなく、**建物の全体（全階）**に設置義務が生じます。

(2)特定防火対象物が存する複合用途防火対象物の**地階・無窓階**で、令別表第一の**(2)**または**(3)**（飲食店も含まれる）の用途が存する部分の床面積合計が**100㎡以上**のものには設置義務が生じますが、この1階は無窓階ではないので、1階の飲食店にのみ設置義務が生じるということはありません。

(3)地階で床面積も100㎡ありますが、駐車場（令別表第一(13)のイ）なので、この地階の駐車場にのみ設置義務が生じるということはありません。

(4)**地階、無窓階**または**3階以上10階以下**の階で、**床面積300㎡以上**のものについては**階ごと**に設置義務が生じますが、本問では床面積が100㎡なので、地階と3階にのみ設置義務が生じるということはありません。

㊙問題15　解答　(3)　▶P.124

危険物施設（製造所等）のうち、指定数量の**10倍**以上の危険物を貯蔵または取り扱うものには、**移動タンク貯蔵所**（タンクローリー）を除き、施設の状況に応じて自動火災報知設備その他の警報設備の設置が義務づけられています。

■電気に関する基礎的知識　甲種：問題16～25、乙種：問題16～20

問題16　解答　(3)　▶P.18

8Ωの抵抗と2Ωの抵抗は直列接続なので、合成抵抗の値＝8＋2＝10Ω…①

10Ωの抵抗と5Ωの抵抗も直列接続なので、合成抵抗の値＝10＋5＝15Ω…②

結局この回路は、①10Ωと②15Ωの2個の抵抗が**並列接続**されている回路と同じといえます。したがって、「**和分の積**」の式により、

$$\therefore \text{この回路の合成抵抗の値} = \frac{10 \times 15}{10 + 15} = \frac{150}{25} = \frac{30}{5} = 6\Omega$$

なお、この回路はブリッジ回路（並列接続の間に橋〔ブリッジ〕をかけた回路）ではないので注意しましょう。

問題17　解答　(1)　P.28

(1)金、銀、銅の温度20℃における**抵抗率**〔Ω·m〕は、次の通りです。

金 2.21×10^{-8}、銀 1.59×10^{-8}、銅 1.68×10^{-8}　∴金＞銅＞銀

(2)**アルミニウム**の温度20℃における抵抗率は、**2.65×10^{-8}**〔Ω·m〕です。

∴金＜アルミニウム

(3)抵抗率の逆数を**導電率**といいます。

(4)金属は一般に**温度が上昇**すると**抵抗率が高く**なり、電気抵抗が増大します。

問題18　解答　(2)　P.24～26

10μFと20μFは**並列接続**なので**合成静電容量**は、10＋20＝30μFです。さらに、この30μFの部分と回路中の30μFとは**直列接続**なので、「**和分の積**」の式より、(30×30)÷(30＋30)＝900÷60＝15μF。これが本問のコンデンサ回路全体の**合成静電容量**となります。

問題19　解答　(3)　P.30

消費電力*P*は、$P=I^2R$（Iは電流、Rは抵抗）…①より求められます。

そこで、抵抗R_1の値を求めます。まず、6Ωと3Ωの抵抗の並列接続の部分は「和分の積」より合成抵抗値＝2Ωなので、回路全体の抵抗は（$2+R_1$）Ωです。

そこで回路全体のオームの法則より、

100V÷10A＝10Ωなので、$2+R_1=10\Omega$

$\therefore R_1=8\Omega$

これを①式に代入して、消費電力$P=10^2\times8=800$W

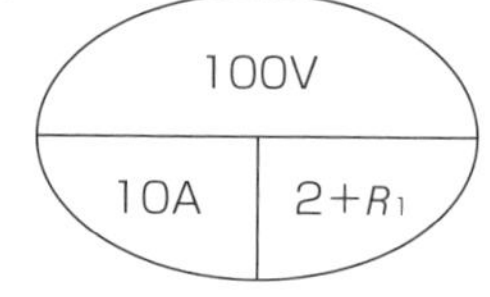

問題20　解答　(2)　P.43～45

この回路は**R-L回路**（抵抗とコイルのみで、コンデンサを含まない回路）なので、

インピーダンス$Z=\sqrt{R^2+X_L{}^2}$（抵抗R、誘導性リアクタンスX_L）

$\therefore Z=\sqrt{30^2+40^2}=\sqrt{2500}=50\Omega$

㊙問題21　解答　(2)　P.38～41

(1)正弦波交流における電流（または電圧）の**実効値**は、**最大値の$1/\sqrt{2}$倍**です。

(2)正弦波交流における電圧（または電流）の**平均値**は、**最大値の$2/\pi$倍**です。

(3)「インダクタンスだけの回路」とは、負荷として**コイル**だけを接続した交流回路という意味であり、この場合は**電流の位相**が電圧よりも$\pi/2$〔rad〕**遅れます**。

(4)「静電容量だけの回路」とは、負荷として**コンデンサ**だけを接続した交流回路という意味であり、この場合は**電流の位相**が電圧よりも$\pi/2$〔rad〕**進みます**。

㊙問題22　解答　(4)　P.49、51

電流計の測定範囲を拡大するときは、**分流器**と呼ばれる抵抗を電流計と**並列**に接続します。また電圧計の測定範囲を拡大するときは、**倍率器**と呼ばれる抵抗を電圧計と**直列**に接続します。

㊙問題23　解答　(1)　▶P.21

ブリッジ回路においては、**たすき掛けの位置関係**にある抵抗***P***と抵抗***R***、抵抗***Q***と抵抗***S***のそれぞれの積が等しいときにブリッジ部分に電流が流れないので、検流計の値が0になります。したがって、(1)$PR=QS$ が正解です。

㊙問題24　解答　(4)　▶P.55

(4)「**熱電形**」は、**直流・交流の両方**の回路で使用することができます。
(1)～(3)はすべて、交流回路でのみ使用するものとされています。

㊙問題25　解答　(1)　▶P.60

理想変圧器（損失を0とする理想的な変圧器）の場合、1次側と2次側のコイルの**巻き数の比**と**電流の比**は**逆になります**。したがって、**1次コイルの巻き数**をX_1とすると、次の式が成り立ちます。

$X_1:1000=1:20$

比の式では、（内項の積）＝（外項の積）が成り立つので、

$20X_1=1000\times1$　これを解いて、$\therefore X_1=50\mathrm{A}$

なお、コイルの巻き数の比と電圧の比は等しくなります。

■構造・機能等（電気）甲種：問題26～37、乙種：問題26～34

問題26　解答　(2)　▶P.202

(1)**差動式分布型感知器の検出部**のみ、**5度**とされています。
(2)定温式スポット型を含め、**スポット型の感知器**（炎感知器を除く）は**45度**とされています。
(3)**光電式分離型感知器、光電アナログ式分離型感知器**および**炎感知器**は、**90度**とされています。
(4)熱アナログ式スポット型感知器もスポット型なので、**45度**です。

問題27　解答　(3)　▶P.133、203、209～210

(1)正しい記述です。
(2)換気口等の空気吹出し口からは1.5m以上離れた位置に設けることと混同しないようにしましょう。
(3)廊下や通路に設ける場合、1種と2種は歩行距離30mにつき1個以上とされていますが、**3種**は**歩行距離20m**につき1個以上とされています。
(4)水蒸気が多量に滞留する場所、著しく高温となる場所などは**煙感知器を設置できない場所**とされており、これらの場所には、適応する熱感知器を設置します。

問題28　解答　(3) ▶P.218～219

(1)発信機は、ホールの入口、階段付近または廊下等で**多数の者の目にふれやすく**、すみやかに操作できる場所に設ける必要があります。

(2)このような設置基準はありません。

(3)**消火栓用の表示灯**の直近に発信機を設けた場合は、自動火災報知設備の表示灯を設けないことができます。

(4)**R型受信機**には**P型1級発信機**を接続しなければなりません。P型2級発信機を接続できるのは、P型（またはGP型）2級受信機のみです。

問題29　解答　(3) ▶P.135、219～220

(1)(4)正しい記述です。

(2)いすに座って操作するもの以外の受信機の操作スイッチは、床面から高さ0.8m以上1.5m以下の箇所に設けます（発信機の取付け位置と同じ）。

(3)**P型3級受信機**は、延べ面積が**150㎡以下**の防火対象物に設置するものとされています。延べ面積350㎡以下の防火対象物に設置するのはP型（またはGP型）2級受信機1回線です。

問題30　解答　(1) ▶P.226～227、230、234

(1)スポット型感知器の場合に限らず、断線の有無を確認するため、容易に**導通試験**が行えるよう、感知器の信号回路は**送り配線**にする必要があります。なお、配線が感知器等からはずれた場合や配線に断線があった場合に自動的に警報を発する自動試験機能を設けた受信機については、送り配線は不要とされます。

(2)～(4)はすべて正しい記述です。

問題31　解答　(4) ▶P.230～231

非常電源から受信機までの回路は、**耐火配線**としなければなりません。

(1)アルミ被ケーブルは**耐熱性**の電線なので不適切です。なお、**MIケーブル**または基準に適合する**耐火用**の電線ならば、露出配線であっても耐火配線となります。

(2)600V 2種ビニル絶縁電線（HIV）を金属管内に収めただけでは、耐熱配線にしかなりません。耐火配線とするには、(4)のように、これをさらに**耐火構造**の主要構造部に**埋設**する必要があります。

(3)ポリエチレン絶縁電線は**耐熱性**の電線であり、これを地中に埋設しても耐火配線にはなりません。

(4)正しい記述です。電線を収める「金属管等」には、金属管のほかに**合成樹脂管**も含まれます。

問題32　解答　⑴　▶P.239

⑴**リーク抵抗**が規定値より**小さい**場合には、空気の漏れが多すぎて作動時間が長くなり、**遅報の原因**となります。

⑵作動継続時間が長くなるのは、リーク抵抗が規定値より**大きい**場合です。

⑶リーク抵抗が**大きい**場合は、周囲の温度上昇率が規定の値より小さくても作動し、**非火災報の原因**となります。

⑷接点水高値が高くなるのは、検出部の⊕側と⊖側の接点間隔が広いためであり、リーク抵抗とは関係がありません。

問題33　解答　⑷　▶P.249～250

⑴～⑶はすべて正しい記述です。

⑷**換気口の空気吹出し口から1.5m以内**の場所は、ガス漏れ火災警報設備の**検知器を設置してはならない場所**の１つとされています。

問題34　解答　⑵　▶P.227

⑴受信機の故障によって警報が発せられることがあります。

⑵**終端器が断線**している回路には、そもそも**電流が流れない**ので、警報が発せられることがありません。

⑶感知器の誤作動によって警報が発せられることがあります。

⑷感知器の短絡によって受信機が作動することがあります。

㊙**問題35　解答**　⑷　▶P.133、215

⑴⑶正しい記述です。

⑵道路型以外の炎感知器と共通する設置基準です。

⑷じんあい、微粉、水蒸気が多量に滞留する場所は、**煙感知器を設置できない場所**の１つであって、炎感知器を設置できない場所ではありません。

㊙**問題36　解答**　⑴　▶P.236

⑴**D種接地工事**、⑵C種接地工事、⑶A種接地工事です。

⑷A種からD種のどれにも当たりません。

㊙問題37　解答　(2) ▶P.232

⑴電線の強さ（引っ張り強度）を**20%以上減少させない**ように接続します。
⑵**圧着スリーブやワイヤコネクタ**等の器具を使用する場合は、これらによって電線相互を堅固に接続すればよく、**ろう付け**（はんだ付け）**は不要**です。
⑶正しい記述です。
⑷外部が絶縁物で覆われている器具を使用する場合を除き、接続部分は心線が露出したままなので、その接続電線の絶縁物と同等以上の絶縁効力のあるもの（一般には**ビニルテープ**）で十分被覆する必要があります。

■ 構造・機能等（規格）　甲種：問題38～45、乙種：問題38～43

問題38　解答　(4) ▶P.151

⑴～⑶はすべて正しい記述です。
⑷**空気管の外径**は、**1.94㎜以上**とされています。

問題39　解答　(2) ▶P.155、158、160、162

⑴これは定温式スポット型ではなく、**定温式感知線型**の定義です。
⑵**光電式分離型**の定義です。
⑶これは熱アナログ式スポット型ではなく、**補償式スポット型**の定義です。
⑷これはイオン化式スポット型ではなく、**イオン化アナログ式スポット型**の定義です。

問題40　解答　(1) ▶P.169～170

⑴中継器の**受信開始から発信開始までの所要時間**は、**5秒以内**が原則とされています。ただし、ガス漏れ火災警報設備に使用する中継器の場合は、ガス漏れ信号の受信開始からガス漏れ表示までの所要時間が5秒以内である受信機に接続するものに限り、60秒以内とすることができます。
⑵**地区音響装置**の鳴動は**受信機**からの操作で停止しなければならず、**中継器**が停止させることはできません。
⑶ほかから**電力を供給されない方式**の中継器は、電源がなくなると中継ができなくなるため、主電源のほかに**予備電源**を設ける必要があります。ただし、ガス漏れ火災警報設備に使用する中継器には予備電源は不要とされています。
⑷ほかから電力を供給される・されないにかかわらず、**外部負荷に電力を供給**する場合には、当該電力を供給する回路にヒューズ、ブレーカ等の**保護装置**を設ける必要があります。

問題41　解答　(3) ▶P.175〜176

(1)(2)(4)は正しい記述です。

(3)P型とR型の受信機の予備電源は、監視状態を60分間継続した後、**２回線分**の火災表示の作動と、接続されているすべての地区音響装置を同時に鳴動させることができる消費電流を**10分間**継続して流せる容量以上が必要とされています。

問題42　解答　(3) ▶P.175〜176

(1)受信機に設ける**表示灯**（火災灯、地区表示灯等）の電球は、**２個以上並列**に接続することとされています。また、放電灯または**発光ダイオード**の場合は**１個**でもよいとされています。

(2)周囲の明るさが300ルックスの状態で、**前方３m**離れた地点で点灯していることを明確に識別できることが必要です。

(3)正しい記述です。

(4)**主音響装置**の音圧は、無響室で当該装置の中心から１m離れた地点で測定して**85dB**（**P型３級**は**70dB**）**以上**であることとされています。なお、地区音響装置の音圧は90dB（音声の場合は92dB）以上とされています。

問題43　解答　(2) ▶P.179〜181

(1)**P型２級**受信機には１回線用と多回線用がありますが、多回線用は**５回線以下**とされています。なお、P型１級受信機多回線用は、回線数に制限がありません。

(2)自動火災報知設備の受信機における火災信号等の受信開始から**火災表示までの所要時間**（地区音響装置の鳴動を除く）は、すべて**５秒以内**とされています。

(3)**P型３級**受信機は１回線用のみなので、２回線から同時に受信することがありません。**アナログ式のR型受信機**は、２つの警戒区域の回線から火災信号、火災表示信号または火災情報信号を同時に受信したとき、火災表示をすることができなければなりません。

(4)**電話連絡装置**を備えなければならない受信機は、P型１級の多回線用と、R型（アナログ式のものを含む）のみです。

㊙問題44　解答　(1) ▶P.185〜186

アナログ式受信機は、火災情報信号のうち**注意表示**をする程度に達したものを受信したとき、**注意灯**および**注意音響装置**により異常の発生を、また**地区表示装置**により当該異常の発生した警戒区域をそれぞれ自動的に表示することとされています。**地区音響装置**を鳴動させるのは、火災信号、火災表示信号または火災情報信号のうち**火災表示**をする程度に達したものを受信したときです。

㊙問題45　解答　(4) ▶P.189

(1)〜(3)はすべて正しい記述です。

(4)ガス漏れ検知器は、ガス濃度が**爆発下限界の４分の１以上**のときに確実に作動し、**200分の１以下**のときに作動しないこととされています。

■実技（鑑別等）　甲種・乙種：問題1～5

問題1　正解

▶P.162、164、249、273、277～280

(1)	(イ)	C	(2)	(イ)	1
	(ロ)	B		(ロ)	2
	(ハ)	A		(ハ)	3

(1)Aは光電式分離型感知器。Bは赤外線式スポット型の炎感知器。CはLPガス用のガス漏れ検知器。

(2)1は減光フィルター。2は炎感知器用作動試験器。3はガス漏れ警報設備用の加ガス試験器。

問題2　正解

▶P.173、245

(1)	火災灯	地区表示	主音響	地区音響
(2)	回路導通試験			
(3)	導通の確認に使う電圧計が正常に指示するかをテストする			

各種の試験の手順を再度確認しておきましょう。

問題3　正解

▶P.144、277

(1)	機器収容箱		
(2)	P型発信機	表示灯	地区音響装置（非常ベル、ベル）
(3)	(P)(◐)(B)		

記号も出題されます。主だったところは確実に覚えておきましょう。

問題4　正解

▶P.149、155

(1)	1	定温式スポット型感知器	2	差動式スポット型感知器
(2)	A	円形バイメタル	B	リーク孔

構造図も出題されます。各部分の名称と機能も確認しておきましょう。

問題5　正解

▶P.285

(1)	圧着ペンチ
(2)	スリーブを使って電線を接続するときに使用する

■ 実技（製図）　甲種：問題１～２

問題１　解答

▶P.211～212

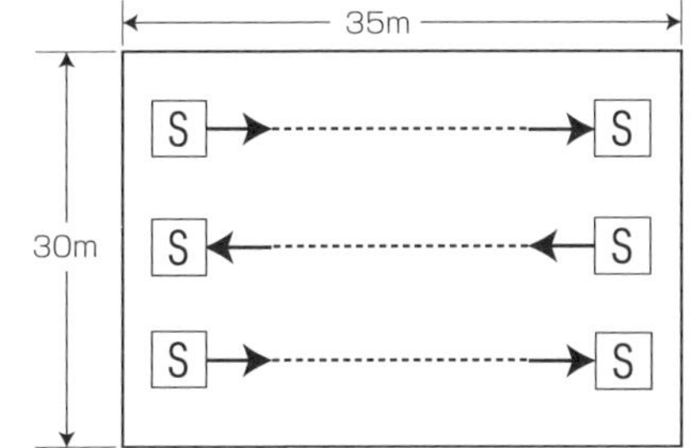

光電式分離型感知器の設置基準は、以下の通りです。

①平行する**壁面からの距離**が**0.6m以上７m以内**

②**光軸間の間隔**が**14m以内**

③当該区域の各部分から**１つの光軸まで７m以内**

２対では、１つの壁からの距離を７mとしても、７m＋14m＝21mで、反対側の壁までの距離が９m（７m以上）になってしまいます。

４対以上でも上の条件をクリアすることはできますが、課題の「**最低限必要な台数**」ではなくなってしまいます。よって、３対が最適となります。

また、平行に設置する場合は、互いの光の干渉を避けるように注意することが規格省令に定められています。そのため、**送光部と受光部の方向**を、**交互に反対**にします。

問題２　解答

▶P.315～320

	Ⓐ	Ⓑ	Ⓒ	Ⓓ	Ⓔ	Ⓕ	Ⓖ
ＩＶ	6	7	8	9	10	12	13
ＨＩＶ	4	5	6	7	8	9	10

今回の建物で必要な配線は、

- 感知器（Ｃ）…回線数を７で割った数（小数点切り上げ)。今回は２本。
  〃　（Ｌ）…回線分
- 表示灯線（ＰＬ）…ＨＩＶ２本
  今回は、問題で「**消火栓連動がある**」とされているので、表示灯線（ＰＬ）もＨＩＶにする必要があります。
- 電話線（Ｔ)、応答線（Ａ）…各１本で２本
  問題で、受信機は**Ｐ型１級**と指定されています（警戒区域が９つなので、２級は使用不可）から、**電話線**（Ｔ)、**応答線**（Ａ）が必要です。
- ベル（地区音響装置）線（Ｂ、ＢＣ）…ＨＩＶ２本
  「**区分鳴動方式**」ということなので、**Ｂが階数が下がるごとに増えます**。

以上の内容に従って配線の本数を合計していきます。

Ⓐ（**6階→5階**）

ＩＶ……電話線（Ｔ）、応答線（Ａ）、各１本で２本

感知器（Ｃ）１本

感知器（Ｌ）３本（塔屋の２本＋６階の１本）。計**6本**

ＨＩＶ…表示灯線（ＰＬ）２本、ベル（地区音響装置）線（ＢＣ、Ｂ）各１本。計**4本**

Ⓑ（**5階→4階**）

ＩＶ……Ⓐの６本に、５階の感知器（Ｌ）１本を加えて計**7本**

ＨＩＶ…表示灯線（ＰＬ）２本、ベル線はＢＣ１本、Ｂが２本で３本。計**5本**

Ⓒ（**4階→3階**）

ＩＶ……Ⓑの７本に、４階の感知器（Ｌ）１本を加えて計**8本**

ＨＩＶ…表示灯線（ＰＬ）２本、ベル線はＢＣ１本、Ｂが３本で４本。計**6本**

Ⓓ（**3階→2階**）

ＩＶ……Ⓒの８本に、３階の感知器（Ｌ）１本を加えて計**9本**

３階の**たて穴**区画の**煙感知器**は、**最上**（塔屋）のものだけを数えますから、ここでは数えません。

ＨＩＶ…表示灯線（ＰＬ）２本、ベル線はＢＣ１本、Ｂが４本で５本。計**7本**

Ⓔ（**2階→1階**）

ＩＶ……Ⓓの９本に、２階の感知器（Ｌ）１本を加えて計**10本**

ＨＩＶ…表示灯線（ＰＬ）２本、ベル線はＢＣ１本、Ｂが５本で６本。計**8本**

Ⓕ（**1階→地下1階**）

ＩＶ……Ⓔの10本に、１階の感知器（Ｌ）１本を加えて11本。またⒺまでで７回線になりますから、新たな共通線（Ｃ）が１本加わって、計**12本**

ＨＩＶ…表示灯線（ＰＬ）２本、ベル線はＢＣ１本、Ｂが６本で計**9本**

Ⓖ（**地下1階→受信機**）

ＩＶ……Ⓕの12本に、地下１階の感知器（Ｌ）１本を加えて計**13本**

ＨＩＶ…表示灯線（ＰＬ）２本、ベル線はＢＣ１本、Ｂが７本で８本。計**10本**

となります。

	種類	ＢＣ	Ｂ	ＰＬ	Ｔ	Ａ	Ｃ	Ｌ	合計
Ⓐ	ＩＶ				1	1	1	3	**6**
	ＨＩＶ	1	1	2					**4**
Ⓑ	ＩＶ				1	1	1	4	**7**
	ＨＩＶ	1	2	2					**5**
Ⓒ	ＩＶ				1	1	1	5	**8**
	ＨＩＶ	1	3	2					**6**
Ⓓ	ＩＶ				1	1	1	6	**9**
	ＨＩＶ	1	4	2					**7**
Ⓔ	ＩＶ				1	1	1	7	**10**
	ＨＩＶ	1	5	2					**8**
Ⓕ	ＩＶ				1	1	2	8	**12**
	ＨＩＶ	1	6	2					**9**
Ⓖ	ＩＶ				1	1	2	9	**13**
	ＨＩＶ	1	7	2					**10**

MEMO

MEMO